RICH DEVOS
MITBEGRÜNDER VON AMWAY

DAS ABC DES ERFOLGES

RICH DEVOS
MITBEGRÜNDER VON AMWAY

DAS ABC DES ERFOLGES

16 REGELN FÜR EIN MENSCHLICHES UNTERNEHMEN

Übersetzt aus dem Amerikanischen von Gerhard Rihl

mvg

Die Deutsche Bibliothek – CIP-Einheitsaufnahme

DeVos, Rich:
Das ABC des Erfolges : 16 Regeln für ein menschliches Unternehmen / Rich DeVos. - Landsberg am Lech : mvg-verl., 1999
Aus dem Amerikanischen von Gerhard Rihl
(mvg-Hardcover)
ISBN 3-478-72560-7

Internet: *http://www.mvg-verlag.de*

Umschlaggestaltung: Vierthaler & Braun, München
Satz: Fotosatz H. Buck, Kumhausen
Druck- und Bindearbeiten: Ebner Ulm
Printed in Germany 072560/3991002
ISBN 3-478-72560-7

Inhaltsverzeichnis

Für Helen

Meiner besten Freundin, größten Stütze und Mentor.
Einer liebenden Frau, Mutter und Großmutter,
immer freundlich, großzügig und verständnisvoll.
Sie muß kein Buch über Menschlichkeit schreiben oder
Vorträge darüber halten.
Sie hat uns Tag für Tag Menschlichkeit gelehrt –
durch ihre Art zu leben.

Vorwort

Es gibt Momente im Leben, die zeitlich nur kurz sind, die man aber nie vergißt:

So ging es Marianne und mir, als wir das erste mal auf einer Diamant-Reise waren. Diese Reise führte uns nach Birkenstock in die Schweiz. Jay Van Adel und Rich DeVos waren beide anwesend. Als die Ehrungen durchgeführt wurden, setzten sich beide auf die Treppe, die zur Bühne führte und sahen stolz zu, wie die neuen Diamanten geehrt wurden. Marianne stieß mich an und sagte: „Schau hin, die sitzen da wie zwei Lausbuben." Dies war die erste Szene, die wir nie vergessen werden.

Die zweite spielte sich am Büfett ab. Rich DeVos stellte sich so in die Schlange wie jeder andere auch. Als Marianne und ich uns hinter ihm einreihten (wir hatten gelernt, uns immer in der Nähe von den Erfolgreichsten aufzuhalten), drehte er sich um, und drückte jedem von uns einen Teller in die Hand. Er zeigte uns, was besonders gut schmeckt, denn beim Essen versteht man sich, auch wenn man die Sprache nicht spricht.

Ja, Rich DeVos ist ein ganz besonderer Mensch. Für mich ist er das größte Vorbild. Ich möchte ein bißchen so sein wie er, einfach so.

Max Schwarz

Einleitung

Menschlicher Kapitalismus – Die beste Art, sich um die Menschen und unseren Planeten zu kümmern

„Menschlicher Kapitalismus?“ rief ein Universitätsstudent mit einem zynischen Grinsen auf den Lippen. „Das ist doch ein Widerspruch in sich, wie ‚grausame Güte‘ oder ‚lebendiger Tod‘? Diese beiden Wörter passen doch einfach nicht zusammen!“

Die letzten vier oder fünf Jahre haben sich die Leute immer lustig gemacht über mich und meine fixe Idee von einem „menschlichen Kapitalismus“. Ich hatte keine Ahnung, daß „Kapitalismus“ solch ein gefährlicher und umstrittener Begriff war, der Erinnerungen an Straßenräuber und grausame Kinderarbeit, vergiftete Flüsse und Schornsteine wachrief, welche schmutzig-schwarze Wolken in einen taubenblauen Himmel aufsteigen ließen.

„Kapitalisten sind erfolgreich, weil sie kein zwischenmenschliches Mitgefühl besitzen“, äußerte ein College-Lehrer ärgerlich, nachdem ich vor seiner Klasse gesprochen hatte.

„Ohne Kapitalismus könnte es kein zwischenmenschliches Mitgefühl geben“, erwiderte ich, und die Schüler starrten mich ungläubig an, als ob ich gerade behauptet hätte, die Erde sei eine Scheibe oder das Meer voller Drachen.

Während jenes Augenblicks des Schweigens kam mir wieder zum Bewußtsein, wie wichtig dieses Projekt „Das ABC des Erfolges“ für mich geworden war. Während große Teile der Welt losstürzen, um sich dem Kapitalismus in die Arme zu werfen, sind wir, die wir von seinen Vorteilen profitiert haben, immer noch peinlich berührt von seinen Schwächen und fixiert auf seine Fehlleistungen. Aber was noch schlimmer ist: Millionen von unseren eigenen Leuten wissen nicht, wie menschlicher Kapitalismus funktioniert oder wie dieses System ihnen helfen kann, ein besseres Auskommen zu finden und sich ein besseres Leben zu ermöglichen.

Warum vergessen oder weigern sich so viele College-Lehrer und Zeitungskolumnisten, die unglaublichen Stärken des Kapitalismus und seine Erfolge zur Kenntnis zu nehmen? Warum klammern sie sich an überholte

Vorstellungen des Sozialismus und sogar Kommunismus, wo sich doch auf dem Prüfstand schon herausgestellt hat, daß die Versprechungen dieser Wirtschaftssysteme zu wünschen übriglassen?

Sicherlich, der Kapitalismus hat seine Schwächen. Seine Fehlleistungen in der Vergangenheit liegen auf der Hand, und wir alle sind aufgerufen, sie in Zukunft möglichst zu vermeiden. Aber trotz dieser Fehler ist der Kapitalismus zum bevorzugten Wirtschaftssystem der Welt geworden, und es ist leicht einzusehen, warum das so ist. Und wenn auch dieses Buch nicht nur von dem Amway Unternehmen handelt, so ist doch die Erfolgsgeschichte von Amway in den letzten 40 Jahren ein gutes Beispiel dafür.

Fidel Castro und seine kommunistischen, revolutionären Verbündeten übernahmen Kuba am 16. Januar 1959 mit dem Versprechen, die Wirtschaft dieser einstmals reichen Inselnation wieder nach oben zu bringen. In jener selben Woche gründeten Jay Van Andel und ich das Amway Unternehmen in den Kellern unserer Häuser in Ada, Michigan. In jenen Tagen galt der Sozialismus als die „große wirtschaftliche Hoffnung der Welt". Das freie Unternehmertum gab es nicht mehr. Zumindest war es das, was man Jay und mir sagte. Der amerikanische Kapitalismus „lag im Sterben", während der marxistische Kommunismus, den die Sowjetunion und China exportierten, „auf dem Wege zum Triumph" war.

„Dies ist die falsche Zeit, um euch selbständig zu machen", warnten uns einige Leute. „Diese Zeiten sind für immer vorbei." Und dann, unter mißbilligendem Stirnrunzeln und begleitet von ärgerlichen Handbewegungen, fügten sie hinzu: „Der Kapitalismus hat uns im Stich gelassen, und er wird wieder einen Fehlschlag erleben. Unsere einzige Hoffnung ist der Sozialismus."

Wir hörten uns die Kritiker des freien Unternehmertums an. Wir dankten ihnen für ihre Ratschläge, und dann ignorierten wir sie völlig.

„Wir nennen unsere Firma Amway", sagte ich in jenen frühen Reden unter dem Motto „Selling America", „weil der ‚American way', der amerikanische Weg, privat betriebener Wirtschaft und freien Unternehmertums der beste Weg ist."

Ich hielt diese Rede Tausende von Malen während der folgenden Jahre, nicht nur auf Amway-Treffen, sondern auch an Oberschulen, in Kirchen und in bürgerlichen Klubs. Die Amerikaner waren daran, ihren Glauben an das wirtschaftliche System zu verlieren, welches uns den höchsten Lebensstandard in der Geschichte gebracht hatte.

„Wir haben diese Nation auf der Basis von privatem Besitz und freiem Unternehmertum geschaffen", sagte ich jedem, der bereit war, zuzuhören. „Der Kapitalismus ist nicht perfekt, aber er ist die einzige Chance, die Stärke dieser Nation zu erhalten.“

Unsere Kritiker verwiesen auf die sozialistisch ausgerichtete Wirtschaftspolitik von Mao Tse-tung, von Chruschtschow und Genosse Castro als die „Welle der Zukunft“. Jetzt ist unseren Kritikern das Lachen vergangen.

Der kommunistische Traum ist tot. Wie schnell dieser Traum zum Alptraum wurde! Die marxistisch-sozialistischen Volkswirtschaften liegen in Scherben. Nur 50 Jahre sind vergangen, seit Castro Kuba übernahm, unter Versprechungen von Wohlstand und Reformen. Heute leben die meisten Kubaner in Armut und Verzweiflung.

Während dieser selben wenigen Jahre ist Amway eine Gesellschaft mit mehr als drei Millionen selbständiger Berater geworden, die in über 40 Nationen rund um den Globus ihr eigenes Geschäft betreiben.

Der Drang nach einem besseren Lebensstandard

Ich verehre die Amway Aktiengesellschaft und ihre selbständigen Berater rund um die Welt. Ich werde die Geschichten von mitmenschlich eingestellten Menschen und menschlich geführten Firmen erzählen, wo auch immer ich sie finde, aber Amway und sein weltweites Netz unabhängiger Berater kenne ich am besten. Wenn Lee Iacocca schreibt, schreibt er über Ford und Chrysler. General H. Norman Schwarzkopf füllte seine Autobiographie mit Geschichten aus seiner Armeekarriere und über den „Desert Storm“. Mein Freund Max DePree bereicherte seine beiden nachdenklichen und bewegenden Werke über Führungsqualitäten zumindest teilweise mit seinen Erfahrungen als Aufsichtsratsvorsitzender der Herman Miller Aktiengesellschaft. Und folglich werden entsprechend meinen Erfahrungen in diesem ganzen Buch immer wieder Beispiele aus dem Bereich von Amway auftauchen.

Das Wachstum von Amway in den Ländern beispielsweise, die einst den Ostblock darstellten, ist nur ein Beweis dafür, daß der menschliche Kapitalismus wirklich funktioniert, wenn man ihm die Chance dazu gibt. Die Menschen wollen in einer Nation leben, wo es ihnen freisteht, neue Lösungen auszuprobieren, ohne Einschränkungen Handel zu treiben, auf einem freien Markt in Wettbewerb zu treten, ihren Werdegang selbst zu wählen und ihr eigenes Geschäft zu besitzen. Sie haben die Nase voll von leeren Regalen und nicht eingehaltenen Versprechungen. Auch sie wollen die Dinge besitzen, die wir haben, die für uns selbstverständlich sind.

Als die Mauer zwischen Ost- und Westdeutschland fiel, kamen nicht nur scharenweise Ostdeutsche über die Grenze, sondern westdeutsche Amway-Berater eilten in die „Ostzone“, um ihren deutschen Landsleuten die Chance zu bieten, ihr eigenes Direktvertriebsgeschäft zu besitzen. Und ostdeutsche Unternehmer stürzten sich auf die Gelegenheit. Heute haben wir mehr als 42.000 Amway-Berater in dem Land, das einmal als DDR bezeichnet wurde, und zum ersten Mal in ihrem Leben machten sie Erfahrungen mit den Vorzügen freien Unternehmertums.

Als Jay Leno, der Gastgeber der *Tonight Show* erfuhr, wie Amway sich beeilte, das freie Unternehmertum nach Osteuropa zu tragen, sagte er mit humorvollem Unterton: „Wenn man bedenkt, daß sie zuerst Probleme damit hatten, die Kommunisten loszuwerden …“ Ich fasse dies als Kompliment auf, eine Huldigung an das Durchhaltevermögen der Amway-Leute überall auf der Welt. Peter Müller-Meerkatz, einer unserer führenden Berater in Europa, drückt dies mit folgenden Worten aus: „Wir glauben an den Kapitalismus. Wir sind überzeugt, daß Demokratie und freies Unternehmertum die einzige wirtschaftliche Hoffnung für die Welt sind. Warum sollten wir nicht daran teilnehmen wollen?“

Außer den 42.000 Amway-Beratern in Ostdeutschland haben sich bereits 12.000 Ungarn unserem Geschäft angeschlossen, und Tausende von Polen bereiten sich darauf vor, daß wir es in ihrem Land eröffnen werden. Und diese Eile, an einer freien Marktwirtschaft teilzuhaben, einer ganzen neuen Generation von Unternehmern die Freiheit zu ermöglichen, ist nicht nur in ehemaligen kommunistischen Staaten zu beobachten, sondern an jedem Ort, wo wirtschaftliche Barrieren fallen.

Als Mexikos Präsident Salinas im Jahr 1990 den Mut hatte, die Handelsschranken zwischen den USA und Mexiko zu beseitigen, ging Amway nach Mexiko. Jetzt haben tausende begeisterte, entschlossene, engagierte mexikanische Frauen und Männer ihr eigenes Amway-Geschäft. Auch sie sind daran, zu entdecken, wie aktives freies Unternehmertum dazu beitragen kann, jahrelange Armut und Verzweiflung zu überwinden.

In Indonesien gibt es fast 70.000 selbständige Amway-Berater. Sogar in Japan gaben Arbeiter, als sie die Chance sahen, ihre eigenen Unternehmen zu besitzen und in die exklusiven Ränge der Shoguns (besitzender Stand) und der Samurai (oberes Management) aufzusteigen, ihr von der Wiege bis zum Grab abgesichertes Leben auf und eröffneten ihre eigenen

Direktvertriebsunternehmen. Heute rühmt sich Japan einer Million selbständiger Amway-Berater, und Amway Japan hat sich zur drittgrößten ausländischen Firma des Landes entwickelt.

Kaoru Nakajima, einer unserer größten Berater mit Sitz in Japan, verdeutlicht dies ganz einfach: „Ich war acht Jahre lang Lohnempfänger in einer Firma. Jetzt bin ich mein eigener Chef. Jetzt bin ich frei. Jetzt verkaufe ich Produkte, auf die ich stolz bin. Jetzt verhelfe ich Menschen in fünf verschiedenen Ländern dazu, ihr eigenes Geschäft zu besitzen. Wenn ich sehe, wie so viele Leute einen großzügigeren Lebensstil entwickeln, bin ich wirklich begeistert. Ich empfinde das nicht als Arbeit. Es ist mehr wie ein Spiel."

Der Drang nach einem besseren Leben

Verstehen Sie mich nicht falsch. Es geht dabei nicht einfach darum, Geld zu machen. Selbstverständlich suchen die Menschen für sich und ihre Familien finanzielle Sicherheit zu erreichen. Warum sollten sie auch nicht? Aber sie wollen mehr, viel mehr.

Die Menschen in Ostdeutschland, in Ungarn, Polen, Slowenien, der Tschechei und in China suchen – wie überall sonst – auch nach mehr Selbstverwirklichung. Nicht bloße materielle Freiheit, sondern Freiheit des Geistes. Die Freiheit, vollkommene, abgerundete Persönlichkeiten zu werden. Die Freiheit, das zu werden, als was Gott uns gedacht hatte. Die Freiheit des Geistes und der Gedanken, welche es nur in einer wahrhaft demokratischen Gesellschaft geben kann. Die Freiheit, nicht nur gerade so zurechtzukommen, sondern im Leben echte Befriedigung zu finden.

Im Mittelpunkt der tiefen Sehnsucht nach einer Wende, die in marxistisch-sozialistischen Ländern herrschte, steht eine einfache Tatsache: Der Kommunismus erlebte eine tiefgehende geistige Krise. Aber nicht nur die Wirtschaftssysteme der kommunistischen Länder waren bankrott. Es war die Dürftigkeit der Werte der kommunistischen Ideologie, welche zum Zusammenbruch führte. Der Gründer der modernen kommunistischen Bewegung, Karl Marx, hatte eine ärmliche Vorstellung vom menschlichen Geist. Diese Sicht hat sich nicht als geeignetes Fundament erwiesen, um darauf Völker oder gar das Leben einzelner Menschen aufzubauen.

Am 18. Juli 1969, als eine Explosion und ein Brand in unserem Werk in Ada, Michigan, um ein Haar unseren Traum zerstörte hätte, bewies Jay Van Andel, zeit meines Lebens mein Freund und Partner in diesem Geschäft, wie ein menschlich eingestellter Kapitalist Menschen sieht. Die vernichtende Explosion ereignete sich kurz vor Mitternacht. Ein großes Gebäude, das Büros und Produktionsanlagen beherbergte, stand schon fast völlig in Flammen, als Jay an der Brandstelle erschien. Angestellte hatten schon ihr Leben riskiert und Zugmaschinen in Gang gesetzt, um Sattelauflieger und einen Tankwagen aus dem brennenden Lagerhaus zu ziehen. Andere wollten soeben in das brennende Verwaltungsgebäude eindringen, um Aktenordner voll wichtiger Dokumente zu retten. Jay stoppte sie mit diesen unvergeßlichen Worten: „Vergeßt die Papiere! Holt die Leute raus!"

Was wir über die Menschen denken, ist von großer Wichtigkeit. Wenn wir sie als Kinder Gottes betrachten, die einen göttlichen Funken und einen gottgegebenen Wert besitzen, ergibt sich daraus, daß wir alle Menschen mit Respekt und Würde behandeln. Sehen wir sie hingegen in einem ganz und gar materiellen Sinne, ohne jegliche geistig-seelische Komponente, und nur mit dem Wert, den sie als Teil der Gesellschaft haben, was geschieht dann? Wir brauchen nur die Geschichte des Kommunismus zu betrachten, um die Antwort zu finden.

Auch was wir über die Natur des Planeten Erde denken, ist äußerst wichtig für die Entscheidungen, die wir beim Gebrauch der reichen Fülle seiner Rohstoffe treffen. Betrachten wir diesen bestaunenswerten Globus und all seine Schätze als Gottes Gaben für uns und uns selbst als die von Gott beauftragten Beschützer dieser unschätzbaren Geschenke, dann folgt daraus, daß wir diesen Planeten lieben und uns um ihn kümmern müssen.

Der Kapitalismus: Eine einfache Formel, um uns in Bewegung zu setzen

Im Mai 1986 wurden mehr als 8.000 amerikanische Oberschüler der letzten zwei Schuljahre in 42 Staaten einem Test unterzogen, um herauszufinden, was sie über den Kapitalismus wußten (oder nicht wußten). Als die Ergebnisse ausgezählt wurden, stellte sich heraus, daß 66% der Testpersonen – 5.415 junge Amerikaner – nicht einmal genug über den Kapitalismus wußten, um den Begriff *Profit* erklären zu können.

Schlagzeilen im ganzen Lande verkündeten: „Schlechte Ergebnisse für amerikanische Oberschüler in Wirtschaftstests." Man verglich mit japanischen und deutschen Schülern, die laut ihren Lehrplänen die Kenntnis einfacher Grundprinzipien der Wirtschaft nachweisen müssen. Die „katastrophalen" Ergebnisse des Tests wurden bei einer nationalen Pressekonferenz von dem sehr bekannten amerikanischen Wirtschaftswissenschaftler Paul A. Volcker, einem ehemaligen Vorsitzenden des Federal Reserve Board, bekanntgegeben. Als ihn ein junger Reporter fragte, ob er an der Oberschule in Wirtschaftslehre unterrichtet worden war, mußte der arme Mann vor aller Welt einräumen, daß er das Fach nicht gehabt hatte.

Ich hasse Prüfungen. Ich weiß noch, daß ich durch nicht gerade wenige gefallen bin. Und mir tun die Schüler leid, die diesen Überraschungstest im Fach Wirtschaft machen mußten, aber ich verstehe es auch, warum führende Leute aus den Bereichen von Wirtschaft und Arbeitsverwaltung den Test in Auftrag gaben. Unsere Nation kann sich nicht noch eine Generation von Amerikanern leisten, die den Begriff Kapitalismus nicht verstehen, oder nicht wissen, wie er funktioniert.

Lassen Sie uns an dem Punkt beginnen, wo die Schüler versagten. Was ist Profit? Die korrekte Multiple-Choice-Antwort war: Einnahmen minus Kosten. Oliver Wendell Holmes beantwortete die Frage mit folgendem sehr knappen Gedicht:

Ich wünsch', das Glück mög' mehr mir geben
Als was mich kost' das täglich' Leben.
[frei übersetzt]

Wenn Sie einen wichtigen Gesichtspunkt erfahren wollen, unter dem ein Kapitalist Erfolg mißt, merken Sie sich diesen Vers. Profit bedeutet, mehr Geld zu verdienen, als man ausgibt. Mit Profit wird Ihr Geschäft erfolgreich sein, und Sie werden in der Lage sein, Kapital anzusammeln. Mit dem Kapital können Sie Ihr eigenes Geschäft aufbauen, neue Geschäfte schaffen und Ihre Lebensqualität und die anderer verbessern. Ohne Profit wird Ihr Geschäft kein Erfolg werden, und Sie werden Ihre Träume, Kapital anzusammeln, begraben müssen.

Ich zeige Ihnen eine einfache Formel auf, die Ihnen helfen soll zu verstehen, wie der Prozeß, Profit zu machen – also der Kapitalismus –, wirklich funktioniert. Die Formel sieht so aus:

$$\mathbf{MW = NR + ME \times H}$$

Nein, das ist keine Lösung für irgendein Problem der Quantenphysik. Es ist einfacher, als es aussieht. Sie könnten vielleicht sogar mit denen einig gehen, die glauben, meine Theorie sei zu simpel. Egal, es kurbelt die Diskussion an, und außerdem hilft manchmal zuviel Einfachheit dabei, Dinge zu verstehen, die sehr kompliziert sind.

Ausgeschrieben liest sich die Formel folgendermaßen: Unser *materieller Wohlstand (MW)* entstammt den *natürlichen Ressourcen (NR),* die nutzbar gemacht werden durch *menschliche Energie (ME),* welche durch den Gebrauch von *Hilfsmitteln (H)* effektiver wurde. Sehen wir uns die Formel Stück für Stück an.

Materieller Wohlstand: Kapitalismus ist der Prozeß des Anreicherns und/oder Verteilens von Kapital. Wenn Sie ernstlich erwägen, ein Kapitalist zu werden, müssen Sie bedenken: Sie wollen materiellen Wohlstand für sich selbst und für diejenigen, welche auf Ihre Hilfe angewiesen sind (oder sein werden). Lassen Sie sich von dem Wort *materiell* (oder selbst Materialismus) nicht aus der Fassung bringen oder in die Defensive drängen. Unsere Häuser, Schulen und Kirchen sind aus Material gebaut. Material ernährt und kleidet die Menschen der Erde. Material ist der Stoff des Lebens, und es ist absolut nichts Schlechtes daran, eine anständige Portion Material haben zu wollen, um sein Leben leichter, erfüllter und schöner zu machen.

Natürliche Ressourcen: Der Großteil des Materials entstammt der Erde, dem Meer oder dem Himmel. Direkt oder indirekt ist jeder Kapitalist vom Vorrat an natürlichen Reserven abhängig. Sehen Sie sich im Zimmer um.

Bemerken Sie irgend etwas, das seinen Ursprung, wie weit er auch entfernt sein mag, nicht in den Ressourcen der Natur hätte? Die Faser, aus der meine Hosen bestehen, kommt von einem Schaf, das Gras frißt, welches aus der Erde wächst, und das Wasser aus einem vorbeifließenden Bach trinkt. Die Fäden in meiner Krawatte wurden von winzigen Seidenraupen produziert, welche von Blättern des Maulbeerbaumes leben, und von Wassertropfen, die vom Himmel fallen. Mein Schreibtisch ist aus Brettern von Bäumen gemacht, deren Wurzeln von Erde bedeckt sind und die vom Wasser unter ihnen leben. Der Computer, den ich benutze, besteht aus Kunststoff, der aus Erdöl hergestellt wird, aus Aluminium, dessen Grundstoff Bauxit ist, und aus Stahl, welcher aus Eisenerz gewonnen wird – alles Mineralien, die tief in der Erde ruhen. Aber jeder dieser natürlichen Stoffe wurde durch menschliche Energie umgeformt, die andere primäre Quelle des Materials.

Menschliche Energie: Natürliche Ressourcen, die an ihrem Fundort verbleiben, bewirken gar nichts. Das Schaf wird Ihnen keine Wolle geben, und die zarten Fäden der Seidenraupe können nicht zu Stoff verwoben oder geschnitten und zu Krawatten verarbeitet werden ohne die Hilfe von menschlichen Gehirnen und Fingern. Sie können ohne den Einsatz von Erdöl, Bauxit oder Eisenerz, die tief in der Erde begraben liegen, nichts anfangen. Selbst ein Berg von Kohle wird Ihr Wohnzimmer nicht heizen. Sie müssen die Rohstoffe finden und sammeln, sie aufbereiten und durch menschlichen Erfindungsgeist und harte Arbeit in eine nutzbarere Form bringen.

Hilfsmittel: In Peru sah ich einen Mann vorübergehen, sein Rücken beladen mit mindestens einem Zentner Holz. Die einzigen Hilfsmittel, über die er verfügte, um diese Ladung von Zeltstangen zu bewegen, waren seine knotigen, ledrigen Hände und sein gebeugter, aber muskulöser Rücken. Heute habe ich einen Fahrer von Amway beobachtet, wie er in einen Sattelschlepper mit gewaltigen Rädern stieg, ihn anließ und 20 Tonnen Material mit einer Geschwindigkeit von 80 km/h abtransportierte, wobei er sich in seiner schalldichten Kabine eine Stereoaufnahme anhörte. Es ist soviel leichter, sicherer, einfacher, so kostengünstig und produktiv, Hilfsmittel zu entwickeln und zu gebrauchen, wenn man materiellen Wohlstand schaffen möchte.

Das Hilfsmittel, auf welches sich der Erfolg von Amway hauptsächlich zurückführen läßt, ist nichts, was Sie wie eine Maschine anfassen oder wie einen Motor anlassen können. Das Hilfsmittel, welches in allererster Linie hinter dem phänomenalen Wachstum unserer Firma steht, ist unser einzigartiger Verkaufs- und Marketingplan. Die marxistischen Sozialisten hatten Rohstoffe und menschliche Energie zur Verfügung, aber die Arbeiter wurden nicht dazu motiviert, zu arbeiten. Unser Multilevel-Marketingplan, mit Unabhängigkeit, Eigenbesitz und seinen garantierten Boni auf verschiedenen Niveaus, erzeugt Begeisterung, Loyalität und innere Bereitschaft in unseren drei Millionen unabhängiger Berater rund um die Welt.

Es gibt viele Gründe, warum der marxistische Sozialismus gescheitert ist, aber die zentrale Ursache für den Zusammenbruch dieses Wirtschaftssystems war folgende: Die Menschen waren nicht motiviert, die Arbeit anzupacken. Sie hatten keine Chance, ihren eigenen Anteil an den natürlichen Vorräten der Erde zu besitzen. Sie konnten nicht einmal die Hilfsmittel ihr eigen nennen, mit denen sie arbeiteten. Das Ergebnis war, daß nicht einmal mehr ihre eigene menschliche Energie ihnen selbst gehörte. Wie die natürlichen Rohstoffe und die Hilfsmittel war auch der Arbeiter Staatseigentum.

Aus diesem Grund habe ich 25 Jahre lang unser Land kreuz und quer bereist und mich für das freie Unternehmertum und seine vier tragenden Säulen stark gemacht: Freiheit, Belohnung, Anerkennung und Hoffnung. Der Kapitalist hat die Freiheit, die natürlichen Ressourcen und die Hilfsmittel selbst zu besitzen, die für sein Gewerbe nötig sind. Und dadurch ist der Kapitalist selbst frei. Und die Freiheit ist es, die den entscheidenden Unterschied ausmacht.

Betrachten Sie die Geschichte des Marxismus. Jedesmal, wenn eine Regierung ein natürliches Rohstoffvorkommen oder ein weiteres Produktionsmittel übernahm, verringerte sich die Produktivität. Und jedesmal, wenn die Regierung dem Volk die Besitzrechte zurückgab, wuchs sie. Der Grund liegt auf der Hand.

Als mein Sohn Dick 16 Jahre alt war, stellte ich ihm ein Auto zur Verfügung. Es gehörte mir. Ich bezahlte das Benzin. Ich bezahlte die Reifen. Ich ließ die Bremsen reparieren. Wen wundert es, daß Dick schwarze Reifenspuren auf der Auffahrt hinterließ, daß sich, nachdem er seine Freunde in der Stadt herumgefahren hatte, das Auto nach seiner Rückkehr in einem unbeschreiblichen Zustand befand und die Tankuhr auf Null stand, und daß er, wenn etwas schiefgegangen war, das Auto einfach in der Garage stehenließ, bis ich es reparieren ließ?

Als er 18 war, übergab ich ihm das Auto als sein Eigentum. Plötzlich gab es keine Spuren mehr von durchdrehenden Reifen: Dick mußte die Reifen kaufen. Die langen Fahrten wurden kürzer: Dick hatte das Benzin zu bezahlen. Und er hörte auf, seine Freunde mitsamt ihrer Ausrüstung durch die ganze Stadt zu chauffieren: Der Unterhalt des Fahrzeugs war Dicks Angelegenheit. Heute ist mein Sohn Präsident der Amway Corporation. Er spielt eine verantwortungsvolle Rolle in unserem Gemeinwesen, betätigt sich in der Verwaltung der staatlichen Schulen und arbeitet als Unternehmensberater für diverse Firmen. Irgendwo auf seinem Weg hat er gelernt, daß mit Besitz Freiheit, aber auch Verantwortung verbunden ist.

Zwei Dinge geschehen immer, wenn natürliche Rohstoffe und Hilfsmittel im Besitz der Leute sind: Sie reichen länger aus, und sie werden effektiver verwendet. Das ist der Grund, warum der amerikanische Landwirt, dem das Land und der Traktor gehört, das Land kultiviert und den Traktor in Ordnung hält. Wenn Erntezeit ist, montiert er Scheinwerfer auf den Traktor und arbeitet die Nacht durch. Und als Ergebnis erhält der Bauer immer mehr Gegenwert für eine ordentlich gemachte Arbeit.

Lassen Sie uns die Formel noch einmal betrachten:

MW = NR + ME x H

Jahrelang reiste ich durch das Land und benützte diese Formel, um zu erklären, wie der Kapitalismus funktioniert. Ich glaube immer noch daran. Aber es fehlt noch ein Bestandteil der Formel. Das Geheimnis für echten, bleibenden Erfolg im Geschäft ist die Menschlichkeit. Wenn ich jetzt die Formel zeige, füge ich einem jeden Schritt des Prozesses „Menschlichkeit“ hinzu. Die Formel für mitmenschlichen Kapitalismus sieht dann so aus:

MW = (NR + ME x H) x M

Wenn wir die Kraft eines jeden einzelnen Punktes mit **Menschlichkeit (M)** multiplizieren, ereignen sich höchst erstaunliche Dinge. Wir müssen uns bei jedem Schritt auf unserem Weg zu materiellem Wohlstand und schließlich auch beim Gebrauch dieses Reichtums von Menschlichkeit leiten lassen.

Menschlichkeit muß uns auch beim Einsatz der natürlichen Ressourcen, der menschlichen Energie und der Hilfsmittel leiten.

Es gibt Leute, die lachen, wenn ich sage, nicht Profit, sondern Menschlichkeit sei das oberste Ziel des Kapitalismus. Sie können es sagen, wie Sie wollen, aber Sie sollten folgendes wissen: Wenn Menschlichkeit das freie Unternehmertum inspiriert und ihm die Richtung weist, folgen auch die Profite, die Qualität des menschlichen Lebens verbessert sich, und die Ressourcen der Erde werden mit Bedacht und sparsam eingesetzt. Wenn nicht Menschlichkeit einen aktiven Bestandteil des Prozesses darstellt, können zeitweise Profite entstehen, langfristig wird der Preis in Form von menschlichem Leid und Ausplünderung der Erde viel höher sein, als was wir gerne bereit wären, zu bezahlen.

In der folgenden Darstellung meiner Überzeugungen – meinem Regelwerk – will ich versuchen, diese Vision von einem menschlichen Kapitalismus, welche meinen unternehmerischen Geist ergriffen hat und mich jeden Geschäftstag leitet und mir vor Augen schwebt, zu erklären. Und ich möchte, daß Sie einen Kreis von Freunden von mir treffen, deren Gedanken über den menschlichen Kapitalismus Sie inspirieren werden, wie sie mich inspiriert haben.

Zum jetzigen Zeitpunkt reicht es aus, wie ich glaube, zu sagen, daß der Kapitalismus zum bevorzugten Wirtschaftssystem auf der Welt geworden ist, weil es den Menschen überall die Freiheit läßt, davon zu träumen, einen Profit zu erzielen (das Geld, welches uns übrigbleibt, nachdem die Rechnungen bezahlt sind) und ihnen die Hilfsmittel an die Hand gibt, um zu sehen, wie sich diese Träume erfüllen. Der Kapitalismus ist nicht deshalb etwas Großes, weil er einer Handvoll Leuten erlaubt, Millionen zu machen. Er ist es, weil er Millionen von Menschen erlaubt, das zu werden, was sie sein wollen.

Bedauerlicherweise hat es immer habgierige, unbarmherzige, mitleidlose Kapitalisten gegeben – und es wird sie immer geben –, die glauben, es sei in Ordnung, Profite zu machen, selbst wenn dies für die Menschen Leid und für unseren Planeten Zerstörung bedeutet. Auch menschliche Kapitalisten wollen Profit machen, aber sie sind der ernsten Überzeugung, daß echter Profit nur möglich ist, wenn man zuerst an das Wohl der Menschen und der Erde denkt.

„Profit“, der auf Kosten der Menschen oder des Planeten geht, ist keinesfalls ein echter Profit. Die wirklichen Kosten sind nämlich nicht eingerechnet. Die Zahlen unter dem Strich müßten nicht in schwarz, sondern in blutroter Farbe geschrieben sein. „Profit“, der unsere Mitmenschen erniedrigt und entmenschlicht oder die Erde ausplündert und zerstört, wird letzten Endes zu unser aller Untergang führen, so sicher, wie der Wunsch von König Midas, alles zu Gold zu machen, was er berührte, zur Zerstörung all seiner Träume führte und zum Tod derer, die er am meisten liebte.

Menschlicher Kapitalismus unterscheidet echten Profit von Talmi. Er setzt sich dafür ein, die Menschen in Freiheit große Träume für sich selbst und für unseren Planeten träumen zu lassen, und gibt ihnen Werkzeuge an die Hand, damit sie dafür sorgen können, daß ihre Träume wahr werden.

Auf den folgenden Seiten werde ich Geschichten aus unserem Geschäft und von außerhalb unseres Geschäftes dazu verwenden, die Prinzipien des Kapitalismus mit menschlichem Antlitz so zu beleuchten und zu erklären, wie ich sie verstehe. Wenn ich diese Geschichten erzähle, ist das für mich nicht ganz ohne Risiko. Erstens, weil die, die diese Geschichten erlebt haben, sie soviel besser zu erzählen vermögen. Und zweitens, weil die Geschichten so vieler von Ihnen ebenso bewegend sind, ich aber ganz einfach nicht genügend Platz hatte, um sie alle einzubauen. Denken Sie daran, auch wenn Ihre Geschichte auf den folgenden Seiten nicht vorkommt, werden Sie stets Ihren Platz im Kreis meiner Freunde haben!

Die Stiftung „Menschlicher Kapitalismus"

Die Welt wandelt sich schwindelerregend schnell. Überall fühlen die Menschen die Schwierigkeiten, denen sich unser Planet gegenübersieht. Ich spüre ihre Last jedesmal, wenn ich eine Zeitung aufschlage oder meinen Blick über die Regale der Buchhandlung in unserem Ort schweifen lasse. Und das Problem, welches uns am meisten verunsichert, ist unsere wirtschaftliche Misere. Die Menschen können eine ganze Menge von Dingen einfach nicht zur Kenntnis nehmen oder leugnen, ihre Geldbörse aber können sie nicht ignorieren, oder zumindest nicht lange.

Unsere Gesellschaft wird von massiven strukturellen Veränderungen erschüttert. Sozialhistoriker haben unsere Zeit die „Postmoderne" genannt. Vertreter des Futurismus haben gesagt, wir leiden unter dem „Zukunftsschock". Sozialhistoriker haben unterstellt, wir erleben ein „paradigm shift", eine Umstellung auf ein neues soziales Modell. Wissenschaftler haben gesagt, die grundlegenden Annahmen des Westens seien an einem Wendepunkt angelangt. Bevölkerungsstatistiker berichten über „massive Veränderungen" in der Struktur der Familie. Wirtschaftswissenschaftler machen darauf aufmerksam, daß fundamentale Veränderungen in der Wirtschaft stattfinden.

All dies verursacht in uns ein Gefühl der Unsicherheit. Auch im besten aller möglichen Fälle bringt eine Veränderung Probleme mit sich. Die Menschen mögen das nicht. Sie hängen eher an den alten Modellen. Es gibt große Spannungen. Thomas Kuhn erfand das populäre Schlagwort vom „paradigm shift". In seinem Buch *The Structure of Scientific Revolutions* beschreibt er die Reaktion von Wissenschaftlern auf neue Entdeckungen und wie schwer es für sie gewesen ist, ihre grundlegenden Überzeugungen zu ändern.

Kuhn bemerkte, daß Wissenschaftler ziemlich lange Zeit die Gültigkeit neuer Theorien leugneten, oder die Notwendigkeit, ihre Ansichten zu ändern. Er beschreibt die Symptome, die mit einer grundlegenden Änderung verbunden sind: hartnäckige Ablehnung, die Weigerung, selbst augenfällige Beweise zur Kenntnis zu nehmen, das Widerstreben, veraltete Ideen einer kritischen Überprüfung zu unterziehen, Verleumdung fortschrittlich denkender Kollegen und ärgerliche Reaktionen, wenn man liebgewordene alte Dogmen aufgeben mußte.

Es besteht kein großer Unterschied zwischen uns und diesen Wissenschaftlern. Wir fühlen uns unbehaglich angesichts der Veränderungen in unserem Leben, wie etwa des gesellschaftlichen Umbaus und der wirtschaftlichen Unsicherheiten. Die Welt erscheint uns ein wenig zu unberechenbar, und das gefällt uns nicht. Wir alle jauchzten auf, als der Kommunismus in Stücke ging, jetzt aber sind wir besorgt, was an seine Stelle treten wird. Wir fühlen, daß der Kapitalismus rehabilitiert ist, sind aber voller Befürchtungen wegen seiner Fehler.

Mit diesem Buch, der vierteiligen Video-Serie und den verschiedenen Benutzeranweisungen und Begleitmaterialien habe ich das Projekt der Stiftung „Menschlicher Kapitalismus" gestartet. Meine Frau Helen, eine Gruppe von Freunden, die zusammen mit uns diese neue Stiftung ins Leben gerufen haben, und ich verfolgen damit diese einfachen Ziele: Wir möchten dazu beitragen, Ihren Glauben an das freie Unternehmertum zu erneuern, ihrer Hoffnung auf die Beine zu helfen, daß es möglich ist, mit den Umwälzungen und der Unsicherheit fertigzuwerden, denen wir uns gegenübersehen, und Menschlichkeit als den Lichtstrahl zu sehen, der uns auf jedem Schritt unserer Reise geleitet.

Seit 1994 verleihen wir Preise, große und kleine, an Einzelpersonen und Einrichtungen in unserem Lande und andernorts rund um die Welt, die für den Rest von uns als beispielhafte Vertreter des Kapitalismus mit menschlichem Antlitz gelten können. Mir ist klargeworden, daß ich mich in meinem Leben nicht genug der Menschlichkeit verpflichtet habe. Ich bin fest entschlossen, viel mehr Zeit, Geld und Energie darauf zu verwenden, den Menschen und dem Planeten zu helfen. Helen und ich haben uns entschieden, noch zu unseren Lebzeiten die Erlöse aus unserer Stiftung zu verschenken. Wenn wir mit der Großzügigkeit warten, bis wir tot sind, wird jemand anderer die Freude genießen, in unserem Namen zu geben. Viele Jahrzehnte lang habe ich Spaß daran gehabt, an den Ufern des menschlichen Kapitalismus entlangzuwaten; jetzt, in diesen letzten Jahren meines Lebens, will ich seine Höhen und Tiefen ausloten wie nie zuvor.

Wenn Winzer neuen Wein machen, füllen sie ihn in Fässer und lassen ihn gären. In modernen Winzerbetrieben dienen zum Verschließen der Fässer anstelle der Korken große Flaschen. Während der Wein reift, gibt er Kohlendioxid ab. Ist ein Faß dicht verschlossen, so wird es platzen. Die Flaschen aber geben dem Wein Raum, um zu atmen. In biblischen Zeiten sagte Jesus, dies sei der Grund, warum neuer Wein niemals in alte Weinschläuche gefüllt werden dürfe. Sie dehnten sich nicht mehr und wären geplatzt. „Nein“, sagte Jesus, „ihr müßt neuen Wein in neue Schläuche füllen; dann werden beide gut bleiben.“

Es scheint mir unsere Aufgabe zu sein, den Menschen zu helfen, einen „neuen“ Kapitalismus aus einem alten Weinstock zu ziehen – die besten Weine kommen aus alten Wurzelstöcken – und den neuen Wein in „neue Schläuche“ zu füllen. Ich glaube, der neue Weinschlauch steht für Menschlichkeit.

„Jetzt sind wir frei! Es gibt nichts mehr, was wir nicht tun können!“

Andrej Zubail ist ein 23jähriger Bürger der ehemaligen DDR, der mit seiner Frau Maria und den Zwillingen Rolf und Heinz am Stadtrand von Leipzig lebt. Als ich Andrej zum ersten Mal traf, hatte er diese beiden wunderschönen Babys in seinen Armen und steuerte gleichzeitig seine Frau durch einen überfüllten Tanzsaal in meine Richtung. Ich hatte eben eine Rede über den mitmenschlichen Kapitalismus vor einer Versammlung neuer Berater in Berlin beendet. Langsam bahnten sich Andrej und seine kleine Familie ihren Weg zur Bühne.

„Mr. DeVos“, sagte er sanft in Englisch mit starkem Akzent, „ich bin Andrej Zubail. Das ist meine Frau, und dies sind meine Söhne.“

Einen Augenblick lang lächelte der junge Mann auf seine Familie hinab. Dann plötzlich schaute er auf zu mir. Ich sah ihn um die richtigen Worte kämpfen. Als er schließlich zu sprechen begann, zitterten seine Lippen und eine Träne lief seine Wange hinab. Ich bemerkte, daß seine Hände vor Erregung zitterten, obwohl er seine Söhnchen auf seinen Armen hielt.

„Als die Freiheit nach Ostdeutschland kam“, sagte er, „wußte ich nicht, was ich zuerst tun sollte. Ich wollte alles für Maria und die Kinder, alles, was wir all diese vielen Jahre nicht hatten. Aber wissen, wo anfangen … nicht leicht. Wir hatten kein Geld – nein, wie sagt man gleich –, keine Bonität, um einen Kredit zu bekommen, nichts zu verkaufen, nichts, um damit zu handeln. Wir wollten ein eigenes Geschäft beginnen, aber wie?

Er machte eine Pause und schaute seine Frau an, wie mit der Bitte um moralische Unterstützung. Sie lächelte und legte ihren Arm um seine Hüfte.

„So", sagte er damals zu Maria, „was sollen wir tun?" Und sie antwortete: „Jetzt sind wir frei. Es gibt nichts mehr, was wir nicht tun können".

Dann dankte Andrej uns allen für die Chance, die unsere Firma ihm gegeben hatte. In nur sechs Monaten hatten er und Maria ein beachtliches kleines Geschäft geschaffen. Aber Andrejs Geschichte handelt nicht von Amway. Es geht darin um mitmenschlichen Kapitalismus und den bemerkenswerten Unterschied, den er in unserem Leben – selbst in kleinen Portionen – ausmachen kann.

„Jetzt sind wir frei", sagte Maria. „Es gibt nichts mehr, was wir nicht tun können." Sie und ihr Mann glaubten an diese einfachen Worte, und zusammen gingen sie daran, sie wahr zu machen.

Ich werde Marias Worte oder den Ausdruck in Andrejs Augen, während er sie mir sagte, nie vergessen. Was ist dies für ein geschichtlicher Augenblick! Überall auf der Welt zerbrechen Mauern. Gefängnistore werden aufgestoßen. Männer, Frauen, Kinder treten benommen und blinzelnd heraus in den hellen neuen Tag der Freiheit.

Es wird nicht leicht sein, diese ruinierten Volkswirtschaften in einem einzigen Anlauf wieder zum Funktionieren zu bringen. Für uns wird es nicht leicht sein, unsere eigene Wirtschaft umzudrehen. Aber wenn wir unsere Freiheit besitzen, sind alle Probleme zu lösen.

Wir müssen uns allem und jedem entgegenstellen, der unsere Freiheit bedroht. Lassen wir uns von diesen langen Jahren kommunistischer Tyrannei daran erinnern, daß ohne Freiheit alles verloren ist. Und wollen wir Maria Zubails Worte für immer in unserem Geiste hochhalten: „Jetzt sind wir frei. Es gibt nichts mehr, was wir nicht tun können."

Teil I

Auf die Plätze!

1

Wer sind wir?

Regel 1

Wir glauben, daß jeder Mann, jede Frau und jedes Kind nach Gottes Ebenbild geschaffen ist, und deshalb Wert und Würde besitzt und über ein einzigartiges Potential verfügt. Dies gibt uns die Berechtigung, für uns selbst und für andere Großes zu erträumen!

Nas Imran kauerte auf dem Rand der Eisenpritsche in seiner kleinen Zelle in einem Staatsgefängnis in Washington. Er fand keinen Schlaf. Und wenn er doch einmal einnickte, geisterten dunkle, erschreckende Schatten und böse, entstellte Bruchstücke von Stimmen in seinen Träumen umher.

„Im Jahre 1969 war ich gerade 19 Jahre alt", erinnert sich Nas, „ein schwarzer Junge, der versuchte, der bedrückenden Atmosphäre und dem Terror der Slums zu entkommen, indem er sich an der Universität von Washington für die Footballmannschaft einschrieb. In jenen Tagen," fügt er hinzu, „drehten sich meine Träume um die Heisman Trophy und den Aufstieg zum Profispieler in der National Football League."

Durch seine Gitterstäbe blickte Nas auf einen übergewichtigen weißen Aufseher, der die Füße gegen seinen Metalltisch stemmte, Kaffee trank und am Fernsehen einen Film des Nachtprogramms verfolgte, während die meist schwarzen Gefangenen in seiner Obhut unruhig schliefen oder in ihren Zellen auf und ab gingen.

„Ich hatte auf die falschen Leute gehört", fährt Nas fort. „Ich geriet in Schwierigkeiten mit dem Gesetz, und plötzlich fand ich mich vor dem Richter wieder. Ich landete für zwei Jahre in einem Staatsgefängnis. Und glauben Sie mir", erinnert er sich, „es ist schwierig, hinter Gittern seine Träume am Leben zu erhalten." Er macht eine kleine Pause, dann fügt er leise hinzu: „Natürlich war es nie leicht für meine Familie, ihre Träume am Leben zu erhalten."

Nas Imrans Urgroßvater war Sklave, und seine Mutter verlor beide Eltern, ehe sie fünf Jahre alt war. Auch nachdem Abraham Lincoln die Freilassung aller Sklaven verkündet hatte, wurden Amerikanern afrikanischer Abstammung die einfachsten Menschenrechte versagt, die der Rest von uns als selbstverständlich in Anspruch nimmt. Sie hatten kein Wahlrecht, durften nicht frei ihre Meinung äußern oder mit schriftlichen Äußerungen an die Öffentlichkeit gehen, und sie hatten Versammlungsverbot.

Das Gesetz verbot ihnen, als freie Unternehmer zu arbeiten, Eigentum zu haben und Kredite aufzunehmen. Für sie war es sogar gesetzwidrig, lesen und schreiben zu lernen, ganz zu schweigen vom Besitz eines Hauses oder Geschäftes.

Die Vorfahren der heutigen Afroamerikaner hatten wenig Anreiz, Selbstbewußtsein oder ein Gefühl der Unabhängigkeit zu entwickeln, und noch viel weniger die Neigung, Kapitalisten zu werden. Die Sklavenhalter und Landpächter hielten Sklaven ebenso wie ehemalige Sklaven in Unfreiheiheit und Verschuldung. Die Mehrheit farbiger Amerikaner lebte wie Sklaven in Abhängigkeit von ihren Arbeitgebern und in dauernder Angst, vom Straßenmob oder dem Ku-Klux-Clan gelyncht zu werden.

Durch dieses verfilzte Geflecht von Haß und sinnlosen Vorurteilen der Weißen den Schwarzen gegenüber blieb ganzen Generationen amerikanischer Mitbürger jede Hoffnung und Hilfe vorenthalten. Sie träumten weiter, waren aber nicht in der Lage, ihre Träume zu realisieren. Während jener langen Monate im Gefängnis war Nas umgeben von Männern, die das Ergebnis dieser tragischen Hinterlassenschaft waren.

„Ich sah die grauhaarigen zu ‚lebenslänglich' Verurteilten, wie sie gebückt durch einen weiteren Tag ohne Hoffnung schlurften", erinnert er sich, „und ich sah die jungen, die Augen gesenkt, wie sie pflichtschuldig Autokennzeichen stanzten und Lederbörsen fertigten. Da waren ‚Black Panthers', direkt aus dem Guerillakrieg in den Ghettos der Großstädte hier hergekommen, und ‚Black Muslims', die Elijah Muhammad priesen und die ‚Revolution' planten. Aber die Mehrzahl der Gefangenen fuhr fort, dauernd andere für ihre Lage veranwortlich zu machen. Sie glühten vor Wut, aßen, schliefen und schworen bittere Rache."

„He, Nas", knurrte der Aufseher, als er um Mitternacht seine Runde machte, „hör' auf damit, in deinem Käfig herumzulaufen! Es macht mich verrückt."

Zuerst reagierte Nas nicht, dann begann er, sich langsam auf der harten, schmutzigen Matratze niederzulassen, lag da, starrte zur Decke.

Bitte stellen Sie sich jetzt einen Moment lang folgendes ganz intensiv vor: Was glauben Sie, wie Nas wohl in jener Nacht reagiert hätte, wenn der Aufseher aus seinem kleinen Wachhäuschen gekommen, den langen Gang bis zu Nas' Zelle hinuntergegangen wäre und ganz ruhig jene ersten Worte am Anfang dieses Kapitels aus Regel 1 gesprochen hätte?

Stellen Sie sich das vor. „He, Nas", hätte er vielleicht gesagt, „hör' zu. Rich DeVos meint, du solltest wissen, daß ‚jeder Mann, jede Frau und jedes Kind nach Gottes Ebenbild geschaffen ist, und deshalb Wert, Würde und einzigartige Fähigkeiten besitzt'. Hast du das kapiert?"

Nach Nas' grimmigem Lachen oder einer zornigen, groben Antwort hätte es sich der Aufseher wohl zweimal überlegt, ob er mit der Aufforderung fortgefahren wäre, die im Text folgt: „Deshalb kannst du für dich und für andere Großes erträumen!", ganz sicher hätte der junge Schwarze wütend zurückgeknurrt, oder er hätte den Aufseher mit lautem Gelächter in Verlegenheit und zum Verstummen gebracht.

Und doch stehen diese Sätze ganz am Anfang dieses Buches, und Sie können darüber nachdenken, Sie können sich darüber lustig machen oder sie gar nicht beachten. Und ich habe sie dort hingesetzt, weil ich von ganzem Herzen davon überzeugt bin, daß es für Sie und Ihr Leben unglaublich wichtig ist, an diese Aussage zu glauben und sich nach ihr zu richten, so wie er auch für mein Leben und jenes von sehr vielen meiner Freunde von größter Bedeutung ist.

Wie sehen Sie sich selbst?

Machen Sie sich keine Sorgen. Ich bin nicht darauf aus, Sie zu meiner eigenen jüdisch-christlichen Tradition zu bekehren. Sie können ein erfolgreicher Kapitalist sein und sich um Gott nicht einen Deut scheren. Sie können an die Evolution und an Gottes Existenz und Macht glauben oder nicht, und trotzdem in der Welt der Wirtschaft etwas aus sich machen. In unserem Geschäft ebenso wie in Ihrem arbeiten Menschen, die das ganze theologische und philosophische Spektrum abdecken.

Die entscheidende Frage ist folgende: Wer glauben Sie zu sein? Wozu, glauben Sie, sind Sie geboren? Woher kommen Ihre Träume? Wie groß ist Ihre Hoffnung, diese Träume in Erfüllung gehen zu sehen? Ist das alles ein großer Zufall, ein genetischer Scherz, ein undurchdringbares Geheimnis, oder steckte da doch irgendein Sinn dahinter, daß Sie geboren sind?

Eine Freundin von mir, von Beruf Biochemikerin, beantwortet die Frage „Wie sehen Sie sich selbst?“ mit der nicht so ganz ernsthaft gemeinten Bemerkung: „Ich bestehe zu 60% aus Wasser“, beginnt sie, „das reicht für eine ganz kleine Badewanne. Fast alles andere ist Fett, genug, um daraus vier oder fünf Stück Seife zu machen, und dann sind da noch verschiedene ganz gewöhnliche Chemikalien. Ich enthalte ausreichend Kalk, um eine großes Stück Kreide daraus herzustellen, die nötige Menge Phosphor für ein kleines Päckchen Streichhölzer, genug Natrium, um damit einen Beutel Popcorn für die Mikrowelle zu würzen, die Quantität Magnesium, um eine Glühbirne zu entzünden, ausreichend Kupfer für einen Pfennig, das nötige Jod, um ein Kind vor Schmerz hüpfen zu lassen, genug Eisen, um einen kleinen Nagel daraus zu machen, und die erforderliche Menge Schwefel, um einen Hund von seinen Flöhen zu kurieren. Alles in allem,“ schließt sie, „bin ich bei der heutigen schlechten Wirtschaftslage etwa 3 DM in Wasser, Fett und Chemikalien gemessen wert.“

Buckminster Fuller, Philosoph, Architekt und Städteplaner hat die Frage „Wie sehen Sie sich?“ ebenfalls beantwortet. Im folgenden zitiere ich seine viel ausführlichere Erwiderung:

„Ich bin ein von selbst das Gleichgewicht haltender, mit 28 Gelenken ausgestatteter, sich automatisch dem Untergrund anpassender Zweifüßer, eine elektrochemische Produktionsanlage mit integrierten und externen Einrichtungen zur Erhaltung von Energie in Speicherbatterien zum Zweck der anschließenden Energieversorgung von Tausenden von hydraulischen und pneumatischen Pumpen, von denen jede über ihren eigenen Motor verfügt; fast 100.000 Kilometer kleiner Blutgefäße, Millionen von Warnsignaleinrichtungen, Bahnstrecken und Transportbändern; dazu Pressen und Kräne, ein ausgedehntes Fernmeldenetz ohne Servicebedarf, wenn es gut instand gehalten wird; all das von einer Zentrale aus gesteuert, die mit Teleskopen, mikroskopisch kleinen, automatisch scharfstellenden Zielfernrohren, Spektroskopen etc. ausgerüstet ist.“

B. F. Skinner, Psychologe und Schöpfer des Behaviorismus, antwortete auf die Frage in folgender Weise: „Ich bin eine Reihe von erlernten Reaktionen auf meine Umgebung. Wie die Pawlows'schen Hunde werde ich von Einflüssen, die nicht meiner Kontrolle unterliegen, programmiert, auf Befehl Speichel zu produzieren. Ich vermag weder von mir aus ‚aktiv zu werden noch spontane oder von meiner Laune abhängige Änderungen herbeizuführen‘. Alles ist vorbestimmt. Freie Entscheidungen treffen zu wollen heißt, sich Illusionen zu machen. Träume sind Selbstbetrug.“

Wie fühlen Sie sich angesichts solcher Antworten? Stellen Sie sich irgendwo vor einen Spiegel, schauen Sie sich selbst direkt in die Augen und stellen Sie sich die Frage: „Wie sehe ich mich selbst?"

Fühlen Sie sich als ein Häufchen von Chemikalien, oder als eine kunstvolle, komplizierte Maschine, gesteuert von einem Autopiloten, oder als einen Organismus, der darauf dressiert ist, auf Befehl Speichel zu produzieren? Wenn Sie es tun – und ich glaube nicht einen Augenblick daran –, dann freilich gibt es nicht viel Zukunft für „Wasser, Fett und Magnesium im Wert von 3 DM". Eine Maschine hat kein Herz, keine Seele, kein Bewußtsein. Die Pawlows'schen Hunde mögen ja träumen – aber sie haben keine Chance, dafür zu sorgen, daß diese Träume wahr werden. Glauben Sie nicht in Ihrem Herzen, daß Sie mehr sind als all diese Antworten zusammen?

Das ist der Grund, weshalb ich den Reichtum und die Kraft, die von der Bibel ausgehen, respektiere. In der Genesis gibt Moses *seine* Antwort auf diese Frage. In seiner poetischen und tief bewegenden Darstellung der Schöpfung vermittelt der alte Prophet seine Sicht davon, wer wir sind und warum wir wagen dürfen, zu träumen.

Er beginnt dieses berühmteste Stück Literatur aller Zeiten mit diesen einfachen Worten: „Am Anfang schuf Gott Himmel und Erde." (Genesis 1,27). „Am sechsten Schöpfungstag", so schreibt Moses, „schuf Gott den Menschen nach seinem Ebenbild. Nach dem Ebenbild Gottes schuf er ihn; Mann und Frau schuf er." (Genesis 1,27). „Gott erschuf den Mann aus dem Staub der Erde, und er blies ihm den Geist des Lebens ein, und der Mann wurde ein lebendes Wesen." (Genesis 2,7)

Moses glaubte nicht, wir seien ein Zufallsprodukt der Evolution, sondern jemand, den Gott sorgfältig und liebevoll erschuf (Genesis 1–2). Wir sind eben nicht nur noch eine weitere Pflanze oder ein weiteres Tier, denn wir haben den „göttlichen Atem" des Schöpfers empfangen, und so sind wir Teil von unseres Schöpfers eigenster Natur und seiner wirklichen Absicht (Genesis 2,7).

Und die Erde ist nicht bloß ein weiterer Planet, der um die Sonne wirbelt auf seiner endlosen Reise durch die Unendlichkeit des Alls. Die Erde ist unsere gottgegebene Heimat. Wir sollen Nahrung und Lebensfreude von diesem Planeten erhalten. Umgekehrt haben wir unseren Teil an dem Privileg und der Verantwortung, uns um diese Erde und umeinander zu kümmern, ganz so, wie Gott für uns sorgt (Genesis 1,28), zu erfüllen. Wir sind Gottes ganz besondere Geschöpfe, erschaffen, um uns der Freundschaft mit unserem Schöpfer und unseren Mitgeschöpfen zu erfreuen (Genesis 1,31).

In *God's Trombone*, James Weldon Johnsons anregendem und von einem feinen Humor geprägten Bericht über die Schöpfung, erweckt der afroamerikanische Dichter die Geschichte des Moses in seiner ihm eigenen, einzigartigen Weise zum Leben. Am sechsten Schöpfungstag macht Gott eine Pause, um nachzudenken.

Dann ging Gott umher,
Und blickte in die Runde
Auf alles, was er geschaffen.
Er blickte auf seine Sonne,
Und er blickte auf seinen Mond,
Und er blickte auf seine kleinen Sterne;
Er schaute auf seine Welt
Mit all ihren lebenden Wesen
Und Gott sagte: Ich bin immer noch allein.

Dann setzte Gott sich nieder –
An der Seite eines Hügels, wo er nachdenken konnte;
An einen tiefen, breiten Strom setzte er sich;
Den Kopf in die Hände gestützt,
Bis ihm der Gedanke kam: Ich werde mir einen Menschen machen.

Und vom Grunde des Flusses
Schöpfte Gott den Lehm;
Und am Ufer des Flusses
Kniete er sich nieder;
Und da, der große Allmächtige
Der die Sonne entzündete und an den Himmel heftete,
Der die Sterne in die entlegensten Ecken der Nacht schleuderte,
Der der Erde in seiner Hand die Rundung gab;
Dieser gewaltige Gott,
Wie eine Mutter sich über ihr Baby beugt,
So kniete er sich nieder in den Staub und
Bearbeitete einen Klumpen Lehm,
Bis er ihn zu seinem Ebenbild geformt hatte;

Dann blies er ihm den Odem des Lebens ein,
Und der Mann wurde zur lebenden Seele.
Amen. Amen.

Wer bin ich? Wer bist du? Unsere Tradition beantwortet diese Frage in einer zutiefst persönlichen Weise. Wir sind Kinder eines liebenden Schöpfers, der sich hinabbeugte in den Staub, wie „eine Mutter, die sich über ihr Baby beugt", und seine Träume in unser Herz pflanzte. Der Inhalt dieses Schöpfungsberichtes hat unglaubliche, ja geradezu umwälzende Konsequenzen für Nas Imran und für uns alle.

Wir wurden erschaffen. Wir sind nicht nur eine Zusammensetzung aus Chemikalien oder eine seelenlose Maschine. Wir sind Menschenwesen, genau nach dem Ebenbild unseres Schöpfers erschaffen. Als er uns schuf, hielt unser Schöpfer uns im Arm und flüsterte: „Ich habe dich erschaffen, und es ist gut, was ich geschaffen habe."

Denken Sie an den Autoaufkleber „Gott erschafft keinen Abfall!" Es ist wahr. Das Leben mag Sie hart angepackt haben. Mag sein, daß Sie zornig sind oder sich benachteiligt fühlen. Vielleicht sehen Sie sich als einen aus der Gesellschaft Ausgestoßenen, als Versager. Sie mögen vielleicht meinen, Sie hätten Ihre Chance vertan, und es gebe für Sie keinen neuen Anfang mehr.

Versuchen Sie doch zur Abwechslung einmal, sich so zu sehen, wie Sie Ihr Schöpfer sieht. Was immer Sie getan oder unterlassen haben, Gott sieht Sie als seinen eigenen Sohn, seine eigene Tochter an. Und was auch immer auf Ihrem Weg geschehen sein mag, Gott wartet geduldig, wie der Vater des verlorenen Sohnes aus der Bibel, daß Sie heimkommen, seine Geschenke entgegennehmen und neben Ihrem Schöpfer an seiner reichen Tafel Platz nehmen.

Wir sind zum Träumen geschaffen. Auch unsere Träume sind nach dem Ebenbild von Gottes Träumen geschaffen. Stellen Sie sich vor, was es für Sie bedeuten könnte, wenn Sie beginnen würden, dieselben Träume zu haben, die Ihr Schöpfer für Sie und unseren Planeten erträumt. Henry David Thoreau sagte: „Träume sind die Prüfsteine für Ihren Charakter." Ihre Träume sind es, die bestimmen, wer Sie sind und was Ihnen wirklich am Herzen liegt. Die Größe Ihrer Träume bestimmt die Größe Ihrer Seele.

Ich habe Verständnis dafür, daß es schwer für Sie sein mag, den Mut zum Träumen zu finden. Vielleicht tragen Sie, ähnlich wie Nas Imran, ein bitteres Vermächtnis mit sich herum. Vielleicht sind Sie als Kind mißbraucht oder unsittlich belästigt worden. Vielleicht sind Sie in Armut oder Furcht aufgewachsen oder vernachlässigt worden. Es könnte sein, daß Sie eine schreckliche Last von Schuld oder Schulden mit sich herumschleppen oder an Schmerzen oder einer Behinderung leiden. Mag sein, daß Sie Narben von verlorenen Schlachten oder zerbrochenen Träumen haben.

Jedoch, wie ein altes Sprichwort sagt, ist es nie zu spät für Träume. Wenn Ihre Angst zu bedrückend ist, wenn Sie zu tief verwundet sind, um große Träume zu haben – träumen Sie kleine Träume. „Ich habe erfahren", sagt wiederum Thoreau, „daß ein Mensch, der vertrauensvoll in Richtung auf seine Träume fortschreitet und es wagt, das Leben zu führen, welches er immer schon vor seinem geistigen Auge gesehen hat, einen Erfolg erleben wird, den er sich in Alltagsmomenten nie erwartet hätte."

Die meisten Leute beginnen ihr eigenes Geschäft, nur um ein paar DM zusätzlich im Monat zu verdienen. Nur wenige machen sich auf, um Unabhängigkeit und Wohlstand zu erringen. Dann, Stückchen für Stückchen, Schritt um Schritt, wachsen mit der Größe ihres Geschäftes auch ihre Träume. Kleine Träume sind ein sinnvoller erster Schritt. Welchen kleinen Traum trauen Sie sich heute, zu träumen?

Unser Schöpfer liebt uns und gibt uns die Kraft, unsere Träume Wirklichkeit werden zu lassen. Gott hat nicht die Erde geschaffen und ist weggerannt. Er ist heute noch ebenso aktiv und an Ihnen interessiert wie an jenem Tag, an dem er Sie geschaffen hat. Sie mögen das Gefühl haben, daß niemand Sie liebt, daß Sie sich alleine durch diese Welt kämpfen müssen. Aber das ist nicht wahr. Gott ist mit Ihnen, und er hat Träume in Ihr Herz gelegt, die Sie auf Ihrer Reise geleiten sollen. Ihre Träume sind nicht etwas Unmögliches, das in Ihrem Kopf herumgeistert, um Sie zu verhöhnen und lächerlich zu machen; sie sind real, und Sie sollten sorgfältig darüber nachdenken.

Selbstverständlich ist das Ganze nicht ohne Gefahren. Es kann passieren, daß wir entlang dem Weg unrealistische Vorstellungen entwickeln. Ich wäre begeistert, könnte ich singen wie Pavarotti, Tore schießen wie Oliver Bierhoff, Formel-1-Rennwagen steuern wie Michael Schumacher oder schreiben wie Toni Morrison. Es ist wirklich wichtig, den Realismus unserer Ideen regelmäßig von Leuten überprüfen zu lassen, die wir lieben und denen wir vertrauen. Gelegentlich werden unrealistische Träume zur fixen Idee, und wir bedürfen der Hilfe eines Ratgebers. Oft aber sind die unrealistischsten Träume die wichtigsten, um unsere Fähigkeit zu träumen am Leben zu erhalten. Manchmal werden auch Träume, die nicht vernünftig und normal sind, Sie zu denen zurückführen, die Gott in Ihr Herz gepflanzt hat.

Nas Imran, ein Kind von Sklaverei und Ungerechtigkeit, in seiner einsamen Zelle, vor den Ruinen seiner Rose-Bowl-Träume, brachte es fertig, weiterzuträumen. Anfangs waren es zornige Träume, die er träumte. Nach seiner Entlassung aus dem Gefängnis schloß er sich der Black-Muslim-Nation an. Er half mit beim Wechsel der Führung, als Elijah Muhammad starb. Schließlich wurde er zum Minister für die zahlreiche Black-Muslim-Bevölkerung von Seattle bestimmt.

„Damals lernte ich verstehen", erklärt Nas, „daß das, was meinem Volk in diesem Land geschehen ist, nicht gerächt werden konnte. Es mußte geheilt werden. Der Traum der Black Muslim beruhte auf Haß und Schuldzuweisung. Mit Haß und Schuldzuweisungen in meinem Herzen konnte es keine Heilung geben. Dann sagte mir jemand, daß der Traum der Christen auf Liebe gegründet sei. Liebe heilt. Mit Jesus als Vorbild lernte ich, das Vergangene zu vergeben und große Träume, in Schwarz und Weiß für die Zukunft zu träumen."

Heute nennen Nas und Vicky Imran ein sehr erfolgreiches Amway-Geschäft ihr eigen. Und er hat seinen Traum vom freien Unternehmertum an seine Frau, seine acht Kinder und an Hunderte von Leuten weitergegeben, die nun ihre eigenen erfolgreichen Unternehmen besitzen. Mit seiner neuen finanziellen Unabhängigkeit verfügt Nas heute über die Freiheit, seine Zeit, sein Geld und seine Kreativität dazu zu benützen, anderen Mitgliedern seiner Gemeinschaft zu helfen.

Auf Grund der Tatsache, daß es Leute wie Nas Imran und Hunderte von anderen wie ihn in der Amway-Familie gibt, mit ihrer tiefen Verwurzelung in Afrika, in Asien und Lateinamerika, ist das Unternehmen dabei, sich zu verändern. Wir entwickeln und vermarkten Produkte für Völker, die vormals verunglimpft oder ignoriert wurden. Wir öffnen Leuten die Türen, die man früher draußen stehenließ. Und wir setzen Gelder unserer Gesellschaft ein, um Stipendien für so förderungswürdige Organisationen wie den United Negro College Fund zu finanzieren, weil Nas Imran und Menschen wie er es gewagt haben, etwas Großes erträumen – für sich selbst und für uns.

Wie sehen Sie die anderen?

Regel 1 birgt Konsequenzen für jeden einzelnen von uns, Anregung und Ermutigung. Wenn wir einmal erfaßt haben, was es bedeutet, dann sind wir bereit, unsere Reise anzutreten. Aber die Regel 1 enthält auch bedeutende ethische und moralische Erwägungen. Wie Sie sich selbst sehen, ist erst der Anfang. Auf lange Sicht könnte die Weise, wie Sie die anderen sehen, sogar wichtiger sein, um zur Verwirklichung Ihrer Träume beizutragen. Wenn Sie und ich aber wirklich nach Gottes Ebenbild geschaffen sind, um für uns selbst große Träume zu haben, dann sind auch alle anderen nach Gottes Ebenbild geschaffen, und wir mit unseren Träumen müssen unsere helfende Hand ausstrecken, um ihre Träume wahr werden zu lassen.

Gehen wir mit unserer Betrachtung von Regel 1 einen Schritt weiter. Es reicht nicht aus, zu glauben, daß ich von einem liebenden Schöpfer geschaffen wurde, um große Träume zu haben. Ich muß auch glauben, daß die anderen auf genau die gleiche Weise und zu genau demselben Zweck geschaffen wurden.

Zu allen Zeiten sind immer dann schreckliche Dinge geschehen, wenn ein Mann oder eine Gruppe von Menschen glaubten, sie seien dem Rest der Menschheit überlegen. Oft ereignen sich Tragödien, wenn wir uns selbst als unbezahlbar kostbare Geschöpfe erachten, andere aber als kleine Häufchen von Chemikalien im Wert von 3 DM betrachten.

Während meiner eigenen Lebenszeit, vor nicht viel mehr als fünfzig Jahren, vergasten und verbrannten die Nationalsozialisten sechs Millionen europäischer Juden. Mindestens weitere sechs Millionen von religiös Verfolgten, Kriegsgefangenen und politischen Häftlingen wurden während Hitlers Terrorregime gefoltert und umgebracht.

Die Opfer seiner Lügen waren Männer, Frauen und Kinder, von Gott zum Träumen geschaffen, für Hitler aber waren sie wertloser Abfall. Es ist leicht, Chemikalien im Wert von 3 DM zu verbrennen. Niemand hat ein schlechtes Gewissen, wenn eine lärmende, dauernd Ärger machende Maschine zum Schrotthändler gebracht wird. Nur wenige Leute regen sich auf, wenn ein streunender Hund eingeschläfert wird.

Und so starben sie eben. Millionen von ihnen. Menschen, geschaffen genau wie Sie und ich, und ihre Träume wurden durch einen schrecklichen, unzeitigen Tod jäh beendet. Vergessen Sie nie jene Fotografien, die in Auschwitz und Buchenwald aufgenommen wurden. Mütter, Väter und kleine Kinder, voll Entsetzen aneinandergeklammert, als Sturmtruppen und Polizeihunde sie wie Viehherden in die Konzentrationslager trieben. Ganze Familien, in den Gaskammern zusammengepfercht, ihre Kleidung, Goldfüllungen und Brillen höher bewertet als ihr Leben. Lampenschirme aus Menschenhaut. Kinderschädel, verwendet für Schießübungen und als Aschenbecher. Verkrümmte, verhungerte, nackte Körper aufgeschichtet wie Holz oder achtlos und ohne Respekt in große, offene Gruben geworfen.

Lesen Sie *Archipel Gulag*, Solschenizyns erschütternden Augenzeugenbericht über die Schlächter der sowjetischen Kommunisten. Stalin und seine Henkersknechte schickten schätzungsweise zehn Millionen Männer, Frauen und Kinder in die Gefängnisse, wo sie gefoltert und ermordet wurden. Während des letzten Jahrzehnts schlachteten Angehörige der Roten Khmer in Kambodscha eine Million ihrer Mitbürger ab. Im Irak bringt Saddam Hussein, während ich diese Zeilen schreibe, immer noch die Minderheiten in seinem Lande um: Kurden im Norden und schiitische Moslems im Süden; die Serben Jugoslawiens ermorden die Bewohner Bosniens; irische Katholiken und Protestanten werfen Bomben, entführen und erschießen sich gegenseitig, während im Heiligen Land noch immer die unschuldigen Kinder von Juden, Christen und Moslems umgebracht und verstümmelt werden – eine endlos blutige Spirale von Blutrache und Vergeltung.

Auch Amerika kennt in seiner Geschichte tragische Beispiele dafür, daß Brüdern und Schwestern von uns Gleichstellung und Anerkennung versagt blieb. Die Indianer, die eigentlichen Amerikaner, wurden betrogen und schließlich beinahe ausgerottet, weil unsere Vorfahren nicht glaubten, daß rote Männer, Frauen und Kinder ebenfalls von Gott geschaffen worden sind, um ihre Träume zu realisieren. Und obgleich die neue amerikanische Nation auf dem Grundsatz erbaut wurde, daß „alle Menschen gleich geschaffen und von ihrem Schöpfer mit bestimmten unveräußerlichen Rechten ausgestattet sind", kamen die Gründerväter nicht auf den Gedanken, daß jene gleichen Rechte auch Frauen und Kindern zustanden, geschweige denn Sklaven und ihrer amerikanischen Nachkommenschaft.

Im Jahr 1681 gab es nur 2.000 Sklaven in diesem Land, vor allem in Virginia. Aber um die Mitte des 19. Jahrhunderts waren mehr als vier Millionen Afrikaner aus ihren Dörfern entführt und wie Vieh über den Atlantik verschifft worden. In diesem für sie fremdartigen neuen Land wurden Sklaven oft von ihren Familien getrennt, an den Meistbietenden als sein Eigentum verkauft, in Ketten weggeführt, gezwungen, ihr Leben bei harter Arbeit, bei Hunger und unter Peitschenschlägen zu verbringen, verurteilt zu Armut und härtesten Lebensbedingungen, jeglicher Würde und jeglichen Selbstwertgefühls beraubt, und in nicht gekennzeichneten Gräbern verscharrt.

Und wieder führte diese niedrige Einschätzung des Menschentums zur Tragödie. Um es mit Hitlers Worten zu sagen, Schwarze waren nicht Teil der „wertvollen Rasse". Also betrachtete man sie als Maschinen zum Baumwollpflücken und zum Pflügen der Felder.

Wir haben uns aber noch immer nicht wirklich ernsthaft mit der Sklaverei und ihren Langzeitwirkungen auf die amerikanische Nation befaßt. Wie es scheint, glauben wir noch immer nicht wirklich daran, daß alle Männer, Frauen und Kinder gleich geschaffen sind.

Die anderen so zu sehen, wie wir uns selbst sehen, ist mehr als ein erster Schritt auf dem Weg, Ihr eigenes erfolgreiches Geschäft zu besitzen. Es ist der Anfang einer Antwort auf all die Fragen, welche die Welt quälen. Unmittelbar vor seiner Kreuzigung faßte Jesus sein Leben und seine Lehre in diese einfachen, aber ausdrucksstarken Worte zusammen: „Dies ist mein Vermächtnis: Liebet einander!"

Wie sehen Sie Ihren Nachbarn, Ihren Kunden, Ihren Chef, den armen Ausländer, der in Ihr Land kommt, die Person, welche Sie fast zum Wahnsinn treibt? Wenn Sie als Mensch erfolgreich sein wollen, müssen Sie diese anderen so betrachten, wie Sie sich selbst sehen. Denn auch sie sind geschaffen, um Träume zu haben.

Tief verwurzelte Vorurteile sind schwer zu bekämpfen. Es hat den Anschein, daß wir viel länger hassen können als lieben. Und doch können wir es fertigbringen, unsere Nächsten so zu sehen, wie der Schöpfer sie sieht. Alle müssen wir es versuchen. Selbst unser kleinster Versuch kann etwas bewirken.

Thomas Jefferson sagte einmal: „Ein mutiger Mann ist schon eine Mehrheit." Ich frage mich, ob Lincoln diese Worte gelesen hatte, als er den Mitgliedern seiner Regierung den Gesetzentwurf zur Befreiung der Sklaven vorlegte. Nachdem sie ein schallendes „Nein" zu seinem Plan zur Sklavenbefreiung von sich gegeben hatten, hob der Präsident seine Hand und verkündete: „Die Ja-Stimmen haben die Mehrheit!"

Meine Freunde im Amway-Geschäft haben mich so viel gelehrt. Von David und Jan Severn habe ich folgenden Ausspruch: „Du kannst im Leben alles haben, was du willst, solange du bereit bist, zuerst anderen Leuten zu helfen, das zu bekommen, was sie wollen." Wie könnte man die Regel 1 besser zusammenfassen?

Da wir von einem liebenden Gott erschaffen wurden, können wir für uns und andere große Träume haben. Nach diesem Ideal zu streben, war der Schlüssel für den Erfolg der Familie Severn als unabhängige Besitzer ihres eigenen Geschäftes.

Dave Severn wuchs in Boise, Idaho, auf. Ehe er in die Armee der Vereinigten Staaten eintrat, machte er seinen Abschluß an der Universität von Idaho, wo er Mitglied des Trainingscorps der Reserveoffiziere war.

Nach seinem Examen arbeitete Dave bei Ernst & Ernst, einem international tätigen Wirtschaftsprüfungsbüro. Jan Severn verbrachte ihre Kindheit in Twin Falls, Idaho, einem Städtchen von etwa 20.000 Einwohnern. 1969 heirateten Jan und Dave. Etwa um die gleiche Zeit wurde Dave zum Militär eingezogen, und die Jungvermählten verbrachten ihre ersten drei Ehejahre im Dienst ihres Landes in Europa. Ihr erstes Kind kam in Deutschland zur Welt, und nach Daves Entlassung kehrten sie in die Vereinigten Staaten zurück.

„Das waren finanziell harte Zeiten", sagte mir Dave. „Obwohl Jan eigentlich lieber mit unserem kleinen Baby zu Hause bleiben wollte, mußte sie sich einen Job als Empfangsdame bei einem selbständigen Versicherungsvertreter suchen, damit wir finanziell über die Runden kamen. Sonderbar", fügte er leise hinzu, „wie schnell die Realität unseren Träumen einen Dämpfer aufsetzte."

„Wir brauchten mehr Geld", fuhr Jan mit der Geschichte fort. „So versuchten wir für ein paar DM alte Häuser zu renovieren." Sie lachte verlegen bei dem Gedanken. „Die Idee trieb uns wie viele andere, die wir ausprobierten, nur noch tiefer in die Schulden."

„Ich machte Steuererklärungen für selbständige Geschäftsleute", erklärte Dave. „Ich war perplex, als ich sah, wieviel mehr Geld sie verdienten als wir, und ich begann sofort davon zu träumen, eine eigene Steuerberatungskanzlei zu eröffnen. Aber die Investition war horrend, und auch dieser Traum ging in die Brüche."

„Dann entdeckten wir dieses Geschäft", sagte Jan strahlend, „und den Rest kennen Sie ja."

Als ich sie nach dem Schlüssel ihres Erfolges fragte, antwortete Dave, ohne auch nur einen Augenblick zu zögern: „Wir legten los mit dem einen Ziel, reich zu werden. Wir brauchten Geld, um unsere Träume verwirklichen zu können, und wir legten uns eine Art Non-Stop-Mentalität zu. Ich sagte zu jedem: ‚Du kannst Geld verdienen, du kannst reich werden.' Und ich rannte herum und sponserte und trainierte Leute, und ich betrachtete sie in erster Linie als Einkommensquelle. Ich gab mir wirklich Mühe, die Klugen und Schönen zu sponsern, und die anderen ließ ich weitgehend links liegen. Ich hörte mich zu ihnen allen sagen: ‚Wenn du Erfolg hast, werden wir alle zusammen erfolgreich werden.' Aber im stillen fügte ich hinzu: ‚Aber wenn du es nicht schaffst, tja, das ist dann dein Problem – und Schluß.'

Dann begannen wir, die Leute zu beobachten, die mit ihren Geschäften wirklichen Erfolg gehabt hatten", fuhr Jan fort. „Sie brachten uns bei, daß der Unterschied zwischen einem wirklich großen und einem nur kleinen Geschäft darin besteht, wie vielen Leuten du zu helfen bereit bist."

„Ich werde nie vergessen, was Ron Puryear uns gesagt hat", erklärte Dave überzeugt. „‚Es ist gefährlich', sagte Ron, ‚wenn wir einen anderen Menschen als einen Körper betrachten, der entweder einen guten Kopf hat oder eben nicht. Diese Art zu denken verführt uns dazu, Leute zu benutzen, und schließlich die wegzuwerfen, die wir nicht benutzen können. Wenn du jedoch jeden Menschen als ein Geschöpf Gottes ansiehst, als eine Seele, die einen Körper besitzt, um sie umherzutragen, dann wirst du damit beginnen können, dieser Seele zu helfen und zu beobachten, wie sie zu dem großartigen Teil der Schöpfung wird, als den Gott sie geplant hatte.'"

„Ich glaube", fügte Jan hinzu, „es war bei diesem Treffen, daß es uns zum ersten Mal dämmerte: Du kannst im Leben alles haben, was du willst, solange du bereit bist, zuerst anderen dabei zu helfen, das zu bekommen, was sie haben wollen. Und als wir begannen, dieses Ideal in die Praxis umzusetzen, als wir damit begannen, andere Menschen als Gottes Geschöpfe mit ihren eigenen Träumen zu sehen, Träumen, bei deren Verwirklichung wir helfen konnten, da begann unser Geschäft, groß zu werden."

Ken Stewart war 27 Jahre alt, als er zum ersten Mal etwas von Amway hörte. Er war ein erfolgreicher Bauunternehmer in Springfield, Missouri, der in jener blühenden Region des Mittleren Westens 50 oder mehr Häuser im Jahr baute und verkaufte. Ken und seine Frau Donna befanden sich auf dem Weg zum schnellen Erfolg.

„Wir waren jung und ehrgeizig", erinnert sich Ken. „Aber wir hatten auch 500.000 DM Schulden und waren ziemlich beunruhigt, ob wir jemals imstande sein würden, das Geld wieder hereinzuholen, das wir investieren mußten."

„Die Lösung schien es zu sein, unser eigenes Handelsunternehmen zu besitzen", sagt Donna, „und wir ergriffen blitzschnell die Gelegenheit, die sich uns bot, und bemühten uns, eine Gruppe von ehrgeizigen Paaren wie uns selbst zu sponsern. Dann begannen wir, den Menschen zuzuhören, die wir in diesem Geschäft am meisten schätzen", fügt sie hinzu. „Wir brauchten nicht lange, um zu erkennen, daß sie ein ganz einzigartiges und wundervolles Menschenbild besaßen."

„Nach unserem ersten Gespräch", fährt Ken fort, „gab mir Dexter Yager, einer von unseren Ratgebern, den Spitznamen ‚The Kid'. Ich war jung, ehrgeizig und voller Energie. Ich sah mich selbst als Sieger und wollte Sieger in meinem Team um mich haben. Ich sah die Menschen nicht, wie Gott sie sieht. Ich verstand nicht, daß diese Einteilung in Sieger und Verlierer gefährlich und irreführend ist, denn auf lange Sicht wirst du manche Überraschung damit erleben, wer wirklich Erfolg hat und wer nicht."

„Wir brauchten eine ganze Weile", erklärt Donna, „aber im Laufe der Jahre lernten wir, das Abgeben von Beurteilungen bleiben zu lassen. Wir hatten nicht das Recht, ein Paar als toll einzustufen, weil es einen starken Eindruck machte, strahlte und glänzte, und ein anderes als uninteressant, nur weil es schwach oder schüchtern schien."

„Wie so viele andere Menschen", fährt Ken fort, „können auch wir uns dazu hinreißen lassen, Leute wegen ihrer noch unentwickelten oder erst teilweise entwickelten Gaben und Talente zu unterschätzen. Es kann auch uns passieren, daß wir die potentiellen Fähigkeiten der Menschen übersehen."

„Wir fingen an, in diesem Geschäft erfolgreich zu werden", fügt Donna an, „als wir aufhörten, Leute nach dem ersten Eindruck zu bewerten, und als wir begannen, wirklich an ihre gottgegebenen Fähigkeiten zu glauben."

Schließlich faßt Ken zusammen: „Wir mußten lernen, die Menschen dort zu akzeptieren, wo sie wirklich stehen, mußten herausfinden, wo sie sein wollen, und dann unser Bestes tun, um ihnen zu helfen, dorthin zu kommen. Diesen Prozeß zu verstehen und ihm unser Leben zu widmen, brachte uns eine neue Art Lebensfreude, und es ermöglichte uns wirklichen Erfolg in unserem Geschäft."

„Wenn ein Mensch will, daß seine Träume wahr werden," sagt ein altes Sprichwort, „muß er erst aufwachen!"

Ich bin nicht sicher, ob ich es klar und deutlich genug gesagt habe, aber im Kern der Regel 1 verbirgt sich eine Art Weckruf für uns alle. Wenn Sie Erfolg haben wollen, ist das, was Sie von sich (und somit von den andern) denken, das Wichtigste.

Bringen Sie es fertig, sich als das Kind eines liebenden Schöpfers zu sehen? Vermögen Sie sich Ihre eigene Erschaffung so vorzustellen, wie James Weldon Johnson sie beschreibt?

Dieser gewaltige Gott,
Wie eine Mutter sich über ihr Baby beugt,
So kniete er sich nieder in den Staub und
Bearbeitete einen Klumpen Lehm,

bis er *dich* zu seinem Ebenbild geformt hatte.
Dann blies er *dir* den Odem des Lebens ein,
Und *du* wurdest zur lebenden Seele.
[*Schräggedrucktes hinzugefügt*]

Vermögen Sie Ihre Mitgeschöpfe – weiß, schwarz, rot, gelb – alle und allüberall als Kinder eines liebenden Gottes anzusehen, geschaffen, um wie Sie zu träumen, mit ihrem Wert, ihrer Würde und ihren Fähigkeiten?

Wenn Sie es können, dann sind Sie schon auf dem richtigen Weg, für sich und die anderen die Art von Träumen zu haben, welche die Welt umwandeln können.

2

Wohin gehen wir?

Regel 2

Die meisten Menschen haben, wie wir glauben, das Gefühl, in ihrem Leben nicht ihr volles Potential auszuschöpfen, und sind dankbar für jede realistische und umsetzbare Hilfe, die sie finden können, um ihre Lage zu verbessern.
Deshalb müssen wir alle einen ehrlichen Blick darauf verwenden, wo wir stehen, wohin wir wollen und was wir vielleicht ändern müssen, um dorthin zu gelangen.

Mit zornigem Schritt durchmaß Joe Foglio die Küche seines großen Hauses an einem Yachthafen am Meer in Coronado, Kalifornien. Er stieß die Hintertür auf, stürmte hinaus in die Wüstensonne, knurrte grimmig etwas vor sich hin, während er über den dampfenden Asphalt der Auffahrt ging.

„Joe? Geh' nicht weg. Bitte. Nicht jetzt."

Für die Dauer eines Augenblicks wendete er den Kopf in Richtung Norma, seiner Frau, die im offenen Eingang stand. Ihre Hände zitterten, und in ihren Augen schimmerten Tränen.

„Ich hau' ab hier!" gab er ihr zur Antwort und öffnete die Autotür, verlegen und voller Hemmungen, ihr ins Gesicht zu sehen. Er hoffte, sie möchte ihn zurückhalten, und fürchtete doch gleichzeitig, sie könnte es wirklich versuchen.

„Wann kommst du nach Hause?" fragte sie und machte ein paar zögernde Schritte über die Auffahrt auf ihn zu, wollte, daß er sie in die Arme nähme, damit zwischen ihnen wieder alles so würde, wie es einmal gewesen war.

„Das geht dich einen feuchten Dreck an", brüllte er und schmetterte zornig die Tür zu. Ohne umzuschauen, ließ er den Motor aufheulen, und die Reifen quietschten rückwärts die Auffahrt hinab.

Einen Augenblick lang stand Norma wie versteinert da, kämpfte mit den Tränen. Sie drehte dem Haus sorgfältig den Rücken zu, wußte sie doch, daß Nicky und Joey, ihre 19 und 16 Jahre alten Söhne, und Charrie, ihre 17jährige Tochter, sie durch die Fenster beobachteten, frustriert und erschreckt von diesem jüngsten Kampf in dem Dauerkrieg zwischen ihren Eltern. Dann, mit einem tiefen Atemzug, wendete sich Norma zu ihnen um.

„Ich weiß, warum Joe die Tür zuschlug und mit durchdrehenden Rädern davonfuhr", erinnert sie sich ganz leise. „Er fühlte sich einfach hundeelend. Es ging uns beiden so. Egal, wie hart wir arbeiteten, wir kamen keinen Schritt weiter, und fast täglich ging etwas anderes schief. Das Schlimmste war die Hilflosigkeit. Alles was uns lieb und teuer war, ging ‚den Bach runter', und wir wußten nicht, wie wir es aufhalten sollten."

Joe passierte die Brücke über die Coronado Bay und raste den Highway 5 hinunter, auf die mexikanische Grenze zu. Er baute gerade eine Zeile Reihenhäuser in Rosarita Beach, Mexiko, und seine Arbeiter erwarteten ihn. Er war wütend auf sich selbst, weil er wieder die Beherrschung verloren hatte. Er hatte das Empfinden, sein Leben bewege sich in Spiralen abwärts in ein schwarzes Loch, und er fühlte, wie alte, gewohnte Ängste wieder begannen, an die Oberfläche zu kommen.

„Ich hatte zehn Jahre lang unter Kortison gestanden", erinnert sich Joe, „im Kampf gegen die multiple Sklerose. Ich hatte übermäßig zugenommen. Nachdem ich schon zweimal bankrott gegangen war, begannen jetzt die Mittel für mein internationales Baugeschäft zu versiegen. Einige Tage zuvor hatte Mexiko seine Währung abgewertet. Das Land wurde ins wirtschaftliche Chaos gestürzt. Mein Wert unter dem Strich fiel auf Null. Wieder einmal war ich am Rande der Pleite."

Norma saß in ihrer Küche mit einem Kaffee und versuchte, sich zu beruhigen. Charrie saß nah bei ihr und wußte nicht, wie sie ihre Mutter trösten sollte. Joey hatte sich in sein Zimmer verzogen, Kopfhörer fest auf die Ohren gestülpt, und hörte sich plärrende Musik an. Ihr älterer Sohn, Nicky, war auf seinem Motorrad verschwunden, in einer Wolke aus Staub und Wut.

Joe steuerte seinen silberfarbenen Jaguar eine schmale, staubige Straße hinunter, die auf einen einsamen mexikanischen Strand mündete. Die Sonne zeichnete eine goldglänzende Spur von Reflexen auf den Pazifik. Er weiß noch, daß er sich fragte, wohin dieser Pfad wohl führen mochte. Dann, das Gesicht in die Hände vergraben, sank er über dem Lenkrad zusammen und brach in Tränen aus.

„Ich war am Ende", erinnert sich Joe, „körperlich, in meinen Gefühlen, seelisch und finanziell. Ich hatte Angst, meine Frau, meine Familie zu verlieren, und in meinem Kopf ballte sich die Depression zu einer riesigen, dunklen Wolke zusammen."

Klingt das irgendwie vertraut? Ich hoffe, Ihre Träume drohen nicht so zunichte zu werden, wie es Joe und Norma an jenem Tag erlebten. Ich hoffe, die Hoffnungslosigkeit überschattet Ihr Leben nicht, wie sie das ihre bedrückte. Aber jeder Mensch macht Zeiten durch, in denen seine Träume zu stocken beginnen, ja sogar an den Klippen des Lebens scheitern. Maxwell Anderson, der amerikanische Dramatiker, sagte es in perfekter Weise: „Wenn Sie es nicht gleich zu Anfang schaffen, liegen Sie absolut im Durchschnitt." Nach jedem Fehlschlag ist es sehr gut möglich, daß eine Depression auftritt.

Thoreau äußerte sich darüber im Jahr 1854 ganz ähnlich mit diesen wenigen Worten: „Die Mehrzahl der Menschen verbringt ein Leben in stiller Verzweiflung."

Zu allen Zeiten haben die Menschen ihre Wut und ihre Enttäuschungen nach innen gekehrt. In unserem Zeitalter sind Depressionen zu einer wahren Seuche geworden. Nach Aussage des National Institute of Mental Health „kämpft eine immer größere Anzahl von Menschen mit dem Gefühl dauernder Niedergeschlagenheit oder innerer Leere, hat das Interesse am anderen Geschlecht und anderen schönen Dingen verloren, leidet unter Erschöpfung, Schlaflosigkeit, Reizbarkeit, Weinkrämpfen und hegt Gedanken an Tod oder Selbstmord".

Statistiker von Westinghouse Electric sagen: „Etwa ein Fünftel jeder DM, die amerikanische Unternehmen für Gesundheitsvorsorge ausgegeben, wird von der Behandlung geistiger Krankheitszustände und Drogenabhängigkeit geschluckt." Und sie fügen folgende höchst interessante Bemerkung hinzu: „Einer der teuersten Bereiche der vorbeugenden Medizin scheint das Gebiet der geistigen Gesunderhaltung zu sein."

Mit anderen Worten: Wenn wir unser Leben in Ordnung bringen würden, könnte sich unser Körper selbst heilen. Diese Erkenntnis könnte dem Weisheitsspruch des Salomon aus dem Alten Testament eine völlig neue Bedeutung geben, welcher fast tausend Jahre v. Chr. schrieb: „Wie ein Mann in seinem Herzen denkt, so ist er." Depressionen und andere Krankheiten, die mit Depressionen zusammenhängen, kosten die amerikanischen Arbeitgeber jedes Jahr rund 28 Milliarden DM. Da Depressionen bei immer mehr jüngeren Menschen verbreitet sind, sind die Kosten, hervorgerufen durch die Vergeudung von Zeit und Finanzmitteln sowie aufgrund chronischer Krankheiten und ruinierter Lebensläufe, nicht kalkulierbar. Kürzlich beschrieb eine der letzten Ausgaben von *Time* den derzeitigen Zustand als „ein nationales Gefühl von Unsicherheit und Unbehagen“. Im Oktober 1991 brachte eine Umfrage der Zeitschrift *Money*, in der Verbraucher über ihr Befinden befragt wurden, die Problematik so auf den Punkt: „Düstere Stimmung herrscht vor.“ Die Herausgeber des Blattes gaben die momentane Schlüsselzahl der Depressionsrate mit minus 24 an, tiefer als die minus 19 vom April des Jahres, als die Schlagzeile gelautet hatte: „Die Amerikaner haben die Hosen gestrichen voll.“

Alexis de Toqueville, der große französische Analytiker amerikanischer Lebensgewohnheiten in den dreißiger Jahren des vorigen Jahrhunderts, klingt so, als ob er über uns in den neunziger Jahren dieses Jahrhunderts berichtet, wenn er unsere Urgroßväter und -mütter vor mehr als 160 Jahren wie folgt beschreibt: „Eine Wolke verdunkelte gewohnheitsgemäß ihre Mienen, und sie erschienen ernst und fast bedrückt auch in ihrem Vergnügen ... sie lassen nie davon ab, an die guten Dinge zu denken, die sie nicht haben.“

Dr. Gerald Klerman vom New York Hospital-Cornell University Medical College drückte dies in folgender Weise aus: „Im allgemeinen sind die Menschen zur Zeit pessimistischer. Die Leute verfallen in Depression, wenn zwischen Erwartung und Erfüllung eine Lücke klafft.“

Hier setzt die Regel 2 an. Zu oft entspricht die Realität nicht unseren Träumen, und so beginnen wir destruktiv zu denken und zu handeln. Die Folge ist, daß unser Leben immer mehr in einen Sog nach unten gerät, bis es für uns keine Möglichkeit mehr zu geben scheint, uns selbst aus dem Sumpf wieder herauszuziehen.

Was passiert, wenn Träume zugrunde gehen und Depressionen einsetzen? Einige Leute reagieren auf den Teufelskreis von Mißerfolg und Depression in ziemlich vorhersagbarer Weise. Zu Beginn versuchen sie, ihn zu leugnen oder zu ignorieren. Dann versuchen sie, sich selbst oder anderen die Schuld zuzuweisen. Unweigerlich versuchen sie, aus diesem Kreis auszubrechen. Manche lassen sich von der Depression geradezu lähmen. Andere tun verzweifelte, destruktive Dinge, um die Situation zu beenden. Einige leben weiter in lebenslanger Depression. Wieder andere setzen sich hin und sterben ganz einfach, aber sie müßten es nicht.

Möglichkeit 1: Die Depression leugnen oder sie ignorieren

Joe Foglio fuhr von Rosarita Beach nach Hause und kam wieder zu spät zum Abendessen. Norma begrüßte ihn an der Tür, als ob nichts gewesen wäre. Joe sprach mit seiner Frau und den Kindern über belanglose Dinge, als sie sich an den Eßtisch setzten, und tat so, als ob alles in Ordnung wäre. Norma schoß mit einem aufgesetzten Lächeln zwischen dem Herd und dem Tisch hin und her. Jeder benahm sich höflich, herzlich, und heimlich voller Kummer. Was glauben Sie, warum Thoreau von „Leben in stiller Verzweiflung" sprach? Selbst von Walden Pond aus konnte der frühe amerikanische Dichter sehen, daß die Menschen Masken mit einem gemalten Lächeln aufsetzten, um vorzugeben, mit ihnen sei alles in Ordnung, wenn sie sich auch innerlich elend fühlten.

Die Versuchung, still vor sich hin zu leiden, ist gewaltig. Unser Stolz verbietet es uns, die Wahrheit zuzugeben. Wir wollen nicht, daß die Leute wissen, daß etwas schiefgelaufen ist. Beispielsweise im Orient bedeutet es alles, „das Gesicht zu wahren". Die Briten sagen: „Keep a stiff upper lip."[1] Es ist ein amerikanischer Macho-Mythos, daß echte Männer nie weinen. Ich kenne nicht einen Menschen, der gerne mit Konflikten zu tun hätte. Es ist so viel leichter, zumindest am Anfang, so zu tun, als ob alles in Ordnung wäre. Unsere innere Qual wird nach und nach zu einem schrecklichen Geheimnis. Wir bauen Mauern um uns herum und isolieren uns von denen, die sich in uns hineinzufühlen und uns sogar zu helfen bereit wären. Wie kranke Tiere schleichen wir uns davon und warten darauf, daß unsere Wunde von selbst heilt.

Geht es Ihnen auch so? Wenn Ihre Träume bedroht sind und Sie sich in einem Nebel aus Depression verirrt fühlen, hüllen Sie sich in Schweigen und gehen weg? Oder bleiben Sie da, lächeln tapfer und geben vor, alles sei klar, während in Wirklichkeit Ihre ganze Welt um Sie herum zusammenbricht?

„Wir führten in finanzieller Hinsicht ein schönes Leben, als Joe bankrott ging", erinnert sich Norma. „Wir hatten ein schönes Haus, ein Boot und schicke Autos. Und als alles umkippte, wollten wir nicht, daß die Leute es wußten. So versuchten wir, weiterhin unseren Lebensstandard zu halten, auch wenn wir es uns gar nicht leisten konnten."

„Ein reicher Freund verkaufte mir seinen silberfarbenen Jaguar XJS ohne Anzahlung und gegen monatliche Raten, deren Höhe ich bestimmen konnte. Und wir mieteten ein großzügiges kalifornisches Haus am Wasser auf der exklusiven Insel Cays in der Coronado Bay, gegenüber von San Diego."

---

[1] Entspricht im Deutschen etwa „Halt die Ohren steif!"

„Es ist nicht schwierig, die Illusion vom Erfolg aufrechtzuerhalten“, gibt Norma verlegen zu, „für ein Weilchen zumindest. So trugen wir, auch als wir pleite waren und uns verzweifelt und bedrückt fühlten, unsere Masken und fuhren fort, so zu tun, als ob alles in Ordnung sei.“

In der Kirche, bei Elternabenden in der Schule, im Büro, auf der Bank, im Lebensmittelgeschäft, überall herrschte eitel Freude und Sonnenschein. Joe und Norma Foglio führten ein Doppelleben und fühlten sich dabei immer mehr deprimiert. Nach außen hin trugen sie ihre Masken, um das Zerfallen ihrer Beziehung zu kaschieren; noch waren es ganz wenige ihrer guten Bekannten, die den Verdacht schöpften, daß da etwas nicht stimmte.

Klingt das vertraut? Wir können uns nicht einmal selbst helfen, wenn wir vorgeben, alles sei in Ordnung. Und auch sonst niemand kann uns helfen, wenn wir nicht zugeben, daß wir in Not sind. „Das Leben ist phantastisch! Bitte reichen Sie mir die Tabletten gegen Übersäuerung!“ Es erscheint besonders traurig, daß in unseren Kirchen und Synagogen – wo die Liebe im Vordergrund stehen sollte – so viele Menschen jene Miene himmlischer Freude aufsetzen, und in Wirklichkeit leben sie wie in der Hölle. Depression kann nicht behandelt werden, solange wir nicht aufhören, sie zu leugnen oder zu ignorieren. Der Anfang vom Ende jenes Kampfes ist es, zuzugeben, daß Sie am Kämpfen sind – zuerst sich selbst gegenüber, und dann, Schritt für Schritt, auch gegenüber anderen Menschen, mit denen zusammen Sie vertrauensvoll den Weg der Besserung beschreiten können.

Möglichkeit 2: Einen Schuldigen finden

Als das Geschirr gespült war und Joe und Norma sich in ihr Schlafzimmer zurückgezogen hatten, waren sie schon wieder am Streiten. „Wenn du nicht … hättest“; „Wenn du doch nicht immer …“ Ihre Stimmen wurden lauter. Ihr Ärger drang durch die dünnen Wände und hallte wider in den Zimmern ihrer Kinder.

„Wir brüllten einander in einer solchen Lautstärke an, daß es die Rockmusik unserer Kinder übertönte. Wenn wir uns nicht gegenseitig die Schuld für unsere Probleme zuwiesen, schoben wir sie auf andere.“

„Wir beschuldigten Eltern oder Lehrer. Wir gaben Freunden oder Mitarbeitern die Schuld. Wir beschuldigten sogar die amerikanische Regierung“, sagt Joe leise. „Als Geschäftsmann hatte ich genug vom Fiskus und den endlosen Formularen. Ich haßte all die Regeln und die Regulierungsbehörden, die jeden meiner Schritte verfolgten. Schließlich hatte ich die Schnauze derart voll, daß ich plante, mein Land zu verlassen. Als das Rosarita-Projekt fehlschlug, versuchte ich bereits seit fünf Jahren, die Genehmigung, meine amerikanische Staatsbürgerschaft aufzugeben und mexikanischer Bürger zu werden, zu erhalten.“

„Dann wertete Mexiko seine Währung ab“, erinnert sich Norma. „Der Wert unserer Firma stürzte ins Bodenlose. Wir waren sicher, daß der mexikanische Präsident darauf aus war, uns zu ruinieren. Eigentlich war es ja ganz willkommen, jemand Neuen zu haben, um ihm die Schuld zuzuweisen.“

Schuldzuweisungen führen oft zum völligen Zusammenbruch der familiären Beziehungen. Aus Anschreien und Benutzen von Schimpfnamen kann recht schnell physische Gewalt werden. Und tatsächlich stellt Gewaltanwendung in den Familien eines der wichtigsten gesundheitlichen Probleme dar.

„Ich habe sogar einmal versucht, Joe zu erschießen“, gibt Norma verlegen zu. „Gott sei Dank habe ich es nie geschafft, mit einem Gewehr auch nur die Breitseite eines Schuppens zu treffen. Die Geschoße trafen das Auto und zerbrachen das Schlafzimmerfenster, aber verfehlten Joe völlig. Hätte ich besser gezielt, hätte ich ihn womöglich umgebracht.“ Dann, nach einer langen nachdenklichen Pause setzt sie hinzu: „Und stellen Sie sich all die guten Jahre vor, die wir nicht zusammen hätten verbringen können, wenn ich ihn während der schlechten Zeit getötet hätte.“

Körperliche Mißhandlung zu Hause, insbesondere das Verprügeln der Ehefrau, fordert allein in den Vereinigten Staaten alle 15 Sekunden ein

Opfer. Verletzungen, von denen viele bei Schlägereien in der Familie entstehen, verursachen jährlich geschätzte Kosten in Höhe von rund 300 Milliarden DM für medizinische Maßnahmen.

In so verzweifelten Zeiten tun Leute eine Menge verrückter, gefährlicher Dinge. Norma Foglio hat ein bestimmtes Ferngespräch ihres Mannes mitten in der Nacht nicht vergessen. Es war ein R-Gespräch aus einem Gefängnis in Mexiko. Sie traute ihren Ohren nicht, als sie hörte, was er sagte.

„Ich habe da ein großes Problem", sagte er, und seine Stimme war schwach und zitterte.

Norma mußte genau hinhören, um zu verstehen, als ihr Mann erklärte, was geschehen war. Offensichtlich hatte er, in dem verzweifelten Versuch, Geld aufzutreiben, seine Hilfe angeboten, als einige Bekannte Drogen über die amerikanische Grenze schmuggeln wollten.

„Es kam gar nicht soweit", sagte Joe, „denn die mexikanischen Behörden fanden etwas über unseren Plan heraus. Sie haben mich verhaftet und vier furchtbare Tage und Nächte lang verhört. Nun verlangen sie Geld – eine hohe Geldstrafe – andernfalls würden sie den Schlüssel meiner Zelle wegwerfen."

Irgendwie beschaffte Norma das nötige Geld, um die Entlassung ihres Mannes zu bewerkstelligen. Es war eine schmerzliche Zeit voller Schrecken für beide. Jetzt freilich betrachten die Foglios, wenn sie zurückschauen, jene gefährliche und peinliche Episode als das perfekte Beispiel für die verrückten, verantwortungslosen Dinge, zu denen Menschen neigen, wenn sie sich verzweifelt und niedergedrückt fühlen.

Manchmal machen wir uns selbst Vorwürfe und fühlen uns schuldig. Manchmal geben wir anderen die Schuld, um unser Gefühl eigener Schuld zu verringern. Schuldzuweisungen an andere werden rasch zu einem gefährlichen und nie endenden Kreislauf, der zu Ausbrüchen der Gewalt und des Verbrechens eskalieren kann. Burton Hillis sagte einmal: „Es besteht ein gewaltiger Unterschied zwischen guten, vernünftigen Gründen und solchen, die nur gut klingen." Wenn unsere Träume zugrunde gehen und Depression einsetzt, ist es höchste Zeit, damit aufzuhören, andere zu beschuldigen, und sich aufzumachen, um die guten, vernünftigen Gründe zu finden, die uns in diese Misere brachten, und um einen guten, vernünftigen Plan zu fassen, der uns wieder heraushilft.

Möglichkeit 3: Der Depression entkommen

Während dieser Jahre voll von Konflikten und voller Depression wandten sich Joe und Norma Foglio dem Alkohol zu, um ihrem streßgeplagten Leben zu entkommen.

„Wir verließen uns auf den Alkohol, um unsere Qual abzutöten", räumt Joe ein, „und um wenigstens zeitweilig ein wenig Ruhe zwischen uns zu schaffen."

„Wenn wir zum Essen ausgingen, nur wir beide allein", fügt Norma hinzu, „mußten wir ganz hübsch einen heben, um es zu ertragen, beieinander zu sein."

„Ich hatte gottlob nie etwas mit harten Drogen zu tun", fährt Joe fort. „Aber ich pflegte eine Menge Marihuana zu rauchen, nur um nachts schlafen zu können. Heute, wenn ich zurückschaue, ist mir klargeworden, daß unser Alkoholkonsum und mein Rauchen von Cannabis für unseren Sohn Nicky ein tragisches Beispiel war und sogar zu seinem Tod ein paar Jahre später geführt haben könnte."

Den Menschen zu zeigen, wie man vor der Depression weglaufen kann, ist in unserem Land und rund um die Welt die „Wachstumsindustrie" Nummer 1. Die Fakten sind äußerst beunruhigend. Niemand weiß mit Sicherheit, wie viele Tausende von Milliarden DM jedes Jahr von den Menschen ausgegeben werden, um zu versuchen, sich über Kummer hinwegzutrösten oder zu unterhalten. In Kalifornien beispielsweise sind der Verkaufsrenner nicht Orangen oder Trauben, Kopfsalat oder Tomaten. Es ist Marihuana. Um der Wirklichkeit zu entfliehen oder, wie die Konsumenten zutreffend sagen, um „sich wegzuwerfen", ist Marihuana bestens geeignet und deshalb die Droge Nummer 1. Etwa 22,5 Millionen Männer, Frauen und Jugendliche, fast 10% der Bevölkerung der Vereinigten Staaten, geben zu, es „gelegentlich oder regelmäßig" zu gebrauchen.

Gegenwärtig zahlt ein typischer Konsument je nach Qualität 150 bis 800 DM für die Unze dieser dünnen grünen Blätter, die man in Joints rollt oder in kleine Schokoladekuchen einbackt. Wenn ein ‚Erholungssuchender' sechs Unzen im Jahr verbraucht (zu einem Schätzpreis von 900 bis 4.800 DM), heißt das, daß allein in den Vereinigten Staaten volle 110 Milliarden DM im Jahr in Marihuana-Rauch aufgehen, um Leuten zu helfen, „high" zu werden, wenn sie doch in Wirklichkeit „down" sind.

Kokain- und Heroinmißbrauch stellen in den USA ebenfalls eine Seuche dar. Wir wissen nicht, wie viele Millionen von Menschen sich in die gefährliche und tödliche Scheinwelt des Rausches flüchten, welche diese

Drogen produzieren, aber wir wissen sicher, daß fast eine halbe Million Amerikaner dem Heroin verfallen sind, das gegenwärtig die bevorzugte „Fluchtdroge" in den Vereinigten Staaten und in Europa ist. In Mailand zum Beispiel sammelt die Stadtreinigung Tag für Tag 3.000 bis 4.000 gebrauchte Spritzen von den Straßen auf.

Wer zählt die gebrauchten Nadeln, die in den Müllcontainern der Ghettos oder den Müllschluckern der exklusiven Hochhäuser von New York bis San Francisco gefunden werden? Wer zählt die leeren Plastikfläschchen auf Stränden, in Nationalparks, hinter Oberschulen und selbst hinter den Tribünen der Mittelstufengebäude, aber auch in Räumen des Aufsichtsrats von Firmen und in Fünf-Sterne-Hotels quer über die Vereinigten Staaten? Die 202.000 Menschen, die in unserem Land wegen Drogenmißbrauchs in Behandlung stehen, sind mehr als die gesamte Arbeitnehmerschaft des Landes Luxemburg.

Richard Asher schrieb in *Lancet,* dem britischen Medizin-Journal, „Verzweiflung behandelt man am besten mit Hoffnung, nicht mit Drogen." Mir gefällt dieser Aphorismus, weil ich glaube, daß er wahr ist. Aber er ist auch ein wenig wie der Autoaufkleber, den wir benutzen, um unsere Kinder vor Drogen zu warnen, dabei aber vergessen, daß der Alkoholmißbrauch ein noch teureres und tödlicheres Fluchtmittel geworden ist als Heroin, Kokain oder Marihuana.

Ein wirklich gefährlicher Mythos, der dieser Tage die Runde macht, ist die Behauptung, daß die Amerikaner ihre Trinkgewohnheiten reduziert haben. Man darf davon ausgehen, daß wir wissen, daß alkoholische Drinks viele Kalorien und eine Unmenge an Fett enthalten, und daß wir verstanden haben, daß Alkoholika Depressionen fördern und kurze Stimmungshochs, aber längere Tiefs verursachen. Wir haben gesehen, mit welchem enormen Anteil Bier, Wein und Schnaps in einem persönlichen oder einem Familienbudget zu Buche schlagen. So dachten wir also, die Nation sei jetzt „trocken". Keine Spur davon.

Der Alkoholmißbrauch hat in den Vereinigten Staaten, in Europa und in Japan epidemische Ausmaße angenommen. In den Vereinigten Staaten ist der Alkoholkonsum um über 50% gewachsen; in Deutschland ist er um 64% gestiegen; und in Japan beträgt die Steigerungsrate unglaubliche 73,5%.

Während der letzten Jahre habe ich die Menschen in Japan lieben und achten gelernt. Es macht mich nervös, zu sehen, welch ein großes Problem der Alkoholmißbrauch in ihrem Land geworden ist. Und noch schlimmer ist, daß sie es nicht wissen oder zumindest nicht öffentlich zugeben wollen. In einer veröffentlichten weltweiten Studie gab Japan an, am wenigsten von dem Problem betroffen zu sein, mit nur 17 % der Befragten, welche glaubten, der Alkoholismus sei ein ernstes Problem. Andererseits berichteten 74% der befragten Amerikaner von einer „sehr ernsten Besorgnis“ über Alkoholmißbrauch und Alkoholismus.

Durchschnittlich ereignen sich zum Beispiel in den Vereinigten Staaten alljährlich 1,844 Millionen Verkehrsunfälle aufgrund von Alkoholgenuß. Im Jahr 1989 wurden 20.208 Amerikaner, darunter viele Jugendliche, von angetrunkenen Autofahrern getötet.

Darüber hinaus wurden mehr als 100.000 Opfer auf Dauer verstümmelt oder verletzt. Ich teile die Wut und den Gram der Vereinigung „Mütter gegen Fahren im Rausch“ (MADD), deren eigene Kinder von Autofahrern getötet wurden oder auf Dauer behindert sein werden.

Machen Sie sich keine Sorgen. Ich veranstalte keinen Kreuzzug und mache auch andernorts nicht viel Aufhebens. Aber wir müssen den Menschen in der Vereinigung der Anonymen Alkoholiker und anderen Einrichtungen helfen. Und wir müssen uns darüber klar sein, daß unter Druck wir alle für Alkoholmißbrauch und sogar Drogensucht anfällig sind.

Seneca, der römische Philosoph und Tragödienautor zur Zeit Jesu sagte: „Trunkenheit heißt einfach, aus freiem Entschluß wahnsinnig zu sein.“ Fast 2000 Jahre später fügte Bertrand Russell hinzu: „Trunkenheit ist zeitweiliger Selbstmord … das Glück, welches sie bringt, ist rein negativer Art, eine momentane Unterbrechung des Sich-Unglücklichfühlens.“ Der Alkoholmißbrauch ist zur nationalen Tragödie geworden, aber für mich ist er Symptom eines noch größeren Unglücks. Wir betrinken uns, um der Depression zu entkommen, wo wir doch stattdessen einen Weg finden müßten, um ihr mit Mut und Kreativität die Stirn zu bieten.

Während der letzten Jahrzehnte sind Drogen unter ärztlicher Kontrolle in großem Maße verabreicht worden, um Depressionssymptome zu behandeln. Werden Drogen wie Valium, Xanax und Prozac von tüchtigen Ärzten und Psychiatern verschrieben, können sie bei der Behandlung von Angstzuständen sichere Hilfe bringen. Aber das rasche Anwachsen der Beliebtheit dieser Mittel muß uns zu denken geben. Um ihrer Depression zu entkommen, haben sich die Menschen daran gewöhnt, Tranquilizer, Stimmungsaufheller und Antidepressiva zu schlucken, als ob es Bonbons wären.

Nehmen Sie beispielsweise Valium. In den siebziger Jahren, als der Schweizer Heilmittelhersteller Hoffmann-LaRoche Valium und sein Nebenprodukt Librium in Nordamerika auf den Markt brachte, stieg die Aktie der Firma ins Uferlose. Um die Mitte des Jahres 1989 war sie das teuerste Papier der Wall Street, im Verkauf mit einem Wert von 265.000 DM pro Stück. In jenem Jahr nahm Hoffmann-LaRoche eine Aktienaufteilung von 50:1 vor. Der Grund für diesen unglaublichen Erfolg? Ein Arzt erklärte mir, daß in Amerika während der späten siebziger und der frühen achtziger Jahre mehr Valium verkauft wurde als alle anderen Arten von Tabletten zusammengenommen.

Wir dürfen jedoch nicht vergessen, daß auch diese verschreibungspflichtigen Drogen weitreichende schädliche Wirkungen haben können, besonders wenn sie mit anderen Drogen zusammen eingenommen werden, wie beispielsweise Alkohol. Wenn man die Zahl der Berühmtheiten, die in die Betty Ford Clinic in Palm Springs, Kalifornien strömen, um ihre Abhängigkeit von Verschreibungsdrogen behandeln zu lassen, als Indikator nimmt, dann müssen wir sehr vorsichtig sein, wenn wir derartige Drogen einnehmen, um unsere Depressionen zu bekämpfen.

„Das Gefährliche an den Tranquilizern", schreibt ein Beobachter, „ist die Tatsache, daß jede Art von Seelenfrieden, die sie bringen, eine Art von Seelenfrieden ist, die in Päckchen gefüllt angeboten wird. Wenn Sie eine Pille kaufen und so Ihren Seelenfrieden erkaufen, gewöhnen Sie sich an billige Scheinlösungen, anstatt echte und gründliche Lösungen zu suchen."

Ein billigerer Fluchtweg aus der Depression, der aber in gleicher Weise den Geist betäubt, ist das Fernsehen. Wenn man den Statistiken auch nur einigermaßen trauen darf, ist die ganze Welt daran, nach der Glotze süchtig zu werden.

Ich weiß nicht, wie es möglich ist, aber eine verläßliche Quelle behauptet, daß die Japaner durchschnittlich 9,12 Stunden täglich ihre Fernsehgeräte eingeschaltet haben. Die Amerikaner gewinnen den zweiten Preis in der Couch-und-Chips-Olympiade mit umwerfenden sieben Stunden vor dem Fernsehgerät. Es ist nicht etwa so, daß ich vom Fernsehen nichts halte. Es ist wunderbar als Informationsquelle und Mittel der Unterhaltung. Aber diese Daten zeigen uns, daß hier etwas aus dem Ruder gelaufen ist. Und ich glaube, daß diese Fernsehsucht direkt auf das Bedürfnis der Menschheit zurückzuführen ist, der Depression zu entfliehen und sich davor zu drücken, sich direkt mit ihren Gründen befassen zu müssen. Ich hoffe, Ihnen ist von all diesen Zahlen nicht schwindlig geworden. Ich hebe sie hervor, um meine Argumente klar darzustellen. Die ganze Welt scheint unter Depressionen zu leiden, und in unserem Bestreben, ihnen zu entgehen, vergeuden wir unser Leben. Was jedoch draußen in der Welt vor sich geht, ist nicht halb so wichtig wie das, was *in* Ihrem und meinem Leben passiert. Wie halten Sie's mit Ihren eigenen gescheiterten Träumen und der Depression, die ihnen fast unweigerlich folgt?

Möglichkeit 4: Der Depression nachgeben

Frank und Barbara Morales, Geschäftsfreunde aus San Juan Capistrano, Kalifornien, erzählten mir von einer bewegenden Erfahrung, die Barbara gemacht hatte, als sie gerade siebzehn Jahre alt und in ihrem Posten als Kassiererin einer Bank in Kansas City noch ganz neu war. „In der Wertpapierabteilung jener Bank", entsinnt sie sich, „war eine ältere Frau, die ihr ganzes Leben in treuer Pflichterfüllung gegenüber ihren Arbeitgebern und ihren Kunden verbracht hatte. Als sie ihr gesetzliches Pensionsalter erreicht hatte, ehrte die Bank sie mit einer Überraschungsparty, einem Kuchen und Geschenken als Anerkennung. Ich sehe die Frau noch vor mir, inmitten ihrer eigenen Party, mit Tränen, die ihr über das Gesicht liefen und einem gequälten, verzweifelten Ausdruck in den Augen.

Schon am nächsten Morgen, nur einen Tag nach ihrer Party, erschien die Frau vor der Bank, blieb vor dem Fenster stehen und schaute hinein. Schließlich trat sie ein, ging zu ihrem alten Schreibtisch, stand hinter der jungen Frau, die ihre Stelle eingenommen hatte und versuchte ihr zu erklären, wie sie die Arbeit machen sollte, die sie selbst all diese langen Jahre hindurch erledigt hatte.

Später fand ich heraus, daß die ältere Frau niemals in Urlaub gegangen war und nicht einmal einen Tag freigenommen hatte wegen Krankheit oder persönlicher Dinge. Diese Bank war ihr ganzes Leben gewesen, und als ihre Arbeit endete, war auch ihr Leben zu Ende. Tag um Tag kam sie zurück zu ihrem alten Arbeitsplatz und stand dort, immer hilfloser, immer verzweifelter. Schließlich wies der Manager den Wachmann der Bank an, die arme Frau aus dem Gebäude zu führen. Wir haben sie nie mehr gesehen. Ich habe mich oft gefragt, wie lange es nach dem Tod ihrer Träume wohl gedauert hat, bis auch sie im Grab endete."

Wie viele Menschen sterben zusammen mit ihren Träumen oder leben weiter in einer Art lebendigem Tod, entstanden auf Grund ihres Gefühls von Mißerfolg und Depression? Bertrand Russell verleiht dem entsetzlichen Kampf von Träumern Ausdruck, die überzeugt sind, daß ihnen die Kraft fehlt, ihre Träume sich verwirklichen zu sehen. „Kurz und machtlos ist das Leben des Menschen“, schreibt er. „Auf ihn und all sein Hasten fällt erbarmungslos und dunkel das langsame, sichere Verhängnis zurück.“ Als Shakespeares König Lear sieht, wie seine Träume, was seine Kinder und sein Königreich angeht, zugrunde gehen, schreit er hinaus: „Wenn wir geboren werden, schreien wir, weil wir auf dieser großen Narrenbühne gelandet sind.“

Joe und Norma kannten solche Qualen gut. Wie König David, dessen Sünden zum Tode seines eigenen Sohnes Absalom führten, schrien die Foglios: „O mein Sohn, mein geliebter Sohn, ich wollte bei Gott, ich wäre an deiner Stelle gestorben.“

Am 11. Februar 1988 starb ihr ältestes Kind, Nicky, bei einem Motorradunfall. Er hatte seit seiner Jugend mit Alkohol- und Drogenproblemen gekämpft. Spät in jener Winternacht endete sein Kampf. Im Drogenrausch, in einem Gefühl der jugendlichen Unbesiegbarkeit, drehte Nicky das Gas an seiner Yamaha voll auf, donnerte um eine Ecke und über die Begrenzung der Küstenautobahn hinaus in den Tod.

Ich weiß, daß unser Leben uns Augenblicke von großer Tragik und schrecklichem Leid bringt. Und ich bin nicht dafür, in einem Augenblick der Trauer „ein glückliches Gesicht zu machen“. Unsere Depressionen zu leugnen, sie zu überspielen oder zu versuchen, ihnen ein für alle Mal zu entkommen, stürzt uns ins Unglück. Bestimmte Träume kann man, sind sie einmal tot, kein zweites Mal träumen. Wenn sie gestorben sind, können wir nichts anderes tun als weinen – und warten, bis unsere Tränen trocknen und Gott uns irgendwie den Mut schenkt, um wieder zu träumen. Aber wir dürfen uns nicht dem Gram überlassen oder uns von Mißerfolg und Enttäuschung zu Opfern machen lassen. Pessimismus ist eine gefährliche Krankheit, die unser menschliches Potential ersticken oder vernichten kann. Ich bin dafür, auf die Hoffnung zu setzen, und sich nicht der Verzweiflung zu ergeben. Lassen Sie uns unsere Freude teilen, nicht nur unsere Sorgen. Ich erzähle gerne Geschichten, die zeigen, wie Gott in Männern und Frauen gewirkt hat, die ich kenne und die sich aus tiefen Depressionen wieder erhoben haben, um wieder Liebe zu fühlen und Träume zu haben.

Wenn unsere Träume sich nicht erfüllen, wenn Depression all unsere Schritte zur Qual macht, sollten wir daran denken, daß es immer Hoffnung gibt. Die wahre Geschichte von Joe und Norma Foglio und andere Geschichten, die mir meine Freunde erzählt haben, sollen nicht den Eindruck erwecken, daß es die Heilung von Depressionen garantiert, sich unserem Gerschäft anzuschließen (oder irgendeinem anderen Geschäft, irgendeiner Religion oder Gruppe, die sich dieser Sache annimmt). Es gibt keinen absolut sicheren Weg, dafür zu sorgen, daß die Realität unseren Träumen gerecht wird.

Aber ich bin ganz sicher, daß ein gut Teil unserer Freunde und Geschäftspartner sich Jay und mir anschlossen, weil sie feststellen mußten, daß ihre Träume sich nicht bewahrheiteten, und deshalb bedrückt waren. Jedoch anstatt in Spiralen immer weiter nach unten zu sinken, sahen diese Leute ihre negativen Gefühle als einen Anfang und nicht als das Ende an. Heute blicken sie auf diese „Zeit ganz unten" mit Dankbarkeit zurück. Ohne sie hätte die „Zeit oben" nie kommen können.

Welch eine Verschwendung es wäre, sich während der dunklen Nacht der Depression mit Drogen zu vergiften oder gar umzubringen, wenn doch der Sonnenaufgang vielleicht nur noch wenige Stunden entfernt ist. Ich hoffe, die folgenden Worte klingen nicht allzu übertrieben optimistisch, denn ich habe in meinem Leben gelernt, daß wirklich am Ende der meisten Tunnel das Licht sichtbar wird. Der Regenbogen zeigt sich wirklich nach fast jedem Gewitter. Weinen wird fast sicher dem Lachen weichen. Traurigkeit wird eines Tages der Freude Platz machen.

Bis jetzt ist in meinen über 60 Jahren auf diesem Planeten nach jeder langen, dunklen Nacht die Sonne immer wieder aufgegangen, um die Erde zu wärmen.

Wir lassen uns von der Depression irreführen, wenn wir glauben, sie würde nie enden. In Wirklichkeit könnte das Ende Ihrer Bedrückung schon hinter der nächsten Ecke warten.

Ich will absolut nicht versuchen, die Depression und ihre Schrecken zu verharmlosen. Ich empfinde großes Mitgefühl für Menschen, die ihre ganz persönlichen Alpträume von Hoffnungslosigkeit und Verlust durchleiden. Auch ich habe meine eigenen bitteren und harten Kämpfe mit der Niedergeschlagenheit ausgefochten. Manchmal brauchen wir Valium oder Prozac, um während einer einsamen Nacht ihr Ende zu erwarten. Karriereberater, Psychiater und psychiatrische Kliniken haben sehr viel Wertvolles anzubieten. Besorgte Familienangehörige oder Freunde können auf dem Wege ein Geschenk des Himmels sein. Wenn wir uns aber von der Depression überwältigen lassen, uns umbringen oder uns mit einer Art von tristem „lebendigem Tod" abfinden, versäumen wir die Gelegenheit, welche die Depression für uns bedeutet.

Joe und Norma Foglio ergaben sich der Depression nicht. Vielmehr sahen sie sie als Warnsignal, als großes Warnschild „Stop! Gefahr voraus!" Sie verstanden ihre Depression als ein Zeichen, daß eine ernstliche

Veränderung erforderlich war, und irgendwie, durch die Liebe und den Beistand Gottes und ihrer Freunde, schafften sie es, aus ihrem Tief herauszukommen mit einem neuen Verständnis der Vergangenheit, neuer Lebensfreude für die Gegenwart und einem ganz neuen Traum für ihre Zukunft.

Joe und Norma stehen für Hunderte von Geschichten, die klarmachen, daß Ihre Unzufriedenheit ein Zeichen der Hoffnung sein kann. Anstatt das Ende zu bedeuten, könnte die Depression ein neuer Beginn sein. Sich ganz unten zu fühlen, könnte Sie in nie erträumte Höhen tragen.

Janet Evans, die 20jährige Freistilschwimmerin, die in Seoul bei den Olympischen Spielen 1988 drei Goldmedaillen und 1992 eine Gold- und eine Silbermedaille gewann, drückte es so aus: „Es gab harte Zeiten und gute Zeiten. Aber erst die schlechten Zeiten lassen uns die guten Zeiten als so schön erscheinen."

Fragen Sie Joe und Norma Foglio. Eine Weile dachten sie, sie würden nie mehr träumen.

„Als Nicky starb", erinnert sich Joe, „überwältigten mich der Kummer und mein Schuldgefühl fast. Ich stand in jener Leichenhalle in San Diego neben der Urne meines Sohnes und dachte darüber nach, ob nicht er anstelle seines Vaters gestorben war. Norma, Charrie und Joey waren ebenfalls anwesend. Unsere Trauerfamilie stand inmitten unserer Freunde, die gekommen waren, um uns in unserem Schmerz beizustehen.

„In dem schrecklichen Schweigen jenes Augenblicks", gesteht er, „sprach ich ein verzweifeltes Gebet. „Gott, gib mir noch eine Chance," flüsterte ich unhörbar. Ich hatte bei Nicky versagt. Ich wollte die schrecklichen Fehler wiedergutmachen, die ich während seiner Kindheit und Jugend begangen hatte. Und obwohl Joey und Charrie zu jungen Erwachsenen herangereift waren, die in uns Stolz und Dankbarkeit weckten, wollte ich noch einen Sohn, der Nickys Stelle einnehmen sollte.

„Nur ein paar Woche später erklärte ich den Amway-Marketingplan einem jungen Matrosen, Mitglied der zähen und mutigen Navy Seals. Diese äußerst tüchtigen Taucher werden rund um die Welt geflogen, um riskante und schwierige Dinge durchzuführen, wie Geiseln aus der Hand ihrer terroristischen Entführer zu befreien oder U-Bootbesatzungen aus ihren gesunkenen Schiffen zu bergen. Dieser junge Angehörige der „Seals" erzählte seinen Kameraden, deren Frauen und Freunden von unserem Geschäft. Binnen kurzem war ich Pater einer ganzen Schwadron von „Seals", die so groß, so stark und hübsch waren, wie mein Sohn Nicky gewesen war."

Als sie finanziell und seelisch am Ende waren, brachten Joe und Norma den Mut und die Klugheit auf, noch einmal von vorne zu beginnen. Heute haben die Foglios ein erfolgreiches Geschäft mit einem eindrucksvollen Einkommen. Und sie haben nicht nur alles wiedergewonnen, was sie in ihrem Bankrott verloren haben – sie haben so viel mehr erreicht. Ihre Rechnungen sind bezahlt. Sie besitzen ein wunderschönes Haus in den Coronado Cays, und sie widmen Zeit und Geld so wichtigen Themen wie ihrer Kirche. Und das Beste ist, sie haben eine Menge neuer Freunde. Joe sagt: „Wenn mein Auto nicht will, weiß ich, daß mit einem einzigen Anruf 500 Freunde, die ich in diesem Geschäft gewonnen habe, aufkreuzen und mein Auto mitsamt mir darin überall hinbringen würden, wohin ich muß."

Was noch wichtiger ist, Joe verwirklichte seinen Traum, noch einen Sohn zu haben, der an die Stelle seines geliebten Nicky treten sollte – und nicht nur einen Sohn, sondern Hunderte von jungen Navy Seals und anderen jungen Männern und Frauen, die er wie seine eigenen Kinder liebt. Wenn Ihre Träume zu sterben drohen, wenn Depressionen Ihre Zukunft bedrohen, denken Sie an Joe und Norma Foglio.

„Vor ein paar Wochen", erzählt mir Norma voll Traurigkeit, „erhielten wir einen Anruf von Bill und Annie Symington, zwei unserer Freunde in diesem Geschäft. Ihr kleiner Sohn war bei einem schrecklichen Verkehrsunfall schwer verletzt worden. In einem Krankenhaus in Phoenix lag er im Sterben."

„Als der Junge der Symingtons starb, rief Bill Joe an und fragte ihn einfach, ‚Wie hast *du* das überstanden, Joe?' Einen Augenblick lang stutzte mein Mann, atmete tief durch, als er wieder an seine eigene Zeit des Kummers und der Leiden dachte. Dann sagte er einfach: ‚Es wird wieder gut, Bill. Es wird euch wieder gut gehen.'"

Joe Foglio kommen immer noch die Tränen, wenn er an jenen Anruf zurückdenkt.

„Plötzlich verstand ich, wie das alles funktioniert", sagt er. „In unserer eigenen Leidenszeit bereitet uns Gott darauf vor, anderen zu helfen, die wir auf unserem Weg treffen. Wenn unsere Träume sterben, läßt Gott unsere Kraft zunehmen, damit wir für unsere Mitmenschen da sind, wenn sie ihre eigenen Träume dahinschwinden sehen. Das sind schwierige Zeiten. Kräfte, auf die wir keinen Einfluß haben, bedrohen unsere Träume. Manche Schlacht verlieren wir. Aber zusammen werden wir den Krieg gewinnen. Mit unserer gegenseitigen Hilfe lernen wir, wieder zu träumen und dann, eines Tages, wenn wir es am wenigsten erwarten, erleben wir die Überraschung, diese Träume wahr werden zu sehen."

3

Wohin würden wir gerne gehen?

Regel 3

Wir glauben, daß der Wechsel zum Besseren dann beginnt, wenn wir unser Leben um die Personen und Einrichtungen herum anordnen, die wir am meisten schätzen, beispielsweise: Gott, unser Land, Familie, Freundschaften, Schule und unsere Arbeit.
Deshalb müssen wir entscheiden, was wir sein und tun wollen, und wir müssen unsere Ziele dementsprechend ausrichten.

Im Spätfrühling 1955 war von den Bauern im Yakima Valley, Staat Washington, ein dringender Hilferuf zu hören. Man benötigte Arbeiter, um die in jenem Jahr überreiche Ernte an Bing- und Queen-Anne-Kirschen einbringen zu können. Die Familie Daughery verdiente sich ihr mageres Jahreseinkommen, indem sie dorthin ging, wo Erntearbeiter gebraucht wurden. So packten sie ihre wenigen Habseligkeiten und eilten in den Südosten von Washington.

Jack Daughery war erst zehn Jahre alt, aber er hatte schon fünf heiße Sommer lang in den süß duftenden Obstgärten nahe dem Snake River gearbeitet. Bei Sonnenaufgang am ersten Tag der Kirschernte beendete Jack sein Pfannkuchen-Frühstück, welches seine Mutter für ihre Familie auf einem Campingkocher zubereitet hatte. Auf den Stufen ihrer Gastarbeiterunterkunft sitzend, beobachtete das Kind mit strahlenden Augen seinen Vater, wie er Reste von weißem Fett aus einem leeren Fetteimer wischte. Mit einem scharfen Messer, das er in seinen roten, ledrigen Händen hielt, bohrte er in die Seiten des Behälters zwei Löcher, fädelte ein Stück rostigen Draht hindurch und verkürzte die Schlinge so, daß der Eimer, der von Jacks Hals baumelte, gerade auf Gürtelhöhe hing.

„Paßt perfekt", sagte sein Vater, als er zurücktrat, um sein Werk zu begutachten.

Das laute Hupen des Lastwagens eines Obstbauern zerriß die Stille des frühen Morgens.

Jacks Mutter nahm ihren Sohn bei der Hand und führte ihn den Schotterweg hinunter zu den nahegelegenen Obstpflanzungen. Jack weiß es noch, wie er unter jenen Kirschbaumästen dahinging, welche sich unter der Last ihrer purpurroten Früchte bogen: „Ich maß nicht mehr als einen Meter, aber ich konnte auf meinen Zehenspitzen stehen und Händevoll Kirschen pflücken, um meinen kleinen Eimer zu füllen. Die ersten Tage landete die Hälfte der Früchte in meinem Eimer, und die andere Hälfte verschwand in meinem Mund. Leuchtend roter Kirschsaft lief über mein Kinn hinab und hinterließ Flecken auf meinem Gesicht und meinen Fingern."

„Wir können dich nicht auf die Waage stellen, mein Sohn", ermahnte mich mein Vater gutmütig, als wir anstanden, um die von uns gepflückten Früchte in die großen Behälter zu kippen, wo sie gewogen und sortiert wurden.

„Wir waren arme Wanderarbeiter", erklärt Jack. „Und wir waren ganz und gar auf das Geld angewiesen, das wir verdienten, wenn wir bei der Obsternte oder auf den Feldern zwischen Coalinga in Kalifornien und der kanadischen Grenze arbeiteten. Da wir pfundweise bezahlt wurden, verminderte jede Kirsche, die ich aß, das Einkommen meiner Familie."

„Wir lebten fast stets in Schuppen, Zelten oder beengten Wohnanhängern. Mutter hielt unsere Kleider sauber und geflickt, aber wir trugen zerlumpte Jeans, alte Arbeitshemden aus Baumwolle, und unsere Schuhe waren heruntergetreten und abgetragen. Wir aßen auf den Feldern oder auf offener Straße. Wir fuhren gebrauchte Autos und alte Lastwagen, beladen mit all unserer weltlichen Habe, eilten von Farm zu Farm auf der Suche nach Schildern ‚Pflücker gesucht' und fühlten uns die meiste Zeit staubig, arm und erschöpft."

Jack weiß nicht mehr genau, wann er begann, von einem besseren Leben zu träumen. Aber er erinnert sich sehr wohl, wie er selbst als Kind die Feldaufseher und die ‚fetten Typen' von Besitzern haßte.

„Ich erinnere mich an eine Situation in Kalifornien", sagt er mit einem Anflug von Melancholie. „Meine Leute und ich waren am Kirschenpflücken bei einer Hitze von 43 °C im Schatten, während die Kinder des Besitzers hinter ihrem Herrenhaus in einem Schwimmbecken von olympischen Abmessungen schwammen. Ich war zu der Zeit 12 oder 13. Ich sehe mich noch auf dem Feld stehen und wütend und eifersüchtig zusehen, wie das Dienstmädchen den Kindern des Besitzers das Mittagessen serviert.

„Schon als Teenager beschloß ich, daß *meine* Familie nicht unter der glühenden Sonne Äpfel oder Kirschen würde pflücken müssen. Irgendwo da draußen gab es ein besseres Leben, und ich würde es finden. Meine Eltern waren brave Leute, die bei harter Arbeit ein ehrliches Leben verbrachten, aber ich wollte etwas mehr. Am Anfang machte es mich ärgerlich, diese Besitzer und ihre Familien zu beobachten; dann begann ich langsam zu verstehen, daß ich dieselben Möglichkeiten für meine Familie wollte. Von da an begann ich, von meinem eigenen Geschäft zu träumen."

„Ich will etwas mehr!"; „Träumen von meinem eigenen Geschäft." Klingt das vertraut? Sie müssen nicht Kind von Wanderarbeitern sein, um dieses Gefühl zu kennen. Einigen von uns wurde der Traum, etwas mehr zu wollen, schon in der frühesten Kindheit eingepflanzt. Mein eigener Vater sagte immer und immer wieder zu mir: „Rich, du wirst eines Tages dein eigenes Geschäft besitzen."

Hat Ihr Vater zu Ihnen Dinge gesagt wie: „Tochter, eines Tages wirst du der erste weibliche Präsident der Vereinigten Staaten sein?" Oder hörten Sie Ihre Mutter sagen: „Mein Sohn, ich erwarte, eines Tages in der ersten Reihe zu sitzen, wenn du deinen Oscar, deinen Pulitzerpreis, oder sogar deinen Nobelpreis überreicht bekommst?"

Manche Kinder hören nie solch hoffnungsvolle Worte von ihren Eltern, Lehrern, Geistlichen oder Freunden. Und so träumen sie nie davon, ein Weltreisender, ein katholischer Priester, ein Leinwandstar oder der Generaldirektor einer der fünfhundert größten Firmen werden zu können. Und doch haben sie Träume: Jeden Monat einige hundert DM extra zu verdienen, ein eigenes Auto oder Haus zu kaufen, ein Highschool-Diplom oder eine Lizenz als Immobilienhändler zu erlangen, einen Urlaub in einem Fünf-Sterne-Hotel zu verbringen oder ein gut gefülltes Sparkonto auf der Bank für schlechte Zeiten zu haben.

Ob Sie nun der erste weibliche Präsident sein wollen oder nur dann und wann einen Abend für sich selbst haben wollen, die Ziele, die Sie sich setzen, sind es, welche Ihre Zukunft ausmachen oder zerstören werden.

Denken Sie daran, es ist nur der Anfang, zu sagen: „Ich will etwas mehr sein" oder „Ich will etwas Besseres anfangen!" Der amerikanische Autor Ben Sweetland schrieb einmal: „Der Erfolg besteht im Weg, nicht im Ziel." Träumen ist der erste Schritt auf einer lebenslangen Reise weg von der Mittelmäßigkeit und vom Mißerfolg, hin zur Leistung und zum Gefühl der Erfüllung und zum Bewußtsein des eigenen Wertes. Und es ist ein menschlicher Kapitalismus, der hilft, diese Reise auch möglich zu machen.

Der Kapitalismus ist nicht deshalb groß, weil er einer Handvoll Leuten Millionen einbringt. Er ist es, weil er Millionen von Menschen hilft, das zu werden, was sie sein wollen. Das ist die Kernaussage von Regel 3. Was wollen Sie sein?

Wenn Regel 1 verkündet, daß wir geschaffen sind, um große Träume zu träumen, und wenn Regel 2 einräumt, daß zu viele von uns ihre Träume sich nicht verwirklichen sehen, dann wirft Regel 3 die wichtige Frage auf: „Wie?“ Wenn unsere Träume aus dem Gleis geworfen worden sind, wie bekommen wir sie wieder in die richtige Spur?

Norman Vincent Peale sagte einmal: „Ändern Sie Ihre Gedanken, und Sie werden Ihre Welt ändern.“ Wenn wir uns nicht bereit dazu finden, all das zu tun oder zu werden, was wir uns erträumen, wie sollten wir dann unser Denken ändern, um unsere Träume wahr werden zu sehen?

Zu viele von uns haben verschwommene, unklare Träume. Wir wissen nicht, wohin wir gehen, warum sollten wir uns dann wundern, wenn wir nicht dorthin gelangen? Alfred North Whitehead schrieb: „Unser Denken dreht sich ums Allgemeine, aber unser Leben besteht aus Details.“ Es reicht nicht, verrückte Ideen zu haben und sie für Träume zu halten. Wir müssen ganz präzise, bestimmte Vorstellungen haben. Wie schaffen Sie es aber, Ihre Träume so spezifisch zu machen?

Andere Leute haben überhaupt keine Träume. Als ich in der Oberschule war, ging ich zu einer Versammlung, wo ein junger Mann einen Diavortrag hielt, der sich 20 „nahezu unerreichbare“ Ziele für sein Leben gesetzt hatte. Mit nur 18 Jahren hatte er das Ziel, wie sein Held, Phineas Fogg, um die ganze Welt zu reisen. Irgendwie hatte er dieses Ziel verwirklicht, und nun war er in einem Hörsaal und zeigte uns Dias von seiner Reise „In 80 Tagen um die Welt“.

Ich saß auf jenem harten Sitz in dem Auditorium und fragte mich, was wohl meine Ziele sein würden, und warum ich mir keine gesetzt hatte. Ich schaffte die Schule gerade so einigermaßen. Meine Noten waren mittelmäßig, die Häufigkeit meiner Anwesenheit durchschnittlich. Meine Lehrer und mein Rektor waren nicht gerade sehr beeindruckt. Um es offen zu sagen, ich war es selbst auch nicht. In der Nacht nach dieser Veranstaltung begann ich, für mich selbst Ziele aufzuschreiben.

Die meisten von uns leben defensiv. Jeden Morgen stehen wir ohne ein Ziel auf und wundern uns dann, warum wir abends zu Bett gehen, ohne etwas erreicht zu haben. Unser Leben wird zu einer einzigen stumpfsinnigen Plackerei. Wir tun, was unsere Eltern verlangen, was unsere Lehrer bestimmen, was unser Chef befiehlt, was unsere Familie und unsere

Freunde von uns erwarten, und was Kirche oder Regierung von uns fordern.

Der Schriftsteller, Produzent und Philanthrop Bill Cosby sagte es mit diesen Worten: „Den Schlüssel zum Erfolg kenne ich nicht, aber ich weiß, daß der Schlüssel zum Mißerfolg der Versuch ist, jedermann zu gefallen."

Erinnern Sie sich an jenen Ausdruck aus *Saturday Night Live:* „Finden Sie Ihr Leben!" Keine schlechte Idee. Und sie beginnt mit jenen zwei einfachen Fragen mitten in Regel 3, die aber voll ins Schwarze treffen. Was wollen Sie sein? Und was wollen Sie tun?

Es ist Ihr Leben. Die Uhr tickt. Die Sekunden vergehen, auch während Sie dies lesen. Stop! Schnappen Sie sich ein Stück Papier und etwas zum Schreiben. Schreiben Sie oben auf die Seite: Was sind die wichtigen Ziele meines Lebens? Welche Art Mensch möchte ich sein? Welche aufregenden, Erfüllung schenkenden, profitablen Dinge will ich während dieser, meiner kurzen Zeitspanne auf dem Planeten Erde tun? Was tue ich, um diese Ziele heute, nächste Woche, nächsten Monat oder nächstes Jahr zu erreichen?

Tun Sie es! Tun Sie es wirklich! Unterbrechen Sie jetzt gleich und verwenden Sie einige wenige Minuten darauf, über die Ziele nachzudenken, die Ihr Leben leiten. Schreiben Sie sie nieder! Aber legen Sie dann Ihre Feder oder den Bleistift nicht weg. Hören Sie mich noch einmal an. Gehen Sie Ihre Liste durch und machen Sie einen Kreis um das wichtigste Ziel auf der Seite. Lesen Sie es sich selbst laut vor. Dann stellen Sie sich folgende Frage: Was tue ich heute, um jenes Ziel zu erreichen? Wenn Sie nicht sicher sind, überlegen Sie es sich! Und nun geben Sie sich keine Ruhe, bis Sie nicht mindestens einen kleinen Schritt hin auf dieses wichtigste Ziel in Ihrem Leben gemacht haben.

Übrigens, wenn Sie gesagt haben, Ihr erstes Ziel ist es, mehr Geld zu machen, und Ihr zweites, drittes und viertes Ziel dienen demselben Zweck und ebenso die letzten sechs auf Ihrer Liste, dürften Sie sich von Anfang an in Schwierigkeiten befinden. Meiner Erfahrung nach haben Leute, die sich nur in Bewegung setzen, um mehr Geld zu machen, selten Erfolg damit, während Menschen, die wissen, warum sie mehr Geld brauchen und was sie damit anfangen wollen, ihre Ziele mit höherer Wahrscheinlichkeit erreichen werden.

Dr. Stuart Menn ist so ein Fall. 1968 schloß er seine Assistentenzeit an der medizinischen Fakultät ab. Nach zwei Jahren Militärdienst in der Luftwaffe eröffnete er seine Praxis in innerer Medizin und Lungenheilkunde. Sehr bald entdeckte er, daß die Tatsache, eine Arztpraxis zu betreiben und jeden Monat die allgemeinen Unkosten und die Beiträge für die Berufshaftpflicht bezahlen zu müssen, ihn soweit brachte, seine Patienten als Kunden und nicht als Menschen in Not zu sehen.

„Ich brauchte eine zweite Einkommensquelle“, gibt Dr. Menn zu, „um mir die Freiheit nehmen zu können, für meine Patienten Entscheidungen zu treffen, die nicht so sehr von finanziellen Erwägungen bestimmt waren. In fünf Jahren Teilzeitarbeit in seinem Amway-Unternehmen verdoppelte Dr. Menn ein Einkommen, das aufzubauen mehrere hunderttausend DM erfordert hatte, vier lange, harte Jahre des Medizinstudiums, ein Jahr Praktikum, ein Jahr Assistentenzeit und mehrere Jahre Berufsvorbereitungspraxis. Endlich konnte er tun, was er wollte. Weil er sich die Zeit genommen hatte, sich ein zweites Einkommen aufzubauen, war er in der Lage, seine Patienten zu behandeln, ohne sich Sorgen machen zu müssen, wer zahlen konnte und wer nicht. Er konnte jetzt seine Patienten geruhsamer betrachten und konnte auch Zeit in seiner Praxis erübrigen, um sich seinem speziellen Interessengebiet zu widmen, dem medizinischen Gebiet der Schlafstörungen.

„Wenn Menschen ihre Energie zusammennehmen“, sagte uns Dr. Menn, „und sie darauf konzentrieren, die Ziele ihres Lebens zu erreichen, geschehen überwältigende Dinge.“

Margaret Hardy übersiedelte von Kingston, Jamaica, nach Amerika. Sie traf und heiratete den Schwarzen Terral Hardy und arbeitete fortan als Anwaltssekretärin, um Terral zu helfen, sein Studium als Bauingenieur an der New York University abzuschließen.

Terral war in der Nähe von Spartanburg, South Carolina geboren. Er hatte seine Erfahrungen mit Vorurteilen und Borniertheit gemacht, aber mit seinem beeindruckenden, hartverdienten Ingenieurdiplom und seiner schönen und intelligenten Braut fühlte Terral in seinem Herzen, daß eines Tages auch er seinen Teil vom amerikanischen Traum abbekommen würde.

Nachdem er 16 Monate in einem renommierten New Yorker Konstruktionsbüro gearbeitet hatte, hätte er zusammen mit seinen weißen Kollegen befördert werden sollen. „Es war gar keine Frage“, erinnert er sich. „Ich hätte die neue Position verdient gehabt. Aber ich hätte nicht überrascht oder enttäuscht sein sollen“, fügt er hinzu, „als mein Chef mich in sein Büro rief, um mir zu erklären, daß ich nicht befördert werden würde. ‚Sie haben in diesem Büro geleistet, was immer Sie leisten konnten‘, sagte er, ohne rot zu werden. ‚Und es gefällt mir sowenig wie Ihnen, Terral‘, sagte er ganz ernsthaft, ‚aber es geht einfach nicht, daß Schwarze Vorgesetzte von Weißen sind, oder?' Es waren nicht nur meine Hoffnungen, die an jenem Tag ins Schleudern gerieten", sagt Terral. „In jenem Moment starb der ganze amerikanische Traum für mich."

Terral und Margaret hatten ein Einkommen nötig, aber sie brauchten viel mehr. Sie brauchten ein Geschäft, in dem die Regeln fair waren, in welchem sie entsprechend ihrer Leistung beurteilt und in dem sie für ihre Bemühungen anständig bezahlt wurden. Heute besitzen die Hardys ihr eigenes erfolgreiches Amway-Geschäft und verdienen und spenden mehr Geld, als sie sich je erträumt hatten.

Leif Johnson war Optiker, als er sein eigenes Amway-Geschäft eröffnete. Er hatte sich über acht Jahre hinweg sein vorgeschriebenes medizinisches Diplom verdient, um so seinen sechs heranwachsenden Söhnen eine gute Lebensqualität garantieren zu können, und er hoffte, nebenbei einen Nebenverdienst finden zu können, um anderen in Not helfen zu können. Aber steigende Versicherungsbeiträge, eine höhere Abschöpfung durch die Regierung und wachsende Lebenshaltungskosten zwangen Dr. Johnson, immer mehr und schwerer zu arbeiten, wobei sogar weniger Zeit und Geld für seine Familie übrigblieben, geschweige denn, um es wegzugeben.

Beverley, eine begabte Musikerin, hatte vor der Ehe mit Leif als Musikprofessorin an der Azusa Pacific University gearbeitet, als sie, als alleinerziehende Mutter, ihr Geschäft begann. „Unterricht an einer Christlichen Schule wird nicht gut bezahlt", erinnert sie sich. Ich mußte eine Ergänzung zu meinem Einkommen finden, um meine zwei Kinder zu unterhalten, und ich wollte den talentierten Musikstudenten, die ich unterrichtete, auch finanziell helfen."

Die Familie und ihre Arbeit bei Amway unter einen Hut zu bringen war nicht leicht, aber auch in den schwierigsten Abschnitten haben Beverley und Leif Johnson eine erstaunliche Menge an Zeit und Geld erübrigt, um es für Leute in großer Not zu verwenden. Leif und Beverly haben Stipendien für Musikstudenten und Sportler ausgesetzt, in Watts einen Diskontladen für Sportausrüstung eröffnet, jungen Dirigenten aus Ostblockländern die Möglichkeit gegeben, im Westen zu studieren, den Auftritt europäischer Musiker beim Bach-Festival an der Universität von Oregon unterstützt, und sie haben sich daran beteiligt, Hunderttausende Mark für Easter Seal und andere Projekte aufzubringen, welchen sie sich verschrieben haben.

Die Geschichten von Dr. Stuart Menn, Terral und Margaret Hardy sowie Leif und Beverley Johnson drehen sich nicht ums Geldmachen. Wie ich schon sagte, ist der menschliche Kapitalismus nicht deshalb etwas Großes, weil er einige wenige Leute zu Millionären macht. Er ist es, weil er Millionen von Menschen dazu verhilft, das zu werden, was sie sein wollen und wovon sie träumen.

Dr. Menn wollte nicht einfach mehr Geld machen. Er wollte ein Arzt sein, der seine Patienten mitfühlend behandelt, und die Art von klinischer Forschung betreibt, die Menschen mit seltenen Leiden hilft. In ähnlicher Weise wollten Margaret und Terral frei sein von Ungerechtigkeit und Intoleranz anderen gegenüber und etwas tun, was sie stolz, glücklich und selbstsicher machte. Beverley und Leif Johnson begannen ihre Geschäfte nicht nur, um mehr Geld zu machen. Sie hatten Kinder zu versorgen, und sie wollten sich für gute Zwecke einsetzen, in Oregon und rund um die Welt.

Diese kurzen Anschauungsbeispiele sollen nicht dazu dienen, unsere Firma vorwärtszubringen. Es gibt außer der Amway Corporation zahllose Gelegenheiten für menschliche Kapitalisten, in den Vereinigten Staaten und rund um den Globus erfolgreich zu werden. „Die Gelegenheit gibt es immer", erinnert uns Terral Hardy. „Geben Sie nicht auf. Ihre Zeit wird kommen, aber Sie müssen dafür bereit sein", setzt er grinsend hinzu. „Und wenn sie kommt, dann lassen Sie sie nicht vorbeigehen. Wir haben nur nach etwas gegriffen, woran wir glaubten, und wir blieben dabei und sorgten dafür, daß es uns das gab, was es zu geben versprach. Das ist alles."

Dr. Menn und die Hardys wollten Geld dazuverdienen, um zutiefst persönliche Ziele zu erreichen. Warum wollen Sie mehr Geld machen? Was wollen Sie sein, und was wollen Sie aus Ihrem Leben machen? Große Ziele ergeben sich aus fester Überzeugung heraus. Woran glauben Sie? Welches sind die Werte, die Ihr Leben motivieren und leiten?

Wenn Sie vor einer Generation eine Fremde auf der Straße gefragt hätten, was sie am höchsten schätzte, hätte sie vermutlich etwa so geantwortet: „Gott, unser Land, Familie, Freunde, Erziehung und Arbeit!", und zwar wahrscheinlich in genau dieser Reihenfolge. In den mit Zynismus überfrachteten stürmischen Tagen der jüngeren Zeit nach dem Krieg in Vietnam, der Watergate-Affäre, dem Skandal an der Wall Street sehen die Dinge anders aus. Auch wenn die Meinungsforscher anderer Ansicht sind, scheint sich immer mehr herauszustellen, daß die Menschen daran sind, ihren Glauben an die Einrichtungen zu verlieren, denen man früher einmal größtes Vertrauen entgegengebracht hatte.

Obschon 98% aller Amerikaner noch an Gott glauben, befinden sich unsere wichtigsten Konfessionen in einer raschen Abwärtsbewegung. Die Zeitung *Episcopal News Service* beispielsweise berichtete: „Eine finanzielle Krise schickt einen kalten Schauder durch alle Bereiche der ‚Episcopal Church‘ und zwingt zu ernsthaftem Nachdenken über den Auftrag der Kirche in der heutigen Zeit." Die ‚Episcopal Church‘ hatte die Löhne eingefroren und stellt derzeit keine Leute mehr ein.

Auch die Vereinigung der amerikanischen Presbyterianer hat einen Einstellungsstop verhängt und muß ihre finanziellen Reserven angreifen, um ihre Rechnungen bezahlen zu können. Offizielle Kreise räumen ein, unter dem Eindruck des zurückgehenden Spendenaufkommens und der Gemeinden, die mit der Begleichung ihrer Verpflichtungen ebenfalls unter finanziellem Druck stehen, könnte die Finanzdecke auf nationalem Niveau reißen.

Sogar die ‚Southern Baptist Convention‘ mit ihren 14,9 Millionen Mitgliedern mußte zusehen, wie ihr Einkommen von einem jährlichen Zuwachs von etwa 8 bis 13% auf das derzeitige Niveau fiel, das nicht einmal die nationale Inflationsrate auszugleichen vermag.

Wo die Kirchen an Mitgliederzahl und Spendenaufkommen Einbußen erleiden, haben politische Einrichtungen einen noch größeren Vertrauensverlust erlitten. In einer vor wenigen Jahren durchgeführten Gallup-Studie gaben nur 35% der Befragten an, sie hätten „großes Vertrauen" in den Kongreß. Als Bürger gebeten wurden, ihre jeweiligen Senatoren und Kongreßabgeordneten bezüglich ihrer Ehrlichkeit und ihrer sittlichen Standards zu beurteilen, gaben 76% ihren Senatoren und 79% den Kongreßabgeordneten die Note „mittelmäßig bis schlecht".

Die Amerikaner sind an erster Stelle unter den Demokratien der Welt, die behaupten, aktiv an der Politik interessiert zu sein, nehmen aber den letzten Platz ein, was die Wahlbeteiligung anbetrifft. Wir müssen schon Glück haben, 50% der registrierten Wahlberechtigten an die Urnen zu bekommen.

Auch die traditionelle amerikanische Familie befindet sich auf dem absteigenden Ast. Was wir einst als die wichtigste Stütze unserer Gesellschaft betrachtet hatten, ist heute die Ausnahme und nicht mehr die Regel. Zwischen 1960 und 1980 schoß die Zahl der Scheidungen um 100% in die Höhe. Wenn das so bleibt, werden alarmierende 50% aller erstgeschlossenen Ehen in die Brüche gehen. Das bedeutet, daß 50% aller amerikanischen Kinder zumindest einen Teil ihres Lebens in einem Haushalt mit nur einem Elterteil verbringen werden.

Die Ehe ist nicht mehr heilig. Sie wird vielmehr nicht einmal mehr als nötig erachtet. Im Jahr 1970 wurden 5% der amerikanischen Babys unehelich geboren. 1988 war ihre Zahl auf 26% angewachsen. 1970 lebten 12% der amerikanischen Kinder bei nur einem Elternteil, 1992 hatte sich diese Zahl bereits auf 25% verdoppelt.

Es ist nicht meine Absicht, Moralpredigten abzuhalten, zu kritisieren oder Verurteilungen auszusprechen. Obwohl ich den traditionellen Wertvorstellungen der Familie verpflichtet bin, ist eine Scheidung manchmal der beste Weg, einen Ehepartner oder ein Kind vor dauernden Auseinandersetzungen, Gewalt oder sexuellem Mißbrauch zu schützen. Ich wollte, jedes Kind hätte das Glück, in einer Familie mit starken und liebevollen Eltern aufzuwachsen, aber ich habe auch mutige und hingebungsvolle alleinerziehende Eltern gesehen, die ihre Kinder gut aufzogen. Ich kenne geschiedene Eltern, die liebevolle und wirksame Absprachen getroffen haben, um die elterliche Pflege für ihre Kinder aufzuteilen und so deren Leid zu begrenzen, welches ihre Scheidung verursacht hatte.

Ganz abgesehen von der Ehe ist auch die Freundschaft dabei, ihren Stellenwert in der Gesellschaft zu verlieren. Philippe Aries erklärt in seinem Klassiker *Centuries of Childhood: A Social History of Family Life*, daß „berufliches und familiäres Leben die andere Aktivität [Freundschaft] erstickt haben, die einst das ganze Leben durchzog." Offensichtlich sind wir vom Wert der Freundschaft überzeugt, haben aber weder die Zeit noch die Energie, um unsere Überzeugungen in die Tat umzusetzen.

So, wie die Amerikaner ihr Vertrauen zu Gott und der Kirche, zu ihrem Land und denen, die es regieren, zu ihren Eltern und der traditionellen amerikanischen Familie verlieren, so verlieren wir auch den Glauben an die anderen zwei großen Einrichtungen, die noch bleiben: unsere Schulen und unsere Arbeit.

„Wir haben in unserem Land drei Arten von Defiziten", sagt ein früherer Erziehungsminister, „ein Handelsdefizit, ein Haushaltsdefizit und ein Defizit auf dem Gebiet der Erziehung." 27 Millionen Amerikaner sind genau betrachtet Analphabeten und, traurig genug, viele von ihnen „erwarben" einen Highschool-Abschluß auf ihrem Weg zum praktischen Analphabetentum.

„Wenn eine feindliche ausländische Macht versucht hätte, Amerika ein derart mittelmäßiges Erziehungssystem mit aufzuzwingen, wie wir es heute haben", schreibt ein Erzieher, „so hätten wir dies mit vollem Recht als einen kriegerischen Akt betrachten können." Aber es scheitern nicht nur die Schulen. Auch die Zahl derer, welche die Studien abbrechen, beträgt über 20% mit steigender Tendenz. Und an den Studenten, die bleiben, zeigen sich die Folgen der mäßigen Ausbildung, die sie erhalten.

Die Arbeit, traditionell stets der letzte Punkt auf der Liste der von uns geschätzten Institutionen, erscheint heute kaum mehr auf der Liste. 33% der Arbeiter, die befragt wurden, antworteten einfach: „Ich hasse das, was ich tue, und ich kann es kaum erwarten, damit aufzuhören."

Wenn all die traditionellen Einrichtungen, die einst die Grundlage des Lebens unserer Eltern und Großeltern ausmachten – Gott, unser Land, Familie, Freunde Erziehung und Arbeit –, zusammen genommen, das Vertrauen der breiter Bevölkerungsschichten verlieren, dann haben wir mindestens zwei größere Probleme.

Erstens waren diese wichtigsten Einrichtungen die primären Quellen menschlicher Werte. Wohin sollen wir uns ohne sie wenden auf unserer Suche nach Leitprinzipien? Zweitens sind sie immer die wichtigsten Quellen von Stärke und Unterstützung in schwierigen Zeiten gewesen. Wohin sollen wir uns nun wenden, wenn wir Hilfe brauchen?

„Wohin würden Sie Ihr Leben gerne lenken?" ist die Frage, die hinter Regel 3 steckt. Ehe Sie als mitmenschlich denkender Kapitalist echten Erfolg haben können, müssen Sie diese Frage ehrlich beantworten. Vielleicht haben Sie sich über die Frage nach den Werten noch nicht viele Gedanken gemacht. Vielleicht haben Sie einfach angenommen, daß das, was für Ihre Eltern oder Großeltern von Wichtigkeit war, auch für Sie noch wichtig sei. Vielleicht schätzen Sie auch diese ehrwürdigen Institutionen noch hoch ein, und weil Sie Schwächen an ihnen bemerken, arbeiten Sie daran, diese zu ändern. Vielleicht haben Sie die Hoffnung auf die alten Einrichtungen aufgegeben und eine neue Regel gefunden, um sich von ihr leiten zu lassen. Vielleicht sind Sie nur durcheinander, fühlen sich abgestoßen von der ganzen Diskussion und wollen einfach ein bißchen Geld verdienen, um Ihre Rechnungen bezahlen und sich dann und wann einen Urlaub leisten zu können.

Ich schreibe dieses Buch nicht, um Sie zu meinen Werten zu bekehren oder von meinen Zielen zu überzeugen. Das ist letztlich Ihre eigene Sache, eine sehr persönliche Angelegenheit. Es gibt erfolgreiche mitmenschliche Kapitalisten, die aus ganz verschiedenen ideologischen Lagern kommen. Aber ehe Sie nicht tief in Ihrem Inneren eine sichere Wertebasis besitzen, werden Ihre Ziele unbefriedigend und unglaubwürdig bleiben. Und anstatt Ihnen dabei zu helfen, im Leben Erfolg zu haben, könnten Ihre Ziele Sie tatsächlich auf einen gefährlichen, zerstörerischen Weg leiten.

Als ich ein Kind war und in Grand Rapids, Michigan aufwuchs, pflegte meine Mutter jeden Sonntag das Frühstück für die Familie zu richten und uns dann zur Tür hinauszujagen. „Sonntag ist der Tag Gottes", erinnerte sie jeden, der nicht in Stimmung war, in die Sonntagsschule oder die Kirche zu gehen. „Und ob es euch paßt oder nicht, wir werden dort zusammen in der ersten Reihe sitzen."

Ich hatte keine Ahnung, was während dieser frühen Kindheitsjahre mit mir geschah, und es gab Zeiten, in denen ich mich mit allen Fasern meines jungen Herzens gegen diese Tradition am Sonntagmorgen stemmte. Aber wenn ich mich auch gelegentlich mal durchsetzte – letztendlich behielt immer Mutter die Oberhand. Ob Regen oder Sonnenschein, Schnee oder Hagel, die Familie DeVos ging zur Kirche. Und während dieser Sonntagsschulstunden, Gesänge und Predigten, die nie zu enden schienen, wurde in mir eine Saat gelegt, die mein Leben auf Dauer ändern sollte. Meine Eltern und jene lange Liste von Geistlichen, Lehrern, Diakonen und Laien, von denen ich nicht einmal mehr die Namen weiß, schenkten mir für mein Leben die größte Gabe: eine Karte, der ich auf meiner Reise folgen konnte, und eine Quelle der Kraft und des Trostes für den Weg.

Dank meiner Mutter fußt mein Wertesystem auf der christlichen Tradition. „Welches ist das größte Gebot?", wollte einmal ein junger Rechtsgelehrter von Jesus wissen. Wonach fragte er? Nach der Frage hinter Regel 3. Was muß ich tun, um den Sinn meines Lebens zu finden? Auf welchem Gebot, auf welchem Wert soll ich meine Ziele aufbauen?

Jesus' Antwort war einfach, aber nicht leicht. „Liebe Gott, und liebe deinen Nächsten wie dich selbst." Aus diesem Gebot gehen all meine Werte hervor. Und in dem heißen, scharfen Licht dieser Antwort sollten all meine Ziele überprüft werden. Nach der christlichen Tradition bin ich auf dieser Welt, um Gott, mich selbst und meinen Nächsten zu lieben. Ich weiß, ich vereinfache zu sehr, aber dies sind die Werte, anhand deren ich versuche, meine Entscheidungen zu treffen. Manchmal gelingt es mir, manchmal nicht. Aber der Erfolg dessen, was ich tue oder sage, sollte an dieser einfachen Frage gemessen werden: Wie groß war meine Liebe?

Robert Frost, der amerikanische „Poeta laureatus", schreibt in seinem wundervollen Werk *The Black Cottage* diese wichtigen Worte: „Das meiste an Veränderung, das wir im Leben zu sehen glauben, beruht auf Wahrheiten, die entweder in unserer Gunst stehen oder in Ungnade gefallen sind." Zur Zeit steht die Liebe nicht in unserer Gunst. Wenn unsere Institutionen versagt haben oder versagen, dann deshalb, weil sie vergessen haben, daß die Liebe an erster Stelle stehen muß.

Wenn die Kirche der Reform bedarf, dann beginnt diese, sobald wir wiederentdecken, was es bedeutet, Gott, uns selbst und unseren Nächsten zu lieben. Wenn die Regierung ihre Aufgaben nicht erfüllt, dann deshalb, weil die Regierenden vergessen haben, daß jeder Staatshaushalt und jedes Gesetz auf der Liebe basieren müssen. Familien und Freundschaften, welche zerbrechen, sind solche, in denen die Liebe nicht mehr im Mittelpunkt steht. Wenn Sie wollen, daß Ihre Noten besser werden und Ihre Produktivität wächst, geben Sie in unseren Schulen und im Wirtschaftsleben der Liebe eine Chance. Die große Erneuerung, deren wir als Volk und Nation bedürfen, wird beginnen, wenn in den großen Einrichtungen dieser Nation der einzelne wieder anfangen wird, den anderen zu lieben.

W. H. Auden sagte einmal: „Wir müssen einander lieben oder zugrunde gehen." Ich weiß nicht genau, was das Wort „einander lieben" bedeuten soll. Wissen Sie es? Vor fast zweitausend Jahren kam der Apostel Paulus in einer der schönsten und lehrreichsten Passagen, die jemals geschrieben wurden, einer Erklärung sehr nahe:

> Ich mag in Menschen- oder Engelszungen reden, aber wenn ich die Liebe nicht habe, bin ich nur ein tönendes Erz oder ein klirrendes Becken.
> Ich mag die Gabe der Weissagung besitzen, und jedes verborgene Geheimnis kennen; mein Glaube
> kann stark genug sein, um Berge zu versetzen; aber wenn ich die Liebe nicht habe, bin ich ein Nichts.
> Ich mag alles verteilen, was ich besitze, oder selbst meinen Körper
> den Flammen überlassen, aber wenn ich die Liebe nicht habe, bin ich nicht besser.
> Liebe ist geduldig; Liebe ist sanft und beneidet niemanden.
> Liebe prahlt nicht, ist nicht eingebildet, oder grob; niemals selbstsüchtig, nicht leicht verletzlich.
> Liebe zählt nicht die Fehler; sie weidet sich nicht an den Fehlern anderer, sondern erfreut sich an der Wahrheit.
> Es gibt nichts, was die Liebe nicht kann; es gibt keine Grenze
> für ihren Glauben, ihre Hoffnung und ihre Ausdauer.
> Die Liebe wird nie enden.
> Sind da Propheten? Ihr Werk wird vergehen.
> Sind da gesprochene Töne und ausschweifende Begeisterung? Sie werden enden.
> Ist da Wissen? Es wird dahinschwinden; denn unser Wissen

und unsere Weissagungen sind Stückwerk, und es wird vergehen,
wenn die Vollkommenheit naht.
Als ich Kind war, drehten sich meine Sprache, meine Interessen
und meine Gedanken alle um kindische Dinge. Jetzt sehen wir
nur verwirrende Reflexionen in einem Spiegel, aber dann werden
wir uns von Angesicht zu Angesicht sehen. Mein Wissen ist jetzt
bruchstückhaft; dann wird es ganz sein, wie Gottes Wissen
über mich. In einem Wort, es gibt drei Dinge, die ewig dauern:
Glaube, Hoffnung und Liebe; das Größte aber ist die Liebe.
(I Korinther, 13, 1–13 *New English Bible*)

Das Lernen über die Liebe dauert ein Leben lang. Wie wir doch ohne Liebe auf dem Weg stolpern und versagen. Aber welch ein unglaubliches Geschenk ist es, die Liebe als den großen Wert zu besitzen, auf dem all unsere Ziele aufbauen, an dem all unsere Taten gemessen werden. Und genau an dieser Stelle tritt der menschliche Kapitalismus auf den Plan. Es ist ein Kapitalismus, der sich auf Liebe gründet. Mitmenschliche Kapitalisten tun ihr Bestes, um Gott, sich selbst und sich gegenseitig zu lieben. Die Liebe ist die Basis, auf der alles andere aufgebaut ist.

Erinnern Sie sich an das alte Sprichwort: „Wenn die Armut durch die Tür kommt, fliegt die Liebe aus dem Fenster?" Mitmenschliche Kapitalisten wissen, daß all das Gerede von der Liebe Humbug und Blödsinn ist, wenn Leute Hunger haben, obdachlos und unglücklich sind. Mitmenschlicher Kapitalismus streckt in Liebe die Hand aus nach denen, die, aus welchen Gründen auch immer, in Not sind, und sagt, „Kommt doch herein. Es ist genug für alle da!"

„Ich weiß noch", entsinnt sich Jack Daughery, „wie ich als Kind zehn Stunden am Tag unter der heißen Sommersonne Kirschen pflückte, und wie ich die fetten Plantagenbesitzer und ihre Aufseher haßte. Und wenn ich ihre hübschen Kinder auf Ponys durch die Felder reiten sah, haßte ich mich selbst für meine zerrissenen Kleider und mein schmutziges Gesicht. Und wenn ich damals viel über Gott nachgedacht hätte, hätte ich wahrscheinlich auch ihn gehaßt für die Ungerechtigkeit und Ungleichheit, die meine Eltern und ich all die Jahre meiner Kindheit hindurch erleiden mußten."

Im Alter von 14 Jahren arbeitete Jack in einer riesigen kartoffelverarbeitenden Fabrik in Grand View, Washington. „Meine erste Arbeit bestand darin, Unkraut aus dem Boden rund um die alten hölzernen Bewässerungsrinnen zu rupfen", weiß er noch. „Die Bisamratten und die Klapperschlangen versteckten sich unter den langen hölzernen Trögen. Jedesmal, wenn ich hineinfaßte, um das Unkraut und den Abfall herauszuholen, hatte ich Angst, eine Ratte würde mir den Finger abbeißen oder eine Klapperschlange ihre Fänge in meinen Arm schlagen.

Als ich 15 oder 16 war, vermochte ich einen Zentnersack voll Kartoffeln auf meine Schultern zu heben und ihn auf die Laderampe zu werfen. Schließlich machten mich die Besitzer, nachdem ich in allen Arbeitsbereichen dieser Kartoffelfarm- und fabrik gearbeitet hatte, zum Manager. Bald darauf heiratete ich Rita, die Tochter eines Bauern, die im Flachland von Nebraska aufgewachsen war."

„Manager dieser Fabrik zu sein war weit mehr, als irgend jemand in meiner Familie von mir erwartet hätte. Und ich leitete die Firma genauso, als ob sie mir gehört hätte. Ich kam früh und blieb bis spät. Wenn alle anderen beim Pfeifen um fünf Uhr aus dem Tor strömten, blieb ich noch die nächsten vier oder fünf Stunden, um sicher zu sein, daß alles für die Frühschicht bereit war. Schließlich war ich ein Kind von Wanderarbeitern. Ich hatte eine ‚Früh-bis-spät'- Arbeitsmentalität.

Es dauerte nicht lange, bis ich zugeben mußte, daß Rita recht hatte. Ich sah sie zu selten. Sie arbeitete doppelt so lange als üblich als Kosmetikerin. Ich lebte praktisch in der Fabrik. Und ganz tief in mir wuchs eine immer größere Unzufriedenheit empor. Ich versagte als Ehemann und Vater, wie konnte ich mich also selbst lieben? Ich brachte einen 12- bis 14-Stunden-Tag ein und bekam für die Plackerei weder Dank von meinen Arbeitgebern noch den Arbeitern, die unter meiner Verantwortung standen – wie konnte ich sie also lieben? Und Gott entfernte sich immer mehr von mir. Ich hatte keine Zeit, ihn zu lieben oder zu hassen. Er verschwand sozusagen einfach aus meinem Leben."

Jack und Rita begannen, sich nach einem eigenen Geschäft umzusehen, das ihnen helfen konnte, den Anspruch auf ihr eigenes Leben durchzusetzen. Als sie es fanden, hielten sie es fest und kümmerten sich darum rund um die Uhr. Ihre Sponsoren im Amway-Geschäft zeigten Jack und Rita gegenüber eine Art Respekt, die sie von ihren Bossen auf den Kirschplantagen oder in der Kartoffelfabrik nie erfahren hatten. Die Gemeinschaft ihrer Freunde und Mitarbeiter, die sie im Geschäft fanden, reichte ihnen die Hände, um mit ihnen ihre Siege zu feiern und um ihnen Trost zu geben, wenn sie verloren.

Ihr neues Geschäft zum Laufen zu bringen war nicht leicht. Sie lernten schnell, daß sie sich um ihre Kunden und die Berater in ihrer neuen Gruppe genauso kümmern mußten, wie man sich um sie gekümmert hatte. Am

Anfang kostete sie ihr neues Geschäft ebensoviel Zeit, Energie und Opferbereitschaft wie ihr Leben zuvor.

„Wir lebten in einer kleinen praktischen Wohnung", erinnert sich Rita. „Man saß in der Küche und konnte rundum alles erreichen. Wir investierten ein paar Jahre harter Arbeit, um uns unsere Träume zu verwirklichen. Anfangs arbeiteten wir in normalen Berufen untertags und abends und am Wochenende in unserem eigenen kleinen Geschäft. Schließlich arbeiteten wir beide Vollzeit in unserem Geschäft. Zuerst war es schwierig, aber endlich waren wir zusammen. Und was wichtig ist, das „kleine" Geschäft gehört nicht jemand anderem. Es ist unser Eigentum. Nun haben wir die Freiheit, uns selbst und anderen in einer Weise zu helfen, von der wir nie zu träumen gewagt hatten."

Welches sind Ihre Ziele? Wohin wollen Sie Ihr Leben lenken? Jack und Rita liebten sich selbst genug, um sich einige Ziele zu setzen, einige Risiken auf sich zu nehmen und um einiges zu ändern. In diesem Prozeß lernten sie, Gott und ihre Nächsten zu lieben. Das Kind der Wanderarbeiter verdient heute sechsstellige Summen. Seine Kinder haben ihr eigenes Schwimmbecken. Seiner Kirche, seinen Nachbarn, seiner Stadt und seiner Umwelt geht es besser, weil Jack und Rita Daughery über die Zeit und das Geld verfügen, ihre Liebe in praktischer, lebensverändernder Weise zu beweisen.

In einer Rede im Jahr 1959, als sich der Kalte Krieg immer mehr aufheizte, sagte John F. Kennedy: „In chinesischer Schrift geschrieben, setzt sich das Wort ‚Krise' aus zwei Zeichen zusammen – eines bedeutet ‚Gefahr' und das andere ‚Gelegenheit'!"

Wir leben in einer Zeit, in welcher wichtige Institutionen erneuert und wiederhergestellt werden müssen. Dies ist eine Zeit der Gelegenheiten, wo wir neue Lösungen, Einrichtungen und Wege der Annäherung an die Probleme finden können, denen wir gegenüberstehen. In der Vergangenheit haben große Krisen große Gelegenheiten geschaffen, und Zivilisationen drängten mit neuer Lebenskraft vorwärts.

Wenn wir hart daran arbeiten, in unseren Kirchen, in der Regierung, in unserem eigenen Bereich, in Schulen, Fabriken und Büros das Verständnis für unsere Mitmenschen wiederzuentdecken und zu praktizieren, könnte unsere Wirtschaft wieder auf den richtigen Weg gebracht werden, und unsere Mitmenschen könnten die Freiheit erlangen, sich lebensverändernde Ziele zu setzen und sie mit gegenseitiger Hilfe auch zu erreichen.

Denken Sie an Jack Daughery, den Sohn von Wanderarbeitern, der seine Kindheit damit verbrachte, unter sengender Sonne Kirschen zu pflücken und danach lechzte, etwas Besseres zu wollen! Erinnern Sie sich an Rita Daughery, die auf einem Bauernhof in Nebraska aufwuchs und hoffte, eines Tages ein eigenes Geschäft zu haben. Der menschliche Kapitalismus verhalf den Daugherys zur Verwirklichung ihrer Hoffnung auf ein besseres Leben.

4

Warum ist Geld so wichtig, um an jenen Punkt zu kommen?

Regel 4

Wir glauben, daß der erste Schritt, um unser Leben frei zu machen, um vorwärtszukommen, der ist, unsere Schulden zu bezahlen, zu lernen, mit anderen zu teilen, uns finanzielle Grenzen zu setzen und verläßlich nach ihnen zu leben.
Deshalb müssen wir unsere Rechnungen bezahlen und unsere vordringlichen finanziellen Angelegenheiten in Ordnung bringen.

An einem milden Herbstabend im Jahr 1968 in North Carolina fuhren Hal und Susan Gooch langsam an der Villa Finch im Zentrum von Thomasville vorbei. Hal war gerade 25 Jahre alt und hatte eben seinen Militärdienst hinter sich. Susan war 22 und bediente einen Computer bei einem großen Spiegelhersteller in einem Industriepark nahe ihrer Wohnung. Hal arbeitete im Familienbetrieb seines Vaters in der Möbelbranche.

„Die Familie Finch war Besitzer der Möbelfabrik von Thomasville", erinnert sich Hal. „Es gab nur 16.000 Einwohner in unserer kleinen Stadt, und 6.000 von ihnen arbeiteten für Mr. Finch. Kein Wunder, daß er sich eine solche Villa bauen konnte."

„Sie waren eine der reichsten Familien in unserer Stadt", entsinnt sich Susan, „und in vielen dieser warmen Nächte von Carolina fuhren wir an ihrem 1.700-m^2-Haus vorbei und hätten gerne gewußt, ob wir je genug Geld haben würden, um auch in einem so wunderbaren Haus leben zu können."

„Ich verdiente ganz gut in dem kleinen Möbelbetrieb meines Vaters", erklärt Hal. „Es war nicht viel, aber es hätte ausreichen können. Und Susan hatte einen guten, nach Stunden bezahlten Posten, der unser Einkommen etwas vergrößerte. Aber am Monatsende – oder sollte ich lieber sagen, zu Beginn des Monats, wenn all unsere Rechnungen bezahlt waren, – blieb fast nichts übrig."

Hal und Susan Gooch denken immer wieder an jene Nächte vor langer Zeit zurück, als sie am Träumen waren und sich fragten, ob sie je genug verdienen würden, um aus ihrer Mietwohnung herauszukommen, geschweige denn, um in die Villa ihrer Träume einzuziehen. Dann, in einer jener merkwürdigen, wundersamen Nächte begann ein Traum im Herzen von Hal und Susan zu sprießen.

„Wir werden eines Tages nicht einfach irgendein großes Haus bewohnen", flüsterte Hal. „Uns wird die Finch-Villa hier in Thomasville gehören." Susan lächelte, drückte die Hand ihres jungen Ehemannes und fragte sich, ob sie je all ihre Rechnungen bezahlen und ihre finanziellen Verhältnisse in Ordnung würden bringen können, ganz davon zu schweigen, eine Villa für viele Millionen Dollar zu bewohnen.

Kennen Sie dieses Gefühl? Sie haben einen Traum, fragen sich aber, ob Sie je in der Lage sein werden, ihn sich leisten zu können.Wenn Sie Arbeit haben, finden Sie es immer schwieriger, mit Ihrem Einkommen über die nächsten dreißig Tage zu kommen? Falls Sie arbeitslos sind, steigt in Ihnen jedesmal eine Welle von Furcht auf, wenn der Postbote kommt? Müssen Sie zusehen, wie Ihrer Träume von einem neuen Haus, einem neuen Auto, einem Urlaub mit der Familie oder selbst einem kleinen Spargroschen weggespült werden von der Sintflut von Rechnungen, die Ihren Briefkasten jeden Monat überschwemmt?

„Wir hatten keinen höheren Schulabschluß", erklärt Susan. Unsere Familien waren nicht reich. Da gab es keine reichen Onkel oder Tanten. Wir dachten daran, eine Bank auszurauben oder Banknoten zu fälschen. Aber diese Ideen gaben wir bald auf. North Carolina hatte keine Lotterie, und wenn es mit unserem Glück so weitergegangen wäre, hätten wir ohnehin nicht gewonnen. Unsere Kosten wuchsen, und unsere Finanzkraft sank stetig.

„Wenn wir wollten, daß unsere Träume Wirklichkeit wurden", erinnert sich Hal, „mußten wir mehr Geld verdienen. Es schien wirklich keinen anderen Weg zu geben. Geld schien unsere einzige Antwort zu sein."

Geld! Albert Camus, der französische existenzialistische Schriftsteller, schrieb in seinen *Notizbüchern: 1935–1942*: „Es ist eine Art geistiger Snobismus, der Leute glauben läßt, sie könnten ohne Geld glücklich sein." Margaret Thatcher, die frühere britische Premierministerin, sagte einmal: „Niemand hätte sich an den ‚Guten Samariter' erinnert, hätte er nur gute Absichten gehabt. Aber er hatte auch Geld."

Geld! Ob Sie nun mit dem heiligen Paulus in seinem Brief an Timotheus übereinstimmen, daß „die Liebe zum Geld die Wurzel allen Übels ist“, oder George Bernard Shaw und seiner Antwort recht geben, „Geldmangel ist die Wurzel allen Übels“, Sie werden vermutlich zustimmen, daß das Verdienen und das Ausgeben von Geld (oder sich um beides Sorgen zu machen) uns jeden Tag schon beim Erwachen beschäftigt und uns oft nächtelang den Schlaf raubt.

Die gute Nachricht ist folgende: Es gibt eine Menge Methoden, mehr Geld zu machen. Aber die schlechte folgt auf dem Fuße: Ehe Sie ein neues Geschäft beginnen oder das alte erweitern, müssen Sie Ihre Finanzen in Ordnung bringen. Ein altes Sprichwort, das zu viele Leute nicht beachten wollen, sagt: „Wenn du mit dem Geld nicht zurechtkommst, das du verdienst, wirst du auch mit mehr nicht zurechtkommen.“

„Die Leute lösen Geldprobleme aus der Vergangenheit nicht, indem sie sich neue aufladen“, rät Bill Britt, einer der erfolgreichsten Amway-Berater mit einer Organisation, die in Nordamerika und rund um die Welt Hunderttausende von Menschen zählt. „Immer hübsch eines nach dem anderen“, fügt er hinzu.

„Leute mit finanziellen Problemen müssen als erstes ihre alten Rechnungen begleichen oder zumindest einen Plan haben, wie sie die Rechnungen bezahlen wollen“, fügt Jim Janz hinzu, einer der erfolgreichsten Berater in Canada. „Dann sind sie in der Lage, weiterzumachen, neue Risiken anzugehen, neue Dinge zu unternehmen.“

Seien wir doch einmal ehrlich. Die meisten Leute gehen recht schlampig mit Geld um. Das Problem ist ganz einfach: Sie geben mehr Geld aus, als sie verdienen. Das Problem zu lösen, ist jedoch nicht ganz so einfach, besonders, wenn es schon länger existiert. Wenn Sie erst einmal unter einer Lawine von Rechnungen begraben sind, erscheint es Ihnen unmöglich, sich Ihren Weg freizuschaufeln. Wenn Sie erst einmal in der Unordnung stecken, quälen Angst und das Gefühl von Schuld und Hilflosigkeit jeden ihrer Gedanken und Schritte.

In *Of Human Bondage* schrieb Somerset Maugham: „Geld ist wie ein sechster Sinn, ohne dessen Hilfe man die übrigen fünf nicht richtig einsetzen kann.“ Offenbar haben zu viele Leute elend dabei versagt, Maughams sechsten Sinn zu entwickeln, und die Konsequenzen in ihrem Leben sind erschütternd.

Sehen wir uns einige Zahlen an. Nach Aussage von Experten belastet jeden amerikanischen Haushalt im Durchschnitt eine Gesamtverschuldung von rund 120.000 Dollar, einschließlich der Hypothek für das Haus. Erscheint Ihnen das nicht eine Menge Geld? Vergleichen Sie es mit deutschen Familien, die durchschnittlich mit 45.000 DM verschuldet sind, oder – halten Sie sich fest – mit Schweizer Familien mit umwerfenden 1.500 Franken Schulden im Durchschnitt.

Kreditkartensucht und Kartenmißbrauch sind eine Hauptursache für neue Schulden des Verbrauchers geworden. Mehr als 1,3 Milliarden Kreditkarten sind in den Vereinigten Staaten im Umlauf, wobei 80% aller amerikanischen Erwachsenen mindestens eine Kreditkarte besitzen. Und zu was für einem Geschäft die Kreditkarten geworden sind! Zu Beginn der neunziger Jahre erreichte allein American Express ein Rechnungsvolumen von annähernd 165 Milliarden DM im Jahr. Mindestens 75 Millionen Amerikaner waren mit ihren Einzahlungen auf die Kreditkartenkonten in Rückstand. Der typische Kreditkartenbenutzer hatte 4.000 DM Schulden.

Unglücklicherweise gibt es keine schnelle Lösung für das Problem der Millionen von Menschen, die mit mehreren Milliarden DM verschuldet sind. Die Sucht, Karten einzusetzen und zu mißbrauchen, kann nur jeder für sich beseitigen. Sind Sie süchtig auf den Gebrauch der Plastikkärtchen? Haben Sie sich ernsthaft mit Ihrer Sucht auseinandergesetzt? Es gibt einen einfachen Weg, aus dem Problem herauszufinden. Die unten angeführten Fragen zu beantworten sollte der erste Schritt dazu sein.

Wie viele Kreditkarten haben Sie? Wie viele Schulden haben Sie bei jeder von ihnen angehäuft? Haben Sie sie zusammengezählt? Auf wieviel beläuft sich insgesamt Ihre „Kartenschuld" im Moment? Wenn Ihr Einkommen gleich bleibt, wie lange wird es dauern, die Schulden abzuzahlen, wenn Sie die Karten nicht mehr benutzen? Sollte Ihr Einkommen sinken oder ausfallen, wie werden Sie die Verpflichtungen erledigen, wenn wir einmal von den auflaufenden Zinsen absehen? Wieviel mehr können Sie sich, realistisch betrachtet, in der Zwischenzeit noch erlauben?

Collegestudenten sind für die Kreditkartengesellschaften ein neuer Markt von höchstem Interesse. Schon 3,9 Millionen Studenten in den Vereinigten Staaten besitzen mindestens eine Kreditkarte – das heißt, 70% der 5,6 Millionen Vollstudenten des Landes an vierjährigen Colleges. Dies entspricht einem zahlenmäßigen Anwachsen der jugendlichen Kreditkartennutzer von fast 40% allein in den vergangenen zwei Jahren. Die meisten Karten werden angeboten, ohne daß eine zweite Unterschrift verlangt wird, noch setzt der Erwerb einer Karte einen Einkommens- oder anderen Bonitätsnachweis voraus. Die „Plastikpest" droht die nationale Wirtschaft zu unterminieren, und sie infiziert immer jüngere Opfer.

Amerikanische Studenten verfügen durch ihre Teilzeitjobs und die Hilfe ihrer Eltern über durchschnittlich 256 Dollar wöchentlich. Angenommen, Sie geben nur 175 Dollar die Woche für Unterhaltung, Kleider und andere Verbrauchsgüter aus – wenn man das zusammenzählt, ergibt es 980 Milliarden Dollar im Jahr, und die Kreditkartengesellschaften wollen ihren Anteil daran haben.

Eine Wirtschaftslehrerin der Texas Tech University äußerte der *Washington Post* gegenüber, daß sie herausgefunden habe, Studenten in ihren Klassen hätten bis zu zehn Kreditkarten, jede mit einem Limit von rund 1.500 Dollar. „Ich habe junge Leute mit 80.000 bis 120.000 Dollar Schulden gesehen", sagt sie.

Jemand von den Eltern, die für einen Artikel in der Zeitung *Post* interviewt wurden, kam zu folgender interessanter Schlußfolgerung: „Der beste Marketing-Agent für altmodische Werte war meine Volksschullehrerin", sagte sie. „Frau Billard händigte uns jeden Mittwoch unsere Sparbücher aus, und so konnten wir sehen, wie unser Guthaben anwuchs. Nun beobachten unsere Kinder, wie das Defizit unserer Regierung wächst. Warum sollten sie da Selbstbeschränkung üben?"

Anderen Personen oder Einrichtungen die Schuld an unseren finanziellen Problemen zu geben, ist ein gefährliches Spiel, aber in diesem Fall könnte es sein, daß jene Mutter etwas Richtiges herausgefunden hat. Die Leute, die wir nach Washington geschickt haben, um uns zu vertreten, geben den Amerikanern, ob jung oder alt, nicht gerade ein gutes Beispiel vor. Wenn Sie finden, daß unsere jungen Leute heutzutage mit den Kreditkarten in verantwortungsloser Weise umgehen, dann schauen Sie einmal, wie unsere Regierung ihre riesige „imaginäre Plastikkarte" benützt.

Im Jahr 1895 hatte Amerika seinen ersten Handelsüberschuß, und dies dauerte an bis 1988. Jahrzehntelang waren wir die Kreditquelle der Welt. Jetzt plötzlich sind wir die Nation mit den meisten Schulden. Im Jahr 1990 überstieg allein unser Handelsdefizit 165 Milliarden Dollar. 1991 nahm es noch einmal um 460 Milliarden zu. Heute wird die Gesamtverschuldung der Regierung der Vereinigten Staaten auf 5,8 Trillionen Dollar geschätzt. Wir könnten sie abbezahlen, wenn jeder Mann, jede Frau und jedes Kind in Amerika 20.000 Dollar übrig hätte, um sie nach Washington zu schicken. Aber wir tun es nicht. Zu viele Amerikaner haben zu viele Schulden auf ihren eigenen Kreditkarten. Wie können wir also unsere ersten Schritte auf dem Weg zu unserer eigenen finanziellen Erholung machen? In Interviews mit den erfolgreichsten Amway-Beratern fand ich heraus, daß sie sich im allgemeinen über die Richtigkeit der folgenden fünf Schritte einig waren: Erstens, Ihre Schulden abzubezahlen; zweitens, bereit zu sein, zu teilen; drittens, jeden Monat zumindest ein wenig Geld auf die Seite zu legen; viertens, Ihren Ausgaben strikte Grenzen zu setzen; und fünftens, innerhalb dieser Grenzen zu leben.

Aristoteles sagte: „Was wir lernen müssen, das lernen wir, indem wir es tun.“ Der beste Plan, Ihre Schulden zu begleichen und Ihre finanzielle Lage in Ordnung zu bringen, wird der Plan sein, den Sie für sich selbst herausfinden, indem Sie ihn praktizieren. Aber vielleicht werden Ihnen ein oder zwei Gedanken auf Ihrem Weg helfen.

Ihre Schulden begleichen

Es gibt da eine Geschichte über einen englischen Adeligen, dessen wirtschaftliche Situation sich sehr zum Schlechten entwickelt hatte. Als er von seinem Schneider angesprochen wurde, seine Schulden oder zumindest etwas der Zinsen davon zu bezahlen, antwortete der Engländer, „It is not my interest to pay the principal, nor my principle to pay the interest.“[1]

Obwohl es für Sie nicht so leicht ist, einen Gläubiger loszuwerden, wie es für den aufgeblasenen Lord war, dürfte es doch leichter sein, als Sie glauben, Ihre Schulden zu tilgen und Ihre Privatfinanzen in Ordnung zu bringen. Letzthin hatte ich eine lange Unterhaltung mit der Kreditmanagerin eines Kaufhauses in Grand Rapids. Sie sah es ganz positiv, wie die meisten ihrer Kunden mit ausstehenden Schulden zurechtkamen.

„Eine ordentliche Kundin wird uns davon unterrichten, wenn sie mit der Bezahlung in Verzug kommt“, sagte sie mir. „Dann wird sie, um ihren guten Willen zu beweisen, dieser schriftlichen Mitteilung einen Scheck oder eine Zahlungsanweisung beilegen, um zumindest einen gewissen Teil der fälligen Summe abzudecken. Wir betrachten solche Leute als verantwortungsbewußte Kunden, die unser Vertrauen verdient haben. Und wir werden alles tun, was in unserer Macht steht, um dieser Kundin zu helfen, ihre finanziell schwierige Zeit durchzustehen. Wenn freilich Kunden uns nicht schreiben oder anrufen, wenn sie uns nicht mindestens jeden Monat einen kleinen Betrag schicken, werden wir schließlich die professionellen Inkassoinstitute einschalten müssen. Und die machen kurzen Prozeß.“

---

[1] Wortspiel, das wörtlich übersetzt bedeutet: „Es ist weder mein Interesse, Schulden zu begleichen, noch verfolge ich den Grundsatz, Zinsen zu bezahlen.“

Als ich sie fragte, was sie Leuten empfehlen würde, um ihre Schulden vom Hals zu bekommen, antwortete sie: „Bringen Sie sie zuerst soweit, all ihre Verpflichtungen zusammenzuzählen. Zweitens lassen Sie sie ausfindig machen, welche wöchentlichen oder monatlichen Zahlungen sie sich leisten können. Drittens stellen Sie sicher, daß sie mit ihren Gläubigern sprechen, um dafür zu sorgen, daß die Zahlungen angemessen sind. Viertens ermahnen Sie sie, diese Zahlungen verläßlich zu leisten. Und fünftens sagen Sie den Leuten, sie sollen anfangen, im Rahmen ihrer Mittel zu leben, damit sie nicht wieder in so eine mißliche Lage kommen."

Mir schien dies ein guter Rat zu sein. Was meinen Sie? Haben Sie erhebliche Verpflichtungen? Haben Sie einen Plan bereit, wie sie abzubezahlen sind? Haben Sie mit Ihren Gläubigern gesprochen, um sie auf Ihre Seite zu bringen? Haben Sie Ihre Zahlungen zuverlässig erledigt? Leben Sie im Rahmen Ihrer Möglichkeiten? Ich weiß, daß dieser Plan recht simpel klingt. Aber es ist immerhin ein Plan. Und ein Plan ist immer besser als gar kein Plan.

Nachdem Ron Rummel an der Texas Tech University sein Architekturdiplom gemacht, in Cambridge mit einem Rotary-Stipendium studiert und ein Jahr im Ausland gelebt hatte, kam er zurück nach Amerika voll Begeisterung über seine Zukunft, begierig darauf, anzufangen. Bald fand er eine gute Stelle bei einem renommierten Architekturbüro. Um die gleiche Zeit unterschrieb Rons Frau Melanie einen Vertrag, um Kinder von zehn und elf Jahren in Sprachen zu unterrichten. Dann brachen ohne Vorwarnung weltweit die Ölmärkte zusammen. Plötzlich kam in Dallas der Boom zum Erliegen. Ron und Melanie fanden sich arbeitslos wieder und steckten zutiefst in Schulden.

„Es hatte mich sechs Jahre gekostet, das College zu durchlaufen", erinnert sich Ron, „mit einer Menge feiner Leute, die mir zeigten, wie man als Architekt im Monat 1.500 Dollar verdienen kann. Dann, als alles zusammengekracht war, fand ich mich als Zuhörer bei einem Vortrag eines 26jährigen Studienabbrechers wieder, bei dem der Marketingplan von Amway erklärt wurde. ‚Ich schrieb mich ein', gibt Ron zu, ‚aus lediglich zwei Gründen: um meine Kreditkartenschulden abzubezahlen und um mehr Zeit mit meiner Familie verbringen zu können.'"

Es war sein voller Ernst. Schulden auf Kreditkarten abzuzahlen ist für viele Millionen Amerikaner eines ihrer wichtigsten Ziele. Eine Zweitbeschäftigung anzunehmen, um dieses Ziel zu erreichen, ist eine alltägliche Sache geworden. „Ich betrieb mein Amway-Geschäft gerade so wie meinen anderen Job", erklärt Ron. „Wir setzten fast alles hintan, was wir kaufen wollten oder sogar brauchten, und arbeiteten sieben Nächte die Woche, zwölf Stunden am Tag, um diese Schulden loszuwerden."

Auf diese Weise haben Ron und Melanie Rummel viel mehr geschafft, als ihre Rechnungen zu bezahlen und ihre Kreditkarten wieder auf Vordermann zu bringen. Sie haben ein gewaltig erfolgreiches Geschäft aufgebaut, das ihnen die Freiheit gibt, mit ihren Kindern viel Zeit zu verbringen, Mitgefühl zu beweisen mit Bedürftigen in ihrer Nachbarschaft und rund um die Welt und nie mehr den Streß zu fühlen, Schulden zu haben.

Ehe wir irgendwelche Schritte in die Zukunft unternehmen können, müssen wir zuerst die Verantwortung für die Fehler übernehmen, die wir in der Vergangenheit gemacht haben. Wenn Sie einen aufwendigeren Plan benötigen, um aus Ihren Schulden herauszukommen, wird Ihnen Ihre Bank oder ein lokaler Kreditmanager weiterhelfen. Es gibt alle Arten von Büchern und Kassetten, Seminaren und Beratern, die Ihnen dabei beistehen können. Freilich, seine finanzielle Bewegungsfreiheit anzustreben unterscheidet sich in nichts von anderen Zielen. Sie brauchen einen Plan und müssen danach arbeiten.

Es gibt eine Art von Plan, der sicherlich nicht funktionieren wird. Der amerikanische Humorist Artemus Ward beschrieb ihn so: „Wollen wir alle fröhlich sein und im Rahmen unserer Mittel leben, auch wenn wir das Geld dazu borgen müssen." Geld zu borgen führt nicht heraus aus den Schulden. Es ist der Weg in die Schulden. Unser persönliches Kreditkartenproblem zu lösen, mag vielleicht kein Allheilmittel für persönliche Schulden sein, aber es ist ein hervorragender Ausgangspunkt, um mit dem Abbau der Schulden zu beginnen.

Zählen Sie Ihre Kreditkartenschulden zusammen. Wenn Sie nicht wissen, wie hoch die Verbindlichkeiten auf jeder einzelnen Karte sind, rufen Sie Ihre Bank an und informieren Sie sich über Ihren gegenwärtigen Stand. Addieren Sie dann auf, wieviel Schulden Sie auf allen Karten zusammen haben. Addieren Sie zu diesem Betrag die Zahlungen für Ihre Hypothek, Ihre Autofinanzierung, alte Schulden aus früherer Zeit und jegliche andere Verbindlichkeiten, die Sie noch haben.

Mit so vielen Kreditkarten in Ihren Brieftaschen und Geldbörsen ist es schwierig, den Überblick über das Gesamtvolumen zu behalten. Aber wenn Sie diese schreckliche Zahl einmal niedergeschrieben haben, wenn Ihnen Ihr Defizit unter dem Strich einmal wirklich klar ist, dann könnte das für Sie Motivation genug bedeuten, Ihre Karten nicht mehr zu gebrauchen und einen realistischen Plan zu entwickeln, um diese Schulden abzubezahlen.

Schreiben Sie die Gesamtsumme auf Stückchen von Klebeband. Kleben Sie eines auf jede Ihrer Kreditkarten. Kleben Sie Post-its mit dem Gesamtbetrag Ihrer Schulden auf den Kühlschrank oder auf das Armaturenbrett ihres Autos. Sie könnten ihn sogar mit Seife auf den Spiegel in Ihrem Badezimmer schreiben oder mit einem Federmesser in die Gummihülle Ihres Scheckbuchs schnitzen.

Ignoranz mag vielleicht Glück mit sich bringen, aber sie ist auch der letzte Schritt vor dem Bankrott. Wenn Ihnen einmal wirklich klar geworden ist, wieviel Schulden Sie haben, sind Sie auf dem richtigen Weg, Ihre Ausgaben zu kontrollieren und Ihren Schulden ein Ende zu setzen. Wenn Sie das nächste Mal in Versuchung sind, die kleine Plastikkarte zu benützen, dann lesen Sie die Notiz, die daraufgeklebt ist, oder erinnern Sie sich aus dem Gedächtnis daran: „Ich habe auf dieser Karte allein 7.654 DM Schulden und 123.000 DM insgesamt.“

Ehe Sie dann Ihre Karte wieder benutzen, schließen Sie die Augen und fragen Sie sich selbst: „Ist dieser Kauf das Risiko wert? Will ich wirklich die Schulden vergrößern, die ich schon habe? Oder komme ich auch ohne das Gewünschte zurecht?“

Suchen Sie sich all die Kreditkarten heraus, die Sie momentan besitzen. Legen Sie sie in langen Reihen auf den Boden Ihres Wohnzimmers. Nun zerschneiden Sie diejenigen, die schon verfallen sind. Denn obwohl sie nicht mehr gültig sind, ist es gefährlich, sie herumliegen zu lassen. Ganoven machen gern ihre Spielchen mit anderer Leute Karten. Beseitigen Sie sie.

Finden Sie heraus, für welche von Ihren Karten Sie die niedrigsten Zinsen bezahlen. Manchmal heißt es wirklich suchen, wenn Sie den Zinssatz herauskriegen wollen, den Sie bezahlen, aber normalerweise können Sie ja Ihre Bank anrufen und fragen. Mit einer Karte einzukaufen, die wenig Zinsen kostet, kann im Lauf der nächsten zehn Jahre zur Einsparung von mehreren Tausend DM führen.

Teresa Tritch, die für das Magazin *Money* schreibt, erinnert uns daran, daß Sie, wenn Sie ein Kreditkartenkonto unterhalten, während eines Jahres mehr einsparen, wenn Sie mit einer Karte zu niedrigem Zinssatz arbeiten, selbst wenn sie jährlich eine Gebühr kostet, als mit einer Hochzinskarte ohne Gebühr.“

Lehnen Sie es ab, Jahresgebühren zu bezahlen. Machen Sie sich keine Sorgen, die Bank kassiert immer noch von den Geschäftsleuten. Wenn Sie auf Ihrer Rechnung eine Gebühr vorfinden, rufen Sie die gebührenfreie Nummer der Bank an und bitten Sie darum, die Gebühr zu streichen.

Wenn die Ansprechpartner der Bank nicht einverstanden sind, sagen Sie ihnen, Sie würden Ihre Karte zurückgeben. Dann warten Sie ab, was geschieht. Wenn sie aber darauf bestehen, die Gebühr zu erheben, melden Sie die Karte ab.

Verwenden Sie nicht mehr als zwei oder drei Kreditkarten. Robert McKinley, Herausgeber der Zeitung *Ram Research's Bankcard Update*, empfiehlt eine Karte ohne jährliche Gebühren, bei der relativ hohe Zinsen erst ab einem bestimmten Zeitraum anfallen, für Anschaffungen, die Sie monatlich voll bezahlen wollen, und eine Niederzinskarte für Käufe, die Sie finanzieren wollen, möglichst auch ohne jährliche Gebühr.

Halten Sie sich eine dritte Niederzinskarte rein für geschäftliche Zwecke.

Schneiden Sie Ihre überflüssigen Karten nicht nur in Stücke. Bezahlen Sie, was Sie schuldig sind. Geben Sie der Bank Bescheid, daß Sie Ihre Karte nicht mehr verwenden wollen. Kontrollieren Sie aufmerksam Ihre Rechnung, um sicherzugehen, daß die Bank nicht eine Gebühr auf Ihre monatlichen Zahlungen aufschlägt, welche die Karte aktiv hält, auch nachdem Sie gesagt haben, daß sie gelöscht werden solle. Dann zerschneiden Sie die Karte und schicken Sie sie der Bank zurück.

Meinen Sie, ich ginge zu weit mit dieser Kreditkarten-Geschichte? Nicht im entferntesten! Nehmen Sie sich die Geschäftsseite in Ihrer örtlichen Zeitung vor! Lesen Sie die Überschriften! „Kreditkartenvergehen um 30% angestiegen.“; „Kreditkartenvergehen auf Vier-Jahres-Hoch.“ Moody's Investors Service in New York berichtete kürzlich, daß 6,13% aller Kreditkartenbenutzer um mindestens 30 Tage in Verzug seien.

Wie viele Einzelpersonen oder Familien repräsentiert diese Zahl? Der Analytiker von Moody erklärt eine der Ursachen für das fortwährende Ansteigen der Kriminalität. „Viele von den in letzter Zeit arbeitslos Gewordenen verwenden Kreditkarten, um über die Runden zu kommen, bis sie wieder eine Beschäftigung finden. Wenn ihre Kreditlimits erreicht sind und kein neuer Job am Horizont auftaucht, stürzt dies die Schuldner in den Bankrott.“

„Diese Welle von aktenkundigen Bankrotten hat einen Anstieg um 42% der Kreditkartenschulden verursacht, welche die Banken als nicht eintreibbar abgeschrieben haben.“ Die Kreditkartenabteilungen bringen ihren Banken gewaltige Verluste ein.

Sind Sie ein Kreditkarten-Junkie? Muß man für Sie eine Abteilung von „Anonymen Kreditkarten-Nutzern“ in Ihrer Stadt einrichten? Es scheint so leicht, alle paar Tage mit Ihrer Kreditkarte einen Bargeldvorschuß an einem Bankautomaten zu bekommen, besonders wenn Sie das Geld brauchen. Aber was wird geschehen, wenn Sie keine Möglichkeit haben, zurückzubezahlen, was Sie an Schulden haben, ganz zu schweigen von den Zinsen, die täglich zu Ihren Schulden dazukommen? Was passiert mit Ihnen und Ihrer Familie, wenn die Bank Ihnen den Kredit kündigt?

Glauben Sie ja nicht, daß Banken, weil sie gewisse schlecht abgesicherte Kredite als uneintreibbar abschreiben, Sie nicht zur Verantwortung ziehen werden. Sie werden es tun! Und wenn Ihr Banker Sie einmal als Feind betrachtet, wird er Ihnen das Leben zur Hölle machen. Er oder sein Geldeintreiber wird versuchen, alles in seinen Besitz zu bekommen, was Sie haben.

Merken Sie sich: Eine Kreditkarte zu benutzen, um etwas zu kaufen oder um Bargeld zu bekommen, ohne daß man weiß, wie man das Geld zurückbezahlen kann, ist schlicht und einfach Bankraub. Wenn wir Geld ausgeben, das uns nicht gehört, nehmen wir für unsere Zukunft und die unserer Kinder ein schreckliches Risiko auf uns. Was immer wir als einzelne oder als Nation tun, um Schulden zu produzieren, müssen wir mit Verantwortungsgefühl tun. Wir können nicht erfolgreich vorwärtskommen, solange diese Schulden nicht getilgt sind.

Mit anderen teilen

Die meisten meiner Freunde und Partner in unserem Geschäft sind sich einig, daß einer der ersten Schritte hin zum Erfolg als mitmenschlicher Kapitalist die Begleichung der Schulden ist. Das ist nicht überraschend. Aber die große Mehrheit von ihnen glaubt auch, daß ein mitmenschlicher Kapitalist lernen muß, auch während er noch seine Schulden abzahlt, mit anderen zu teilen, sogar ehe er es sich „leisten“ kann.

Paul Miller, ein Geschäftsfreund aus Raleigh, North Carolina meint, daß 90% der Amerikaner im Alter von 65 Jahren finanziell in einer schlechten Lage sind. „Wir sind Opfer des Kaufsyndroms“, sagte er mit einem Grinsen, „und aus den Schulden herauszukommen ist das erste, was wir unseren Leuten beibringen müssen.“ Und dann fügte er etwas hinzu, was fast jeden überrascht, der es hört:

„Der erste Schritt, um seine Schulden loszuwerden, ist es, seinen Zehnten abzuliefern.“ Um seinen Standpunkt klarzumachen, lehnt er sich über seinen Schreibtisch, nimmt eine ziemlich zerschlissene Bibel, blättert die stark angestrichenen Seiten durch und landet beim letzten Buch des Alten Testaments.

„Gott ist böse auf sein Volk", sagt er, um den Zusammenhang mit dem herzustellen, was er lesen will. „Sie haben nicht die Hungrigen gespeist, die Witwen und Waisen aufgenommen oder sich um die Bedrückten gekümmert", erklärt er. „Im dritten Kapitel hört der alte Prophet Malachias Gott sagen„Ihr beraubt mich!' Als das Volk Gott fragt, ,Worum?', antwortet Gott, ,Um den Zehnten, und um Opfer.'" Dann verlas Paul jene Worte der Verheißung und der Warnung aus der großen jüdisch-christlichen Tradition. „Bringt den ganzen Zehnten in das Lagerhaus, damit in meinem Hause Speise sei. Stellt mich nur auf die Probe", sagt der allmächtige Gott, „und seht, ob ich nicht die Schleusen des Himmels öffnen werde und soviel Segen spenden werde, daß ihr nicht genug Raum dafür haben werdet." (Malachias 3, 6–10).

„Die Leute trauen ihren Ohren nicht, wenn wir erzählen, was uns in unserem Leben widerfahren ist," sagt Debbie Miller, „als wir anfingen, 10% von unserem Einkommen an unsere Kirche abzugeben und andere Spenden an Vorhaben, an die wir in unserer Gemeinde glaubten machten."

Später werde ich die Geschichte von Paul und Debbie Miller und ihrem geschäftlichen Erfolg erzählen, aber jetzt müssen wir eine Pause machen, die lange genug ist, um das ernsthaft zu betrachten, was sie über das Geben sagen. „Warten Sie nicht mit der Großzügigkeit, bis Sie es sich leisten können", erinnert uns Paul. „Seien Sie jetzt großzügig, und lassen Sie sich überraschen, was Sie dafür erhalten werden."

Der Apostel Paulus verkündigte diese wichtigen Worte über das Teilen: „Laßt jedermann entsprechend dem geben, was er in seinem Herzen fühlt; nicht widerwillig noch gezwungenermaßen: denn Gott liebt einen fröhlichen Spender." (II. Korinther, 9, 7).

Ich war in Versuchung, wie auch Sie es sein könnten, über das Teilen am Ende zu sprechen, wenn das Essen auf dem Tisch steht und das Geld auf der Bank liegt. Aber Paul und Debbie ermahnen uns, daß das Teilen nicht am Ende des Kapitalismus, sondern an seinem Anfang steht, und bei jedem Schritt auf dem Weg zu finden ist.

Wenn wir über das Teilen sprechen, über Menschlichkeit, dann ist nicht nur gerade mal davon die Rede, einen bestimmten Prozentsatz von unserem Profit abzugeben. Wir sprechen von einer Einstellung der Menschlichkeit gegenüber, die alles beeinflußt, was wir tun: die Produkte, die wir entwickeln und vermarkten, die Fabriken, welche wir bauen und die Maschinen, die wir darin aufstellen, die Rohmaterialien, die wir einsetzen und die Abfälle, die wir produzieren, die Werbe- und Marketingkampagnen, die wir richtig finden, und die Leute, mit deren Leben wir in Berührung kommen, unsere Familien, unser Personal, unsere Kunden, und sogar unsere Konkurrenten.

Wenn wir immer auf den Tag warten wollen, an dem wir ein wenig Geld übrig haben werden, um es zu teilen, dann werden wir es vielleicht nie tun. Paul und Debbies Gedanke, daß wir von Anfang an großzügig sein sollten, weil wir auf lange Sicht in gleicher Weise entlohnt werden, sollte man sehr ernst nehmen.

Sie brauchen nicht einmal Jude oder Christ zu sein, um die Kunst des Teilens praktizieren zu können. Sie brauchen nicht das Alte oder Neue Testament zu lesen, um das Gute zu erfahren, welches das Teilen denen näherbringt, die empfangen, und ebenso denen, die geben. Die amerikanische Dichterin Ella Wheeler Wilcox zitierte nicht Jesus, als sie diese Worte schrieb:

„So viele Götter, so viele Regeln
So viele Pfade, die sich winden und winden
Wo doch nur die Kunst, gütig zu sein
Alles ist, was diese traurige Welt braucht."

Nach meiner Erfahrung sind die Menschen, welche von Beginn ihres Geschäftes an großzügig teilen, unabhängig von ihrem religiösen Hintergrund, jene, die erfolgreich werden. Sie sind es, an die man mit Liebe und Dankbarkeit denkt, Kunden wie Konkurrenten in gleicher Weise.

Schließlich ist es, wenn einmal alles vorüber ist, allein entscheidend, wie man sich an Sie erinnert, und wir bestimmen diese Erinnerungen von Anfang an. „Der Zweck des menschlichen Lebens", schreibt Albert Schweitzer, „ist es, zu dienen und Mitgefühl zu zeigen und den Willen, anderen zu helfen, zu haben."

Sie entsinnen sich der Geschichte von Albert Schweitzer. Er war ein fähiger Arzt und Forscher. Er war einer der großen Bachinterpreten der Welt und gab Orgelkonzerte in Kathedralen in der ganzen Welt. Seine philosophischen Reden und Schriften wurden bereits zu seinen Lebzeiten hochgeschätzt, und doch verbrachte er den Großteil seines Lebens als Missionsarzt in dem winzigen Dorf Lambarene in der Provinz Gabun in Französisch-Äquatorialafrika.

Dort, an den Ufern des Flusses Ogowe, baute Dr. Schweitzer ein Krankenhaus für sein „vergessenes Volk" auf. Die Welt erinnert sich an ihn nicht wegen seiner Leistungen in der Musik, nicht wegen der Bücher, die er schrieb, oder des Friedensnobelpreises, den er gewann, sondern weil er sein Leben großzügig mit denen teilte, die in Not waren. Sie brauchen kein Missionsarzt zu sein, um das zu tun. Einem menschlichen Kapitalisten bieten sich jeden Tag seines Lebens die gleichen Möglichkeiten.

„Jener beste Teil des Lebens eines guten Menschen", schrieb Wordsworth, „seine kleinen, namenlosen Akte der Güte und Liebe, an die sich niemand erinnert." Wenige von uns werden je den Ruhm eines Albert Schweitzer oder die Wortgewalt eines Wordsworth erlangen. Aber das macht nichts. Sogar sie zeigen klar, daß Ruhm eine Illusion ist. Was wirklich wichtig ist, ist das Teilen aus Freude am Teilen. Die meisten unserer kleinen Akte des Teilens werden unbemerkt bleiben, aber wir tun sie trotzdem. Nicht nur, weil sie ein gutes Geschäft sind, sondern weil sie unseren Schöpfer ehren. Sie bedeuten Hoffnung und Hilfe für Menschen in Not, und ein Gefühl der Freude und des Selbstwerts für uns. Der radikale Sozialkritiker Ivan Illich sagte diese unvergessenen Worte: „Der Mensch muß sich entscheiden, ob er reich an Besitz oder an der Freiheit sein will, den Besitz zu nutzen." Jeder kleine Akt des Teilens, insbesondere wenn wir „ihn uns nicht leisten können", macht uns frei.

Jeden Tag ein wenig zur Seite legen

Es war meine Mutter, die mir mein erstes „Sparschwein" gab, eine von jenen handbemalten gußeisernen Schönheiten mit beweglichen Teilen. Ich konnte die Münze durch einen kleinen Schlitz hinunterrollen lassen oder sie in eine Art Schnabel legen und einen Hebel drücken, worauf sie dann taumelnd durch einen Schlitz nach unten verschwand. Einmal im Monat, nach der Schule, marschierten Mutter und ich zusammen hinunter zur Filiale unserer Hausbank und machten eine Einzahlung auf mein eigenes Sparkonto. Ich war begeistert, dem Kassierer zuzusehen, wie er meine Einlage addierte und in mein kleines Sparbuch eintrug. Dann unterschrieb und stempelte er es.

Hatten Sie ein Sparschwein, als Sie ein Kind waren? Vielleicht war es ein verziertes Marmeladenglas, in dessen Metalldeckel ein Schlitz eingeschnitten war, oder ein buntes Tierchen aus Gips. In jenen Tagen waren wir eine Generation von Sparern. Jede Familie hatte ein Sparkonto, egal wie klein es auch gewesen sein mag. Und an jedem Zahltag ging der Vater zur Bank und machte seine Einzahlung. Selbst in den härtesten Zeiten versuchte jede Familie, jeden Monat etwas zur Seite zu legen.

Die Zeiten haben sich geändert. Die Amerikaner haben eine niedrigere Sparrate als jede andere Industrienation. In nur einer Generation ist unsere durchschnittliche Sparrate um 6% gefallen. Während die Japaner im Schnitt 19,2% und die Schweizer 22,5% ihres Monatseinkommens ansparen, sind es bei den Amerikanern nur 2,9%. Das bedeutet, der durchschnittliche amerikanische Haushalt hat etwa 6.500 DM für schlechte Zeiten zurückgelegt, die Schweizer dagegen 33.000 DM und die Japaner 145.000 DM.

Welchen Prozentsatz Ihres Einkommens legen Sie im Monat zur Seite? Wieviel Geld haben Sie auf der Bank, um Notsituationen zu überbrücken? Erinnern Sie sich an die Grundregel des Sparens! Sie brauchen mindestens ein Monatsgehalt auf Ihrem Sparkonto, um sich vor einem möglichen Fiasko zu schützen. Liegen Sie, so betrachtet, über oder unter der Regel?

Die Herausgeber von *Where we stand* kommen zu dem Schluß, daß „auf lange Sicht zu geringe Spareinlagen nicht nur die Sicherheit einer Familie untergraben, sondern auch den Bestand an Geld ernstlich verringern, der für Investitionen in der Zukunft einer Nation zur Verfügung steht".

Ich weiß, daß es hart sein kann, besonders wenn Sie Schulden haben und Ihre Geldschwierigkeiten jeden Tag schlimmer zu werden scheinen, aber auf lange Sicht werden Sie überrascht sein, wieviel Geld Sie auch in den schlechtesten Zeiten sparen können, wenn Sie verläßlich jeden Monat einen kleinen Betrag auf die Bank bringen.

Die Herausgeber des Magazins *Black Enterprise* empfehlen, daß jede Familie mindestens die Summe als Notreserve haben sollte, welche ihren Ausgaben für drei Monate entspricht. Sie schlagen weiter vor, daß jede Familie mit Kindern ein Sparsystem für das College aufbauen sollte, indem sie jede Woche etwa 35 DM „wegzaubert". In 15 Jahren können Sie, wie die Herausgeber sagen, ca. 56.000 DM erwirtschaftet haben.

Leider könnte das Geld von Ihrem Sparkonto anderweitig benötigt werden, ehe Ihre Kinder auf das College kommen. Die Kosten für die gesundheitliche Versorgung haben überdimensional zugenommen. Die Kosten für Wohnung und Autoreparaturen steigen täglich. Wer weiß, wieviel Geld Sie zusätzlich benötigen werden, um durch die nächste Krise zu kommen? Welcher Art auch immer die Bedürfnisse sein mögen, die meisten Leute sind nicht darauf vorbereitet, ihnen zu begegnen, da sie über ihre Verhältnisse leben und nichts auf der Bank haben.

Ist Ihnen der Name S. S. Kresge ein Begriff? Er wurde unmittelbar nach dem Sezessionskrieg im Herzen des von Deutschen besiedelten Teils von Pennsylvanien in eine arme Familie hineingeboren. Er begann seine Laufbahn als reisender Vertreter für einen Eisenwarenhersteller. Kresge war begeistert von Frank Woolworths Plan, in kleinen Läden überall im Land ‚cash-and-carry'-Handel zu betreiben, und im Jahr 1932 besaß Kresge selbst einige hundert Läden.

Kresge war ein großer Befürworter des Sparens. Seinen Biographen zu Folge hatte er „sein Leben lang den Ehrgeiz, Geld zu machen und war davon besessen, es auch zu behalten". An seinem Lebensende war er einer der reichsten Männer Amerikas, und doch gab er das Golfspielen auf, da er es nicht leiden konnte, Bälle dabei einzubüßen. Er trug ein Paar Schuhe so lange, bis sie fast auseinanderfielen. Und wenn die Sohlen seiner Schuhe so dünn wurden, daß das Wasser hineinlief, pflegte Kresge sie mit Zeitungspapier auszulegen. Seine ersten beiden Frauen ließen sich von ihm scheiden und gaben als Hauptgrund seinen Geiz an.

Heute ist die Kresge-Stiftung ein Riese unter Amerikas philanthropischen Einrichtungen, und sie steht an Berühmtheit wegen ihrer Großzügigkeit und ihres Weitblicks keiner anderen nach. Jahre nach seinem Tod gibt Kresge sein Geld weg. Universitäten, Krankenhäuser und Hilfsorganisationen im ganzen Land verspüren jetzt seine wohltätige Wirkung auf Grund der damaligen Einfachheit Kresges. Trotzdem kann ich nicht umhin, zu fragen, ob es für Mr. Kresge nicht befriedigender gewesen wäre, das Teilen zu lernen, um Freude daran zu haben, während er noch lebte? Zumindest ist dies eine Frage, die wir uns alle stellen müssen, besonders in diesen schwierigen Zeiten, wo so viele Menschen und wohltätige Einrichtungen in Not sind.

Sich finanzielle Grenzen setzen und verläßlich in diesem Rahmen leben

In einer ihrer Reden vor dem House of Commons sagte es Margaret Thatcher mit diesen einfachen Worten: „Ich gehöre einer Generation an, die Geld nicht ausgibt, ehe sie es in der Hand hat." Was immer Sie von der Politik der Premierministerin halten mögen – es wird jedenfalls Zeit, uns diese ihre weisen Worte einzuprägen.

Hier haben wir nun zwei Probleme. Erstens wissen die meisten Leute nicht, ob sie das Geld in der Hand haben oder nicht. Wie sollten sie auch?

Üblicherweise haben sie keine klare Vorstellung von ihren finanziellen Verhältnissen, ganz zu schweigen von ihren Schulden. Zweitens stellen sie nie einen persönlichen oder einen Familienfinanzplan auf, und sollten sie es tun, leben sie nicht innerhalb seines Rahmens.

Und so ganz ohne eine Budgetplanung denken sie, auch wenn sie das Geld in der Hand haben, nicht daran, daß der Großteil dieses Geldes bereits dazu bestimmt ist, Schulden damit zu bezahlen, es mit anderen zu teilen, oder es auf ein Sparkonto einzuzahlen. So geben sie weiter Geld aus, wie Betrunkene bei einem Saufgelage, und fragen sich am Morgen, warum sie mit so schrecklichen Kopfschmerzen aufwachen.

Wenn Sie keinen Finanzplan haben, warum nicht einen Freitagabend oder Samstagnachmittag darauf verwenden, eine Budgetparty zu veranstalten? Die Regeln sind einfach: Finanzielle Grenzen festlegen und sich danach richten.

Setzen Sie sich mit Ihrer Familie zusammen. (Sind Sie allein, können Sie das Spiel auch allein machen. Wenn Sie verheiratet sind und keine Kinder haben, spielen Sie es als Paar.) Lassen Sie sich etwas einfallen. Machen Sie etwas Nettes daraus. Bieten Sie Erfrischungen an. Belohnen Sie die Mitspieler (oder sich selbst) mit einem besonderen Ereignis wie einem Kinobesuch oder einem Strandaufenthalt, sobald das Spiel erledigt ist. (Achten Sie darauf, im finanziellen Rahmen zu bleiben!) Sprechen über Geld muß keine Qual sein. Es kann Spaß machen. Probieren Sie es!

1. Stufe: Addieren Sie all Ihre monatlichen Ausgaben auf, einschließlich Versicherungen und Steuern, die vielleicht alle sechs oder zwölf Monate zu bezahlen sind, aber jetzt ins Budget mit eingerechnet werden müssen.

2. Stufe: Zählen Sie zur Summe, die Sie für Schuldentilgung aufbringen müssen, die Beträge dazu, die Sie anderen zukommen lassen wollen, die in noch größerer Bedrängnis sind als Sie, und den Betrag, den Sie sparen wollen.

3. Stufe: Ziehen Sie die Beträge der Stufen 2 und 3 von Ihrem Monatseinkommen ab. Wenn Ihnen irgendwelches Geld übrigbleibt, können Sie jedem Familienmitglied etwas Geld zuweisen, um es nach seinem Ermessen auszugeben, oder Sie können damit Ihre Schulden schneller abbezahlen oder es anderen Menschen geben, die es dringend benötigen.

Wenn Sie überhaupt kein Geld übrighaben – oder noch schlechter, wenn Sie zu wenig verdienen, um Ihre Kosten zu decken –, dann wird es Zeit, den Gürtel enger zu schnallen, Ihre Ausgaben einzuschränken. An diesem Punkt könnten Sie in Versuchung kommen, darüber nachzudenken, wie Sie mehr Geld verdienen könnten. Geben Sie dieser Versuchung nicht nach, denn das könnte Sie dazu verführen, Geld auszugeben, das Sie noch nicht verdient haben. Und genau das ist die Methode, mit der wir in diese Bedrängnis geraten sind.

4. Stufe: Versammeln Sie Ihre Familie in einer Runde, und versprechen Sie, daß Sie diesen Monat nur das ausgeben werden, womit Sie sich in diesem Budgetplan einverstanden erklärt haben.

Am Monatsende, wenn das Geld verbraucht und die Monatsabrechnung gemacht ist, kommen Sie wieder zusammen zum nächsten Schritt, der abschließenden Kontrolle. Es ist leicht, ein Budget aufzustellen. Schwierig aber ist es, konsequent innerhalb seiner finanziellen Grenzen zu bleiben.

5. Stufe: Loben Sie die Personen, welche ihr Versprechen gegenüber der Familie eingehalten haben, sich innerhalb der Grenzen zu halten; befragen Sie jene, die zuviel ausgegeben haben; besprechen Sie ihre Gründe, bis jeder zufrieden ist; bestrafen Sie jene, die mit Blick auf den Etat des nächsten Monats überzogen haben; entscheiden Sie gemeinschaftlich, welche Punkte dem Budget hinzugefügt, welche beseitigt, was erhöht, was vermindert werden sollte; erneuern Sie Ihre Verpflichtung, im nächsten Monat konsequent zu sein.

Um Konflikte am Monatsende zu vermeiden, könnten Sie sich überlegen, während des Monats Familientreffen für Notfälle einzuberufen, um im Budget nicht vorgesehene Ausgaben zu diskutieren und irgendeinen Kompromiß, eine Übereinkunft zu erreichen.

Sicher, ich gebe zu, um sich das Ganze bei einem Paar oder gar einer Familie vorzustellen, die so einmütig und sorgfältig an einem Monatsbudget arbeitet, braucht man schon etwas Phantasie. Trotz alledem, etwas müssen wir tun, um zusammen Grenzen aufzustellen und zu überwachen, ob wir sie konsequent beachten oder nicht.

Allzuoft sprechen wir so lange nicht über Geld, bis es zu spät ist. Wir geben Geld aus, geben es aus und geben es nochmals aus, bis plötzlich die Schulden und ihre Schuldzinsen zur Gefahr für unsere Zukunft werden. Dann fangen wir an, einander zu beschuldigen, zuviel auszugeben. Wir schreien. Wir beschimpfen einander. Wir fluchen und rennen aus dem Zimmer, oder es kommt gar zu Tätlichkeiten. Gespräche über Geld sollten frühzeitig geführt werden, denn wenn sie zu spät stattfinden, können sie zum Ende unserer liebsten Beziehungen führen. Sie könnten selbst zu Gewalt und Tod führen. Die Zahlen sprechen eine klare Sprache. Es sind mehr Beziehungen, die wegen finanzieller Probleme ruiniert werden und zugrunde gehen, als wegen irgendwelcher anderen Gründe, einschließlich sexueller Untreue.

Erinnern Sie sich noch an Hal und Susan Gooch? Ich habe dieses Kapitel damit begonnen, zu erzählen, wie sie zu der Villa der Familie Finch hinaufschauten und sich fragten, ob sie je genug Geld haben würden, um ihre Rechnungen zu bezahlen, gar nicht davon zu reden, ob sie in jenem großen Haus wohnen würden. Ich wollte, Sie könnten sie heute sehen, gerade 20 Jahre später. Sie bezahlten ihre Rechnungen und brachten ihre Finanzen in Ordnung. Sie begannen ihr eigenes kleines Amway-Geschäft und arbeiteten hart, um es zum Wachsen zu bringen. Heute erstreckt sich dieses Geschäft über alle 50 amerikanischen Staaten und über 40 Länder. Und jenes Haus ihrer Träume, welches einst ein kleines Sommerhäuschen für die Besitzer von „Thomasville Furniture“ war und aus dem eine ausgedehnte Villa wurde, ist heute der Wohnsitz von Hal und Susan Gooch und ihrem 18jährigen Sohn Chris.

Ihre Geschichte ist kein Einzelfall. Ich habe es viele Male und immer wieder erlebt. Menschen träumen große Träume. Sie beginnen das Geld ernst zu nehmen. Sie geben nicht mehr aus, als sie verdienen. Sie bezahlen ihre Rechnungen und bringen ihre Finanzen in Ordnung. Sie legen ein Sparkonto an und legen jede Woche etwas zur Seite, wenn auch nur einen kleinen Betrag. Und sie lernen, Geld abzugeben an Menschen in Not, auch wenn es nicht leicht ist. Und ehe sie sich's versehen, gehen ihre Träume in Erfüllung.

Sicherlich sind auf diesem Weg Opfer zu bringen. Hal Gooch liebt das Fischen mehr als irgendein anderer, den ich kenne. Sein geliebtester Besitz in jenen frühen Tagen war ein kleines Fischerboot, das er gegen ein gebrauchtes Reisemobil eintauschen mußte, so daß er und Susan kreuz und quer und rund um das Land reisen und dafür sorgen konnten, daß ihr Geschäft Wurzeln schlug und wuchs.

„Hals Freunde nahmen ihn alle auf den Arm, als er jenes Boot verkaufte“, erinnert sich Susan. Sie sagten voraus, daß das Geschäft pleite gehen und Hal nie mehr fischen gehen würde, zumindest nicht von seinem eigenen Boot aus. „Aber wir brauchten den Camper“, erklärt sie. „Wir konnten nicht mit unserem kleinen Sohn auf Reisen gehen, ohne eine feste Bleibe zu haben. Die Hotels und Motels waren zu teuer.“

„Für eine Weile mußte ich vom Ufer aus fischen“, erinnert sich Hal. „In jenen Tagen mußte ich mich mit Flunder und Goldbarsch zufriedengeben. Es fiel mir nicht leicht, mein kleines Boot zu verkaufen, aber es lohnte die Mühe, es zu tun.“

Wie die Familie Gooch hatten auch Larry und Pam Winter, die in North Carolina leben, wenig oder gar kein Geld, als sie zu träumen begannen. Larry betrieb eine Autowaschanlage, und Pam saß an der Kasse. Noch heute denken sie an jene Mittagspausen vor langer Zeit zurück, als sie auf einer Bank saßen, von der man die Waschanlage überblicken konnte, Sandwiches mit Eiersalat aßen und sich fragten, ob sie irgendwann einmal genug Geld haben würden, um aus ihrer Mietwohnung in einem heruntergekommenen Viertel von Raleigh herauszukommen, und ob sie je ihre Rechnungen bezahlen und ihre Finanzen würden in Ordnung bringen können.

Sieben Jahre später stand Pam Winter in der Küche ihres neuen Hauses in einer wunderschönen Wohngegend von Raleigh. Ihre Tochter Tara, acht Jahre, und ihr Sohn Stephen, vier, halfen ihr, als sie ein weiteres Dutzend von frisch aus dem Backofen gezogenen Schokoladekuchen zuschnitt und einpackte, die sogenannten ‚Brownies'. Larry betrat die Küche mit einem Bündel neuer Winterkleider in einer Hand und seinem zweijährigen Sohn Ricky in der anderen.

„Während der vergangenen fünf Jahre", sagte uns Larry kürzlich, „haben Pam und ich Handschuhe, warme Socken, Thermounterwäsche, Blue Jeans und Khakihosen, Flanellhemden und Schlitten gesammelt, um sie als Weihnachtsgeschenke zu verteilen. Pam stellt Festtags-Lebensmittelkörbe zusammen, die mit ihren selbstgemachten Schokoladekuchen gekrönt sind. Unsere Kinder helfen uns, den Van mit all den Kostbarkeiten zu beladen, die wir gesammelt haben. Dann fahren wir zusammen mit anderen Freunden und Familien aus unserem Geschäft in die Innenstadt von Raleigh oder Charlotte, um nach Leuten zu sehen, die am Weihnachtsabend im Freien nächtigen müssen."

Weniger als ein Dutzend Jahre nach ihren Autowaschanlage-Tagen sind Pam und Larry finanziell unabhängig. Jetzt besitzen sie ihr eigenes Geschäft, und sie sind frei, ihre Zeit und ihr Geld an Weihnachten und das ganze Jahr über zu verwenden, um das zu tun, wovon sie immer geträumt hatten.

„Wir konnten damals niemandem helfen", fügt sie hinzu. Wir hatten selbst zu viele Geldprobleme. Und wie alle anderen wurden auch wir bombardiert mit Anzeigen dieser ‚Werde-reich-Systeme', die im Spätprogramm des Fernsehens oder in den Reklamespalten der Sonntagszeitungen vermarktet werden. Wie schnell wir gelernt haben, diesen Leuten aus dem Weg zu gehen, die Ihnen fast augenblicklichen Reichtum versprechen, indem sie Ihnen narrensichere Versprechungen verhökern! Hände weg! Die Versprechungen enthalten Halbwahrheiten, Übertreibungen, aber auch Unwahrheiten."

„Als wir zum ersten Mal davon hörten, daß wir unser eigenes Network-Geschäft eröffnen könnten", flicht Larry ein, „dachten wir, wir hätten endlich eine schnelle und leichte Methode gefunden, einiges Geld zusätzlich zu verdienen. Produkte und Marketingplan gefielen uns. Wir meinten, die Leute würden angerannt kommen, um diese Produkte zu kaufen und sich mir anzuschließen, um eigene Geschäfte zu gründen. Wir gaben Geld aus für die Ausrüstung und ein Warenlager. Wir richteten ein kleines Büro ein und installierten neue Telefonanschlüsse. Ich gab meinen alten Job in der Waschstraße auf, machte ein paar Produktvorführungen und wartete auf die Anrufe."

„Wir begannen unser kleines Geschäft im Jahr 1980", fährt Pam fort, „und 1985 ging es uns schlechter als vorher. Anstatt den sofortigen Erfolg zu haben, konnten wir nicht einmal unsere Telefonrechnung bezahlen.

Ehe wir unsere finanziellen Zielsetzungen erreichen konnten", fährt sie fort, „mußten wir besser auf unsere Ratgeber hören. Von ihnen lernten wir, daß weder Amway noch sonst irgendein neues Geschäft einen leichten Weg heraus aus finanziellen Problemen zur Folge hat, daß es einen leichten Weg sogar gar nicht gibt. Wir mußten lernen, mit dem Geld zu leben, das wir verdienten, ehe wir uns daranmachen konnten, mit mehr Geld zu leben. Wir mußten unseren Finanzplan aufstellen und unsere Schulden begleichen. Wir mußten unsere Finanzen in Ordnung bringen, und sie halfen uns dabei."

„Immer wenn wir Angst bekamen oder den Mut verloren", erinnert sich Larry, „gingen wir zu unseren neuen Freunden und Ratgebern im Geschäft. Sie lehrten uns die folgenden drei ganz besonderen Grundregeln: Erstens, daß wir in einem Land der unbegrenzten Möglichkeiten leben; zweitens, daß die Gelegenheiten da draußen auf einen warten, wenn man nur bereit ist, danach Ausschau zu halten; und drittens, daß Gott faulen Personen keinen Respekt entgegenbringt. Wenn Sie großzügig geben und hart arbeiten, wenn Sie die Menschen anständig behandeln, dann werden Gottes Gesetze des Wohlstandes für Sie wirken, ob Sie schwarz oder weiß sind, dick oder dünn, reich oder arm, groß oder klein, ob Sie häßlich sind oder gut aussehen. Es spielt keine Rolle. Wenn Sie hinausgehen und sich selbst aufopfern, wenn Sie Gutes tun, wird Ihnen Gutes geschehen.

So gaben wir die Idee auf, daß uns andere Leute von unseren finanziellen Problemen befreien würden", sagt er, „und wir gingen daran, uns selbst zu retten. Im Jahr 1988 hatten wir all unsere Schulden bezahlt. 1989 kauften wir ein neues Auto und zogen in unser neues Haus in einer der besten Gegenden von Raleigh. 1990 waren wir finanziell unabhängig und frei, unsere Zeit und unser Geld zu verwenden, wie immer wir wollten."

„Als wir einmal gelernt hatten, uns selbst zu helfen", sagt Pam zufrieden, „konnten wir auch andere Leute lehren, sich selbst zu helfen. Und wieder leiteten uns unsere Freunde an, daß wir, wenn wir jemandem wirklich helfen wollten, ihm nicht nur einfach Geld geben sollten. Wir sollten ihm helfen, sich selbst zu helfen. In den letzten Jahren hatten wir Gelegenheit, Hunderten, ja vielleicht Tausenden von Leuten in ihrem Waschstraßen-Stadium zu helfen, ihren eigenen Weg zur finanziellen Unabhängigkeit zu finden.

Es gibt immer noch Leute da draußen", erinnert sie uns, „die Hilfe brauchen. Das Wunderbare daran, Geld zu haben, ist, daß Sie Leuten helfen können, die sich nicht selbst helfen können."

Am Weihnachtsabend 1991 machten sich Pam, Larry und ihre drei Kinder auf den Weg in die Innenstadt von Raleigh. Sie fuhren durch die bunten, hell erleuchteten Viertel mit Kränzen aus Stechpalmenzweigen an den Türen und mit geschmückten Christbäumen hinter den bleiverglasten und mit Vorhängen drapierten Fenstern. Sie kamen vorbei an den Leuten, die im letzten Augenblick ihre Einkäufe erledigten und beladen mit silbrigen und goldfarbenen Paketen ihren Hochhauswohnungen zustrebten. Larry bremste schließlich das Auto ab, als sie in jenen Teil der Stadt kamen, der im Schatten riesiger Gebäude und dunkler Wolken voller Verzweiflung liegt.

„Die Kinder sahen sie zuerst, die kleine Gruppe von zerlumpten Männern, die rund um ein loderndes Faß standen", erinnert sich Pam, „und ihre kalten, bloßen Hände über die orangen Flammen hielten."

„Handschuhe", sagte die kleine Tara ganz aufgeregt.

„Handschuhe", erwiderte Larry, stieg auf die Bremse und verschwand hinter dem Wagen, um die Tasche mit den gefütterten Lederhandschuhen zu holen, die er bei einem Laden mit Armeeüberschuß-Artikeln gekauft hatte.

„Vergiß nicht die Brownies", sagte Stephen und kletterte herunter, um zu helfen.

„Brownies", wiederholte Larry und grub einige Taschen mit Lebensmitteln hervor, die für diese Männer das Weihnachtsessen darstellen sollten.

Mehrere Stunden lang fuhr die Familie die Straßen dieser heruntergekommenen Gegend von Raleigh auf und ab, hielt da und dort an und verteilte eine „Portion Weihnachtsfreude" an Menschen in Not. Dann sahen sie eine schwarze Amerikanerin mit zwei Kindern, die sich über einem dampfenden Gitter nahe einer chinesischen Wäscherei aneinanderdrängten.

„Einen Augenblick lang", erinnert sich Pam, „saßen wir nur da und blickten auf die arme Frau und ihre Kinder. Es war eine kalte Nacht. Sie schmiegten sich aneinander, um sich warm zu halten. Ich fragte mich, wie ich mich wohl fühlen würde, wenn ich in ihren Schuhen stecken würde, wenn ich dort säße, mit nichts, was ich meinen Kindern schenken könnte, ohne irgendeine Möglichkeit, sie warm zu halten. Ich fühlte in mir die Wut aufsteigen, daß es solches Leid geben konnte. Dann wisperte unsere kleine Tochter wieder ihrem Papa zu:

‚Handschuhe', sagte sie, mit einem Stocken in der Stimme.

‚Handschuhe', wiederholte Larry, und die beiden gingen zum Heck des Autos, beluden ihre Arme mit Essen und Kleidung und gingen zu dem kalten Eisengitter. Die Frau saß nur da, starrte ins Leere, als die Päckchen geöffnet wurden. Dann, rasch, als ob sie aus einem Traum erwacht wäre, begann sie, ihre Kinder anzukleiden und zu füttern. Larry nahm seine Tochter in die Arme und begann, zum Auto zurückzugehen.

‚Danke', sagte die Frau leise. Einen Augenblick lang bewegte sich niemand. Unsere Tochter sagte: ‚Bitte.' Die Frau lächelte. Larry sah den Widerschein der letzten Sonnenstrahlen in ihren müden, feuchten Augen, und in den Gesichtern seiner Kinder spiegelten sich die Freude und die Traurigkeit des Augenblicks wider."

Teil II

Fertig!

5

Was ist Arbeit, und wie kann sie unser Leben bereichern?

> **Regel 5**
>
> Wir glauben, daß Arbeit nur dann gut ist, wenn sie dem Arbeitenden Freiheit, Belohnung, Anerkennung und Hoffnung bringt.
> Deshalb müssen wir Arbeit, die finanziell, seelisch und psychologisch unbefriedigend ist, beenden, so schnell wir können, und eine andere Arbeit beginnen, die diese Voraussetzungen erfüllt.

Dunkle Regenwolken hingen tief über dem Nuklear-Sperrgebiet von Hanford. Ein sommerliches Gewitter braute sich zusammen. Ron Puryear steuerte seinen 1963er Rambler Station Wagon auf das Wächterhaus zu, als ein greller Blitz den Morgenhimmel durchzuckte und der Donner in der Entfernung grollte. Mit dem Klemmbrett in der Hand kontrollierte ein uniformierter Sicherheitsmann Rons grünen Autoaufkleber, der ihn als durchfahrtsberechtigt auswies, beugte sich zum Autofenster hinunter, um per Blickkontakt eine weitere Bestätigung zu bekommen, und winkte ihn durch.

„Ich arbeitete als Rechnungsprüfer", erinnert sich Ron, „für eine von der Regierung beauftragte Firma in der Tri-City-Region im Staat Washington. Ich hatte mich durch die Ränge nach oben gearbeitet und hatte eine verantwortliche Position im mittleren Management inne. Mein ganzes Leben hatte man mir beigebracht, daß ich Erfolg und Sicherheit haben würde, wenn ich eine gute Ausbildung nachweisen könnte, einen guten Posten fände und hart arbeiten würde. Als ich an jenem Morgen meinen Parkplatz auf dem Gelände jener gigantischen Nuklear-Forschungsanlage ansteuerte, war ich überzeugt, daß ich alles bezahlt hatte, was ich schuldig war, und daß ich den „American Dream" gefunden hatte.

Als Ron an jenem Freitag den massiven Bürokomplex betrat, blickte ihm aus den Gesichtern seiner Kollegen der Schock entgegen, und er hörte die Wut in ihren Stimmen. An den meisten Freitagen hörte man freundliche Begrüßungen durch die langen, spiegelnden Gänge schallen. Mit dem Blick auf das Wochenende winkten und lächelten sich die Beschäftigten normalerweise über die brusthohen Raumteiler hinweg gegenseitig zu. An jenem Morgen aber standen sie in kleinen Gruppen beisammen und flüsterten miteinander, als ob der Präsident gestorben oder ein Krieg ausgebrochen wäre.

„Ich erinnere mich, wie ich mich an meinen Schreibtisch setzte und plötzlich ein Gefühl großer Angst empfand.

Ein langer Umschlag von der Personalabteilung lag auf meinem Tisch, mit meinem Namen darauf in Fettdruck. Die Bilder meiner schönen Frau Georgia Lee und unserer zwei Kinder, Jim und Brian, lächelten zu mir empor."

An jenem Morgen erfuhr Ron Puryear, zusammen mit 2.100 seiner Kollegen, daß seine Dienste, obwohl geschätzt von seinen Arbeitgebern, nicht mehr benötigt wurden. Die Regierung hatte ihren Vertrag mit der privaten Nuklear-Forschungsgesellschaft nicht verlängert. Niemand hatte geglaubt, daß dieser Tag jemals kommen würde. Nuklearenergie war die Welle der Zukunft. Ron hatte es als einzigartiges Glück betrachtet, eine so sichere Beschäftigung zu haben.

„Dann, plötzlich aus heiterem Himmel holte mich die Wirklichkeit ein", erinnert er sich traurig. „Nach all jenen Jahren harter Arbeit drückten sie mir ganz einfach ein rosa Stückchen Papier in die Hand, und alles war vorbei. Ich war gut gewesen. Ich hatte für meine Sache Hunderte von Überstunden gemacht. Ich nahm mir Arbeit mit nach Hause, um die Termine meiner Firma einzuhalten. Aber nichts von alledem zählte. ‚Sehr geehrter Herr Puryear, wir bedauern, Ihnen mitteilen zu müssen, daß …'"

Am Abend verabschiedete sich Ron von seinen alten Freunden, holte sich seinen Scheck mit der Abfindung ab, wanderte noch ein letztes Mal durch die Gänge, und fuhr nach Hause, um seiner Frau und seiner Familie die schlechte Nachricht zu überbringen.

Die Arbeitslosigkeit in den Vereinigten Staaten macht beinahe 8% der arbeitsfähigen Menschen aus, und mehr als 14% der Bevölkerung dieses Landes leben unter der Armutsgrenze.

Angesichts der Tatsache, daß immer mehr Amerikaner Arbeitslosenhilfe beantragen, mag es ein sonderbarer Augenblick sein, Regel 5 mit seiner Botschaft zu empfehlen: „Wir glauben, daß Arbeit nur dann gut ist, wenn sie dem Arbeitenden Freiheit, Belohnung, Anerkennung und Hoffnung bringt." Wer denkt schon an anspruchsvolle Arbeit? Wenn man arbeitslos ist, ist man froh um jeden x-beliebigen Job.

Und was diese Regel am Schluß zu tun empfiehlt, könnte in diesen schwierigen Zeiten völlig lächerlich wirken. Solange man regelmäßig seine monatliche Vergütung erhält und seine Rechnungen bezahlen kann, was interessiert es einen schon, ob eine Arbeit „finanziell, seelisch und psychologisch befriedigend" ist? Wer würde es angesichts so vieler Arbeitsloser und so vieler wegrationalisierter Arbeitsplätze wagen, jene Arbeit zu beenden, so schnell er kann, und eine andere Arbeit beginnen, die diese Voraussetzungen erfüllt? „Ich habe Arbeit", werden Sie vielleicht sagen, „und das ist alles, was zählt."

Nur, dies ist eben doch nicht alles, was zählt. Bei der Ausübung Ihrer Arbeit unglücklich zu sein, könnte Sie auf lange Sicht viel mehr kosten, als Ihr Einkommen heute wert ist. Aber denken Sie sich nichts dabei, wenn Sie einen ungeliebten, aber sicheren Job haben – Sie befinden sich in Gesellschaft der Mehrheit der Arbeitnehmerschaft.

In einer Umfrage von *Industry Week* antworteten 63% der Befragten, sie empfänden keine Befriedigung bei ihrer Arbeit. Wie ein beliebter Autoaufkleber verkündet: „Ein schlechter Tag am Strand ist besser als ein guter bei der Arbeit."

Im Jahr 1989 berichtete *American Demographics*, daß die allgemeine Unzufriedenheit mit der Arbeit um weitere 5% zugenommen habe. Nur 41% der befragten Büroangestellten berichteten, sie seien sehr zufrieden mit ihrer Beschäftigung. Laut einer Untersuchung über die Bürosituation, die 1989 von der *Steelcase Inc.* herausgegeben wurde, sind die unzufriedensten Arbeitnehmer die gewerkschaftlich organisierten, Sekretärinnen, Schreibpersonal und kirchliche Angestellte, jüngere Arbeiter und solche mit geringem Einkommen.

Seit frühester Zeit ist die Arbeit für viele Leute eine schreckliche Begleiterscheinung des Lebens gewesen, der man nicht entrinnen kann. Die antiken Griechen glaubten, daß die Notwendigkeit, zu arbeiten, der Beweis für den Haß der Götter war. Die Römer empfanden es ebenso. Das Wort für Arbeit leitete sich in beiden Zivilisationen ab vom Begriff Leiden. Die Römer waren der Ansicht, daß Arbeit intelligente Leute erniedrige. Sie glaubten, daß nur das beschauliche Leben – nachdenken, nicht arbeiten – Respekt verdiene.

Im Mittelalter war die Arbeit schmutzig und schwierig. Die Bauern verbrachten ihr Leben mit Bearbeiten von Erde, sie hatten sie an ihren Schuhen und unter den Fingernägeln, schmeckten sie auf ihrer Haut und klaubten sie sich aus dem Haar. Und gewöhnliche Leute wurden für all diese Plackerei noch nicht einmal bezahlt. Sie arbeiteten, weil sie mußten. Das Leben war Arbeit, und Arbeit bedeutete Leben. Sie konnten die Arbeit nicht aufgeben, die sie von Geburt an ererbt hatten, und anderswohin gehen. Normalerweise wurden sie auf derselben Scholle geboren, auf der sie arbeiteten und starben. Ein Stück Land, das sie bearbeiten mußten, aber nie besitzen konnten.

In der Zeit der Renaissance begannen sich die Vorstellungen von Arbeit zu wandeln. Leute wie der römisch-katholische Gelehrte Thomas von Aquin kamen auf den Gedanken, daß Arbeit so übel gar nicht war. Vielleicht haßte Gott die Arbeiter gar nicht. Sicherlich war Arbeit eine Pflicht, und gewiß war sie eine Bürde, aber vielleicht war sie auch ein natürliches Recht. Allmählich wandelten sich die langgehegten negativen Gefühle der Menschen gegenüber der Arbeit.

Während und nach der Reformation erfuhr die Ansicht über das Arbeiten rasch eine Veränderung. Martin Luther kam mit der kühnen Idee daher, daß die Arbeit keineswegs ein Fluch Gottes, sondern in Wirklichkeit ein Weg war, Gott zu dienen – ein Akt, welcher der Gottesverehrung ähnlich war. Luther trug dazu bei, der Arbeit Würde zu verleihen. Er machte sie zu mehr als sinnloser Plackerei.

Johannes Calvin, der Reformator aus Genf, brachte die Revolution des Denkens bezüglich der Arbeit weiter voran. Er beeinflußte die Entwicklung der Einstellung zur Arbeit tatsächlich so weitgehend, daß man ihm das Verdienst zuerkannte, die erste Saat für den Kapitalismus gelegt zu haben. Für Calvin war Arbeit soviel wie Gottesdienst. Arbeit war gut. Er meinte, daß die Menschen arbeiten und ihre Fähigkeiten maximal nutzen sollten.

Daß Arbeit gut sein konnte, war in den Tagen von Luther und Calvin ein neuer Gedanke. (Für viele von uns ist er es immer noch.) Und wenn es schon schwer fiel, zu glauben, daß Arbeit etwas Gutes war, stelle man sich die Überrachung der Menschen vor, als man ihnen sagte, daß sie ein von Gott gegebenes Recht besaßen, sinnvolle Arbeit zu tun, Arbeit, die sie gern taten, Arbeit, die zu Selbstachtung führte!

Die Leute pflegten zu glauben, daß sie nur die Arbeiten ausführen durften, welche ihre Familie oder soziale Klasse eben zu tun hatte. Calvin befreite die Arbeit von dieser gedanklichen Sklaverei und ermutigte die Menschen, soviel Initiative wie möglich zu zeigen, ihre eigenen Begabungen und Talente zu erkunden und anzuwenden.

Viele von den Ideen, die wir bezüglich der Arbeit haben, einschließlich der Freiheit, jegliche Karriere zu wählen, die wir wollen, sind ziemlich neuen Datums. Ich bin überzeugt, daß Arbeit – sinnvolle Arbeit – den

Menschen Vorteile verschafft, die weit darüber hinausgehen, nur Geld zu verdienen, um es für Nahrung und Unterkunft einzutauschen. Und ich danke Luther, Calvin, von Aquin und den anderen, die es mir möglich machten, zu glauben, daß sinnvolle Arbeit unser Leben verbessert und adelt.

„Wenn Arbeit Vergnügen ist", schreibt der russische Schriftsteller Maxim Gorky, „dann ist das Leben eine Freude! Wenn Arbeit Pflicht ist, ist das Leben Sklaverei." Wenn sinnvolle Arbeit es uns ermöglicht, über unser Tun selbst Zufriedenheit zu empfinden, dann liegt sinnlose Schinderei nur eine Stufe über der Arbeitslosigkeit, wenn man das Elend bedenkt, welches sie im Arbeiter auslöst.

Denken Sie beispielsweise an Ron Puryear. Während jener schrecklichen Monate, nachdem er sein rosa Papier bekommen hatte, füllte er endlos Bewerbungsschreiben aus. Ohne Arbeit, sei sie sinnvoll oder nicht, können ein Mann oder eine Frau ihr kostbares Selbstwertgefühl einbüßen. Wenn dies geschieht, geht auch die Kraft verloren, sich Problemen zu stellen und sie zu lösen. Aber Arbeit, die keinen tieferen Inhalt besitzt, hat ihren eigenen schmerzlichen Preis.

Als Ron schließlich einen neuen Posten als Kassenleiter und Bürochef eines öffentlichen Versorgungsunternehmens bekam, stellte sich dieser bald als bestenfalls unbefriedigend heraus. Und was noch schlechter war, er mußte einen Einkommensverlust von 30% hinnehmen, dafür aber doppelt so viele Stunden arbeiten. Zu seinen regulären 40 Wochenstunden mußte er weitere 20 bis 30 Stunden an Abenden, Wochenenden und sogar Feiertagen damit verbringen, ein Computerprogramm zu installieren, das die Firmenleitung äußerst dringend benötigte!

„Ron haßte diese Drecksarbeit", erinnert sich Georgia Lee, „aber er war bereit, mit der langen Arbeitszeit und der schlechteren Bezahlung zu leben, wenn nur seine Familie nicht zu leiden hatte. Unglücklicherweise häuften wir während der langen und schwierigen Zeit von Rons Arbeitslosigkeit und jener ersten Jahre harter, unbefriedigender Arbeit in seiner neuen Beschäftigung eine schreckliche Menge Schulden an. Wir steckten bis über beide Ohren im Minus. Unsere Kreditkarten waren bis zum Limit ausgeschöpft, und wenn die monatlichen Rechnungen bezahlt waren, blieb uns gerade genug Geld, um etwas zum Essen zu kaufen. Ich glaube nicht", fügt sie hinzu, „daß wir mit unserem Geld achtlos umgingen, aber so sehr wir es auch versuchten, Rons Einkünfte reichten gerade, um die monatlichen Verpflichtungen abzudecken. Nach kurzer Zeit wurde es immer deutlicher, daß ich, auch wenn ich lieber zu Hause bei den Kindern geblieben wäre, einen Job finden mußte."

„Ich war als Schlüsselkind aufgewachsen“, erklärt Ron traurig. Zu Beginn meiner Ehe mit Georgia Lee hatte ich mir geschworen, daß meine Kinder nie in ein leeres Elternhaus würden heimkommen müssen. Ich war bereit, jeden Preis zu zahlen, um sicherzustellen, daß ihre Mutter zu Hause sein würde, um sie zu begrüßen. Ich versprach Georgia, daß sie nie mehr arbeiten müßte, außer wenn sie wieder arbeiten wollte, nachdem die Kinder erwachsen sein würden. „Als ich meinen rosa Schein bekam“, fährt Ron fort, „und mein Sparkonto absolut leer war, nahm Georgia aus freiem Willen einen Job als Bedienung in Denny's Restaurant an. Die Entscheidung brach mir fast das Herz.“

„In unserem neuen Job“, gibt Georgia Lee zu, „verdienten wir zwar Geld, aber in vieler Hinsicht kostete uns das mehr, als wir verdienten. Keiner von uns mochte das, was er tat. Wir sahen einander kaum, ganz zu schweigen von unseren Kindern. Die meiste Zeit waren wir müde und oft sehr unbeherrscht.“

Der Streß zeigte physische Symptome. Ron schluckte Beruhigungsmittel, ich Aspirin. Keinem von uns machte harte Arbeit etwas aus, aber es war tödlich, Tag für Tag stetig in Jobs zu arbeiten, die bestenfalls unbefriedigend und im schlechtesten Fall entwürdigend waren.“

Der Zustand der Verhältnisse der Puryears ist in Amerika nur allzu verbreitet. In einer Umfrage im Jahr 1991 sagten 64% der Amerikaner zwischen fünfundzwanzig und neunundvierzig Jahren aus, daß sie in ihrer Phantasie erlebten, wie sie ihre Jobs aufgaben, um auf einer einsamen Insel zu leben, um die Welt reisen oder etwas anderes zu tun, woran sie Spaß haben.“

Ron und Georgia Lee haßten ihre neuen Jobs. Sie waren dankbar, Arbeit zu haben, und sie mußten sich jeden Dollar auf ihren Lohnzetteln verdienen, aber sie hatten Sehnsucht danach, sinnvolle Arbeit zu tun, Arbeit, die sie freute.

Haben Sie jemals dieses Gefühl gehabt? Haben Sie es jetzt? Vielleicht ist es Zeit für Sie, sich selbst zu fragen: „Bin ich glücklich mit meiner Arbeit? Welche Art von Beschäftigung wäre sinnvoller für mich?“

In einer Studie von 1981 sagten 43% der befragten Amerikaner, „ein Haufen Geld“ sei der Schlüssel, der einem Job Sinn gebe. 1992 zeigte eine Folgestudie, daß diese Zahl auf 62% gestiegen war. Aber ist es wirklich nur das Geld, das einer Beschäftigung Sinn verleiht, oder steckt da mehr dahinter?

Die Universität von Michigan bat Tausende von Arbeitern, die wichtigsten Gesichtspunkte sinnvoller Arbeitsbedingungen aufzulisten. Sie fand die folgenden acht Punkte heraus, der Übersichtlichkeit halber geordnet nach ihrer Wichtigkeit:

1. Sie muß interessant sein.
2. Es muß genügend personelle Unterstützung und technische Ausrüstung vorhanden sein, um die Arbeit ordentlich machen zu können.
3. Man braucht genügend Informationen.
4. Genügend Entscheidungsfreiheit ist erforderlich.
5. Gute Bezahlung ist nötig.
6. Gelegenheiten, besondere Fähigkeiten zu entwickeln, sind wünschenswert.
7. Die Sicherheit der Arbeitsstelle ist wichtig.
8. Man muß das Ergebnis seiner Arbeit sehen können.

Was würden Sie der Liste hinzufügen? Welche Änderungen würden Sie sich wünschen, um Ihrer Arbeit mehr Sinn zu geben?

Sinnvolle Arbeit macht sich, über das Gehalt hinaus, immer bezahlt, wenn wir sie mit Energie und Hingabe anpacken. Freud sagte, daß der Drang, sinnvolle Dinge zu tun, uns einen Sinn für die Realität verschafft. Er glaubte, wir kämen durch sinnvolle Arbeit in Berührung mit der Welt und mit anderen. Er lehrte, daß das Bestreben, uns für sinnvolle Arbeit zu engagieren, einem wesentlichen Zug unserer menschlichen Natur entspreche. Freuds Nachfolger gingen tatsächlich so weit in ihrer Spekulation, daß es dieser Drang zu sinnvoller Beschäftigung sei, der uns von den Tieren unterscheidet.

Psychologen sagen zwar, daß Arbeit uns hilft, unsere Bedürfnisse an Nahrung, Unterkunft und materiellen Gütern zu befriedigen, aber sie verweisen auf die Vorteile sinnvoller Arbeit beim Aufbauen von Selbstwertgefühl. Erfolgreiche Menschen entwickeln das Gefühl, mit sich selbst zurechtzukommen, ihre Ängste und Zweifel zu überwinden, und das Empfinden, mit ihrer Umgebung klarzukommen, indem sie zu einem Gefühl von Unabhängigkeit und Freiheit von Not finden. Arbeit ist eine mächtige Kraft auf dem Weg zur Selbsterkenntnis.

Sinnvolle Arbeit fördert auch die Erkenntnis der Menschen, daß sie in der Welt eine wichtige Rolle spielen, Reichtum und Wohlergehen ihres Volkes steigern, und einen besseren Lebensstandard für sich und ihre Kinder aufbauen.

Sinnvolle Arbeit gibt den Leuten die Gelegenheit, zu wachsen und ihren Horizont zu erweitern: zu reisen, sich mit Kunst und Musik zu befassen, interessante Personen kennenzulernen und Erfahrungen zu machen, die sie ohne die positiven Auswirkungen der Arbeit nicht machen könnten.

Theologen haben geäußert, daß die Notwendigkeit, sinnvolle Arbeit zu leisten, in dem gottgegebenen Drang wurzle, Mitschöpfer der Erde zu sein, daß wir, indem wir darangehen, unsere Welt besser zu machen oder unseren Mitmenschen nützlich zu sein, an Gottes Wirken teilnehmen.

Wirtschaftswissenschaftler haben gesagt, daß sinnvolle Arbeit eine Antwort sei auf die Bedürfnisse der Gesellschaft. Leute, die arbeiten, schaffen die Voraussetzungen, aufgrund derer wir die Güter und Dienstleistungen erhalten, die wir brauchen. Mit anderen Worten, wenn wir arbeiten, schaffen wir etwas Wertvolles für andere Menschen. So verstanden, sind erfolgreiche Leute nicht nur Opportunisten, die darauf aus sind, von der Allgemeinheit zu profitieren. Sie haben Erfolg, weil sie mit Werten zu tun haben, die weit über Opportunismus hinaus gehen. Sie haben ein Blickfeld, das breiter ist, als es ihre eigenen Bedürfnisse erfordern, und sie sind dabei zufriedener mit sich selbst. Unternehmer sagen, daß ihre Freude an sinnvoller Arbeit oft aus einem tiefen Interesse an einem Hobby oder einem anderen Bereich entspringt. Wir werden zu aktivem Handeln angespornt, wenn wir sehen, daß in der Welt etwas fehlt, und wir fangen an, über ein Projekt oder ein Geschäft nachzudenken, um diese Lücke zu füllen. Moderne Unternehmer sind oft der Ansicht, sinnvolle Arbeit sei wie ein Spiel. Sie werden aktiv, um etwas Neues zu entdecken, und während sie dies tun, verändern sie die Welt oder machen sie besser. Unternehmer scheinen motiviert zu sein, sinnvolle Arbeit zu leisten, durch den Geist des freien Unternehmertums, durch die Freiheit, die Art von Arbeit auszuwählen, deren wir uns erfreuen, und durch die Gelegenheit, so weit zu kommen, wie uns Ehrgeiz und harte Arbeit bringen können. Im finanziell schlimmsten Augenblick ihres Lebens entdeckten Ron und Georgia Lee Puryear ihren eigenen unternehmerischen Geist, und was für eine große Rolle er spielt.

„Um diese Zeit herum“, erinnert sich Ron mit einem vergnügten Lachen, „riefen uns aus heiterem Himmel ein paar alte Freunde an, die wir seit fünf Jahren nicht gesehen hatten. Sie wollten uns eine Geschäftsidee vorführen. Ich schätze, das beweist die Richtigkeit der alten Regel: Der Erfolg kommt im Leben eines Menschen in dem Augenblick, in dem eine günstige Gelegenheit auf die Bereitschaft trifft, diese Gelegenheit beim Schopf zu packen.“

„Wenn sie zu irgendeiner anderen Zeit in unserem Leben angerufen hätten“, ergänzt Georgia, „hätten wir vermutlich nicht einmal hingehört.

Aber wir steckten in einer Notsituation, und sie riefen zufällig im Augenblick unserer größten Not an."

„Von ganzem Herzen", gibt Ron jetzt zu, „wollte ich meine Frau wieder in unser Haus zurückbringen. Ich hatte mein Versprechen nicht gehalten. Als ich den Verkaufs- und Marketingplan sah und hörte, was wir damit verdienen konnten, um unser Einkommen aufzustocken, entschloß ich mich, es zu versuchen. Ich hätte alles versucht, um Georgia aus Denny's Restaurant herauszuholen und zu unseren Kindern zurückzubringen."

„Mir war die ganze Idee zuwider, Seife zu verkaufen oder den Marketingplan zu erklären", sagt Georgia Lee lachend. „Noch mehr Arbeit, das war es genau, was mir noch gefehlt hatte. Ich war ja schon so völlig erledigt. Es war schon schwer genug, acht Stunden am Tag als Bedienung zu arbeiten, aber auch noch Ehefrau, Mutter, Köchin und Putzfrau zu sein, das hatte mich fertiggemacht. Ich sah keine Möglichkeit, noch etwas dazwischenzuschieben. Außerdem dachte ich, Ron würde das eine Weile machen und dann das Interesse daran verlieren."

Aber die Präsentation des Marketingsplans weckte Rons Unternehmergeist. Ihm wurde klar, daß diese Geschäftsgelegenheit genau den Weg bedeuten konnte, seine Frau für immer weg von Denny's und nach Hause zu bringen. Er würde seine Beschäftigung beibehalten und nur einen oder zwei Abende die Woche in seinem neuen Geschäft arbeiten. Er setzte sich ein realistisches Ziel. Wenn er 650 DM zusätzlich im Monat verdienen konnte, würde er schon zufrieden sein.

„Als ich dieses Ziel erreichte", erinnert sich Ron, „bat ich Georgia, ihren Kellnerinnenjob aufzugeben und mit mir zusammen im Geschäft zu arbeiten."

„Mich erschreckte das zu Tode", sagte sie. „Ich bin kein großer Denker, und dieser Handzettel mit Tips schnürte mir die Kehle zu und ließ nicht los. Aber Ron war groß im Überreden. Das nächste, was ich erfuhr, war, daß wir, wenn wir zusammen arbeiteten, im Monat zu Rons Einkommen 1.560 DM dazulegen konnten, und später 3.000 DM. Ich war keine Geschäftsfrau, aber Ron bat mich, einige Kunden zu gewinnen, und ich tat es."

„Wir hatten unser erstes Ziel erreicht", erinnert sich Ron. Nun mußten wir die Schulden auf unseren Kreditkarten und für die Einrichtung abbezahlen. So setzten Georgia und ich uns das erste Mal in unserem Geschäft ein gemeinsames Ziel, nämlich unsere Verpflichtungen abzubezahlen und aus unseren Schulden herauszukommen. Als jenes Ziel erreicht war, dachten wir an einen Familienurlaub. Wir hatten es uns verdient. Als nächstes kam unser Sparkonto an die Reihe. All das ging nicht über Nacht. Es kam immer ein kleiner Schritt nach dem anderen. Aber es geschah, und unser kleines Geschäft ließ sich so an, als ob es ein großes Geschäft werden könnte. „Wir kauften einen Cadillac", erinnert sich Georgia, „und daß Ron mit diesem Auto zur Arbeit fuhr, war der Anfang vom Ende für Ron in dem öffentlichen Versorgungsbetrieb. Obwohl man ihn wegen seiner Leistung schätzte, stellte ihn sein Chef vor die Wahl zwischen unserem neuen Geschäft und seinem Job."

„Ich wählte die Freiheit", sagt Ron ganz schnell. „Es war nicht leicht, die begrenzte Sicherheit aufzugeben, die mein Job mir bot. Aber ich tat es. Voller Angst und Bangen ließen wir unser Sicherheitsdenken fahren und folgten unserem Traum."

Was ist so Befriedigendes dran an sinnvoller Arbeit, das die Menschen dazu bringt, große Risiken einzugehen? Zyniker könnten argumentieren, es handle sich hier nur um die Liebe zum Geld – die Lust am materiellen Besitz. Aber sie denken falsch. Sinnvolle Arbeit gibt Befriedigung, weil sie ihre Wurzeln in grundlegenden menschlichen Bedürfnissen hat. In meinen Reden überall in den Vereinigten Staaten spreche ich gern über vier dieser Bedürfnisse:

Freiheit, Belohnung, Anerkennung und Hoffnung. Denken Sie an Rons Worte: „Ich wählte die Freiheit."

Er hatte seine Frau von einer Arbeit befreit, die sie nicht mochte. Er hatte seine Familie von Schulden befreit, die sie belasteten. Zusammen hatten sie das Familieneinkommen so gesteigert, daß sie frei waren, sich Zeit für einen Familienurlaub nehmen zu können, und frei, Geld für künftige Notfälle auf einem Sparkonto anlegen zu können.

Sinnvolle Arbeit bringt Freiheit

Konfuzius und eine Handvoll seine Schüler wanderten einst durch eine abgelegene Region Chinas, als sie auf eine alte Frau trafen, die weinend neben einem Grab saß. „Ein Tiger hat meinen einzigen Sohn getötet", sagte sie. „Und nun liegt er hier neben meinem Mann, der von der gleichen schrecklichen Bestie umgebracht wurde." „Warum lebst Du in einer so wilden Gegend?" fragte Konfuzius. „Weil es hier keine unterdrückerische Regierung gibt", erwiderte sie. „Meine Kinder", sagte Konfuzius zu seinen Jüngern, „denkt daran, daß ein Unterdrückungsregime schlimmer ist als ein Tiger."

Ron und Georgia Lee hätten unter dem alten kommunistischen System nicht die Freiheit besessen, ihre unternehmerischen Muskeln spielen zu lassen.

Die Menschen hatten wenig Rechte in der Sowjetunion, China, Kuba und anderen kommunistischen Ländern. Sie hatten nicht das Recht, ihr eigenes Geschäft zu besitzen. Sie hatten nicht einmal das Recht auf Eigentum, welches es erst möglich gemacht hätte, ein eigenes Geschäft zu besitzen. Und dabei ist Privateigentum doch die Basis für die Freiheit. Beseitigen Sie das Privateigentum, und die Wirtschaft ist zum Scheitern verurteilt. Verweigern Sie den Menschen die Freiheit, zu sein, was sie sein wollen, und zu tun, was sie tun wollen, und die Wirtschaft wird zusammenbrechen.

Es ist nutzlos, über wirkliche Freiheit getrennt von politischer oder gesellschaftlicher Freiheit zu sprechen. Getrennt können sie nicht existieren. Die Menschen in Ungarn, Polen, Rumänien, Litauen, Tschechien, der Slowakei, Ostdeutschland, Rußland und China wissen, daß das Maß, in dem wirtschaftliche Freiheit verfügbar ist, eng verbunden ist mit dem Maß der vorhandenen Freiheit auf allen anderen Gebieten des Lebens. Sinnvolle Arbeit und freies Unternehmertum sind Teil eines großen Systems von Freiheiten und Verantwortlichkeiten – der Redefreiheit, der Versammlungsfreiheit, dem Wahlrecht, dem Recht, politisch tätig zu sein, der Religionsfreiheit und der Freiheit, zu leben und zu lieben ohne Angst vor Einmischung oder Verfolgung.

Sinnvolle Arbeit blüht in einer Umgebung, in der Macht breit verteilt ist und es für alle eine Gelegenheit zur Selbstverwirklichung gibt – wo alle die Chance haben, vorwärts zu kommen. Die Bürger der ehemaligen kommunistischen Länder hatten so gut wie keine Freiheit auf irgendeinem Gebiet ihres Lebens. Ein Unternehmer werden? In ihren eigenen vier Wänden ein Geschäft anfangen, wie es Zehntausende unserer Freunde und Mitarbeiter getan haben? Es war einfach nicht möglich. In einem kommunistischen Staat wurden all die persönlichen wirtschaftlichen Entscheidungen, die uns selbstverständlich sind, von jemand anderem vorgenommen.

Das System des freien Unternehmertums ist umfassend und sollte alle Menschen einschließen. Wir alle haben ein Recht, zu arbeiten, ungeachtet unserer Rasse, Nationalität, Hautfarbe, unserer geographischen oder standesmäßigen Herkunft, unserer religiösen Vorstellungen, unseres Alters, unserer körperlichen Krankheiten oder Behinderungen, unseres Geschlechtes oder unserer sexuellen Orientierung. Wo immer die Freiheit irgend jemandem mit unfairen oder ungerechtfertigten Begründungen versagt bleibt, kann der Kapitalismus nicht gedeihen. Die Freiheit, sich eine sinnvolle Arbeit auswählen zu können, ist eine so grundlegende Bedingung, daß wir nicht mehr viel darüber nachdenken. Aber Menschen, die diese Freiheit nicht genossen haben, denken die ganze Zeit darüber nach. Als ich zur Schule ging, hörte ich von zwei Arten von Freiheit. Aber als ich erwachsen wurde, begann ich jene abstrakten Prinzipien auf eine persönliche Weise zu betrachten. Die Grundsätze der Freiheit sind nicht nur bloße Vokabeln in einem Lehrbuch.

Ich habe gelernt, daß eine Art von Freiheitsrechten die „Freiheit von" ist. Das ist beispielsweise die Art von Freiheitsrechten, die wir in unseren Grundrechten, den „Bill of rights", verankert finden. Ihnen liegt der Gedanke zugrunde, daß jedermann frei sein sollte von Nötigung seitens seiner Regierung. Die Regierungen sollten nicht das Recht haben, uns zu bestimmten Handlungen zu zwingen oder uns daran zu hindern.

Ich habe auch gelernt, daß es eine andere Art von Freiheitsrecht gibt, die „Freiheit zu etwas". Wahre Freiheit existiert nur, wenn wir die Freiheit haben, unsere Ziele und Träume zu erreichen. Diese Art von Freiheitsrechten erlaubt uns, Initiative zu entwickeln und etwas aus unserem Leben zu machen. Die Freiheit, Unternehmer zu werden oder die Art unserer Beschäftigung auszuwählen, ist eine Freiheit von unschätzbarem Wert.

Echte Freiheit gibt uns die Mittel, unsere Träume zu verwirklichen: nicht die Garantie, daß wir Erfolg haben werden, aber das Versprechen, daß unsere Bemühungen nicht unbelohnt bleiben werden. In Ländern, in denen die Regierung der einzige legale Verteiler von Gütern und Dienstleistungen ist, gibt es wenig oder keine Gelegenheit für die Menschen, sich der Vorteile aus ihrer eigenen Arbeit und Initiative zu erfreuen.

Man hat gesagt, daß Freiheit „die Fähigkeit zu fortwährender Initiative" sei. Um es einfacher zu sagen: Wenn wir wirklich frei sind, können wir immer etwas tun, um unsere Träume Wirklichkeit werden zu lassen. Ron und Georgia Lee hatten einen Traum. Sie lebten in einem Land, wo sie frei waren, ihren Traum zu verfolgen, und während sie ihn verfolgten, gewannen sie ihre persönliche Freiheit wieder.

„Als mein Einkommen aus dem Geschäft mein Gehalt um das Doppelte überstieg", erinnert sich Ron, „erkannten wir die grenzenlosen Möglichkeiten unseres neuen Geschäftes. Das nächste, was mir klar wurde, war, daß Georgia und ich unser ‚kleines' Geschäft betrieben, wie wir einst unsere Arbeit betrieben hatten. Voll von Träumen, mit vollem Zeiteinsatz und voller Energie."

Wir arbeiteten in unserem Geschäft so, wie wir das auch in unseren Berufen getan hatten", sagt Georgia Lee. Wir erklärten anderen den Marketingplan vier oder fünf Abende die Woche und hielten dies für zweieinhalb Jahre aufrecht. Während jener kurzen Zeit schoß unser Verdienst ins Uferlose. Es war umwerfend. Wir hatten nicht geahnt, daß es so laufen würde, daß wir so viel Gewinn aus dem Vertrieb der Produkte und dem Erklären des Marketingplanes erzielen würden, der uns so stolz machte." Ist es nicht fabelhaft, wie sehr es unseren Unternehmergeist beflügelt, ein wenig Geld zu verdienen? Lassen Sie mich klarstellen, daß ich nicht versuchen will, irgend jemanden dazu zu überreden, in unser Geschäft einzutreten. Die Menschen sollten dahin gehen, wohin sie ihr unternehmerischer Geist führt. Was für eine Belohnung würde dabei herauskommen, wenn Sie dem Erreichen Ihrer Träume Zeit, Energie und harte Arbeit widmeten?

Sinnvolle Arbeit bringt Segen

In den zwanziger Jahren sprach den berühmten Anwalt Clarence Darrow eine Klientin an, deren Rechtsprobleme er gelöst hatte. „Wie kann ich Ihnen je meine Anerkennung zeigen, Mr. Darrow?" fragte sie. „Immer, seit die Phönizier das Geld erfunden haben," erwiderte Darrow, „gibt es auf diese Frage nur eine Antwort."

Wann sind die Menschen bereit, hart zu arbeiten? Wenn es sich lohnt. Wann sind sie es nicht? Wenn es sich nicht lohnt. So einfach ist das. Belohnung ist die zweitstärkste Säule, auf welcher sinnvolle Arbeit aufbaut. Vergüte die Menschen für ihre Arbeit, und sie werden fortfahren, zu produzieren. Höre auf, zu vergüten, und die Produktion wird zum Erliegen kommen. Die wirksamste Belohnung ist das Geld.

Einzelpersonen haben finanzielle Bedürfnisse. Familien haben finanzielle Bedürfnisse. Aber daran braucht uns niemand zu erinnern. Wir wissen aus eigener Erfahrung, wie rasch aus dem „Rinnsal" von Rechnungen in unserem Briefkasten eine Flut wird: Steuern, Hypotheken, Auto- und Kreditraten, Darlehenstilgung und die Zinsen dafür, Nahrung, Kleidung, Gas, Strom, Versicherung, Wohnungskosten, Unterricht, Unterhalt und Miete für Studenten, Zuwendungen und Spenden für wohltätige Zwecke, ein Urlaub oder sogar ein Abend im Kino.

„Vater", fragt der Sohn, „was ist ein Finanzgenie?" „Ein Finanzgenie, mein Sohn", antwortet der geplagte Vater, „ist ein Mann, der Geld schneller zu verdienen imstande ist, als seine Familie es ausgeben kann." Die Liste der finanziellen Bedürfnisse endet nie. Man begegnet ihnen mit Geld. Sie können so idealistisch sein, wie Sie wollen. Selbstverständlich gibt es auch andere Gründe, zu arbeiten, wichtige, lebensverbessernde Gründe. Stellen Sie sich selbst die Frage: Was ist der Hauptgrund, warum ich arbeite? Fürs Geld! Der Kommunismus hatte diese Binsenweisheit vergessen – und das System brach zusammen. Die Leute arbeiten gegen Bezahlung. Und wenn sie nicht fair oder zu gering ist oder zu spät kommt oder ganz ausbleibt, dann ist es unmöglich, die Begeisterung der Beschäftigten für ihre Arbeit zu erhalten. Ohne angemessene Entlohnung wächst die Unzufriedenheit der Arbeiter. Schließlich werden sie ihre Werkzeuge niederlegen und weggehen. Und wenn das geschieht, bricht das ganze System zusammen.

Arbeitskräfte müssen für ihre Arbeit entlohnt werden

Unter dem Kommunismus sagten die Parteibosse: „Arbeitet hart!" Und eine Zeitlang gehorchten die Leute auch. Eines Tages aber fragte dann einer: „Was soll das? Warum sollten wir hart arbeiten, wenn für uns nichts abfällt, wenn es keine interessante Gegenleistung gibt?" O ja, die Bosse hatten ihre Antworten parat:

„Arbeitet für das Volk!"
„Arbeitet für den Staat!"
„Arbeitet für die Zukunft!"

Aber die Leute waren weder blind noch dumm. Die Entlohnung für ihre Arbeit kam nicht dem Volk oder dem Staat oder der Zukunft zugute. Die Gelder, die an die Arbeiter gehen sollten, landeten bei der kommunistischen Elite. Während die arbeitende Klasse litt und Opfer brachte, lebten die Parteibosse oft wie Könige und Königinnen.

Sie besaßen private Häuser, Eigentumswohnungen oder Landsitze, und es gab für sie besondere Restaurants und Geschäfte. Sinnvolle Arbeit beruht auf dem Prinzip, Leistung auf jedem Niveau zu belohnen. In der Geschichte unseres großen politischen Systems hat es auch Kapitalisten gegeben, die gierig waren, die es ablehnten, Profite fair zu teilen, die nicht bereit waren, die arbeitenden Menschen für ihre Arbeit gut zu entlohnen. Das bringt uns direkt zurück zu der ersten Säule der sinnvollen

Arbeit: der Freiheit. Im freien Unternehmertum haben die Arbeiter das Recht, sich zu organisieren, wenn es nötig ist, sich gegen unfaire Bezahlung und ungesunde Arbeitsbedingungen zu wehren. Ich glaube an dieses Recht.

Anfang der neunziger Jahre verteilten Jay und ich an unsere unabhängigen Berater und an unsere Angestellten Bonusschecks, die sich auf Millionen beliefen. Diese Schecks hatte man sich seitens unserer Leute nicht erwartet. Sie stellten eine spezielle Art der Belohnung dar, die darauf beruhte, zu ungewöhnlichen Leistungen zu animieren. Sie war höher und übertraf all die anderen Entlohnungen, die in unser System eingebaut sind. Warum ließen Jay und ich nicht all diese Extragewinne in unser Geschäft zurückfließen? Weil das gegenüber den Männern und Frauen nicht fair gewesen wäre, die uns halfen, diese Gewinne zu erarbeiten. Es war ein außergewöhnliches Jahr für unsere Gesellschaft. Unsere Berater arbeiteten hart, um unsere Produkte zu verkaufen. Unsere Angestellten arbeiteten hart, um diese Produkte in effizienter Weise zu produzieren und zu verteilen. Aus diesem Grund verdienten unsere Berater und Angestellten eine Belohnung für ihren Erfolg. Und was es für einen Spaß machte, sie mit diesen unerwarteten Schecks zu überraschen! Das ist die Art und Weise, wie Kapitalismus funktionieren sollte.

Belohnungen verdient man sich je nach Quantität und Qualität der geleisteten Arbeit

Sinnvolle Arbeit ist auf dem Prinzip der Entlohnung aufgebaut. Aber diese Belohnungen werden nicht für alle gleichmäßig ausgeteilt. Als wir im Jahr darauf unsere Bonischecks austeilten, fielen sie unterschiedlich hoch aus. Einige Schecks waren gewaltig, andere Schecks waren klein. Eine Belohnung ist nicht etwas, das Sie bekommen, weil Sie geboren wurden, eine Belohnung ist etwas, das Sie für geleistete Arbeit bekommen. Der Kommunismus versuchte angeblich alle Arbeitskräfte gleichmäßig zu belohnen. Das sieht sehr gut aus auf dem Papier, aber in der wirklichen Welt funktioniert es nicht.

Wenn Sie nicht arbeiten, dann sollten Sie dafür auch nicht belohnt werden

Ich weiß, daß es Ausnahmen gibt von dieser grundlegenden Regel. In unserer Gesellschaft gibt es auch Leute, die nicht arbeiten können und für die man sorgen muß. Diesbezüglich hat das freie Unternehmertum das System mit dem meisten Mitgefühl in der Weltgeschichte entwickelt. Aber zu viele körperlich und geistig leistungsfähige Leute wollen, daß man für sie sorgt, ganz einfach aus dem Grund, weil sie leben. Das ist es aber nicht, worum es bei dem Prinzip der Belohnungen geht. Ich bin tagtäglich dankbar für die Belohnungen, die das freie Unternehmertum für mich und meine Familie parat hält. Ich habe hart gearbeitet, und ich habe die Belohnungen für meine Mühe genossen. Die Amerikaner glauben fest an die Segnungen harter Arbeit. Es ist Teil unserer Volksseele, und wir glauben im allgemeinen, daß eine Person im Verhältnis zu ihrer Leistung belohnt werden sollte. Aber was wäre, wenn Sie hart arbeiteten, und jeder um Sie herum würde sagen: „Tu' das doch nicht!“ Und genau das ist es, was im Kommunismus geschehen ist. Wenn man zu hart arbeitete, ärgerten sich andere Leute, weil man sie schlecht aussehen ließ. Wenn es keine Belohnung für harte Arbeit gibt, warum sollte man sie tun? Diese Art von Situation schafft lediglich eine Gleichheit der Armut.

Maria Sandoval und ihr Ehemann Eliseo lebte in einem kleinen Dorf in den Bergen nahe Saltillo in Mexiko. Die ersten sieben Jahre ihrer Ehe lebten die Sandovals in ziemlicher Armut.

Eliseo arbeitete für einen sehr geringen Lohn in einer großen Fabrik, die vom Staat betrieben wurde. Maria kümmerte sich um Haus und Familie und versuchte, die Pesos zu strecken, um den Bedürfnissen ihrer Familie gerecht zu werden. In dem unfreien und vom Staat gesteuerten Wirtschaftssystem, unter dem sie lebten, gab es wenige verfügbare Arbeitsplätze, und es gab keinen Weg, dem Teufelskreis der Armut zu entkommen, der vor ihnen schon ihre Eltern und Großeltern versklavt hatte. Dann öffnete Präsident Salinas dem freien Unternehmertum die Tore, und Maria und Eliseo wanderten entschlossen durch dieses Tor.

„Wir sind die Sandovals“, sagte Maria mit sanfter Stimme auf der Bühne einer Festhalle, die mit unseren neuen mexikanischen Beratern angefüllt war. Eliseo hatte ein breites Lachen auf seinem Gesicht, als seine junge Frau beschrieb, wie sie zwei unserer ersten Direktberater in Mexiko geworden waren. Weniger als 18 Monate zuvor waren sie von Freunden in Monterey gesponsert worden. In dieser kurzen Zeit hatten die Sandovals Tag und Nacht gearbeitet, um ihr Geschäft aufzubauen, mit den Leuten in ihren Dörfern, mit den Bauern, deren strohgedeckte Häuser aus Lehmziegeln über die gebirgige Landschaft verstreut sind.

Als Maria und Eliseo ihre kurze, aber bewegende Ansprache beendet hatten, sprangen 400 mexikanische Berater auf und begannen zu jubeln. Marias Augen füllten sich mit Tränen, fest drückte sie Eliseos Hand und zusammen gingen sie über die Bühne in meine Richtung.

„Señor DeVos", sagte Maria, nahm meine Hand und schüttelte sie. Dann sprach sie einen Satz in sorgfältig eingeübtem Englisch, den ich nie vergessen werde: „Das ist mein erstes neues Kleid", sagte sie, „ich habe es für den heutigen Tag gekauft."

Maria trug ein einfaches Baumwollkleid und Sandalen. Ich lächelte und nickte: „Es ist sehr schön", sagte ich, schüttelte ihre Hand, und wendete mich um, um ihren Mann zu begrüßen. Maria sah es mir an den Augen an, daß ich nicht verstanden hatte. Sie drehte sich um zu meinem Dolmetscher und sagte ganz ernst ein paar Sätze auf Spanisch. Als Maria geendet hatte, wendeten sie und Eliseo sich mir zu, während der Dolmetscher übersetzte.

„Sie möchte, daß Sie wissen, daß dies das erste neue Kleid ist, das sie jemals in ihrem Leben gekauft hat", erklärte der Dolmetscher, „und sie möchte Ihnen danken." Maria und Eliseo hielten sich an den Händen und lachten mir zu. Jetzt verstand ich.

Für lange Generationen hatten die Sandovals, wie Millionen ihrer Landsleute, unter drückender Armut und Rechtlosigkeit gelitten. Dann plötzlich war das freie Unternehmertum in ihr Leben getreten. Endlich erfuhren die Sandovals eine Belohnung für ihre eigene Arbeit. Zum ersten Mal in ihrem Leben hatte Maria genug Geld in ihrer Geldbörse, um in ein Geschäft zu gehen und für sich selbst etwas Schönes zu kaufen, mit dem Geld, das sie verdient hatte. Nun stand sie vor mir in ihrem hellgelben Kleid, einem farbenprächtigen Symbol ihrer neu gewonnenen Freiheit und der Belohnungen, die sie ihr gebracht hatte.

Sinnvolle Arbeit bringt Anerkennung

Eng verbunden mit dem Gedanken der Belohnung für Leistung ist jener der Anerkennung. Ohne Belohnung gibt es auch keine Anerkennung großer Leistung. Wir alle brauchen Anerkennung, wir brauchen das, was Psychologen positive Verstärkung nennen. Das Geld in Maria Sandovals

Geldbörse gab ihr ein stolzes Gefühl, es ließ sie sich unabhängig und frei fühlen. Aber auch die Kraft eines stürmischen Beifalls von vierhundert Mitarbeitern sollte man nicht unterschätzen. Ich sah, wir ihr die Tränen in die Augen stiegen, als sie die erste wirkliche Anerkennung in ihrem Leben für eine Arbeit bekam, die sie gut gemacht hatte. Ich sah sie lächeln, während sie zwischen uns dahinging, um unsere Glückwünsche entgegenzunehmen. Es ist meine feste Überzeugung, daß Belohnung und Anerkennung Hand in Hand miteinander gehen. Keines von beiden ist wirklich ausreichend ohne das andere.

„Der zentrale Punkt für den Erfolg dieser Firma", erklärt Ron Puryear, „ist das Bedürfnis der Menschen, auf sich selbst stolz sein zu können. Aufstehen und gegenseitig unsere Siege bejubeln, das ist die Art von Leuten", fügt er hinzu, „die wir sind, und unser Jubeln ist nicht unecht oder gekünstelt. Wir wissen, wie hart jeder von uns arbeitet, wir wissen, was es heißt, dauernd motiviert zu sein, Abend um Abend aus dem Haus zu gehen, wenn es soviel leichter ist, zu Hause zu bleiben und fernzusehen. Wir wissen, was uns diese ersten harten Jahre an Zeit, Energie und Hingabe gekostet haben, und wenn Leute Erfolg haben, dann finden wir es nur fair, diese Erfolge anzuerkennen, bis uns unsere Handflächen schmerzen und unsere Kehlen rauh werden.

Ron und Georgia erreichten dieses Leistungsniveau, weil sie wußten, wie man Leute schätzt und anerkennt. Finanzielle Belohnung mag ja der Hauptgrund sein, daß wir arbeiten, aber selbst großer Reichtum wird uns nicht bei der Arbeit halten, wenn uns nicht ab und zu jemand lobt. Alle, alle brauchen wir die Anerkennung.

Vor ein paar Monaten flog ich nach Bangkok in Thailand, um in einem Stadion an einem Geschäftstreffen teilzunehmen. In jener Nacht wollten wir unsere neuen Berater ehren und den Leistungen der alten Anerkennung zollen. Sechs Stunden, ehe unser Treffen begann, überschwemmte ein sturzbachähnlicher Regen die ganze Stadt. Ich glaubte, bei so einem Wolkenbruch würde niemand erscheinen. Unsere thailändischen Führungskräfte lächelten und sagten: „Machen Sie sich keine Sorgen, die werden kommen." Eine Stunde vor dem geplanten Beginn unseres Treffens stand ich auf der Bühne und sah zu, wie Tausende von Leuten einzutreffen begannen. Als sie sahen, daß der Stadionboden von tiefem Schlamm bedeckt war, zogen sie einfach ihre Schuhe aus, krempelten die Hosenbeine hoch und wateten hinaus aufs Fußballfeld. Später, als ihre Namen aufgerufen wurden und sie unter dem wilden Jubel ihrer Freunde und Nachbarn über die Bühne gingen, zweifelte ich keinen Moment daran, daß sie überflutete Straßen und sumpfige Felder überquert hatten, um bei diesem Treffen dabeizusein. Sie waren dort, um gegenseitig ihre Leistungen anzuerkennen, zu applaudieren und Applaus zu erhalten für das, was sie erreicht hatten. Kein tropischer Monsunregen konnte sie stoppen. Ich glaube, daß die Anerkennung menschlicher Leistung eine sehr machtvolle Wirkung hat. Auf der ganzen Welt sehnen sich heute die Menschen danach, jemanden zu haben, der bemerkt, was sie tun, und sie dafür lobt. Der Grund dafür ist einfach: Anerkennung erzeugt Selbstachtung und Vertrauen, sie ist kein bloßes Geschwätz. Das Bedürfnis nach Anerkennung ist Teil der menschlichen Natur, und wenn die Menschen sie nicht bekommen, dann werden sie oft erfolglos bleiben.

Wenn wir anderen Anerkennung zollen, dann sagen wir zu den Leuten: „Du bist wichtig, du tust etwas Wichtiges.“ Ohne Anerkennung verlieren die Menschen das Interesse am Erfolg.

Während eines Treffens mit einem Minister der malaysischen Regierung machte ich ihn darauf aufmerksam, daß in nur ein paar Wochen vierhundert malaysische Berater über den Pazifik fliegen würden, um Disneyland zu besuchen, und zwar auf unsere Kosten. „Warum werden Sie das tun?“ fragte er. „Weil wir die Leistung der Leute anerkennen“, antwortete ich. Einen Augenblick lang starrte er mich nur an und wirkte reichlich perplex, dann nickte er und sagte: „Wir müssen noch eine Menge lernen.“

Es macht keinen Unterschied, ob Sie Arbeitgeber oder Arbeitnehmer sind. Wir alle müssen einander helfen, erfolgreich zu werden. Stellen Sie sich nur die Wirkung vor, die eine einfache Dankeskarte oder ein Telefonanruf hat. Achten Sie auf die Leistungen ihrer Mitarbeiter, feuern Sie sie an, applaudieren Sie ihnen für ihre Siege, und sie wiederum werden Ihnen die Anerkennung zuteil werden lassen, die Sie brauchen.

Sinnvolle Arbeit bringt Hoffnung

Keine Freiheit, keine Belohnung, keine Anerkennung. Was ergibt das, wenn wir es zusammenzählen? Keine Hoffnung. Der Kommunismus ist gescheitert, und der Kapitalismus wird ins Stocken geraten, wenn wir den Menschen nicht die Fähigkeit vermitteln, ihre Träume zu verwirklichen. Wie lange schaffen Sie es, einen unrealistischen Traum zu verfolgen? Die Hoffnung stirbt, wenn es keinen Weg gibt, unsere Träume zu realisieren. Aber wo Hoffnung ist, kann alles geschehen.

Es wurde gesagt, es gebe kein Heilmittel, das so wirkt wie die Hoffnung, kein Anreiz sei so groß und kein Tonikum so stark. Freies Unternehmertum und Hoffnung kann man nicht trennen. Die Hoffnung, daß Ihre Lebensqualität besser werden kann – daß es Ihnen finanziell besser gehen könnte, daß Sie eine Gehaltserhöhung oder eine Beförderung erfahren, daß Sie eine eigenes Geschäft anfangen könnten –, das ist Teil des freien Unternehmertums.

Wenn jedermann behandelt wird wie eine Nummer auf einem Computerausdruck, ohne realistische Hoffnung, vorwärts zu kommen, was wird geschehen? Die Leute werden auf die Barrikaden gehen, und wie wir in den letzten Jahren gesehen haben, haben sie dies auch getan. Aber es war nicht die Art von Revolution, wie sie die Vision von Karl Marx zeigte. Es war eine antikommunistische Revolution. Die Menschen lechzten nach Hoffnung, und der Kommunismus war nie in der Lage, sie ihnen zu geben. Es ist viel leichter, mit einer unsicheren Gegenwart zurechtzukommen, wenn man die Hoffnung auf eine Zukunft hat. Wenn der gegenwärtige Augenblick schwierig ist, und es gibt keine Hoffnung auf eine Zukunft, was bleibt Ihnen? Die Verzweiflung.

Ich erinnere mich noch an jene Live-Fernsehsendungen aus Peking in China, als die Jugend jenes großen Landes für Demokratie und freies Unternehmertum demonstrierte. Ich werde niemals den chinesischen Jungen vergessen, den ich auf einem Lastwagen fahren sah. Er trug eine weiße Binde um den Kopf und warf Flugblätter in die ausgestreckten Hände der erregten Menge. „Warum protestiert ihr?“ übertönte ein amerikanischer Journalist den Lärm. „Wir wollen frei sein“, schrie der junge Mann zurück. Plötzlich holperte der Lastwagen weiter in Richtung auf den Tiananmen-Platz. Der Junge hielt sich fest an der hölzernen Reeling des Fahrzeugs und lehnte sich hinunter zu dem Journalisten. „Wir wollen es so machen, wie ihr es in Amerika macht“, schrie er, dann entschwand er in einer Staubwolke.

Bald sahen sich der junge Mann und seine Freunde Panzern, Geschossen und Bajonetten gegenüber. Kam er während des blutigen Massakers um, welches folgte? Wurde er eingesperrt? Brachte er es vielleicht fertig, nach Hongkong zu entkommen? Für einen kurzen Moment hatte der tapfere junge Chinese seine Hoffnung für das ganze chinesische Volk ausdrücken können.

Wir müssen die Hoffnung am Leben erhalten – nicht nur in den Herzen jener, die noch unter totalitären Regimen leben, sondern in den Herzen all derer, deren Träume noch darum kämpfen, wahr zu werden. Wir können nicht mehr von Nationen der ersten, der zweiten oder der dritten Welt sprechen. Wo immer Armut herrscht, Obdachlosigkeit, Arbeitlosigkeit oder Verzweiflung, müssen wir echte und lebensspendende Hoffnung verbreiten oder der Kapitalismus wird ebenso scheitern.

Im ersten Jahrhundert schrieb der Philosoph Plinius: „Die Hoffnung ist die Säule, welche die Welt aufrechterhält, der Traum jedes wachen Menschen. Unsere Zukunft, die Zukunft der Welt hängt ab von Hoffnung, die freizügig überall verteilt werden muß, wo Menschen, jung oder alt, am Rande der Hoffnungslosigkeit dahinvegetieren.

In Europa, Asien, Nord- und Südamerika, in Tanzsälen, in Hotels, in großen Konferenzzentren und Stadien habe ich die jubelnden Stimmen derer gehört, die die guten Nachrichten voller Hoffnung willkommen hießen. Wir alle sehnen uns nach Freiheit, nach Belohnung, nach Anerkennung und besonders nach Hoffnung. Dies sind die Säulen, auf die sich sinnvolle Arbeit stützt und welche das System des freien Unternehmertums stark machen. Über diesen Grundmauern erhebt sich menschlicher Kapitalismus wie ein Leuchtturm.

Vor fast 30 Jahren sahen Ron und Georgia Lee Puryear, daß ihre Karrierepläne Schiffbruch erlitten hatten. Voll Schrecken und Verzweiflung schwammen sie dem Licht entgegen. Amway ist nicht das Licht. Amerika ist nicht das Licht. Das Licht sind Demokratie und freies Unternehmertum. Und dieses Licht strahlt immer heller an den ungewöhnlichsten Orten. Nicht ein Volk hat das ausschließliche Recht auf den menschlichen Kapitalismus. Nicht nur ein Volk besitzt die Karte, die den Weg zeigt.

Vielleicht haben Sie noch nicht Ihren eigenen Weg zur Freiheit entdeckt. Vielleicht fühlen Sie sich nicht angemessen entlohnt für Ihre harte Arbeit und für Ihre Kreativität. Wenn Sie Ihrer Zukunft nicht hoffnungsvoll entgegenblicken, folgen Sie dem Beispiel von Ron und Georgia Lee Puryear! Welches sind Ihre Träume? Welche Art von Arbeit würde Ihnen die Möglichkeit geben, diese Ihre Träume verwirklicht zu sehen? Was müssen Sie in Ihrem Leben ändern, um diese Art von Arbeit beginnen zu können? Was würde Ihnen den nötigen Mut oder die nötige Verzweiflung verleihen, um diese Änderungen vorzunehmen?

Nach einem großen Treffen in Portland, Oregon bemerkte Georgia Lee ein junges Paar, das in der Nähe der leeren Bühne stand. Die Arena lag in Schweigen. Der tosende Beifall war seit einer Weile verklungen. Jubel und Applaus waren zu Ende.

„Kann ich Ihnen helfen?" fragte Georgia Lee die zwei jungen Leute, die dort standen.

Einen Augenblick lang standen die zwei Fremden dort, hielten sich an den Händen und kämpften mit ihren Tränen. Ohne zu zögern, nahm Georgia Lee ihre Hände in die ihren und sagte sanft: „Es ist o.k, ich verstehe."

Nach einem weiteren langen Augenblick des Schweigens begann der junge Mann zu sprechen. Auch seine Geschichte erschien nur allzu vertraut. Eine Geschichte über zerstörte Träume und wachsende Angst. Nach all jenen teuren Jahren auf dem College, und nachdem er von einer großen Baufirma angeworben worden war, ein Haus gekauft und eine Familie gegründet hatte, hatte er an genau jenem Nachmittag einen rosa Zettel in seinem Briefkasten vorgefunden.

Plötzlich schienen den jungen Mann seine Gefühle der Enttäuschung und der Wut zu überwältigen. Seine Frau griff nach ihm, um ihn zu trösten. Ron Puryear bemerkte, was geschah, und gesellte sich zu dem kleinen Kreis. „Was soll ich nur tun?" flüsterte der junge Mann, „wie sollen wir denn noch mal von vorne beginnen?"

Ron sah Georgia Lee an; lächelte; und begann zuversichtlich, seine Geschichte noch einmal zu erzählen.

6

Was ist der Kapitalismus, und warum ist er „der beste Arbeitsplatz“?

Regel 6

Wir glauben an den Kapitalismus (ein anderer Name für freies Unternehmertum), weil er für uns und unsere Welt eine große Hoffnung auf wirtschaftliche Erholung darstellt; wir müssen deshalb, wenn wir nicht wissen, was der Kapitalismus ist oder wie er funktioniert, es jetzt herausfinden. Unsere finanzielle Zukunft hängt davon ab.

Ken und Donna Stuart näherten sich einer langen Schlange von Reisenden, die in Springfield, Missouri, am TWA-Flugkartenschalter warteten. Ein Angestellter der Fluggesellschaft kam auf Ken zu und lachte über das ganze Gesicht. „Wie geht's Deinem Vater?“, fragte er freundlich. „Wir hier denken immer noch an ihn, weißt Du?“ Während ein anderer Angestellter hinter dem Schalter die Bordkarten ausstellte und das Gepäck der Stuarts untersuchte, unterhielten sich die beiden Männer immer noch intensiv über Kens Vater und über all das, was in den vergangenen 25 Jahren passiert war.

„Dieser Angestellte begann etwa um die gleiche Zeit für die Ozark-Fluglinie zu arbeiten wie mein Vater“, erinnert sich Ken. „Sie arbeiteten miteinander am Schalter der Fluglinie, als ich noch ein Kind war. Sie waren beide junge Männer, frisch verheiratet und mit Familie. Offenbar träumten sie beide davon, einmal ihr eigenes Geschäft zu besitzen. Mein Vater konnte seinen Traum verwirklichen, erklärt Ken, während der andere Mann den Rest seines Lebens damit verbrachte, Flugkarten auszustellen und Gepäck zu kontrollieren.

Nach nur ein paar Monaten, die er bei Ozark gearbeitet hatte, hatte es Kens Vater geschafft, genug Geld zusammenzukratzen, um eine Anzahlung zu machen für einen Waschsalon in der Nähe ihres Hauses. Etwa ein

Jahr später nahm er den Profit aus diesem Waschsalon und kaufte ein leeres Grundstück jenseits der Straße. „Was meint ihr, sollen wir in unserer Freizeit ein Haus bauen?“ fragte er eines Tages seine Familie. Wir alle machten mit bei diesem Hausbau, erinnert sich Ken und lacht. Ich war sechs Jahre alt, aber irgendwie fand mein Vater auch für mich etwas zu tun.

Ein Haus folgte dem anderen. Mein Vater arbeitete sich auf dem neuen Gebiet ein, er arbeitete langsam und sorgfältig, und infolgedessen waren die Häuser gut gebaut, waren günstig, und sie verkauften sich recht schnell. In einem Jahr hatte Kens Vater genügend verdient, um ein Milchgeschäft in der Nähe ihres Waschsalons aufzukaufen. Es folgten noch mehr Häuser. Nach ein paar Jahren beendete Mr. Stuart seine Arbeit bei Ozark Airlines. Er war jetzt sein eigener Chef, ein Bauunternehmer mit mehreren kleinen Geschäften und Häusern, die über die ganze Stadt verteilt waren.

„Als ich dem Angestellten über den Erfolg meines Vaters erzählte“, erinnert sich Ken, „lächelte der und sagte: ‚Ich wollte, ich hätte den Mut, das zu tun, was Dein Vater getan hat.‘ Dann schüttelte er mir die Hand und ging weg.“

Beide Männer hatten Träume für sich selbst und ihre Familien, aber nur einer besaß den Mut und hatte verstanden, wie der Kapitalismus funktioniert, um seine Träume wahr werden zu lassen. Es ist die alte Geschichte. Vielleicht stehen jetzt Sie vor der Entscheidung und möchten gerne wissen, welchen Weg Sie einschlagen sollen. Wollen Sie wirklich den Rest Ihres Lebens mit einer Arbeit verbringen, die Sie nicht erfüllt und die Sie nicht mögen?

Ein Weg, herauszufinden, was Kapitalismus ist und wie er funktioniert, ist der, es für sich selbst auszuprobieren. Kens Vater hatte es vermutlich auf die harte Methode gelernt, wie Jay und ich es taten. Wir haben an keiner Highschool Wirtschaftswissenschaften studiert, ganz zu schweigen davon, ein Diplom zu besitzen. Ich habe heute ein Dutzend oder mehr davon, ehrenhalber, aber ich habe mich mein Leben lang schlecht gefühlt, wenn ich daran dachte, daß ich meinen Collegeabschluß nie gemacht habe. Jay und ich waren jung und begeistert. Wir sprangen einfach in das Wasser, das über unseren Köpfen zusammenschlug. Wir mußten entweder schwimmen lernen oder ertrinken. Wenn ich noch mal von vorne anfangen müßte, würde ich mehr Zeit damit verbringen, die Geschichte des freien Unternehmertums zu studieren und die Geschichten von mutigen Männern und Frauen zu lesen, die den Weg vorausgegangen sind.

Vielleicht sind Sie heute morgen nicht mit dem Drang aufgewacht, herauszufinden, was Kapitalismus ist oder wie er funktioniert. Tolstoi sagte es auf diese Weise: „Historiker sind wie Gehörlose, die fortgesetzt versuchen, Fragen zu beantworten, die ihnen niemand gestellt hat.“ Vielleicht haben Sie das Fach Geschichte immer gehaßt oder es langweilig gefunden. Es ist wie mit den Gelben Seiten des Telefonbuchs. Sie sind so lange langweilig, wie Sie nicht gezwungen sind, etwas schnell zu finden. Auf die Geschichte dieses großen Wirtschaftssystems zurückzuschauen, hilft uns die Regeln zu verstehen, nach denen gespielt wird, und wenn man die Regeln verstanden hat, wird es dadurch wesentlich leichter, das Spiel erfolgreich zu spielen. Der Funktionsweise des Systems keine Beachtung zu schenken, hat schon Millionen von Leuten ihre finanziellen Träume gekostet.

Der Philosoph George Santayana sprach folgende Mahnung aus: „Wer sich nicht an die Vergangenheit erinnern kann, ist dazu verurteilt, sie noch einmal zu erleben.“ Versuchen wir also, ehe wir uns daran machen, Garantien für unsere Zukunft zu finden, unsere Vergangenheit zu verstehen.

Das Wort „Kapital“ kommt aus dem Lateinischen und bedeutet Reichtum. Kapitalismus ist ein Wirtschaftssystem, das auf der Freiheit beruht, Kapital oder Reichtum zu erwerben. Kens Vater sammelte 3.500 DM an, um eine Anzahlung auf eine Wäscherei leisten zu können. Der Rest ist bereits erzählt. Aber Geld ist nicht die einzige Art von Kapital. Es gibt auch physisches, körperliches Kapital. Natürliche Reserven und künstlich hergestellte Dinge wie Maschinen, die dazu verwendet werden, weitere Produkte zu erzeugen. Da ist das finanzielle Kapital, Bargeld, Aktien, Wertverschreibungen usw., die gegen anderweitige Werte getauscht oder in solche investiert werden können. Und ich hätte es gern, daß Sie an eine dritte Art von Kapital denken. Eine Art von Kapital, das nicht in den Geschäftsbüchern steht, das geistige Kapital, Ideen, Einfallsreichtum, das menschliche Element in der Produktion von Realwerten und finanziellem Kapital.

Die wichtigsten Kennzeichen des Kapitalismus sind privates Eigentum an Kapital und die freie Marktwirtschaft. Um es ganz einfach zu sagen, ein Kapitalist ist erstens frei, Reichtum zu besitzen, und zweitens, ihn zu gebrauchen. Kens Vater sparte ein paar Mark zusammen und gebrauchte sie, um ein leeres Grundstück zu kaufen. Wenn Sie Kapital besitzen – irgend etwas, das dazu verwendet werden kann, Reichtum zu erzeugen – dann sind Sie schon auf halbem Wege dabei, ein Kapitalist zu werden. Ein Haus, ein Auto, ein paar Mark, ein Computer, ein Hammer, ein Telefon, Aktien oder Wertverschreibungen, eine Violine, ein Fußball, eine Malerbürste, eine Schaufel, Schreibblock und Schreibzeug – all das sind potentielle Werkzeuge, um Reichtum zu erzeugen.

Der Gedanke, daß jeder ein Kapitalist sein kann, ist in der Geschichte ziemlich neu. Bis vor wenigen Jahrhunderten hatte nur eine Handvoll von priviligierten Leuten dieses Recht. In vergangenen Zeiten wäre Kens Vater für seine Arbeit nicht bezahlt worden, er hätte sich kein Geld ansparen können, ganz zu schweigen davon, damit Eigentum zu kaufen oder seine Lebensqualität und die seiner Familie zu verbessern. Lassen Sie uns zurückschauen auf die faszinierende Entwicklung des Kapitalismus, um besser zu verstehen, wie wir gewöhnlichen Männer und Frauen ein solch unschätzbares Geburtsrecht erben konnten. Während unseres Jahrhunderts verloren ganze Nationen und Völker ihr Recht, am System der freien Marktwirtschaft teilzunehmen. Indem wir zurückschauen auf die Geschichte, tragen wir dazu bei, zu garantieren, daß keiner jemals wieder fähig sein wird, uns dieses Recht abzuerkennen.

Wenn wir die Definition etwas weiter fassen, können wir Beispiele von Kapitalismus selbst in alten Zivilisationen finden. Ägypten, Babylon, Griechenland und Rom besaßen alle irgendeine Form von privatem Eigentum und freiem Unternehmertum. So frühe Beispiele von Kapitalismus sind nicht sehr weit verbreitet, aber sie scheinen von Beginn der Zeit an existiert zu haben. Talente, Anreize, Reserven und Gelegenheiten schaffen sehr schnell Kapitalisten in fast jeder Gesellschaft und in jedem Zeitalter.

Der Feudalismus

Es dauerte jedoch bis zum Ende des Mittelalters, bis sich der Typ von Kapitalismus, der uns vertraut ist, zu entwickeln begann. Es war der Feudalismus, der während des Mittelalters dem größten Teil der Welt seinen Stempel aufdrückte. Die Menschen lebten in kleinen Gemeinschaften, die über das Land verteilt waren unter der Herrschaft von adeligen Herren, deren Land sie als Bauern bearbeiten mußten. Die Menschen in diesen Gemeinschaften waren auf sich selbst angewiesen. Sie mußten anbauen, produzieren oder das meiste von dem, was sie benötigten, einhandeln.

In der Spätzeit der feudalen Herrschaft begannen die Menschen in die Städte abzuwandern, und eine Wirtschaft begann sich zu entwickeln, die mehr auf Geld gegründet war als auf Tauschhandel. Eines von den vielen

Dingen, die geschahen, als die Leute in die Städte auswanderten, war, daß sie begannen, sich mehr auf die Dinge zu spezialisieren, die sie taten. Anstatt beispielsweise Schafe zu züchten, Garn zu spinnen, Tuch zu weben und das fertige Kleidungsstück herzustellen, fingen die Leute an, nur noch einzelne Tätigkeiten auszuüben. Sie wurden Weber, Schneider oder Tuchhändler.

Wenn man davon ausgeht, daß der Feudalismus per definitionem nicht organisiert war – in dem Sinne, daß die Menschen verteilt waren und es keine zentrale Regierung gab –, dann war das Abwandern in die Städte ein Prozeß der Organisation. Zwei von den vielen Wegen, wie sich die Städte organisierten, war das Aufstellen von Stadträten und das Schlagen von Münzen. Der Gebrauch von Münzen für den Handel stellt ein Geldsystem dar, und dies machte die Anhäufung von Kapital wesentlich einfacher und erleichterte den freien Handel sehr stark.

In jenen Tagen gab es keine Waschsalons und auch keine Milchgeschäfte. Nehmen wir an, Kens Vorfahr war ein Molkereibesitzer, der sich auf die Produktion von Limburger Käse spezialisiert hatte. In einem System mit Geldhandel konnte er seinen Käse für Geld an einen Kaufmann weitergeben, der wiederum den Käse an andere verkaufen konnte. Es war nicht mehr notwendig für ihn, einen anderen zu finden, der zufällig eine bestimmte Ware besaß, die er brauchte, sagen wir etwa Milcheimer, und der zufällig im gleichen Augenblick auch Mr. Stuarts Käse wollte. Er konnte die Münzen gebrauchen, um alles zu kaufen, was er brauchte und wann immer er es brauchte. Das war ein Vorteil gegenüber dem alten System des Tauschhandels.

Der Merkantilismus

Als die Städte mit ihren Geldsystemen sich zu Stadtstaaten und dann zu Nationen weiterentwickelten, entstand ein Wirtschaftssystem, das man den Merkantilismus nennt. Das System erhielt seinen Namen von Kauf- und Geschäftsleuten – gewöhnlich kleine Unternehmer wie Käseverkäufer, Tuch- und Getreidehändler. Der Merkantilismus war das beherrschende Wirtschaftssystem in Europa etwa ab dem 16. bis zum 18. Jahrhundert.

Die Anhäufung von Gold und Silber war das Ziel jedes Merkantilisten, insbesondere der Herrscher der neu entstehenden Länder. Diese Herrscher waren zunehmend daran interessiert, Gold und Silber anzuhäufen, weil sie es brauchten, um ihre Macht zu erhalten. Die Macht hing davon ab, inwieweit ein Waffenarsenal und berufsmäßige Soldaten unterhalten werden konnten. Dies erforderte eine Menge Kapital, und der Weg, es anzuhäufen, war der, eine günstige Handelsbilanz aufzuweisen. Solange die Exporte unter dem merkantilistischen System die Importe überwogen, wurde der Handelsausgleich in Gold und Silber in der Form von Münzen oder Barren hergestellt, und die exportierende Nation konnte so ihr Kapital vergrößern. Infolgedessen ermutigten die Herrscher das Volk, Exportgüter herzustellen und führten hohe Zölle ein, um Importe zu erschweren.

Der Merkantilismus stellte gegenüber dem Feudalismus einen Fortschritt dar. Im allgemeinen hob er den Lebensstandard, machte mehr Güter verfügbar und begann die Bildung eines Mittelstandes zu ermöglichen. Doch der Merkantilismus begünstigte am meisten eine mächtige Elite, die Aristokratie – die große Mehrheit der Menschen lebte in Armut. Kens Vorfahr, die Ihren und die meinen, waren noch Jahrhunderte davon entfernt, irgendwelche Rechte zu haben, freies Unternehmertum praktizieren oder ihre Lebensqualität verbessern zu können. Der Merkantilismus war kein besonders mitfühlendes System, aber zumindest bewegte er sich in die richtige Richtung.

Was passierte mit dem Merkantilismus? Er verschwand langsam aufgrund vieler gesellschaftlicher und historischer Veränderungen, die sich ereigneten, und ferner infolge von systemimmanenten Schwächen. Eine der größten Schwächen war die Annahme, daß sich wirklicher Reichtum an der Anhäufung von Geld messen ließ, und nicht an der Verbesserung des Lebens von Individuen und der Gemeinschaft. Es spielte keine Rolle, ob man mit dem Gold, das man besaß, etwas Gutes tat oder nicht – nur es zu besitzen zählte. Dies ist eine alte Annahme, die sich beharrlich hält – sie ist so alt wie die Bibel –, welche schon von langer Zeit vor solchen Gedanken warnte. Einige Menschen, die in extremen Maß an dieses Motto „Gold ist alles“ glaubten, argumentierten sogar, daß der Ackerbau beschränkt werden sollte auf den Export von Erzeugnissen wie Tabak, weil die angebauten Nahrungsmittel im eigenen Lande verbraucht würden und nicht zum Güteraustausch mit dem Ausland dienten. Einige Leute machten sich nicht einmal die Mühe, folgende Frage zu stellen: Wenn wir nur Tabak anbauen, was werden wir dann essen? Wirklichen Reichtum erreicht man, wenn die Bedürfnisse der Menschen befriedigt werden. Das Wohlergehen des Menschen ist das höchste Ziel wirtschaftlicher Tätigkeit. Es ist nicht von Wichtigkeit, wieviel Gold der Staatsschatz umfaßt, wenn die Bedürfnisse der Menschen nicht befriedigt werden!

Wer formte den *modernen* Kapitalismus, und welche Ideen dienten ihm dazu?

Adam Smith: Der erste Wirtschaftswissenschaftler. Die Gedanken, welche das freie Unternehmertum geformt haben, dieselben Gedanken, welche Kens Vater geleitet haben, die Gedanken, die zu unserem Erfolg im Geschäft geführt haben, rühren von einem komischen Kauz, einem Schotten namens Adam Smith, her. Er war ein großer Denker – und ein bemerkenswerter Charakter. An ihm war nichts normal, nicht einmal seine äußere Erscheinung. Er besaß eine große Nase, hervorstehende Augen und eine vorspringende Unterlippe. Er hatte keine Spur von Charisma und war ein sehr mäßiger Redner. Er hatte ein nervöses Zucken und einen Sprachfehler. Smith sagte über sich selbst: „Ich bin in nichts ein Beau als in meinen Büchern."

Smith wurde im Jahre 1723 in dem kleinen schottischen Seehafen Kirkcaldy nahe Edinburgh geboren. Er immatrikulierte sich mit vierzehn Jahren an der Universität von Glasgow und gewann später ein Stipendium der Universität von Oxford, wo er weitere zwei Jahre verbrachte. Nach seinen Studien in Oxford bekam er einen Ruf an die Universität von Glasgow.

Noch als Jugendlicher begann Smith über folgender Frage zu brüten: Warum sind einige Völker reicher als andere, und wie schaffen es diese reicheren Nationen, mehr Nahrung, mehr Kleidung und Verbrauchsgüter zu produzieren als die anderen? Seine Antwort auf diese Frage führte die Welt zur Entwicklung des Systems der freien Marktwirtschaft. Der Reichtum eines Volkes, sagte Smith, vergrößere sich nicht durch Anhäufen von Geld, sondern durch *Arbeitsteilung*.

Die Welt war daran, zu lernen, daß die Energie, die Ideen und die Fähigkeiten, die in Millionen von Menschen nur darauf warteten, entdeckt zu werden, wertvoller waren als Gold. Um Smiths Gedanken zu umschreiben: Arbeitsteilung ist der Hauptgrund für das Anwachsen des allgemeinen Reichtums, weil der Reichtum eines Volkes in direktem Verhältnis steht zu den vielfältigen kreativen Fähigkeiten der Menschen, und nicht zu einer bestimmten Menge an Gold.

Was heißt das genau? Sie können Smiths Gedanken in seinem Buch *The Wealth of Nations* finden, dem zweifellos berühmtesten und einflußreichsten Buch über Wirtschaftsfragen, das je veröffentlicht wurde. In der Einleitung dieses Buches erzählt Smith eine Geschichte, um zu illustrieren, was er unter Arbeitsteilung verstand.

Der Gegenstand dieser berühmten Geschichte ist eine Nadel. Die Geschichte geht etwa folgendermaßen: Ein Mensch, der nicht dazu ausgebildet ist, Nadeln zu fertigen, könnte es – wenn er gewissenhaft und sorgfältig arbeitet – schaffen, aus dem Rohmaterial eine Nadel pro Tag zu produzieren. Eine Person mit einiger Erfahrung könnte 20 Stück fertigbringen.

Aber selbst in Smiths Tagen funktionierte die Nadelherstellung nicht so. Die Belegschaft eines Nadelherstellers setzt sich typischerweise aus Arbeitern zusammen, die auf bestimmte Aufgaben spezialisiert waren. Nach Smiths Darstellung könnte eine Person den Draht herstellen, eine zweite ihn glätten, eine dritte ihn auf die richtige Länge zuschneiden, eine vierte ihn an einem Ende zuspitzen, und eine fünfte Person könnte das andere Ende dazu vorbereiten, den Nadelkopf aufzunehmen. Weitere zwei oder drei Leute könnten damit beschäftigt sein, den Kopf zu fabrizieren und anzubringen. Eine solche Nadel könnte das Produkt vieler einzelner Beschäftigter sein, von denen jedem eine besondere Aufgabe zukommt. In den Jahren um 1700 konnte eine kleine Nadelfabrik am Tag 48.000 Nadeln herstellen. Das sind etwa 4.800 Nadeln pro Person. Wenn jedoch jeder einzelne Beschäftigte auf eigene Faust Nadeln produzierte, könnte die Fabrik 10 oder maximal 200 Stück herstellen.

Smiths kleine Geschichte zeigt klar auf, was er sagen will. Wenn die Arbeit, die nötig ist, um eine Aufgabe zu erfüllen oder ein Produkt herzustellen, in spezielle, sich voneinander unterscheidende Aufgaben aufgeteilt wird, steigt die Produktivität. In diesem Fall wächst der Reichtum eines Volkes. So läßt Arbeitsteilung das Volksvermögen ansteigen. Aber das ist noch nicht alles. Wenn sich Arbeiter spezialisieren, lernen sie Probleme besser lösen, und um so wahrscheinlicher ist es, daß sie Maschinen erfinden werden, welche die Produktivität erhöhen helfen. Mit anderen Worten ist Arbeitsteilung auch ein Schlüsselfaktor bei der Entwicklung neuer Technologien.

Auf den Punkt gebracht: Es zählen die Menschen. Sie können eine Vielfalt von Begabungen anbieten, um zu dem Herstellungsprozeß beizutragen. Geben Sie ihnen die Freiheit, sie zu entwickeln und zu gebrauchen. Smiths Einsicht war eine grundlegende, und sie gab einem komplexen System erst Sinn, welches die Menschen eigentlich nicht sehr gut verstanden hatten. Seine Einsicht beschränkte sich freilich nicht auf Nadelfabriken. Er hatte eine ganze Menge mehr zu sagen, nicht nur über Nationen und ihre Volkswirtschaften, sondern über die Menschen und ihre Wichtigkeit für den wirtschaftlichen Prozeß.

Smith war neugierig auf die Art und Weise, wie Menschen wirtschaftliche Entscheidungen trafen. Dies wiederum war ein Ergebnis seiner Überlegungen, wie ihre moralischen Entscheidungen entstanden. Wie die meisten ernsthaften Leute seiner Zeit begann Smith mit dem Studium für das Priesteramt. Er plante nicht, ein Wirtschaftler zu werden. In jener Zeit gab es nämlich gar keine Wirtschaftswissenschaftler. Wenn Smith sich dafür interessierte, was wir heute ein Studium der Wirtschaftswissenschaften und der Psychologie nennen würden, so verfolgte er dabei ein Fach, das man „Moralphilosophie" nannte.

Adam Smiths „Unsichtbare Hand": Er hatte eine Theorie, wie Wirtschaft und Psychologie auf dem Markt Hand in Hand funktionierten. Man nennt sie die „Theorie der Unsichtbaren Hand". Smith beschäftigte sich mit der Frage, wie die Menschen angesichts mächtiger, mit der Moral im Widerstreit liegenden Motive wie Selbstsucht und Selbsterhaltungstrieb moralisch richtige Entscheidungen treffen konnten. Ebenfalls interessierte es ihn, wie Menschen, wenn Druck auf sie ausgeübt wurde, richtige wirtschaftliche Entscheidungen treffen konnten.

Er argumentierte, daß die Menschen – meist – die richtigen Dinge tun, da jeder von ihnen einen „inneren Menschen" besitzt, der die Rolle eines „unparteiischen Beobachters" spielt, welcher ihre Taten billigt oder mißbilligt. Smith sah in diesem unparteiischen Beobachter eine mächtige Stimme – eine Art von laut ausgesprochenen Gewissensäußerungen –, die man nur schwer ignorieren könnte. Er sah die Menschen von ihren Leidenschaften herangetrieben, aber auch gesteuert von ihrer Gabe, logisch zu denken, und von ihrer einzig dem Menschen vorbehaltenen Fähigkeit, Mitgefühl zu empfinden.

Was noch mehr zählt: Menschen, die auf der Suche nach sich selbst sind, lassen sich oft – ohne es zu wissen oder zu beabsichtigen – von einer unsichtbaren Hand leiten, die Interessen der Gesellschaft zu vertreten. Auf dem Felde der Wirtschaft – im Gegensatz zu dem der Moral – ersetzte er den unparteiischen Beobachter durch eine andere Regulierungsinstanz: den Wettbewerb. In der freien Marktwirtschaft wird die Begierde des Menschen, vorwärtszukommen, durch den Wettbewerb gezügelt.

Die Rolle des Wettbewerbs: Smith betrachtete den Drang nach Wettbewerb als grundlegenden Teil der menschlichen Natur. Und dies ist nichts Schlechtes, da es sich, wenn man ihm freien Lauf läßt, zu einer für die Gesellschaft wohltätigen Kraft entwickelt. Warum? Weil in dem Moment, in dem der Eigennutz eines Menschen gegen den eines anderen antritt, die „Unsichtbare Hand“ ins Spiel kommt. Die „Unsichtbare Hand“ nimmt Einfluß darauf, welche Produkte hergestellt werden und zu welchem Preis. Smith legte dar, daß die „Unsichtbare Hand“ eine mächtige Kraft ist, welche sicherstellt, daß die Gesellschaft die Produkte bekommt, welche sie will, und zu einem Preis, den sie willens ist, zu bezahlen.

Smith meinte, daß die Gesellschaft dem Verlangen eines Menschen, vorwärtszukommen – in Wettbewerb mit anderen zu treten –, keine Zügel anlegen sollte. In erster Linie, sagte er, sollte die Regierung dem Ausdruck des Eigeninteresses des Volkes nichts in den Weg legen. Die Regierung sollte nicht versuchen, Güte oder Großzügigkeit gesetzlich zu regeln. Es ist sehr viel wahrscheinlicher, daß die Menschen sich richtig verhalten, wenn sie einen wirtschaftlichen Vorteil dabei erblicken. Er glaubte fest an den wirtschaftlichen Anreiz.

Das Bedürfnis nach dem Freien Markt: Smith verfügte über ein wohlentwickeltes Gewissen, und seine Toleranzgrenze für ausbeuterische Geschäftspraktiken war tief angesetzt. Er war weder naiv, noch war er blind für das gierige Verhalten einiger Kaufleute und Fabrikanten seiner Zeit. Er sagte sogar einmal, daß, wenn Leute desselben Gewerbes zusammenkämen, und wenn es sich auch nur um eine Party handelte, die Unterhaltung stets auf eine Verschwörung hinauslief, um das Publikum zu betrügen. Trotzdem glaubte er, daß die Macht der „Unsichtbaren Hand“ „teuflische Pakte“ überwinden würde, die von unehrlichen Geschäftsleuten geschlossen würden.

Wenn Firmen außergewöhnliche Profite machten, versuchte Smith gewöhnlich herauszufinden, ob die Regierung dabei eine Rolle spielte, indem sie die Firmen mit irgendeiner Art von Gesetz oder Bestimmung unterstützte. Nach seiner Meinung erbaten habgierige Geschäftsleute oft die Hilfe der Regierung, um ihre Position am Markt halten zu können. Die Regierung war in der Lage, die „Unsichtbare Hand“ ihrer Wirkung zu berauben. Sie konnte Handelsbeschränkungen verhängen, einigen Industriezweigen Monopole verschaffen oder andere mit Schutzgesetzen begünstigen.

Smith glaubte nicht, daß irgend jemand besondere Privilegien genießen solle. Wenn Firmen sich selbst Vorzugsbedingungen verschafften, indem sie Absprachen untereinander trafen, oder wenn die Regierung sie durch gesetzgeberische Maßnahmen begünstigte oder in irgendeiner Weise dem Wettbewerb in die Quere kam, dann konnte die „Unsichtbare

Hand“ nicht funktionieren. Sie mußte in einer Umgebung von „natürlicher Freiheit“ wirken können, welche jedermanns Interessen so gut wie möglich diente. Aber die Regierung hatte sich aus dem Geschäftsleben herauszuhalten und umgekehrt. Das ist ein weiterer Gedanke von Adam Smith, den wir wiederentdecken müssen, und das schnell.

Smith fürchtete besonders die unheiligen Allianzen zwischen Geschäftswelt und Regierung. Die Regierung sollte, wie er sagte, nicht „die gemeine Habgier und die Versuche der Kaufleute und Fabrikanten unterstützen, den Markt zu beherrschen, da sie die Menschheit weder regierten noch sie regieren sollten“.

Smith war realistisch bezüglich der menschlichen Natur und ein Idealist, was die Notwendigkeit betrifft, auf dem Markt die Regeln des Gewissens anzuwenden.

Smith und das „Laisser-faire“: Er vertrat eine Politik des „Laisser-faire“, wörtlich übersetzt, des „Erlaubens zu handeln“. Mit anderen Worten sollte man wirtschaftliche Entwicklungen in keiner Weise konditionieren. Seine wirtschaftliche Philosophie basierte auf der Annahme, daß die „Unsichtbare Hand“ Menschen und Geschäfte – ganze Industrien – nur dann unparteiisch und effizient leiten würde, *wenn man sie in Ruhe ließe.* Wenn aber die Regierung nicht einschreiten darf, wie kann sie uns helfen, ungebremste Habgier zu verhüten?

Nehmen wir an, ein mächtiger Geschäftsmann hat ein Nahrungsmittelprodukt entwickelt, welches an der Handelsschule ein wahrer Renner geworden ist: gefrorene Bananenspießchen. Oder, wie der Kaufmann sie zu nennen beschlossen hat, „Banane am Stiel“. Nehmen wir an, die Studenten an der Handelsschule entwickeln eine wahre Leidenschaft für „Bananen am Stiel“ und kaufen jeden Nachmittag den gesamten Vorrat auf. Aber der Kaufmann – weil er nämlich mächtig und habgierig ist – entscheidet, daß er nicht die Mühe auf sich nehmen möchte, genügend von diesen gefrorenen Kostbarkeiten zu produzieren, um der Nachfrage gerecht zu werden. So fängt er an, für die, welche er herstellt, mehr zu verlangen. Viel mehr. Er ist der einzige, der das Produkt herstellt, also kann er verlangen, soviel er will.

Kehren wir zurück zu Kens imaginärem Vorfahr. Er mag arm und ohne Einfluß gewesen sein, aber er hat bemerkt, daß dieser habgierige Geschäftsmann eine Menge Geld verlangt für etwas, was sich leicht herstellen läßt. Was passiert nun? Wettbewerb entsteht. Er geht daran, jenem Kaufmann einen ordentlichen Kampf um sein Geld zu liefern. Was meinen Sie, wird er mehr oder weniger verlangen als jener habgierige Geschäftsmann? Weniger selbstverständlich. Der neue Wettbewerber will selbst das Geschäft mit den Studenten machen. So wird sich, wie Smith es vielleicht sagen würde, ein Mann, der seine Habsucht außer Kontrolle geraten läßt, bald einer Konkurrenz gegenübersehen, welche die gleiche geschäftliche Richtung einschlagen wird!

Jetzt zu der Sache mit dem „Laisser-faire". Was wäre, wenn der Leiter der Schule entscheiden würde, daß nur ein Kaufmann „Bananen am Stiel" verkaufen darf? „Bananen am Stiel" werden die offiziellen Leckereien an der Handelsschule, und Stuarts Produkt, „Chimp's Choice", wird abgewiesen. Es könnte für den Schulleiter eine Menge verschiedener Gründe geben, den Verkauf auf nur einen Geschäftsmann zu beschränken. Kann sein, daß er besorgt ist, der Platz vor der Handelsschule könnte mit zu vielen Verkäufern belegt werden, und Verkaufswagen könnten den Eingang blockieren. Oder der habgierige Kaufmann ist ein persönlicher Freund des Schulleiters.

Was immer der Grund sein mag – Sicherheit, Begünstigung, Altruismus –, das Ergebnis wird vermutlich dasselbe sein: höhere Preise. Ein Punkt, an den man bezüglich der „Unsichtbaren Hand" denken sollte, ist folgender: Es spielt keine Rolle, ob Eingriffe in den Markt aus guten oder schlechten Gründen stattfinden, die Wirkung ist dieselbe. Aus Smiths Sicht steht die „Unsichtbare Hand" moralischen Erwägungen neutral gegenüber – sie ist völlig unparteiisch. Smith meinte, die Menschen müßten ihre eigene moralische Wahl treffen. Jeder Versuch, das positive Verhalten am Markt zu reglementieren, ist zum Scheitern verurteilt. Der Eigennutz ist einfach zu stark, und das einzige, was ihn in Schranken halten kann, ist der Wettbewerb.

Das Zeitalter des Kapitalismus begann erst richtig nach der Publikation von *The Wealth of Nations.* Smith stellte eine rationale Basis zur Verfügung – eine Art zu denken –, eine Konzeption, die einen Durchbruch darstellte. Bis zu jener Zeit hatten die Menschen nicht immer von sich selbst als handelnden Individuen gedacht, mit der Freiheit, eigenständig ihre Entscheidungen zu treffen. Sie empfanden sich selbst als Mitglieder einer Gemeinschaft oder Klasse. In den alten Denkbahnen wurden Entscheidungen durch Mehrheitsbeschluß oder Befehl von oben getroffen, und der einzelne zählte nicht viel. In der Welt vor Newton schienen sich Dinge oft aus geheimnisvollen, unbekannten Gründen zu ereignen. Die Welt schien ein Ort des Chaos zu sein. Wenn jemand reich war oder Reichtum erwarb, war der Grund dafür der, daß Gott es so wollte.

Wie die Wirtschaft funktioniert – den Prozeß, durch welchen Reichtum angesammelt oder erworben wird –, verstand man nicht. Aus diesem Grund waren die Menschen bereit, auch recht dürftig formulierte religiöse Erklärungen zu akzeptieren, die wenig oder nichts mit der Wahrheit zu tun hatten. Die Armen nahmen ihren wirtschaftlichen Status einfach als Gottes Willen hin. Die Mächtigen nahmen Gottes Macht als Basis für ihre sorgsam gehüteten besonderen Privilegien in Anspruch.

Der Gedanke, daß es nicht ehrenrührig ist, sich vom Profit motivieren zu lassen – das Konzept, daß Arbeit ein Mittel zum Zweck und *nicht der Zweck selbst* sein könnte –, ist verhältnismäßig neu. Die Gesellschaft wie auch die Kirche pflegten den Profit als Motiv als sündig und falsch zu verurteilen.

Der Schriftsteller Charles Van Doren sagte einmal: „Es ist erschütternd, festzustellen, daß noch vor kurzer Zeit die meisten Menschen, die in anderen Dingen weitgehend so waren wie wir, keine Ahnung davon hatten, wie man Geld verdient, was für uns so selbstverständlich ist. Der Ausdruck ‚seinen Lebensunterhalt verdienen‘ wäre für sie unverständlich gewesen.“ Das einzige Geld, das sie jemals in die Hand bekamen, stammte aus dem Verkauf eines kleinen Teils ihrer Produkte an Leute aus der Stadt. Dieses Geld wurde dann dazu verwendet, Dinge zu kaufen, die sie nicht selbst erzeugen konnten, wie beispielsweise Salz.

Ehe sich in der Aufklärung die Ideen zu verändern begannen, hatte es kein Arbeitskonzept gegeben im Sinne von etwas, das man verkaufen oder dem man Wert beimessen konnte. Eigentlich war der Wert, der einer Person zugebilligt wurde, die gleiche Art von Wert, die man einer Kuh oder einem Stück Ware zumaß. Der „Wert“ der Menschen war oft ausschließlich durch deren Position im Leben bestimmt. Wenn beispielsweise jemand umgebracht wurde, konnte der Mörder entweder hingerichtet werden, oder er konnte eine Summe entrichten, die man „Körperpreis“ nannte. Ein Aristokrat war 1.200 Schilling wert, ein freier Bauer wie auch ein Handwerker 200, und ein Unfreier war nichts wert!

Die Menschen konnten nicht frei handeln, von einer Tätigkeit zur anderen wechseln, von Firma zu Firma. War man unfreier Höriger, war man ans Land gebunden, und hatte die Pflicht, es zu bearbeiten. Als Handwerker oder Kunsthandwerker führte man die Beschäftigung fort, die bereits der Vater ausgeübt hatte. Und als Frau hatte man sogar noch weniger Möglichkeiten.

Smith entwickelte aus den Dingen ein außerordentlich einfaches und effizientes Konzept und gruppierte es um das Eigeninteresse herum. Seine Theorie weist dieselbe Eleganz auf wie Newtons Gravitationsgesetz. Während Smith auf der einen Seite ein Befürworter des „Laisser-faire“ war – er sprach sich gegen die politische Idee, die Moral zum Gesetz zu erheben, aus –, forderte er andererseits die höchsten persönlichen Moral- und Verhaltensstandards. Bei Korruption und Gier drückte er kein Auge zu. Es wäre verkehrt, Smiths Ideen zum Vorwand nehmen zu wollen, vernünftige Gründe für das Verhalten der Leute zu finden, die das kapitalistische System mißbrauchen, oder sie zu entschuldigen. Das Gewissen stand bei ihm im Mittelpunkt des Interesses. Er ging davon aus, daß die Menschen in sich einen Drang verspürten, das Richtige zu tun – eine innere Stimme. Und auf diese Annahme gründete sich der Kapitalismus.

Kapitalismus unter Beschuß

Die Veränderungen in der westlichen Welt, die sich um die Zeit von Adam Smith abzuzeichnen begannen, waren aufregend und überwältigend positiv. Bedauerlicherweise hatte jedoch der Kapitalismus damals wie heute auch seine Schattenseiten, so dunkel, daß einige Leute glaubten, der Kapitalismus sei ein Übel und müsse beseitigt werden. Karl Marx war einer der beredetsten Kritiker des Kapitalismus. Nehmen wir uns einen Augenblick Zeit, um uns den Kapitalismus anzusehen, so wie er ihn sah.

Wir können den gewissenslosen Kapitalismus nicht Adam Smith zum Vorwurf machen. Er redete dem „Laisser-faire“ das Wort, aber wir wissen, daß er das Recht auf Handlungsfreiheit nicht verwechselt hat mit der Berechtigung, Arbeitskräfte auszubeuten oder sich skrupelloser Geschäftspraktiken zu bedienen. Einige Kapitalisten haben dies nicht verstanden. Einige scherten sich nicht im geringsten um die Bedingungen, unter denen ihre Leute arbeiteten. Sie verfingen sich in einer Atmosphäre der Gier. Dies ist ein Erbleiden, vor dem wir uns zu hüten haben. Es stellt eine weitere Lektion aus der Geschichte dar, der wir Beachtung schenken müssen.

Die Krise in den Städten

Im Gefolge von Kapitalismus und industrieller Revolution kam ein niemals dagewesener Anstieg der Bevölkerungszahl zustande. Zwischen 1750 und 1850 verdoppelte sich die Bevölkerung Europas fast, von 140

Millionen auf etwa 266 Millionen Menschen. Verbesserungen bezüglich Hygiene und Krankheitskontrolle reduzierten die allgemeine Sterblichkeitsrate, und der größte Teil des neuen Bevölkerungszuwachses betraf die Städte. Millionen von Menschen zogen entweder in die neuen Industriezentren, wo sich Fabriken und Textilindustrien befanden, oder sie wurden schon dort geboren. Die Städte konnten die Scharen neuer Männer und Frauen einfach nicht bewältigen, die der Arbeit wegen hereinströmten. Der Wohnraum in den Innenstädten war völlig unzureichend. Die Bautechnik hinkte der industriellen Technologie hinterher. Die Menschen wurden in alten, zerfallenden Gebäuden, in Elendsvierteln oder in nachlässig errichtete Neubauten zusammengepfercht. Obwohl viele Menschen jetzt in Wirklichkeit besser dran waren – die Orte, von wo sie zugezogen waren, waren noch schlechter –, schien es in einem psychologischen oder geistigen Sinne nicht so zu sein. Die alten Wohnorte waren ihnen vertraut, und man fühlte sich dort sicher. Die Leute kamen oft aus kleinen Dörfern, mit Pfarrkirchen, mit seit langer Zeit existierenden gesellschaftlichen Gruppierungen wie den Gilden und mit großen Familien. Jetzt, wo sie in einer unvertrauten Umwelt lebten, von Fremden umgeben, fühlten die Leute sich unwohl, verloren, und kannten sich nicht mehr aus. Die Romane von Charles Dickens enthalten bewegende Beschreibungen der schrecklichen Schwierigkeiten, denen sich die Menschen während dieser Zeit gegenüber sahen.

Die Städte wurden vormals für Zentren von Zivilisation und Kultur gehalten. Einige Leute wanderten in die Stadt ab, um der Engstirnigkeit der Dörfer zu entkommen, um dort die Freiheit des Geistes zu erfahren. Aber während der industriellen Revolution war es nicht unüblich, die Städte als Orte der Entfremdung zu empfinden. Einige fühlten sich wie unbedeutende Ameisen in einer großen Masse von städtischen Arbeitskräften. Man assoziierte mit dem Begriff Stadt verlorene Werte, Anonymität und Gesichtslosigkeit.

Auch wenn die Technik den Lebensstandard der meisten Leute hob, änderte sie die Lebensqualität auch in negativer Weise. Erst einmal vermittelte sie vielen Menschen das Empfinden, von der Natur, von der Gemeinschaft und sogar von Gott abgeschnitten zu sein. Schriftsteller aus der Zeit sprachen darüber, wie Fabriken und Baumwollmühlen die Arbeiter entmenschlichten. Einige Leute hatten das Gefühl, daß die Maschinen eine neue Art von tyrannischer Macht über sie ausübten. Es war so, als ob sie existierten, um den Maschinen zu dienen, anstatt daß die Maschinen ihnen dienten.

Alexis de Tocqueville war der Ansicht, daß die zunehmende Spezialisierung der Arbeit den Arbeiter mehr entwürdigte als die diktatorischen Methoden politischer Tyrannen. Auch Adam Smith glaubte, daß die Spezialisierung imstande war, Arbeiter zu entwürdigen. Er befürchtete, daß auf Grund des Fehlens moralischer Standards die Arbeiter mißbraucht und ausgebeutet werden könnten. Seine Befürchtungen waren recht wohl begründet.

Kinderarbeit

Zum ersten Mal arbeiteten große Mengen von Menschen – Männer, Frauen und Kinder – nicht mehr zu Hause. Sie arbeiteten lange Schichten, 12, 14, sogar 16 Stunden am Tag. Die durchschnittliche Wochenarbeitszeit betrug fast 80 Stunden und war geprägt von knochenbrechender Schinderei oder geisttötender Eintönigkeit. Manchmal lebten die Arbeiter auch getrennt von ihren Familien alle zusammen in elenden Unterkünften.

Insbesondere Textilfabriken waren dafür bekannt, Frauen und Kinder auszubeuten. Es war nicht ungewöhnlich für junge Leute unter zehn Jahren, viele Stunden unter der recht wenig mitfühlenden Aufsicht von fremden Menschen arbeiten zu müssen. Kinder wurden regelmäßig geschlagen für unbedeutende Verletzungen der strengen Regeln der Firmen. Manchmal wurden sie geschlagen, nur um sie wach zu halten. Über die Geschichte eines der Kinderarbeiter, Robert Blincoe, der von Fabrikvorarbeitern schwerstens mißhandelt wurde, war in den zwanziger Jahren des 19. Jahrhundert eine Menge in der Presse zu lesen. Die Fabriken waren oft schmutzig, schlecht beleuchtet und im Winter ungeheizt. Es gab wenige Gesetze oder Verordnungen, um die Sicherheit des Arbeiters zu gewährleisten. Industrieunfälle waren alltäglich.

Arbeiterunruhen

Weil die Menschen in Städten, Fabriken und Slums zusammengepfercht waren, brachen die alten Bindungen zusammen. Anstelle von Gefühlen der Verbundenheit mit einer Pfarrkirche, einem aristokratischen Lord oder einer Gilde von Handwerkern fühlten sich einige Leute nur noch miteinander verbunden durch das gemeinsame Elend ihrer Arbeitsbedingungen. Die Menschen wurden politisch aktiv. In den frühen Jahren des

19. Jahrhunderts beklagten sich die Menschen, sie veranstalteten Krawalle und organisierten sich. Fabriken und Textilwerke wurden kurz und klein geschlagen.

Auf der Höhe all dieser Vorkomnisse verbreitete sich unter den Angehörigen der Arbeiterklasse in England ein Gerücht, daß jemand namens Ned Ludd, der ein General oder ein König sein sollte, Zusammenrottungen von Arbeitern anführte. Dies war vermutlich nicht wahr, aber die Aufrührer wurden bald bekannt als „Luddies". Sie waren untereinander verbunden durch ihren Haß auf die Fabriken, in welchen sie arbeiteten – Orte, die ihnen wie Gefängnisse erschienen. Inmitten all dieser Dinge wendeten einige andere Leute ihren Ärger nach innen und schrieben Zeitungsartikel, Pamphlete und Bücher. Der berühmteste dieser zornigen Leute war Karl Marx.

Wer war Karl Marx, und warum war er auf den Kapitalismus so schlecht zu sprechen?

Es ist schwierig, von Karl Marx zu sprechen, ohne dabei auf eine Menge Konflikte zu stoßen. Einige Leute meinen, er sei der Teufel in Person gewesen; andere halten ihn für einen großen Gesellschaftskritiker. Heute liegen seine Träume von einer neuen Gesellschaft in Trümmern. Aber seine Gesellschaftskritik verdient immer noch ernstlich Beachtung.

Also, wer war dieser Mann? Erst einmal war er, wie Adam Smith, ein Mensch seiner Epoche, ein Kind der industriellen Revolution. Er wurde 28 Jahre nach dem Tode von Adam Smith in Trier geboren. Schon im frühen Erwachsenenalter war Marx zu dem Standpunkt gelangt, Religion als Instrument der Unterdrückung zu betrachten. Es gab gewissenslose Kapitalisten, die sich hinter der Fassade der Amtskirche versteckten, aber Marx unterschied nicht zwischen dem, was sie taten, und dem, was ihnen die Bibel vorschrieb.

Wenn Adam Smith der typische zerstreute Professor war, war Marx das perfekte Beispiel des entschlossenen intellektuellen Revolutionärs. Er lebte, um zu forschen, zu denken und zu schreiben. Seine Lebensbedingungen, seine persönliche Erscheinung und die gesellschaftlichen Annehmlichkeiten interessierten ihn wenig. Ein verdeckter Ermittler der Polizei fertigte einmal eine Beschreibung von Marx' Wohnung im Londoner Viertel Soho an: „Er wohnt in einer der übelsten und billigsten Wohngegenden Londons. Er verfügt über zwei Zimmer. Da gibt es nicht ein sauberes oder anständiges Möbelstück in diesen Räumen, alles ist kaputt, angeschlagen und zerrissen, dicke Staubschichten liegen auf allem, und überall herrscht die größte Unordnung.“

Marx mag eine schlampige Wohnung gehabt haben, aber sein Geist war nicht in Unordnung. Seine Ideen stellen Herausforderungen dar, die von uns Antworten verlangen. Und er hat wahrlich viele Antworten erhalten. Wenn es um Meinungen zu Marx' Ideen geht, bleibt nicht viel Spielraum.

In erster Linie war er ein absoluter Gegner der Wirtschaftsvorstellungen, die Adam Smith vertrat. Marx' Weltsicht nennt man den dialektischen Materialismus. Er glaubte nicht an eine geistig-seelische Welt. Er glaubte an das Hier und Jetzt. Marx hatte kein Interesse daran, über Gott, über die Schöpfung oder irgend etwas Transzendentales zu sprechen. Er war der Ansicht: „Für den Menschen ist der Mensch das höchste Wesen.“ Marx entlehnte von dem deutschen Philosophen G. W. F. Hegel eine von dessen Methoden der diskutierenden Philosophie, die man die dialektische Methode nennt.

Das Wort dialektisch stammt aus dem Griechischen und bedeutet etwa: „die Kunst der Gesprächsführung“. Nach Hegel ist die Welt in einem fortwährenden Prozeß der Entwicklung und des Wechsels, ein Ergebnis des Zusammenpralls der Ideen, in welchem ein Standpunkt einen anderen herausfordert und so eine neue Idee geschaffen wird. Zum Beispiel der Gedanke, daß das Wohl der Gemeinschaft stets höher angesetzt werden sollte als das Wohl des Individuums („These“) könnte zusammenprallen mit dem Gedanken, daß die Rechte des einzelnen stets Vorrang haben („Antithese“) und so eine „Synthese“ schaffen: eine Gesellschaft, die beide Rechte schätzt, die der Gemeinschaft und die des Individuums.

Für Hegel waren materielle Dinge weniger real als Ideen. Er glaubte, daß der Geist oder der Gedanke die Essenz des Universums sei. Aber Marx' materialistischer Geist richtete sich auf Dinge, die man sehen und anfassen konnte. Für Hegel stand der Gedanke an erster Stelle, für Marx das Handeln. Er trug Hegels Dialektik aus der Universität hinaus und auf die Straße. Marx glaubte, daß akademische Betrachtungen einen Zeitverlust darstellten. Man mußte die herrschende, wirtschaftliche Ordnung herausfordern, und aus dem Konflikt würde sich eine neue Weltordnung ergeben.

Marx betrachtete die industrielle Revolution und den Kapitalismus mit den Augen eines revolutionären Kritikers, und es gefiel ihm nicht, was er sah. Er war wütend. Er glaubte nicht, daß es genügte, den Kapitalismus nur ein bißchen aufzupolieren. Ein bißchen einstellen hier, ein paar neue Teile da. Er glaubte, daß das „ganze Fahrzeug aus dem Verkehr gezogen" werden mußte: Privateigentum, Privatbesitz an Fabriken und die Maschinen in ihnen, das politische System, die Religion, alles. Marx glaubte, daß der Wettbewerb, eine der Grundlagen des Kapitalismus, die Ursache für Verbrechen, für Unzufriedenheit und Ungleichheit war. Er erwartete, daß die Menschen moralisch umgeformt würden, sobald der Kommunismus den Kapitalismus ersetzen würde, und der Wettbewerb ausgeschaltet würde. Marx glaubte, daß die „Unsichtbare Hand" des Kapitalismus ersetzt werden mußte durch den starken Arm einer zentralen Kontrolle, welche er die „Diktatur des Proletariats" nannte.

Im alten Rom wurde die niedrigste und ärmste Klasse der Menschen „proletarii" genannt. Der Gedanke ist der, daß diese armen Leute aus der Arbeiterklasse – die kein eigenes Land hatten – nichts zum Staatswesen beitragen konnten außer der Arbeitskraft ihrer Kinder. Sie waren wie Zuchtvieh. Marx wollte die gewöhnlichen arbeitenden Menschen seinerzeit mit den Proletarii in Rom identifizieren.

Marx kümmerte sich nicht darum, ob die Leute ihn mochten oder nicht. Er war nicht daran interessiert, es jedermann leicht zu machen. Er war von sich selbst überzeugt, ja sogar arrogant. Seine Ideen waren und sind sehr widersprüchlich. Was soll also ein mitmenschlicher Kapitalist von ihm denken? Letztlich ist das eine Frage, die Sie für sich selbst beantworten werden müssen.

Aber wenn Sie Marx und den Kapitalismus nebeneinander halten, dann wird Ihnen vielleicht folgender Rat helfen. Ein Theologielehrer gab seiner Klasse den Rat, jedes Jahr ein gutes häretisches Buch zu lesen. Warum? Weil es dazu beiträgt, Sie ehrlich zu halten. Häretiker haben gelegentlich einigen Einblick in Inkonsequenzen oder Probleme in unserem Glauben. Wir müssen ihre Lösung absolut nicht akzeptieren oder auch nur ihre Analyse des Problems. Aber wir brauchen uns auch nicht in die Defensive gedrängt zu fühlen, wenn sie ab und zu sinnvolle Kritik vorbringen.

Marx war in seiner Kritik des Kapitalismus so aggressiv, daß es uns schwerfällt, ihn anzuhören. Einige finden sein Einschlagen auf die Religion so abstoßend, daß sie nicht mehr in der Lage sind, irgend etwas anderes anzuhören, was er sagt. Es ist leicht, Marx nicht zu mögen. Die meisten seiner Annahmen haben sich als völlig falsch herausgestellt. Aber er hatte wichtige Ideen, die es immer noch wert sind, darüber nachzudenken.

Beispielsweise glaubte er, daß vieles im Leben – Wirtschaft, Politik und Religion – untereinander verbunden sind. Wenn wir auch seine Analyse dieser Dinge ablehnen, dann müssen wir doch darauf achten, seinem Weitblick gerecht zu werden. Einige von uns könnten den Kontakt mit ihrem Gewissen verloren haben, weil wir es irgendwie fertiggebracht haben, zu vergessen, daß unser Geschäftsverhalten und unsere religiösen Grundsätze miteinander verbunden sind. Wenn unser Geschäftsgebaren schlecht ist, dann könnte der Grund dafür der sein, daß unsere religiösen Überzeugungen einer Überholung bedürfen, oder wenn man sie nicht überholen muß, dann sollte man zumindest auf sie hören. Dasselbe gilt für unser politisches System. Wir können nicht über irgendeinen Gesichtspunkt des Kapitalismus so sprechen, als ob er von den übrigen Teilen unseres Lebens isoliert wäre.

Der aufrichtige Kapitalist muß, auch wenn er den Marxismus ablehnt, doch anerkennen, daß es wichtige Dinge gibt, die wir von diesem zornigen Rebellen lernen können.

Erstens war Marx ein hingebungsvoller Gelehrter. Er hatte nicht immer recht, aber er wurde sehr viel gelesen und er präsentierte seine Ansichten in gründlich erforschten und sorgfältig untermauerten Argumenten. Wir können es uns nicht leisten, in irgendeiner Weise weniger zu tun.

Zweitens waren die gesellschaftlichen Bedingungen, die Marx dazu anregten, zu schreiben, schrecklich. Wenn auch nicht alle Armut und Verzweiflung dem habgierigen Kapitalisten zur Last gelegt werden können, so war doch das Verlangen, das Leben der Menschen zu verbessern, damals absolut notwendig und ist auch jetzt absolut nötig. Sie müssen kein Kommunist sein, um diese Ansicht zu vertreten.

Und drittens war Marx unbeirrbar und unerbittlich entschlossen, in seiner Zeit einen Wechsel herbeizuführen. Wir haben dieselbe Art von Entschlossenheit nötig. Es ist nicht genug, über Menschlichkeit nachzudenken. Wir müssen Menschlichkeit praktizieren.

Zusammenfassung

Der Kapitalismus hat, von den Prinzipien des Adam Smith geleitet, den größten Wohlstand geschaffen, den die Welt je gekannt hat. Es hat sicherlich Fehlleistungen gegeben. Karl Marx war nur einer von den Kritikern des Kapitalismus, der das absolut klarstellte. Wir alle kennen die Geschichten von habgierigen Kapitalisten, von Leuten, die Kinder ausbeuteten, und von adeligen Straßenräubern. Aber trotz alledem sind dies die Ausnahmen und nicht die Regel. Der Kapitalismus bleibt das einzige Wirtschaftssystem, das uns die Hoffnung gibt, die Welt und all ihre Menschen vom Rande des Bankrotts zurückzureißen und sie in ein Zeitalter des Wohlstandes und des Friedens zu führen.

Als Ken Stuarts Vater sich vor 30 Jahren daranmachte, den Waschsalon zu kaufen, hatte er vermutlich niemals von einem Smith gehört. Als Jay und ich Amway gründeten, hatten wir nicht das Buch *The Wealth of Nations* gelesen oder über Smiths „Unsichtbare Hand" nachgedacht. Es hat ein Leben lang gedauert, bis wir das freie Unternehmertum verstanden hatten und die Prinzipien, die es zum Funktionieren bringen. Aber das meiste von dem, was wir auf die harte Art und Weise lernen mußten, hatte Adam Smith schon 300 Jahre vorher erklärt.

1. Wenn Sie im Geschäft erfolgreich sein wollen, dann setzen Sie die Begabungen anderer Leute frei!
2. Dienen Sie den Bedürfnissen anderer Menschen, und Sie werden sehen, daß auch die Ihren erfüllt werden.
3. Seien Sie froh um den Wettbewerb. Er läßt das System funktionieren.
4. Profit als Motiv ist gut. Das Ansammeln von Kapital ist nötig für den Erfolg eines Geschäftes und für den Wohlstand der Menschen eines Volkes.
5. Respektieren Sie und haben Sie Verständnis für den Konflikt zwischen Eigennutz und Gewissen eines jeden einzelnen. Vergleichen Sie das, was Ihr Herz will, mit dem, was Sie tatsächlich tun, und versuchen Sie beides ausgewogen sein zu lassen.
6. Nachdem die Regierung allen Menschen ihre Grundrechte auf Leben, Freiheit und Streben nach Glück zusichert, ermutigen Sie die Politiker, sich aus den Angelegenheiten des Geschäftslebens herauszuhalten.
7. Haben Sie keine Angst, wenn andere Länder anfangen, in Wettbewerb zu treten. Lernen Sie aus Ihrem Erfolg. Arbeiten Sie mehr. Bitten Sie nicht darum, daß man Ihnen Gefallen erweist. Reißen Sie die Mauern ein, welche die Regierung zwischen uns aufrichten möchte.
8. Geben Sie jedermann die gleiche Chance, ohne Rücksicht auf Rasse, Glauben, Geschlecht oder Hautfarbe.
9. Und denken Sie dran, das Wohlergehen des Menschen ist das äußerste Ziel wirtschaftlicher Aktivität. Es spielt wenig Rolle, wieviel Gold der Staatsschatz enthält, wenn die Bedürfnisse der Menschen nicht erfüllt werden!

Die Prinzipien, die Adam Smith aufstellte, machten es Kens Vater möglich, eine Wäscherei zu kaufen und in seinem Baugeschäft erfolgreich zu sein. Diese selben Prinzipien stellen den Kern unseres Erfolges dar, des Erfolges von Ken und Donna Stuart und des Erfolges von Millionen von Leuten wie Ihnen, die erfolgreiche eigene Unternehmen besitzen.

Aber wir sind immer noch dabei, zurückzuschauen. Lassen Sie uns den Blick nun nach vorn richten. Adam Smith entwickelte diese Regeln in einer gar nicht so weit zurückliegenden Vergangenheit. Wie können wir sie nutzbar machen, um uns in unsere gar nicht so weit entfernte Zukunft führen zu lassen? Lesen Sie sich die Regeln noch einmal durch. Fragen Sie sich selbst, was Ihnen und Ihrer Familie geschehen könnte, wenn Sie diese alten Prinzipien wiederentdecken und sie in Ihrem eigenen Leben und Geschäft einsetzen würden? Was könnte mit einer Welt geschehen, die am Rande des Bankrottes entlang wandert, wenn wir alle diese Prinzipien wiederentdeckten und sie uns in die Zukunft leiten ließen? Und was wird geschehen, wenn wir es nicht tun?

Ich bin kein Prophet des Untergangs. Ich glaube an die Zukunft. Dies ist der großartigste Augenblick, den die Welt jemals gekannt hat. Es hat nie eine bessere Gelegenheit gegeben, im Geschäft erfolgreich zu werden, Ihre finanziellen Träume sich verwirklichen zu sehen. Gehen Sie es an. Die Prinzipien, auf denen der Kapitalismus aufgebaut ist, waren in der Vergangenheit vertrauenswürdig genug, um uns zu leiten. Lassen Sie uns fortfahren, ihnen zu vertrauen, so daß sie uns in die Zukunft geleiten.

Die wahre Geschichte von Charles und Laquetta Prince aus der Gesellschaft meiner Freunde illustriert die Kraft von Adam Smiths Kapitalismus, um den Leuten zu helfen, ihre Träume zu verwirklichen und gleichzeitig die Hindernisse zu überwinden, die auf dem Wege auftauchen. Charles Prince hatte alles richtig gemacht. Er ging zur Highschool, er arbeitete hart, er hatte sehr gute Ergebnisse vorzuweisen und machte seinen Abschluß mit Auszeichnung.

Er träumte davon, Arzt zu werden, und er war davon überzeugt, daß in unserem großen freien Land seine Träume Wirklichkeit werden könnten.

„Aber ich hatte die falsche Hautfarbe“, vertraute uns Charles an. „Als meine weißen Klassenkameraden in den benachbarten Supermarkt gingen, um dort an der Kasse zu arbeiten, landete ich beim Einpacken von Ware – für den halben Lohn. Zu dem Zeitpunkt, als ich meine Chance an der Kasse bekam, waren meine weißen Freunde bereits ins Management aufgestiegen. Als ich mich schließlich die Leiter emporgekämpft und die Mauer überstiegen hatte, um einen Büroposten zu bekommen, stellte meine schwarze Hautfarbe eine absolute Garantie dafür dar, daß ich immer mindestens einen Schritt hinter meinen weißen Kollegen stehen würde, wenn es um Beförderungen, Lohnerhöhung und um Gelegenheiten ging, die für meine weißen Brüder und Schwestern selbstverständlich waren."

Charles Prince war bereit, lange und hart zu arbeiten, um seinen Doktortitel zu bekommen. Aber als er schließlich genügend Geld auf der Bank hatte, um sein Studium zu beginnen, stolperte er über eine andere Barriere. Charles bewarb sich bei mehr als 50 medizinischen Fakultäten quer durch das Land. Aber sogar mit seinen guten Ergebnissen, mit seiner erwiesenen Entschlossenheit und seiner klar auf der Hand liegenden Begabung wurde seine Bewerbung von jeder einzelnen von ihnen abgelehnt.

„An diesem Punkt angelangt war ich wütend", erinnert sich Charles. „Bei einem Baseballspiel oder bei einem öffentlichen Ereignis, wenn das Sternenbanner die Menge aufspringen ließ, weigerte ich mich, aufzustehen. Als meine Freunde oder Klassenkameraden ihren Fahneneid leisteten, blieb ich schweigend sitzen. Wie konnte ich jene Worte mit gutem Gewissen aussprechen, ‚mit Freiheit und Gerechtigkeit für alle', wenn man mir genau die Prinzipien versagte, für welche dieses Land stand?"

Laquetta Prince, Charles' junge Frau, absolvierte die Universität von Houston mit Doktorgraden in Psychologie und Studien der afroamerikanischen Geschichte. Sie war von ihrer Familie gegen Vorurteile und Ungerechtigkeit in Schutz genommen worden, bis sie daran ging, als Kindertherapeutin zu arbeiten. In diesen recht persönlichen Sitzungen mit ihren Patienten begann Laquetta zu entdecken, warum so viele Familien von Instabilität, von Trennung, Scheidung und sogar Gewalttätigkeit und sexuellem Mißbrauch geplagt wurden.

„Wenn Sie hart arbeiten, aber immer noch nicht in der Lage sind, Ihre Rechnungen zu bezahlen", erinnert uns Laquetta, „beginnen Sie sich hilflos und zornig zu fühlen. Obwohl Sie versuchen, diese aufkeimenden Gefühle zu beherrschen, brechen sie schließlich doch hervor, und Sie tun dann denen weh, die Sie am meisten lieben. Väter fühlen sich erniedrigt und herabgesetzt, wenn die Diskriminierung schuld daran ist, nicht genug zu verdienen, um ihre Familien zu erhalten, ganz zu schweigen davon, ihr all das zu ermöglichen, um etwas aus sich zu machen. Mütter fühlen sich traurig und hilflos, wenn sie ihre kleinen Kinder zu Babysittern bringen müssen, während sie arbeiten, um zum Unterhalt der Familie beizutragen. Kinder werden allein gelassen, um sich selbst durchzubringen, und sie geraten dabei oft in Schwierigkeiten. Langsam und unter Schmerzen stirbt die Familie, zusammen mit ihren Träumen."

„Die Menschen brauchen die Chance, vorwärts zu kommen", fügt Charles hinzu. „Wenn Sie genug Geld verdienen können, um Ihre Rechnungen zu bezahlen und sogar ein paar von Ihren Träumen verwirklichen zu können, macht Ihr Gefühl von Hilflosigkeit und Wut Gefühlen von Hoffnung und Selbstwertgefühl Platz."

Charles und Laquetta Prince merkten sehr bald in ihrer Ehe, daß das freie Unternehmertum die einzige sichere Straße zur finanziellen Unabhängigkeit darstellte. Aber sie mußten ein Geschäft finden, das auf mitmenschlichem Kapitalismus basierte, wo sie nicht mit Diskriminierung rechnen mußten wegen ihrer Rasse, wegen des Alters oder wegen der Religion; wo man sie nur danach beurteilen würde, was sie zu produzieren in der Lage waren; und wo es keine Grenzen gab für die Höhe des Einkommens, das sie sich erarbeiten konnten, für die Macht und den Einfluß der Position, die sie erreichen konnte.

„Als wir das Potential dieses Geschäftes sahen", erinnert sich Charles, „und als wir uns darüber klar wurden, daß die Startkosten weniger betrugen als 150 DM, waren wir davon überzeugt." Nach einem Jahrzehnt von harter Arbeit und Opfern haben Charles und Laquetta Prince, die sich immer noch auf ihre große Begabung stützten, auch ein erfolgreiches Amway-Geschäft aufgebaut. Und dabei haben sie wieder einmal den Rassisten und Skeptikern bewiesen, daß Farbige jeder Herausforderung gewachsen sind, wenn man ihnen nur die Chance dazu gibt. Ich werde es nie vergessen, als ich sie zum ersten Mal auf einem unserer Beraterseminare in Seven Springs, Pennsylvania traf. Am Ende meiner Ansprache kam dieses attraktive schwarze Paar über die Bühne auf mich zu. Charles Prince ergriff meine Hand und schaute mir geradewegs in die Augen. Ich bemerkte, daß seine Hände leicht zitterten, und er schien mit den Tränen zu kämpfen. In der Menge trat Schweigen ein.

„Herr DeVos", begann er leise, „als ich Sie das erste Mal über das freie Unternehmertum sprechen hörte, glaubte ich nicht ein Wort davon. Kapitalismus war etwas für Leute aus der weißen Mittelklasse, mit einem Abschluß am richtigen College und Papis Geld auf der Bank. Weil ich schwarz war, gab es keinen Platz für mich."

Er unterbrach sich kurz. Seine Frau schaute zu ihrem Mann auf und lächelte. Auch sie war tief bewegt von dem Augenblick. „Ich konnte nicht auf dieses Land oder seine Fahne schwören", fuhr er fort, „weil ich nicht glaubte, daß es ‚Freiheit und Gerechtigkeit für alle' gab. Aber Sie nahmen keine Notiz von meiner Hautfarbe oder fragten mich nach meinem Lebenslauf. Sie sagten einfach: ‚Kommen Sie, schließen Sie sich uns an.' Sie verlangten lediglich eines, nämlich daß ich etwas produzieren sollte. Und Sie belohnten mich auf dem gleichen Niveau und nach den gleichen Regeln, nach denen Sie alle anderen belohnten."

Plötzlich standen Charles und Laquetta rechts und links an meiner Seite, ihre Arme in meine eingehängt. Charles wendete sich an die Menschenmenge und sagte: „Jetzt endlich kann ich es sagen: ‚Mit Freiheit und Gerechtigkeit für alle …'"

Mit der Hand auf seinem Herzen und Tränen, die seine Wangen herabliefen, leistete Charles Prince seinen Fahneneid. Während ich dastand und zusah, fragte ich mich, wie viele junge Leute in unserem Lande oder rund um die Welt, die auf die Versprechungen von Adam Smith gehofft und davon geträumt haben, jene selbe Art von Kapitalismus erlebt haben, die Karl Marx lächerlich gemacht und verunglimpft hat. Wir können es uns nicht leisten, ein weiteres Leben zu vergeuden. Die Regeln müssen fair sein. Jedermann muß die gleiche Gelegenheit angeboten werden. Den Beweis dafür liefert uns das, was geschieht, wenn der menschliche Kapitalismus den Sieg davonträgt, wenn wir es ablehnen, zuzulassen, daß uns Rasse, Religion, Hautfarbe, Geschlecht, körperliche Behinderungen oder sonst irgend etwas im Weg steht.

Heute sind Charles und Laquetta Prince anerkannte Führungspersönlichkeiten in ihrer Gemeinschaft. Sie sind in ihrem Geschäft erfolgreich geworden, und sie nutzen ihre außergewöhnlichen Gaben, um einer kranken Nation zur Heilung zu verhelfen. Sie sind beispielhaft für den praktizierten menschlichen Kapitalismus, sowohl für Schwarz wie für Weiß. Ich wollte, ich hätte an jenem Tag vor ein paar Jahren dabeisein können, als der Aufsichtsratsvorsitzende eines der großen Krankenhäuser unseres Landes Charles Prince anrief: „Wir möchten Sie gerne dazu einladen, Mitglied im Direktorium unserer Klinik zu werden." Einen Augenblick lang verharrte Charles in Schweigen. Dann antwortete er, mit einem Lächeln an die eigene Adresse: „Natürlich. Mit größtem Vergnügen würde ich mitarbeiten."

Charles Prince, der von fast allen größeren medizinischen Ausbildungsstätten unseres Landes abgelehnt worden war, arbeitete viele erfolgreiche Jahre lang im angesehenen Direktorium dieser Klinik und wurde schließlich sein Vorsitzender. Wenn sich heute vor einem Spiel oder einem Konzert im Stadion die Menge erhebt, um der Fahne unseres Landes ihren Respekt zu erweisen, steht er in seiner Loge zusammen mit den anderen auf. Und oft, wenn er die Worte ‚mit Freiheit und Gerechtigkeit für alle‘ ausspricht, füllen sich seine Augen mit Tränen der Dankbarkeit für das, was war, und Tränen der Entschlossenheit wegen dem, was noch zu tun ist.

7

Was ist ein mitmenschlicher Kapitalist, und warum sollte ich einer sein?

Regel 7

Wir glauben, daß das Geheimnis des entscheidenden finanziellen Erfolges darin besteht, den mitmenschlichen Kapitalismus zu praktizieren. Deshalb müssen wir uns täglich fragen: „Wie menschlich bin ich in der Sorge um meine Mitarbeiter, meine Vorgesetzten, meinen Arbeitgeber oder meine Arbeitnehmer, meine Lieferanten, meine Kunden und sogar meine Konkurrenten?“

Bei Sonnenaufgang schloß die dreiundsechzigjährige Isabelle Escamilla die schwere Holztür ihres strohgedeckten Lehmziegelhauses in den Bergen von Nordmexiko. In Sandalen mit Sohlen aus Gummi von einem alten Lkw-Reifen und einem Kleid, das sie selbst aus einem Ballen Baumwolle genäht hatte, ging Isabelle die zwei Meilen in die Stadt, um für die kommende Woche die Vorräte für ihre Familie einzukaufen.

Im Licht des Morgens blickte sie die enge, kurvige Straße hinunter und bemerkte die Staubwolke, aufgewirbelt von ihren Nachbarn, die auf ihrem Weg zur Arbeit in der Fliesenfabrik am Stadtrand waren. Generationenlang hatten ihre Familie und ihre Freunde ihr Leben damit verbracht, den dicken roten Lehm zu mischen und die Fliesen zu formen, zu bemalen, zu glasieren und sie in offenen Brennöfen zu brennen.

Der Besitzer der Fabrik wohnte in Mexiko City. Isabelle hatte gehört, daß er mit seiner Familie in einem Penthouse oben auf einem Wolkenkratzer lebte. Sie lächelte vor sich hin bei dem Gedanken, wie es wohl sein würde, 50 Stockwerke im Aufzug zu fahren, nur um zu Bett gehen zu können. Während all dieser Jahre hatte sie den Chef nur einen kurzen Augenblick lang gesehen, als er in einer langen schwarzen, von einem Chauffeur gesteuerten Limousine in einer Staubwolke an ihr vorbeirauschte.

Isabelle und ihre Familie waren sehr stolz auf die glasierten Fliesen, die in der Fabrik von Hand gemacht wurden. Sie waren froh, Arbeit zu haben, besonders in diesen Jahren der Dürre, als so viele Menschen ohne Arbeit waren. Aber Isabelle träumte oft von einem besseren Leben für sich und für ihre Familie, besonders für ihre bildschönen Enkelkinder. Viele Male wälzte sie sich des Nachts auf ihrer Strohmatratze hin und her, da sie keinen Schlaf fand, in Sorge über ihre Zukunft und mit der Frage beschäftigt, ob sie alle ihr Leben weiterhin so würden verbringen können wie bisher, indem sie die staubige Straße hinunter zur Fliesenfabrik gingen, um dort zu arbeiten.

Sie wollte ja nicht undankbar erscheinen, aber die Bezahlung in der Fabrik war mager. Das bißchen an Schulbildung, daß sie sich für die Kinder hatten leisten können, hatte in der sechsten Klasse geendet. Die jungen Leute arbeiteten für die Fabrik, indem sie dürre Äste von Gestrüpp und Bäumen als Feuerungsmaterial für die Fabrik zusammentrugen und indem sie Lehm ausgruben und heranschleppten. Unausweichlich würden die größeren, wie ihre Eltern und Großeltern vor ihnen, ihr Erwachsenendasein in der riesigen Fabrik am Fuße des Berges verbringen.

Der Kapitalismus hatte Isabelles Dorf in Nordmexiko erreicht, aber ihr Leben und das ihrer Lieben hatte von seinen Segnungen nichts abbekommen. Sie brauchen nicht bis zur Zeit von Adam Smith und der industriellen Revolution zurückzugehen, um Fehlleistungen in unserem großen System zu entdecken. Aber Anzeichen eines menschlichem Kapitalismus machen sich überall auf der Welt bemerkbar, und das ist die Geschichte, die ich erzählen möchte.

Was ist mitmenschlicher Kapitalismus?

Was ist Mitgefühl mit Menschen? Ist das nur etwas für Leute wie Albert Schweitzer oder Mutter Theresa? Kommt es nicht nur dem Geschäft in die Quere und bedeutet Ärger für den Rest von uns? Stehen die Vorstellungen von Profitstreben und von Menschlichkeit nicht in diametralem Gegensatz zueinander? Nein. Menschlicher Kapitalismus ist kein Widerspruch in sich. Menschlichkeit liegt in jedermanns Interesse. Das Wörterbuch definiert Menschlichkeit als ein Gefühl tiefer Sympathie für das Leiden oder das Unglück eines anderen, begleitet von dem Wunsch, den Schmerz zu erleichtern oder seine Ursache zu beseitigen. Das Gegenteil von Menschlichkeit ist Unmenschlichkeit oder Gnadenlosigkeit. Man sieht anhand der Definition des Wörterbuches, daß Menschlichkeit beides umfaßt, ein Gefühl und eine Handlung.

Eines meiner bevorzugten Diskussionsforen für Kommentare, die Gesellschaft betreffend, ist *Peanuts*. Ich erinnere mich ganz besonders an einen Comic strip: In einer dunklen und stürmischen Nacht liegt Snoopy oben auf seiner Hundehütte, fast völlig bedeckt von dem neu gefallenen Schnee. Lucy schaut aus dem Fenster. Ihr tut der kleine Hund leid, der hungrig ist, durstig und fast blau vor Kälte. „Fröhliche Weihnachten, Snoopy!“ schreit sie durch den Schneesturm. „Sei guten Mutes!“ Sie kehrt zurück zur Wärme ihres lodernden Feuers, schlürft ihre heiße Schokolade und sagt, zu Linus gewendet: „Armer Snoopy.“

Linus schaut aus dem gleichen Fenster, er sieht Snoopys traurige Lage, fühlt Mitleid für das Hündchen, hüllt sich in einen Mantel, streift Fäustlinge über und bringt ganz schnell einen Teller mit warmem Truthahn und Beilagen hinaus, um Snoopy zu helfen.

Beide, Lucy und Linus, empfinden Mitleid, aber nur Linus handelt mitleidvoll. Seine spontane Aktion läßt Charly Browns kleinen gefleckten Hund vor Freude tanzen, in den Schneewehen, die sich auf dem Dach seiner Hundehütte aufhäufen. Genauso wahr ist es, daß ein Mitleidsakt auch von einem Gefühl des Mitleides ausgelöst worden sein muß, um effektiv zu sein. Stellen Sie sich vor, wie ganz anders der „Mitleidsakt“ aufgenommen worden wäre, wenn Linus den Teller mit Essen einfach in den Schnee hingeworfen und den armen Snoopy angeschrien hätte, „Du dummer Hund! Warum kannst Du das nächste Mal nicht selbst dein Fressen finden? Ich habe es satt, dich zu füttern!“

Wäre es nach einer kalten, mitleidlosen Handlung wie dieser überraschend, wenn Snoopy das Futter nicht angerührt hätte, weiter unter der Schneedecke läge und noch verzweifelter wäre? Wie würden Sie sich dabei fühlen, wenn Ihnen jemand zwar helfen würde, es aber doch offensichtlich mit großem Widerwillen täte?

Etwas zu tun, wozu Sie sich verpflichtet fühlen, ist nichts Schlechtes. Es ist nur einfach nicht dasselbe wie Menschlichkeit. Wirkliche Menschlichkeit umfaßt unser ganzes Wesen. Es bedeutet, daß uns jemand oder etwas leid tut, und daß wir mit innerer Beteiligung handeln, um sein Leiden zu beenden und sogar dessen Ursachen beseitigen. Mitleidvolles Handeln kommt aus einem mitleidvollem Gefühl heraus. Mitleid bedeutet Fühlen und Handeln.

Lassen Sie uns nun folgende harte Frage stellen: Warum gibt es so viele Lucys auf der Welt, denen es zwar leid tut, wenn sie Leid sehen, die aber nie etwas unternehmen, um zu helfen, und warum gibt es so wenige Leute wie Linus, die die Not sehen und kreativ und mutig handeln, um ihr zu begegnen? Warum ist es das Leiden anderer Menschen manchen Leuten wert, mitleidvoll zu handeln, während andere sich nicht im geringsten darum kümmern?

Warum Menschlichkeit so selten ist

Moses, der hebräische Führer und Gesetzgeber, der mehr als zwölf Jahrhunderte v. Chr. wirkte, beschrieb das Problem eindeutig. Nach seiner machtvollen Schöpfung gab der Schöpfer Adam und Eva die Freiheit, zwischen Gott und Satan zu wählen. Die Schriftsteller des Alten Testamentes sehen das Leben als Krieg an – nicht auf dem Schlachtfeld, sondern im menschlichen Geist und Herzen zwischen Gottes Aufruf zum Gehorsam und Satans Einflüsterungen, die zur Sünde verführen wollen. Die alten Geschichten der Bibel zeigen deutlich, wie leicht es ist, den Stimmen des Bösen zu folgen in Richtung Egoismus, Gleichgültigkeit, Haß, Gier, Lust, Eifersucht und Mord, und wie schwer es ist, die Stimme Gottes zu erhören, welche die Menschheit zu Menschlichkeit aufruft.

Jesus, der junge jüdische Prophet, dessen Leben und Lehren zur Gründung des Christentums führten, predigte seinen Jüngern Gehorsam und Menschlichkeit. „Liebet Gott“, sagte er. „Dies ist das erste und große Gebot. Und liebt euren Nächsten wie euch selbst.“ Als Jesus das jüngste Gericht beschrieb, machte er klar, daß die Guten für ihr Mitgefühl gegenüber den Hungrigen, Durstenden, Nackten, Kranken, Fremden und Gefangenen eine Belohnung erhalten würden. „Was ihr dem Geringsten unter ihnen tut“, sagte er, „das habt ihr mir getan.“

Gautama Buddha, der indische Philosoph und Gründer des Buddhismus, lebte 500 Jahre v. Chr. Buddha gab ein Leben in Reichtum und Privilegien auf, um „die Erleuchtung“ zu suchen. Im Mittelpunkt jenes Prozesses stand ein schrecklicher Kampf, um sein Selbst von dem Einfluß von Mara zu befreien, dem Bösen. Buddha beschrieb Maras Armee von Versuchern als die Lust, die Ablehnung des höheren Lebens, Hunger und Durst, Gelüste, Faulheit, Angst, Zweifel, Scheinheiligkeit, falsches Lob, Selbsterhebung und Verachtung für andere.

Wie Jesus, so rief auch Buddha seine Jünger auf, Akte der Menschlichkeit zu vollbringen. Während er einen seiner Jünger gesundpflegte, der von den anderen vernachlässigt worden war, sagte Buddha: „Wer den Armen hilft, hilft mir.“ Buddha war ein Sozialreformer, der Indiens Kastensystem verurteilte. Er stellte sich gegen den Versuch, Verbrechen durch Bestrafung zu unterdrücken, mit dem Argument, daß Armut das Verbrechen hervorrief und daß seine Jünger helfen sollten, Ungerechtigkeit und Ungleichheit zu beseitigen, die zu Armut und so zu Verbrechen führten. Konfuzius, ein chinesischer Philosoph, der ebenfalls 500 Jahre v. Chr. lebte, lehrte seine Schüler, ihr Leben nach folgender goldener Regel zu richten: „Was Du nicht willst, daß man Dir tu', das füg' auch keinem anderen zu!" In den Analekten, den am meisten verehrten Schriften in der Tradition des Konfuzius, beschrieb dieser gedankenvolle chinesische Gelehrte und Lehrer Menschlichkeit auf folgende Weise: „Ein Mann von Menschlichkeit, der sich selbst einen Platz will, schafft einen Platz auch für andere, und wenn er wünscht, sich zu vergrößern, vergrößert er auch andere."

Mohammed, der arabische Religionsführer und Prophet im 7. Jahrhundert n. Chr., sah das menschliche Leben ebenfalls als Kampf zwischen Gut und Böse an. Er lehrte seine Jünger, daß es das Ziel des Menschen sei, sich dem Willen Gottes im Krieg gegen das Böse unterzuordnen. Die Leiden der Bedürftigen zu erleichtern und ihnen zu helfen, war ein wichtiger Teil der Lehre Mohammeds. Er meinte, daß Beten und andere religiöse Tätigkeiten wertlos und scheinheilig seien, solange sie nicht mit aktivem Dienst an den Bedürftigen verbunden wären.

Im Koran schreibt der Prophet: „Der Mensch ist von Natur aus ängstlich; wenn das Übel über ihn kommt, gerät er in Panik, aber wenn die guten Dinge zu ihm kommen, hindert er sie daran, auch andere zu erreichen." Es ist Satan, der flüstert: „Behalt' es." Es ist Gott, der antwortet: „Gib es den Armen." Im Austausch gegen großzügige Opfer verspricht Gott Wohlstand.

Aus welcher großen religiösen oder philosophischen Tradition kommt der Ruf der Menschlichkeit zu Ihnen? Mich ruft meine tiefe Verwurzelung im christlichen Glauben zur Menschlichkeit auf. Aber lassen Sie uns den Tatsachen ins Auge blicken. Während der gesamten Menschheitsgeschichte ließ man Millionen von Menschen verhungern, folterte sie, ermordete sie und versklavte sie aufgrund des Mißbrauchs und des Mißverstehens genau dieses Glaubens. Aber die Mißbräuche unserer religiösen Traditionen sollten uns nicht davon abhalten, unsere Aufforderung zur Menschlichkeit zu bestärken.

Paulus, einer von Jesu Aposteln, sagte es so: „Ich habe das Verlangen, das Gute zu tun, aber ich vermag es nicht auszuführen … und das Böse, das ich nicht tun will … das ist es, was ich dauernd tue." Die von uns, welche der jüdisch-christlichen Tradition folgen, sollten wissen, daß beide, die Schriften des Alten und des Neuen Testamentes, uns zur Menschlichkeit aufrufen. Und trotzdem unterlaufen uns Fehler. Und in unserem Versagen wenden wir uns an Gott und bitten ihn um Vergebung und um eine zweite Chance. Bei den Jünger von Buddha, Konfuzius und Mohammed, die ebenfalls zur Menschlichkeit aufgerufen werden, trifft man ähnliche Geschichten von ihrem Versagen im Kampf zwischen den Mächten des Guten und des Bösen und ein ähnliches Bedürfnis nach Vergebung und einem Neubeginn an.

Augustinus, der christliche Bischof und Theologe des 4. Jahrhunderts n. Chr., beschrieb seine Spannung zwischen Gott und Satan, zwischen Gut und Böse, in seinem klassischen Werk *Die Stadt Gottes*. „Wir leben gleichzeitig in zwei Städten", sagte er. „Die sichtbare Stadt des Menschen wird von menschlichen Händen aus Holz und Stein erbaut. Zur selben Zeit erbaut Gott eine unsichtbare Stadt in den Herzen der Menschheit. Die Stadt des Menschen wird zerstört werden, weil sie auf den falschen Werten von Macht und Reichtum erbaut ist. Die Stadt Gottes wird immer bestehen, weil sie auf der Liebe erbaut ist. Das Problem dabei ist es, daß wir in beiden Städten gleichzeitig leben, und allzuoft lassen wir uns von der Stadt blenden, die wir sehen können und die vergänglich ist, gegenüber der Stadt, die wir nicht sehen können und die für immer Bestand haben wird."

Selbst wenn Sie Atheist oder Agnostiker sind und nicht wissen, ob Gott existiert, so haben Sie doch den Druck gefühlt, den es bedeutet, in Augustinus' zwei Städten zur selben Zeit zu leben. Vermutlich kennen Sie den Krieg in ihrem Inneren aus ihrer persönlichen Erfahrung heraus. Nennen Sie ihn, wie immer Sie wollen, aber auch Sie kennen diesen uralten Kampf aus erster Hand.

Haben Sie nicht für das neue Jahr einen Entschluß gefaßt und es dann doch nicht geschafft, ihn umzusetzen? Haben Sie nicht Mitleid empfunden für jemand, dem es schlecht geht, und konnten trotzdem nicht den Mut oder den Willen aufbringen, etwas Zeit oder Geld zu opfern, um dieses Leiden zu beenden? Es ist viel leichter, Snoopy aus der Wärme und Sicherheit unseres Wohnzimmers alles Gute zu wünschen, als mit Essen und Trost in den Sturm hinauszugehen.

Ich glaube, daß Menschlichkeit die einzige Basis ist, auf der wir ein Geschäft aufbauen oder die zerrüttete Wirtschaft der Welt wieder ordnen können. Wenn wir einen Weg heraus aus dem gegenwärtigen wirtschaftlichen Chaos finden wollen, dann müssen wir lernen, diesen Planeten und seine Menschen zu lieben, wie sie niemals vorher geliebt worden sind.

Freiheit und Liebe sind als Konzepte untrennbar verbunden. William Hazlitt sagte, daß „Freiheitsliebe Liebe zu anderen ist“. George B. Shaw war der Ansicht, daß Freiheit Verantwortung bedeutet – und das ist der Grund, warum die meisten Leute sich davor scheuen. Jesus sagte: „Die größte Liebe besitzt der Mensch, der sein Leben für seinen Freund hingibt.“ Menschlichkeit bedeutet, Verantwortung für die Menschen und die Erde zu übernehmen, mag es kosten, was es wolle.

Eine kurze Geschichte über Menschlichkeit

Trotz aller Widerstände hat die Menschlichkeit es fertiggebracht, von Beginn der Zeit an in jeder Kultur Fuß zu fassen. Das antike jüdische Volk legte den Zehnten von jeder Ernte zur Seite, um seinen religiösen Glauben hochzuhalten und für seine Armen zu sorgen. Eine Ecke von jedem Feld wurde nicht abgeerntet, so daß die Armen, um für ihren Lebensunterhalt zu sorgen, das nehmen konnten, was übriggeblieben war. Jedes siebte Jahr ließ man die Felder unbepflanzt, um die Erde sich erholen zu lassen und den Armen die Möglichkeit zu geben, das einzusammeln, was vielleicht von der Saat des vorigen Jahres nachgewachsen war. Die jüdische Menschenliebe umfaßte auch eine andere weise Methode, die um die sogenannte „Zelle des Schweigens“ herumgebaut war. In jeder Synagoge gab es einen reservierten Raum, in den Leute allein und ungesehen hineinschlüpfen konnten, um dort Spenden für ihre Nächsten abzulegen, die wiederum dann hineinschlüpften, ebenso allein und ungesehen, um diese Gaben entgegenzunehmen. Auf diese Weise sollte weder der philanthropische Jude Lob empfangen noch der bedürftige sich dafür schämen müssen.

Buddha errichtete sein Glaubensystem um die Prinzipien von Selbstbeschränkung und Sorge für die Armen herum. Buddha lehrte seine Jünger, den anderen zu dienen „durch Großzügigkeit, Höflichkeit und Wohlwollen, indem sie andere so behandelten wie sich selbst und indem sie so gut waren wie sein, Buddhas Losungswort“.

Einer der ersten Philanthropen, die aus der indischen Geschichte bekannt sind, war König Aschoka, der letzte größere Herrscher der Maurya-Dynastie. Während des zweiten Jahrhunderts v. Chr. war der König von Buddhas Lehren über Menschlichkeit so beeindruckt, daß er von Kriegen, Eroberungen und sonstigen Gelüsten Abstand nahm und sein Geld und seine Macht dazu benutzte, die Lehren des Buddha bis nach Persien, nach Griechenland und sogar bis nach Rom zu verbreiten.

Den Geist der Menschlichkeit, der den guten König Aschoka leitete, kann man in seinen eigenen Worten zusammenfassen: „Alle Menschen sind meine Kinder“, schrieb er. „Wie ich es für meine eigenen Kinder wünsche, daß sie mit all dem Wohlstand und dem Glück dieser Welt und der nächsten ausgestattet seien, so wünsche ich es auch für alle Menschen.“

Im 4. Jahrhundert v. Chr. legte Alexander der Große den Grundstein für die westliche Tradition der Philanthropie der Könige. Er schenkte den Menschen von Nordägypten die Universität von Alexandria. Für die nächsten tausend Jahre war diese riesige und unschätzbare Bibliothek das Zentrum des Wissens, der Künste und der Bildung für die westliche Welt. Alexander förderte auch das Lyceum des Aristoteles (Schule und Bibliothek) so großzügig, daß Aristoteles es sich erlauben konnte, tausend Gelehrte aus ganz Asien, Ägypten und Griechenland anzustellen, um Ideen und Praxisbeispiele zu entwickeln, die seine historischen Schriften untermauern sollten.

Die Lehren von Jesus und seinen Jüngern konzentrieren sich darauf, unseren Nächsten so zu lieben, wie wir uns selbst lieben. Immer und immer wieder kehrte Jesus zu seinem vertrauten Thema zurück: die Hungrigen zu speisen, die Nackten zu kleiden, die Kranken zu heilen und die Sterbenden zu trösten. Kurz nach seinem Tode und seiner Auferstehung begannen die frühen Christen, mittels freiwilliger Spenden kirchliche Fonds anzulegen. Diakone wurden gewählt, die diese Fonds verwalten sollten, um für Witwen, Waisen und andere bedürftige Menschen zu sorgen.

In späteren Jahren organisierten sich die Kirchen in Verwaltungsbezirken, von denen jeder sein eigenes Hospital hatte, ein Spendenamt zum Sammeln und Verteilen von Spenden, ein Waisenhaus und ein Heim für Babys, die ungewollt waren oder deren Eltern zu arm waren, um ihnen die nötige Pflege angedeihen zu lassen. Das Wort Hospital stammt aus dem Französischen – *hôtel Dieu* oder Gottes Hotel. Es war nicht wirklich ein Krankenhaus, wie wir es kennen, sondern ein Zufluchtsort für die Armen, und Fremde wurden gastlich aufgenommen.

Moderne Krankenhäuser haben ihre Wurzeln in der frühchristlichen Nächstenliebe. Sie begannen als Räume in dem Hause eines Bischofs, die reserviert waren und wo die Kranken und Sterbenden versorgt werden konnten – üblicherweise vom Bischof selbst. Das erste urkundlich erwähnte Hospital wurde im Jahre 369 n. Chr. in Caesarea vom heiligen Basilius gegründet. Nach der Überlieferung eines Historikers war es „eine wahre Stadt, mit Pavillons für verschiedene Krankheiten und Wohnungen für Ärzte, Schwestern und Genesende". Der heilige Gregor nannte es einen „Himmel auf Erden".

Um von diesen antiken Beispielen zu moderneren Zeiten zurückzukehren, wollen wir die wahre Geschichte von Sir Walter Mildmay, Schatzkanzler unter Königin Elisabeth, betrachten. Im Jahre 1584 bemerkte die Königin, daß Mildmay nicht am Hofe anwesend war, und verlangte eine Erklärung. Abgestoßen von ihrem Argwohn antwortete er: „Majestät, ich war abwesend, um einen Ahorn zu pflanzen, und sollte es eine Eiche werden, dann weiß nur Gott, worauf das hinauslaufen wird."

Mildmay hatte gerade das Emmanuel College an der Universität von Cambridge gegründet. Reverend John Harvard war einer der ersten Absolventen des Emanuel College. Als Harvard gerade achtundzwanzig war, wanderte er nach Amerika aus, und zwei Jahre später bestimmte er auf dem Sterbebett seine Bibliothek und die Hälfte seines kleinen Besitzes dazu, zur Gründung eines kleinen Colleges beizutragen, das heute seinen Namen trägt.

„Aus dem Emmanuel College", schreibt Dr. Charles F. Twing, „kamen die Gründer von Harvard, die Gründer von Neuengland, in einem besonderen Sinne die Gründer einer neuen Nation." Es verwundert nicht, daß Mildmay gegenüber der guten Queen Beth nicht zugab, was er getan hatte. Er gründete Emmanuel College für die englischen Puritaner, und die Königin war mit Sicherheit keine Puritanerin. Aber genau diese Puritaner, die am Emmanuel College absolviert hatten, wanderten in die Neue Welt aus und gründeten dort ihre eigenen Colleges, unter ihnen Harvard, Yale und Dartmouth, zu deren Absolventen Samuel Adams, John Adams, Thomas Jefferson und Daniel Webster gehören, um nur einige der Gründer und Erbauer dieser neuen Nation zu nennen.

Menschlichkeit in Amerika

Benjamin Rush wuchs unter „New light"-Anhängern, einer Abspaltung der presbyterianischen Kirche in Amerika auf, mit Quäkern, Episkopalisten und Baptisten als neuen Blättern an seinem Familienbaum. Mit 15 Jahren nahm der junge Rush ein persönliches Glaubensbekenntnis an, das heute noch die Ziele des Unternehmers auf sozialem Gebiet beschreibt: „Geld und sich selbst für das Wohl der Menschheit aufzuwenden." Rush verbrachte sein Leben, indem er lebensverändernde Akte der Menschlichkeit vollzog.

Nachdem er sein Examen in Medizin abgelegt hatte, verfaßte er Flugschriften gegen Tabak und Alkohol und gegen die Sklaverei. Im Jahr 1775 dränge er seinen Mitarbeiter, Thomas Paine, einen Aufruf für die amerikanische Unabhängigkeit zu schreiben, der dazu beitrug, die Revolution zu beschleunigen, welche zur Befreiung der Kolonien führte. Nachdem er sich im Revolutionskrieg hervorgetan hatte, wendete sich Rush der Gründung der Philadelphia Dispensary zu (der ersten freien medizinischen Klinik in den Vereinigten Staaten), und er begann einige wichtige Studie über geistige Krankheiten und Experimente einer humanen Behandlung von Geisteskranken. Rush setzte sich für den Anbau des Zuckerahorns ein (um die Welt von der Abhängigkeit von westindischem Rohrzucker zu befreien, der von Sklaven produziert wurde), er drängte auf die Einrichtung freier öffentlicher Schulen im ganzen Land und kam beinahe ums Leben, als er Philadelphia vor einer schrecklichen Gelbfieberepidemie rettete.

Millionen von Unternehmern auf dem Felde des sozialen Engagements sind in die Fußstapfen von Benjamin Rush getreten, „um Geld und sich selbst für den Dienst am Wohl der Menschheit einzusetzen". Aber die amerikanische Menschenliebe hat sich auch durch eine andere Art von Fürsorge ausgezeichnet. Ohne Wirtschaftsunternehmer hätten auch die sozialen Unternehmer nicht die Möglichkeit, ihre Rechnungen zu bezahlen. Dank den wohltätigen Stiftungen eines Carnegie, Kellogg, Ford, Rockefeller und von Tausenden von bekannten und unbekannten Geschäftsmännern und -frauen wie ihnen hat der menschliche Kapitalismus eine zweihundertjährige Tradition der Fürsorge in diesem Volk und rund um den Globus aufzuweisen.

Andrew Carnegie ist der „Schutzpatron des mitmenschlichen Kapitalismus" genannt worden. Mark Twain war der erste, der ihn einen Heiligen nannte. Er begann einen – nicht ganz ernst gemeinten – Brief an den ehemaligen Stahlmagnaten, in welchem er einen Beitrag von drei DM für ein Gesangbuch erbat, mit den Worten „Lieber heiliger Andrew". Ich habe nicht herausgefunden, ob Carnegie Mark Twain das Geld schickte, aber es ist allgemein bekannt, daß Carnegie, nachdem er seine Stahlfirma an J. P. Morgan verkauft hatte, den Rest seines Lebens damit verbrachte, sein Geld an die zu verteilen, die in Not waren. Seine eigenen Worte festigten einen sehr hohen, wenn nicht sogar umstrittenen Standard für die mitmenschlichen Kapitalisten von heute. „Es muß dies also heute als die Pflicht eines reichen Mannes gelten", schrieb Carnegie, „ein Beispiel eines bescheidenen, unaufdringlichen Lebens zu geben und jede Zurschaustellung oder Extravaganz zu vermeiden; in Bescheidenheit für die Bedürfnisse derer zu sorgen, die von ihm abhängen; und, nachdem er dies getan hat, alles überschüssige Geld, das er einnimmt, einfach als Treuhandvermögen zu betrachten, das zu verwalten seine Aufgabe ist ... so daß der reiche Mann nur zum Vertrauensmann und Beauftragten für seine armen Brüder wird." Da Carnegie auch tat, was er predigte, gründete er im Jahre 1901 das ‚Carnegie Institute of Technology', und von dieser Basis aus begann er, Zuwendungen an Einrichtungen und Ausbildungsstätten in zwei Ländern, seiner Heimat Schottland und den Vereinigten Staaten, zu überweisen, einschließlich des Tuskegee Institute von Booker T. Washington. Öffentliche Bibliotheken waren Carnegies Steckenpferd, und um das Jahr 1918 hatte er mehr als 2.500 Bibliotheken in kleinen Orten und Städten in ganz Amerika eingerichtet.

Dr. John Kellogg (ein Unternehmer auf dem Gebiet der sozialen Fürsorge) und Will Kellogg (ein Wirtschaftsunternehmer) waren beides Söhne eines armen Predigers der „Adventisten des 7. Tages". Um seine Familie besser durchbringen zu können, betrieb Kellogg senior eine kleine Besenfabrik, die ihn gleichzeitig zum Unternehmer auf sozialem und auf geschäftlichem Gebiet machte. Dr. Kellogg, der ältere der zwei Brüder, wurde Chefarzt eines Sanatoriums in Battle Creek, Michigan, das von den „Adventisten des 7. Tages" betrieben wurde, während Will in einem Hinterzimmer als Angestellter, Geschäftsführer und Mädchen für alles arbeitete.

Als strenger Vegetarier begann Dr. Kellogg, mit verschiedenen Getreidesorten zu experimentieren, die angebaut wurden, um Fertiggerichte daraus zu entwickeln, und welche interessanter und wohlschmeckender sein sollten als die typischen vegetarischen Gerichte. Will Kellogg zeigte sich bald als sehr kreativer und energischer Partner seines Bruders bei diesen Experimenten, und zusammen entwickelten sie eine Anzahl neuer Nahrungsprodukte, einschließlich der Erdnußbutter (welche sie jedoch nicht vermarkteten, da sie nicht glaubten, daß die Leute diesen Geschmack mögen würden), und die ersten bereits verbrauchsfertigen Getreideprodukte in Flockenform. Später stellte Will Kellogg eine erstaunliche Vielfalt von neuen Nahrungsprodukten her, indem er aus Reis, Weizen, Mais und Gerste Cornflakes, Puffreis, Crispies und andere geröstete und gebratene Köstlichkeiten herstellte. Als wahres Genie auf beiden Gebieten, Management wie auch Verkaufsförderung, fand er sich bald als Chef eines Multimillionen-Dollar-Imperiums wieder, dessen Basis Nahrungsprodukte für das Frühstück waren.

Im Jahr 1925, als Kellogg 65 Jahre alt war, richtete er die Fellowship Corporation ein, um wohltätige Spenden auf anonyme Weise verteilen zu können. Zu Kelloggs ersten Projekten gehörten die Finanzierung einer Landwirtschaftsschule, einer Vogelschutzeinrichtung, einer Versuchsfarm, eines Wiederaufforstungsprojektes, eines öffentlichen Versammlungsraumes für Battle Creek, eines Tageskindergartens, eines städtischen Marktes für die Bauern, eines Pfadfinderlagers, Hunderten von Stipendien für Studenten. Im Jahr 1930 errichtete er eine zweite Stiftung, die der Kinderwohlfahrt gewidmet war. Heutzutage stellt die W. K. Kellogg-Stiftung eine der reichsten und großzügigsten Wohltätigkeitsorganisationen der Welt mit einem Gesamtwert von etwa zehn Milliarden DM dar.

Als sein Geschäft zu wachsen begonnen hatte, schrieb Will Kellogg einem Freund: „Es ist meine Hoffnung, daß all das, was ich zusammentrage, für das Wohlergehen der Menschheit genutzt werden kann." Für ihn begann die Fürsorge im eigenen Hause. Er förderte Erholungs- und Sozialprogramme für das Wohlergehen seiner eigenen Arbeiter. Ganz zu Beginn der Weltwirtschaftskrise führte er einen Sechsstunden-Arbeitstag für die Arbeiter am Fließband ein, und im Jahre 1935 machte er ihn zur Dauereinrichtung.

Er stellte Männer und Frauen entsprechend der Zahl der von ihnen abhängigen Menschen ein, und er gab Lohnabhängigen mit großen Familien den Vorzug.

„Ein Philanthrop ist jemand, der aus Liebe zu seinen Mitmenschen Gutes tut", schrieb Kellogg. „Ich liebe es, etwas für Kinder zu tun, weil es mir einen Riesenspaß macht. Und deshalb bin ich ein selbstsüchtiger Mensch und kein Philanthrop."

Der Unternehmer auf sozialem Gebiet

Trotz aller Hindernisse ist die Geschichte voller Beispiele von Leuten, die andere in Not sahen und gehandelt haben, um dieser Not mit Mut und Menschlichkeit zu begegnen. Diese Menschen waren Unternehmer, die Herausforderungen annahmen, nicht um eines finanziellen Gewinnes wegen, sondern um den Menschen zu dienen. Sie könnten entgegnen, daß es sich beim Unternehmertum nur darum dreht, Gewinn zu erwirtschaften. Nun, das könnte in einigen Fällen so sein, aber es ist nicht immer der Fall. Unternehmer zu sein, ist eine Möglichkeit, Ihr kreatives Potential auszuschöpfen. Kluge Unternehmer wissen, daß das, was sie tun, ihre eigene Lebensqualität und die eines jeden, mit dem sie in Berührung kommen, verbessern sollte.

Unternehmertum ist eine Art, zu sehen – ein Bedürfnis zu sehen und es zu befriedigen. Es spielt keine Rolle, ob es sich bei diesem Bedürfnis um Seife dreht (ein Wirtschaftsunternehmer) oder um einen Dienst an der Menschlichkeit (ein Sozialunternehmer); die Art, die Dinge zu sehen, ist dieselbe. Unternehmertum und Menschlichkeit sind nämlich Hand in Hand miteinander verbunden oder sie sollten es zumindest sein. Ein menschlicher Kapitalist sieht sich selbst gleichzeitig als geschäftlichen Unternehmer und als sozialen Unternehmer an. Er ist im Geschäft, um Profite zu machen, läßt sich aber jeden Schritt auf seinem Wege von Menschlichkeit leiten. Und obwohl einige soziale Unternehmer von ihren geschäftlichen Fähigkeiten leben, stützen sich die meisten von ihnen auf die Gaben von Zeit, Geld und Ideen eines menschlichen Kapitalisten. In der ganzen Geschichte und auf allen Straßen des Lebens gibt es Beispiele für menschliche Unternehmer.

Edward Jenner war ein englischer Arzt des 19. Jahrhunderts. Zu seiner Zeit wurde Europa von der Pockenseuche heimgesucht. Fast jeder infizierte sich, und fast ein Drittel der Bevölkerung starb entweder daran oder hatte auf Dauer ein von Narben entstelltes Gesicht. Jenner erforschte ein Gerücht, das sich unter Milchviehhaltern hartnäckig hielt. Nämlich daß Melkerinnen, die mit Kühen zusammengekommen waren, welche an Kuhpocken litten, niemals die Pocken bekamen. Es stellte sich als wahr heraus, und Jenner war in der Lage, einen Impfstoff gegen die Pocken zu entwickeln. Jenner bot diesen Impfstoff der Welt an und machte keinerlei Anstalten, davon zu profitieren. Er änderte buchstäblich das Gesicht Europas. Ein dankbares britisches Parlament ließ ihm schließlich eine Belohnung in Form von Bargeld zukommen.

Drei Jahre vor Jenners Tod wurde wiederum eine große Sozialunternehmerin geboren. Ihr Name war Florence Nightingale. Sie war Engländerin, aber in Italien geboren, und sie war ein Pionier auf dem Gebiet der Krankenpflege und Versorgung im Krankenhaus. Sie kam aus einer reichen Familie und hätte es nicht nötig gehabt, zu arbeiten, und trotzdem hatte sie das Empfinden, daß Gott sie zu einem Leben berufen hatte, der von Mitgefühl bestimmt war. Schockiert von der dürftigen Pflege, welche die Menschen in den „Siechenhäusern" ihrer Tage bekamen, reformierte Nightingale auf eigene Faust ein gesamtes System. Gut ausgebildet, hochintelligent und bereit, hart zu arbeiten, durchbrach sie die stereotype

Rolle der Frau in ihren Tagen und verdiente sich die Achtung der Menschen in ganz England und Europa.

Zu häufig erinnern wir uns nur an die Männer, die im Laufe unserer Geschichte Mut und Menschlichkeit bewiesen haben. Die „Geschlechterbarriere“ hat Menschen mit Weitblick und Energie für menschliches Handeln nicht aufhalten können. In der Geschichte unserer eigenen Nation beginnt die Liste von Frauen, die mutige Sozialunternehmer waren, vor dem Jahr 1776 und setzt sich bis in unsere Tage fort.

Abigail Adams, die Frau von John Adams, dem zweiten Präsidenten der Vereinigten Staaten, und Mutter von John Quincy Adams, unserem sechsten Präsidenten, nutzte ihre umfangreiche Begabung für das Schreiben (und ihre starke Lobby durch zwei amerikanische Präsidenten), um den Rechten der Frau zum Durchbruch zu verhelfen.

Jane Addams wurde für ihre schöpferische Arbeit mit unterpriviligierten Frauen und Kindern der Nobelpreis zuerkannt. Addams gründete Hull House in Chicago, eine große Niederlassung, die gebaut wurde, um den Armen zu helfen, die Hungrigen zu speisen, den Obdachlosen ein Heim zu bieten und Kinder zu erziehen. Andere kamen, um in Hull House zu leben und um Jane Addams' mitfühlende Tätigkeit zu unterstützen.

Susan B. Antony war eine Pionierin auf dem Kreuzzug für das Stimmrecht der Frau. Ihr energisches und umstrittenes Vorgehen bereitete den Weg für den 19. Zusatzartikel zu unserer Verfassung im Jahr 1920, welches den Frauen das Wahlrecht zusicherte.

Clara Burton, Vertreterin der Menschenrechte und Gründerin des amerikanischen Roten Kreuzes, war bekannt für ihre Arbeit im Bürgerkrieg als der „Engel des Schlachtfeldes“.

Harriet Beecher-Stowe, die Autorin von *Onkel Toms Hütte*, war eine entschlossene Verfechterin der Abschaffung der Sklaverei und schrieb, um dieses Ziel zu erreichen, hielt Vorlesungen und baute eine Lobby auf. Als Abraham Lincoln mit ihr zusammentraf, sagte er: „So, Sie sind also die kleine Frau, die das Buch schrieb, welches diesen großen Krieg auslöste!“ Sogar dieser große Mann, dessen Verdienst es war, die Sklaven zu befreien, dankte dieser Sozialunternehmerin dafür, daß sie den Weg gewiesen hatte.

Pearl S. Buck, die Autorin von *Die gute Erde* und anderen Romanen über das Leben in China, erhielt den Nobelpreis für Literatur im Jahre 1938 und brachte ihr gesamtes Vermögen in die Pearl S. Buck-Stiftung ein, um ihre Werke der Menschlichkeit fortzusetzen, besonders in China, und lange nach ihrem Tod.

Rachel Carson, eine Biologin, die sehr bekannt ist für ihre Schriften über Umweltverschmutzung, gab mit Hilfe ihres Buches *The Sea Around Us*, welches den Nationalen Buchpreis gewann, ihre liebevolle Sorge um die Ozeane der Welt an eine gesamte Generation weiter.

Während meiner Amtszeit in Präsident Reagans AIDS-Kommission kam ich in Berührung mit der Arbeit einer ganz ähnlichen Frau. Ruth Brinker ist eine Großmutter aus San Francisco, die, als sie 66 Jahre alt war, entdeckte, daß sie die Kraft besaß, um etwas verändern zu können. Im Jahre 1984 infizierte sich einer ihrer jungen Bekannten, ein Architekt, mit Aids. Sie war entsetzt, als sie sah, wie schnell diese opportunistische Infektion zupackte. Eines Nachmittags nahm sie wahr, daß ihr Freund zu schwach war, um sein eigenes Essen zuzubereiten. Er konnte nicht einmal zu seinem Kühlschrank kriechen, um ein eingefrorenes Gericht herauszunehmen, oder zu der Mikrowelle, um es aufzutauen.

In jenem Jahr gründete Ruth das Projekt „Offene Hand". Jeden Morgen bei Sonnenaufgang machte sie die Runde durch die Märkte auf der Suche nach Gemüse, das nicht mehr ganz frisch war. Im Keller einer Kirche bereitete sie Mahlzeiten zu und lieferte sie von Tür zu Tür an Leute aus, die sich mit Aids angesteckt hatten. „Einige von ihnen waren derart ausgezehrt", erinnert sie sich, „daß sie an die Stelle kriechen mußten, wo sich der Türöffner befand." Als ihre finanziellen Reserven zu Ende gingen, begann sie, bei Leuten in ihrer Nachbarschaft Spenden zu sammeln.

Das Projekt „Offene Hand", das mit sieben dankbaren Abnehmern begonnen hatte, entwickelte sich bald zu einer Wohltätigkeitseinrichtung, die achttausend Mahlzeiten am Tage verteilte. In seiner Grußadresse an Ruth Brinker erzählte das *Time Magazine* die Geschichte von zwei Aidsinfizierten Männern, die am Neujahrsabend in gedrückter Stimmung in einem winzigen Appartement saßen, in der Hoffnung, sie würden die Kraft besitzen, noch einen Blick in ein letztes neues Jahr zu werfen. Plötzlich läutete die Türglocke. Ein Freiwilliger vom Projekt „Offene Hand" stand am Eingang und hielt in seinen Händen eine große Schachtel, die mit Papierschlangen und Luftballons verziert war. Sie enthielt gespendeten Champagner, Leberpastete, Käse, Trüffeln, einen Karnevalshut und ein kleines Instrument. Die Männer brachen in Tränen aus.

In ganz Amerika und überall auf der Welt gibt es Frauen und Männer wie Sir Walter Mildmay, John Harvard, Benjamin Rush, Andrew Carnegie, die Kellogg-Brüder und Ruth Brinker, die ihre menschliche Seite entdeckt haben und ihre Arme ausstrecken, um verlorene und gebrochene Menschen zu retten und wieder aufzurichten. Später in diesem Buch werde ich mehr von diesen wahren Geschichten von menschlichen Kapitalisten und ihren Auswirkungen auf mein Leben und auf die Leute wiedergeben, deren Leben sie berührt haben. Sie haben mich durch ihr Beispiel gelehrt, was es bedeutet, ein menschlicher Kapitalist zu sein. Aber die entscheidende Frage ist diese: Was bedeutet menschlicher Kapitalismus für Sie?

Wer sind die wirklich menschlichen Kapitalisten, die Sie kennen? Welche Veränderungen haben sie in Ihrem Leben hervorgerufen? Wie könnten Sie ihnen ähnlicher werden? Was würden Sie anders machen, wenn Sie plötzlich beschließen würden, sich an ihrem Arbeitsplatz vom Geist der Liebe leiten zu lassen? Was tun Sie im Augenblick, um Ihren Mitarbeitern, Ihren Vorgesetzten, Ihren Angestellten oder auch Ihrem Arbeitgeber, Ihren Lieferanten, Ihren Kunden und sogar Ihren Konkurrenten Menschlichkeit entgegenzubringen? Wie könnten Sie es besser machen? Ich wollte, ich könnte jede Geschichte hören und mich von ihr inspirieren lassen.

Lassen Sie uns einstweilen zurückgehen zu Isabelle Escamilla, der 63jährigen Bauersfrau, die in einem Dorf in Nord-Mexiko lebt. Als ich Isabelle traf, war ihr Rücken gekrümmt von jahrzehntelanger harter Arbeit als Ehefrau, Mutter und Großmutter. Bis vor kurzer Zeit war ihr Leben ein endloser Kreis von bedrückender Armut und wachsender Hoffnungslosigkeit gewesen. Es ist nicht etwa so, daß Menschen kein Mitgefühl mit dieser Situation gezeigt hätten. Ganz im Gegenteil, im Lauf der Jahre waren oft Wohltätigkeitsorganisationen gekommen, um Isabelle und den Mitbewohnern ihres Dorfes in jener abgelegenen Gebirgsgegend in schlimmen Zeiten zu helfen oder ihre Lebensqualität zu verbessern.

Isabelle und ihre Familie waren dankbar für die Freiwilligen vom Roten Kreuz, die aus Holland kamen und fast jeden Sommer in ihrem Dorf ein medizinisches Krankenhaus aufbauten und unterhielten. Stets würde sie sich an die freundlichen jungen Amerikaner erinnern, die nach dem Erdbeben von 1983 dabei halfen, ihre Dorfkirche wiederaufzubauen. Immer noch steigen Isabelle die Tränen in die Augen, wenn sie sich an die freiwilligen Ärzte vom Peace Corps erinnert, die mit ihrem kleinen Flugzeug auf dem Fußballplatz landeten, und an die Schwestern von UNICEF, welche die Kinder impften – und die anderen aus Mexiko-City und von überall auf der Welt, die im Laufe der Jahrzehnte Geld, Nahrung und Know-how zur Verfügung stellten, um das Leben in ihrem Dorf zu verbessern.

Sie war ihnen allen dankbar, aber wenn ihre Arbeit getan war und sie sich verabschiedeten und den Berg hinunterfuhren, fühlte sich die alte Frau hilfloser als zuvor. Es ist eine Sache, Menschen zu helfen. Eine andere ist es, Menschen dazu zu verhelfen, sich selbst helfen zu können. Isabelle sehnte sich nach einem Weg, um etwas zu tun, was ihr eigenes Leben und das Leben derer verbessern konnte, die sie liebte.

Dann, an einem Frühlingstag, traf Isabelle Escamilla Juanita Avalard, eine von unseren unabhängigen Beraterinnen, die daran waren, eine Verkaufsorganisation aus Müttern und Großmüttern wie Isabelle aufzubauen, die daran interessiert waren, ein paar Pesos extra zu verdienen, um ihr mageres Einkommen aufzubessern, und die sich nach ein wenig finanzieller Sicherheit sehnten. Isabelle saß im Schatten, während die jungen Frauen zuhörten, wie Juanita ihre Geschichte erzählte. Die alte Frau hätte niemals davon geträumt, daß sie in der Lage sein könnte, so etwas zu tun, aber als sie den Katalog durchsah und aufmerksam dem Vortrag zuhörte, begann in ihrem Herzen die Hoffnung zu keimen.

Am Ende des Treffens erzählte Juanita von einem Verkaufswettbewerb, der den Absatz eines neuen Autopoliermittels in ihrer Gegend fördern sollte. Der erste Preis beinhaltete eine Reise in die Vereinigten Staaten Erste-Klasse. „Ich werde diesen Preis gewinnen“, sagte die Großmutter mit strahlenden Augen zu Juanita in aufgeregtem, gebrochenem Englisch. „Ich werde Amerika besuchen.“ Isabelle war niemals in den Vereinigten Staaten gewesen. Sie war niemals in einem Jet geflogen, hatte nie in einem Hotel gewohnt oder war jemals in einer Limousine gefahren, die von einem Chauffeur gesteuert wurde, hatte sie doch ihr ganzes Leben in jenem verarmten Bergdorf verbracht. Seit ihrer Kindheit hatte sie davon geträumt, ferne Orte zu besuchen, aber es hatte nie zuvor eine Gelegenheit gegeben, um diesen Traum in Erfüllung gehen zu lassen.

Ihre Freunde und Nachbarn lächelten ungläubig. Wie konnte eine Frau mit grauem Haar auch nur daran denken, in den Bergen Mexikos ein Autopoliermittel zu verkaufen? „Es ist ein gutes Poliermittel, deshalb“, sagte sie ihnen. „Es ist billig, es hilft den Lack zu schützen, und es läßt alte Lastwagen und Autos wie die euren neu aussehen.“ Zuerst lachten die Nachbarn, aber bald glänzten die verbeulten Autos und Lastwagen in Isabelles Dorf und in den Dörfern auf den Bergen und in den Tälern wie die Hoffnung in ihren Augen.

Als ich sie traf, stand sie auf der Bühne des Konferenzzentrums in Monterey, Mexiko, vor Hunderten von jubelnden mexikanischen Beratern. Als ich ihr die Urkunde für den ersten Preis überreichte und ihr die

Traumreise in die Vereinigten Staaten beschrieb, begann sie zu weinen. „Un sueño hecho realidad“, murmelte sie. „Ein Traum ist wahr geworden.“

Am dritten Oktober 1991 brachte eine Limousine Isabelle Escamilla zum Flughafen in Monterey, von wo sie ihre Reise in die Vereinigten Staaten antrat. Heute ist in den Bergen von Nord-Mexiko eine schöne grauhaarige Frau fleißig an der Arbeit, um sich noch mehr von ihren Träumen zu erfüllen und um ihren Kindern und ihren Enkeln zu helfen, deren eigene Träume zu verwirklichen.

8

Warum sollten wir uns überlegen, unser eigenes Geschäft zu beginnen?

Regel 8

Wir glauben, daß der Besitz eines eigenen Geschäftes (um unser derzeitiges Einkommen zu ergänzen oder zu ersetzen) der sicherste Weg ist, um unsere persönliche Freiheit und die finanzielle Zukunft unserer Familie garantieren zu können.
Deshalb sollten wir ernsthaft erwägen, ein eigenes Geschäft zu beginnen oder in unserem derzeitigen Geschäft oder unserer derzeitigen beruflichen Tätigkeit mehr Unternehmergeist an den Tag zu legen.

Der achtjährige Tim Foley und sein zehn Jahre alter Bruder Mike hielten ihren Vater fest an den Händen, als sie sich den Toren der Fun Fair auf einem großen Feld in der Nähe von Skokie, Illinois, näherten. Es war gerade zehn Uhr, aber schon zogen aufgeregte Kinder ihre Eltern über den Parkplatz und zu der langen Schlange von glücklichen, ungeduldigen Buben und Mädchen, die darauf warteten, daß der Kinderpark öffnen sollte.

Tims Vater sperrte die hintere Türe des Eintrittskartenhäuschens auf, schaltete das Steuersystem ein und drehte das Tonbandgerät an. Schlagartig war der kleine Rummelplatz überflutet mit dem Klang der typischen Musik von Vergnügungsparks. Wie Soldaten, die auf den Klang des morgendlichen Wecksignals reagieren, erwachten die wilde Maus, das Karussel, das Riesenrad, die Achterbahn und all die anderen freudenspendenden Attraktionen plötzlich zum Leben. Tim liebte diese Samstage in Fun Fair mit seiner Familie. „Wenn ich während dieser geschäftigen Sommermonate mit meinem Vater zusammen sein wollte“, erinnert er sich, „dann mußte ich dort mit ihm zusammen sein. Mein Vater war der ausgesprochen unabhängige Typ von Mann. Wie sein Vater und sein Großvater vor ihm besaß mein Vater Unternehmergeist. Er mußte für sich selbst arbeiten. Es war die Tradition, in welcher er aufgezogen worden war.

„Tagsüber, montags bis freitags, verkaufte Vater Immobilien. An den Abenden und an den Wochenden half er seinem Bruder und seinem Schwager beim Betreiben eines Vergnügungsparks und eines Golfplatzes. Es war nicht gerade Disneyland", fügt Tim lächelnd hinzu, „aber es erlaubte unserer Familie einen guten Lebensstandard und war für mich eine ausgezeichnete Gelegenheit, eine Familie in ihrem eigenen Geschäft zusammenarbeiten zu sehen."

„Wie der Vater, so der Sohn", sagt ein Sprichwort. Mit acht Jahren war Tim bereits ein Mini-Unternehmer. Er saß an diesen Samstagen in Fun Fair nicht einfach nur herum. Er erinnert sich, daß er Luftballons, Feuerräder und Feuerwehrhüte an begierige Kinder verkaufte. Weder Tim noch seine Geschwister Mike und Sheila wurden gezwungen, zu arbeiten. Aber ganz im Geist ihrer unternehmerischen Familie machten sie stets Gebrauch von einer derartigen Gelegenheit.

Mit zwölf Jahren hatte sich Tim bereits zu einem Erfrischungstand hochgearbeitet, wo er Milchshakes, Zuckergebäck und Hot dogs verkaufte und sogar die Kunst der Herstellung von Zuckerwatte beherrschte. Von dort aus kletterte er im Vergnügungspark die Leiter des Erfolgs hoch, bis er die Wilde Maus bediente, die Tätigkeit mit der größten Verantwortung in den Augen seines Vaters. „Wenn ich die Bremse einmal nicht rechtzeitig gezogen hätte", erklärt Tim grinsend, „wären die Mitfahrer auf dem Parkplatz gelandet."

Während all dieser prägenden Jahre beobachtete Tim seinen Vater bei der Arbeit. „Er war der Besitzer des Vergnügungsparks", erinnert er sich, „aber er war sich nie zu gut oder nie zu beschäftigt, um all das zu tun, was notwendig war, um den Betrieb am Laufen zu halten. Er wollte sicher sein, daß seine Kunden niemals enttäuscht wurden. Da er hinter den Kulissen arbeitete, waren seine Hände ewig schmutzig. Wenn etwas repariert werden mußte, reparierte es Dad. Wenn irgendwo schnell etwas Farbe benötigt wurde, pflegte mein Vater es selbst anzustreichen. Seine Einstellung war ein großartiges Beispiel, nicht nur für seine Kinder, sondern für all die jungen Angestellten in dem Park."

Als nächstes spielte Tim Football an der Purdue University. Wie es auch sein Vater getan hätte, betrieb Tim sowohl den Sport als auch das Studium mit vollem Engagement. 1970 wurde er für die National Football League ausgewählt, um unter der Führung des Trainers Don Shula für die Miami Dolphins zu spielen. Elf Jahre lang zeichnete sich Tim in Miami aus, einschließlich der geschichtemachenden Saison 1972, ohne jegliche Niederlage, die den Weg zum Gewinn des Super Bowls 1973 ebnete. In jenem Jahr schlugen die als sichere Verlierer eingestuften Dolphins die Washington Redskins in der Football-Weltmeisterschaft. In seiner zehnten Saison in der National Football League wurde Tim Foley für die Professional Bowl ausgewählt. Als er sich vom Football zurückzog, arbeitete er bei Turner Broadcasting als Farbenanalytiker für deren College-Football-Fernsehaufnahmen.

„Man braucht kein großer Geist zu sein, um sich klar zu machen, daß Ruhm eine vergängliche Sache ist", warnt Tim „Ich wußte, daß ich nicht für die Dolphins würde spielen können, bis ich 65 war. So begann ich, solange ich noch aktiver Spieler war, mich nach einem eigenen Geschäft umzusehen, um Connie und unserer Familie irgendwie eine sichere finanzielle Zukunft garantieren zu können. Während dieser elf Saisons in Miami investierte ich in Immobilien und verlor einiges Geld. Ich investierte im Aktienmarkt und verlor einiges Geld. Ich investierte in Gold und Edelmetallen und verlor auch dort Geld. Schließlich investierte ich in Gesundheitsclubs und Squash-Plätzen, und das Geschäft lief zwar eine Weile gut, aber dann verlangsamte sich die Zahl der Neuzugänge, und schließlich kam das Geschäft zum Erliegen." Heute besitzen Tim und Connie Foley ein erfolgreiches Amway-Geschäft, das sich über 40 Staaten rund um die Welt erstreckt. Tim und Connie haben ihre Träume verwirklicht. Die Zukunft der Familie Foley ist finanziell abgesichert. Und all das begann in jenem Vergnügungspark in Skokie, Illinois. Leben und Werte des jungen Tim Foley wurden für immer geprägt, als er seinen in eigener Regie und hart arbeitenden, von seinen Werten vorwärtsgetriebenen Vater tun sah, was immer nötig war, um seine Träume zu verwirklichen. Derselbe unternehmerische Geist, den Tim Foley in Fun Fair verspürte, kann auch in Ihnen lebendig werden. Haben Sie je in ihrem eigenen Leben diesen Geist verspürt?

Nicht alle Kapitalisten sind wie die stereotypen Tycoons: herzlose Mogule mit Zigarren, steifer Hemdbrust und dunklen Limousinen. Einige der großzügigsten, liebevollsten und warmherzigsten Menschen auf dieser Erde tragen den Namen „Kapitalist" mit Stolz. Aber wenn Sie sich unbehaglich dabei fühlen, sich selbst als Kapitalisten zu sehen, würde es Ihnen vielleicht helfen, sich einen Unternehmer zu nennen, einen freien Unternehmer – oder sogar einen mitmenschlichen Kapitalisten.

Auf die eine oder andere Weise nehmen wir alle an diesem großen System des freien Unternehmertums teil. Wir können von seinen Vorteilen profitieren oder unsere Chance für immer versäumen, aber wir dürfen niemals vergessen, daß der Geist des freien Unternehmertums durch unsere Adern strömt, wie er auch durch die Adern von Menschen wie Rockefeller, Du Pont und Carnegie strömte. Der unternehmerische Geist wurde in uns geboren, gleichzeitig mit unserem Bedürfnis, zu essen und zu trinken, zu lieben und geliebt zu werden, zu lernen, zu wachsen und Ziele zu erreichen.

Was ist ein Unternehmer?

Das Wort „Entrepreneur", welches auch im Englischen für den Begriff des Unternehmers gebraucht wird, kommt aus dem Französischen. Seine wörtliche Bedeutung ist: „Jemand, der eine Herausforderung annimmt". In Frankreich bezog es sich ursprünglich auf eine Person, die Konzerte veranstaltete. Aber heutzutage hat es die Bedeutung von jemandem angenommen, der ein geschäftliches Unternehmen anpackt, der ein Bedürfnis sieht und versucht, es zu befriedigen.

Unternehmer gehören nicht zu einer geschlossenen Bruderschaft. Jeder kann Unternehmer werden. Das Alter ist kein Hindernis. Junge Leute, die ein Schulspiel organisieren, die Zeitungen austragen, eine Rockband betreiben oder für die Leute nebenan babysitten, sind Unternehmer. College-Studenten und Erwachsene jeden Alters einschließlich der Senioren können Unternehmer sein. Auch das Geschlecht stellt keine Barriere dar. Männer und Frauen sind in gleicher Weise versehen mit Unternehmergeist. Wenn es sich um Unternehmertätigkeit handelt, dann gibt es keine unüberwindlichen Hindernisse außer denen, die wir uns selbst in den Weg stellen.

Der unternehmerische Geist

Erinnern Sie sich noch an jene weit zurückliegende Zeit, als Sie zum ersten Mal „den Unternehmergeist" fühlten? Waren auch Sie acht Jahre alt, wie Tim Foley? Bewegte Sie der Geist des freien Unternehmers dazu, einen kleinen Getränkestand auf dem Gehsteig zu eröffnen, mit einem kleinen Schild, auf dem stand „Limonade 10 Pf. pro Glas"? Oder sammelten Sie Walnüsse oder Avocados, Seemuscheln oder Tannenzapfen und verkauften sie von Ihrem Vorgarten aus? Vielleicht schaufelten Sie Schnee, mähten den Rasen, jäteten Unkraut, wuschen Geschirr ab oder badeten den Hund Ihres Nachbarn, um etwas Geld extra zu verdienen. Vielleicht haben Sie Zeitungen ausgetragen oder Autos gewaschen.

Ich war ein Kind der Weltwirtschaftskrise. Mein Vater war etwa um die Zeit, als der Aktienmarkt zusammenbrach, ohne Einkommen. Meine Eltern hatten für 10.000 DM ein hübsches kleines Haus in Grand Rapids, Michigan gebaut. Heute scheint das nicht viel Geld zu sein, aber in jenen harten Zeiten brachten es Vater und Mutter nicht fertig, die fälligen Zahlungen zu leisten. Traurigerweise sahen sie sich gezwungen, ihr Traumhaus zu vermieten, um die monatliche Hypothek von 40 DM bezahlen zu können. Wir zogen in den Speicher des Hauses meines Großvaters um. Mein Vater verbrachte jene Jahre nach dem Börsencrash, indem er im Hinterzimmer eines Lebensmittelshändlers Mehl in Säcke füllte und an Samstagen in einem Herrengeschäft Socken und Unterwäsche verkaufte. Von jenem Tag an gab er mir einen klaren und einfachen Rat: „Sieh zu, dein eigenes Geschäft zu besitzen, Rich", pflegte er zu sagen. „Das ist die einzige Methode, um frei zu sein."

Ich war erst zehn Jahre alt, als mein unternehmerischer Geist ansprang. Meine ersten kleinen Geschäfte begann ich wohl, weil meine Eltern meine Hilfe brauchten, um die Rechnungen zu bezahlen. Aber es handelte sich um etwas mehr als nur darum, die Rechnungen zu bezahlen. Ich erinnere mich noch heute an die Aufregung, an den Stolz und auch an die Kraft, die ich fühlte, als meine Kunden mich für meine Arbeit bezahlten. Ich verkaufte keine Feuerräder oder blies Luftballons auf, aber ich glaube, ich erlebte die gleiche Freude, die Tim Foley erlebt haben muß, als die Kinder ihm einige Pfennige in seine Hand legten.

Während der Jahre an der Grundschule und an der Junior Highschool jätete ich Unkraut, mähte Rasen, wusch Autos und arbeitete an einer Tankstelle, um das Geld zu verdienen, mit dem ich mir ein Fahrrad kaufen konnte. Mit diesem neuen schwarzen Renner schloß ich mit unserer Lokalzeitung einen Vertrag, Zeitungen auszutragen. Ich erinnere mich noch, wie ich mit meinem Fahrrad hinter das Geschäft von Mr. Bolt fuhr, um meine täglichen Zeitungen abzuholen. Es war nicht leicht, mit dem neuen Fahrrad zu fahren, hinten und vorne mit den schweren Zeitungen beladen. Anfangs hielten sich meine Kunden vor Angst die Hände vor die Augen, als ich die Straße entlang in ihre Richtung geschwankt kam. Aber am Samstag morgen stand ich mit den anderen Zeitungsjungen in der Reihe vor Mr. Bolts Schreibtisch mit dem aufrollbaren Oberteil und konnte kaum meine Aufregung hintanhalten, als er mir 60 Pfennige pro Woche für meine Ausliefertätigkeit auf die Hand ausbezahlte.

Auf der Highschool bemerkte unser Baseballtrainer, daß ich Linkshänder war. Er wollte, daß ich auf dem ersten Platz stehen und linkshändig schlagen sollte. Obwohl ich das Spiel liebte, wie ich es heute noch liebe, mußte ich nein sagen. Es war mir nicht möglich, nach der Schule zu trainieren und trotzdem jenes zusätzliche Geld zu verdienen, das unsere Familie brauchte. Von Montag bis Freitag arbeitete ich nach der Schule in einem Herrenausstattergeschäft. An Wochenenden wusch ich Autos und arbeitete in einer großen Tankstelle in der Nähe unserer Wohnung. Der Besitzer verlangte pro Wagen 1,50 DM, und ich bekam davon die Hälfte ab. Je mehr Autos ich wusch, desto mehr Profit machte ich. Ich arbeitete schnell. Ich putzte auch um die Türen und um die Fenster herum. Ich entfernte den Staub von den Türsäulen und unter dem Armaturenbrett, dort, wo die meisten Leute niemals putzen. Die Kunden bemerkten das. Sie gaben mir Trinkgeld für die Extrapflege.

Es war harte Arbeit, aber ich machte mehr Geld, als ich mir jemals erträumt hatte, und es machte Spaß. Die Unternehmer, die ich kenne, haben eine positive Einstellung zur Arbeit. Sie werden Ihnen sagen, daß manchmal „Arbeit einfach nur Arbeit" ist, aber sie werden Ihnen auch erzählen, daß – ihnen – die meiste Arbeit auch Spaß bereitet.

Arbeit kann schrecklich sein, aber sie muß es nicht. Sie können als Sklave des Systems enden, endlose Stunden der Langeweile verbringen und die Arbeit hassen. Oder Sie können noch heute beschließen – ob Sie nun für sich selbst oder für jemand anderen arbeiten –, daß Sie ein Unternehmer sein wollen, und Sie können Ihre Arbeitsjahre in ein Leben voll von Wachstum, Entdeckungen, finanzieller Belohnung und Gelegenheiten, Mitgefühl zu zeigen, verwandeln.

Unternehmer der Vergangenheit

Um zu verstehen, wie harte Arbeit und unternehmerischer Geist große Dinge zustande bringen können, ist es hilfreich, damit zu beginnen, etwas über die zu erfahren, die in der Vergangenheit Bedürfnisse erkannt und daran gearbeitet haben, sie zu befriedigen. Wenn wir zurückschauen, dann werden wir angefeuert von denen, welche den Mut, die Ausdauer oder das Talent hatten, Unternehmer zu sein, als die Bedingungen noch viel schwieriger und die Gelegenheiten noch viel seltener waren.

Diese Leute, einige auch aus sehr alten Zeiten, verdienen es, Unternehmer genannt zu werden, weil sie in ganz wichtiger Weise die entfernten Verwandten und „geistigen Eltern" des modernen Unternehmertums sind. Hart arbeitende Leute, die Neuerungen eingeführt haben, haben in unschätzbarer Weise zu unserer Welt beigetragen und für die Generationen, die ihnen folgten, derartige Möglichkeiten geschaffen. Wer waren also einige von diesen „Unternehmern"?

Einer der frühesten Unternehmer war ein Mann namens Ts'ai Lun, ein chinesischer Beamter, der im Jahr 101 n. Chr. das Papier erfand. Davor wurde fast alles auf Bambus geschrieben. Das machte Bücher sehr schwer, und sie ließen sich schlecht handhaben. Chinesische Gelehrte benötigten einen Wagen, um nur ein paar Bücher mit sich führen zu können.

Der große Wert von Ts'ai Luns Erfindung wurde sofort erkannt. Er wurde vom Kaiser befördert, wurde geadelt und ein reicher Mann. Seine Erfindung veränderte China in dramatischer Weise. Bücher wurden leichter verfügbar und verteilten Wissen quer durch das ganze Land.

Um 1400 vollendete in der Stadt Mainz ein erfinderischer deutscher Goldschmied, Johannes Gutenberg, eine Anzahl von Erfindungen, die den modernen Druck möglich machten. Gutenberg erfand eine praktische Methode, bewegliche Typen herzustellen und zu benutzen, welche den schnellen und exakten Druck einer großen Vielzahl von Büchern ermöglichten.

Obwohl auch zwischen der Zeit eines Ts'ai Lun und eines Gutenberg bemerkenswerte Dinge geschahen, beschleunigte sich der Fortschritt in der Welt nach Gutenbergs Erfindung sehr erheblich. Die Entwicklung des Drucks war eines der wichtigsten Ereignisse bei der Schaffung unserer heutigen modernen Welt.

In gewissem Sinne machte der Druck für uns das Unternehmertum erst möglich, weil jetzt Informationen leicht übertragen werden konnten. Bücher vom Typ „Wie mache ich das?" waren unter den ersten, die gedruckt wurden. Sie deckten jedes erdenkliche Thema ab, von der Metallurgie bis zur Medizin, von guten Bautechniken bis zu guten Manieren. Die Menschen lernten aus den Büchern, wie man die Dinge macht, und, was vielleicht noch wichtiger ist, sie lernten, Neuerer zu sein, indem sie die Ideen anderer mit ihren eigenen kombinierten.

Ein Mann, der dies tat und damit eine große Lücke füllte, war James Watt. Er war Engländer und entwarf die erste verwendbare Dampfmaschine der Welt, die 1769 patentiert wurde. Er entwickelte eine primitive, dampfbetriebene Pumpanlage weiter, die er gesehen hatte, nahm einige grundlegende Änderungen vor, fügte einige völlig neue Dinge hinzu und machte aus einer unpraktischen Kuriosität ein wertvolles Werkzeug. Es fällt uns heutzutage schwer, uns klarzumachen, was für eine große Erfindung dies war.

Zu Watts Zeit gab es keinen elektrischen Strom – der Elektromotor war noch nicht erfunden. Ebensowenig gab es irgendwelche brennstoffbetriebenen Motoren.

Wenn man schwere Arbeit tun wollte, wie etwa Korn mahlen oder eine Textilmühle betreiben, dann mußte man dies mit Wasserkraft tun. Dies war unpraktisch, um es sehr gelinde auszudrücken, und schränkte den Umfang der Arbeit, die geleistet werden konnte, stark ein. Für den Beginn der industriellen Revolution war fast ausschließlich die Erfindung von Watt verantwortlich. Mit einer einsatzfähigen Energiequelle waren fast alle Dinge machbar. Bald überlegten sich Unternehmer weitere Anwendungsbereiche für diese neue Kraftquelle.

Thomas Alva Edison, der größte Erfinder, den die Welt jemals gesehen hat, hatte nur drei Monate Schulausbildung genossen und wurde von seinem Lehrer als zurückgeblieben bezeichnet. Als er starb, hatte er jedoch über tausend Patente erhalten und war ein sehr reicher Mann.

Edison perfektionierte alles, vom ersten Phonographen im Jahre 1877 bis zur ersten einsetzbaren Glühbirne im Jahre 1879, und ließ sich dies patentieren. Er gründete die erste Gesellschaft zur Verteilung von elektrischer Energie, er trug bei zur Entwicklung der Filmkamera und des Projektors und er nahm wichtige Verbesserungen am Telefon, am Telegraphen und an der Schreibmaschine vor.

Die Glühbirne ist ein gutes Beispiel für den unternehmerischen Geist, der auch in unserer frühen Geschichte lebendig war und florierte. Edison erfand die Glühbirne nicht aufgrund eines Geistesblitzes, sondern er entwickelte sie über eine ganze Zeit lang, und in sehr systematischer Weise. Sein Weg zur Erfindung ist eine der frühesten Illustrationen für einen Prozeß, der als „Forschung und Entwicklung" bekannt wurde.

Edison hatte sechs Regeln für eine Erfindung. Auch wenn Sie nicht glauben, daß Sie jemals etwas so Weltveränderndes wie die Glühbirne erfinden werden, nehmen Sie doch zur Kenntnis, wie hilfreich seine Leitlinien für all die von uns sein könnten, die Träume haben und sie verwirklichen wollen.

1. Setzen Sie sich ein Ziel und halten Sie daran fest.
2. Überlegen Sie sich die Schritte, die Sie tun müssen, um die Erfindung erfolgreich zu Ende zu bringen, und folgen Sie ihnen.
3. Machen Sie ordentliche Aufzeichnungen von Ihren Fortschritten.
4. Teilen Sie Ihre Ergebnisse Ihren Mitarbeitern mit.

5. Stellen Sie sicher, daß jeder, der an diesem Projekt arbeitet, eine klare Definition seiner Verantwortlichkeiten besitzt.
6. Halten Sie all Ihre Ergebnisse für eine spätere Analyse fest.

Diese systematische Annäherung an die Lösung von Problemen hatte schon eine ganze Weile bei den Wissenschaftlern Anwendung gefunden, aber Edison paßte sie dem Gebrauch beim Erfinden von Dingen für den Markt an. Er war so sehr Unternehmer, wie er Erfinder war. Er hatte kein Interesse daran, Dinge herzustellen, die sich nicht verkaufen ließen – ihn interessierte zu wissen, was die Menschen kaufen wollten. Infolgedessen war er auch sehr eifrig dabei, seine Hausaufgaben in Sachen Marketing zu machen. Und er machte sie sehr gut. Edisons Erfinderteam wurde das erste industrielle Forschungslaboratorium der Welt, eine zu seiner Zeit in Amerika einzigartige Einrichtung. Sein Laboratorium war das erste, dem dann mehrere folgten, einschließlich der Bell-Laboratories und des Labors der General Electric.

Wenige Jahre, ehe Edison den Phonographen patentierte, wurden zwei Brüder geboren, einer in Indiana und der andere in Ohio, die schließlich zusammen in das Fahrradgeschäft einstiegen. Sie machten ihre Sache gut als Fahrradunternehmer, aber es war ihr Hobby, das sie berühmt machte. Die Brüder waren Wilbur und Orville Wright, und ihr Hobby war die Luftfahrt.

Nachdem sie mehrere Jahre lang eifrig die neuesten Forschungsergebnisse zum Problem des Fliegens studiert hatten, beschlossen die Brüder im Jahre 1899, selbst an einigen Lösungsmöglichkeiten zu arbeiten. Um 1903 fanden ihre Bemühungen ihr Ergebnis im ersten bemannten Flug. Nachdem sie viele Gleiter gebaut hatten, waren die Brüder die erfahrensten Gleiterpiloten der Welt, mit mehr als eintausend erfolgreich durchgeführten Flügen.

Auf der Basis dieser Erfahrungen lösten sie schließlich eines der grundlegenden Probleme des Fliegens: die Flugkontrolle. Nachdem sie eine Methode gefunden hatten, um ihr Flugzeug in der Luft zu steuern, fügten sie einen leichten Motor ihrer eigenen Konstruktion hinzu und flogen damit in die Geschichte. 1906 wurde ihnen das erste Patent auf ein Flugzeug zuerkannt. Ihr gesamter finanzieller Aufwand hatte etwa 1.600 DM betragen.

Alexander Graham Bell, ein im Jahr 1847 in Schottland geborener Amerikaner, ist ein weiteres gutes Beispiel dafür, wie schnell der Kapitalismus im letzten Teil des 19. Jahrhunderts neue Produkte und Erfindungen entwickelte. Bell ließ sich im Februar 1876 das Telefon patentieren und stellte die neue Erfindung auf der Jahrhundertausstellung in Philadelphia im gleichen Jahr aus. Es war sofort ein Renner. Um die Zeit war die größte Fernmeldegesellschaft in den Vereinigten Staaten die Western Union Telegraph Company. Bell bot die Rechte an der neuen Erfindung der Western Union für 160.000 DM an – ein Angebot, das prompt abgewiesen wurde. Im darauffolgenden Jahr gründete Bell seine eigene Gesellschaft, die sofort ein Erfolg wurde. Diese Gesellschaft mündete schließlich in die American Telephone and Telegraph Company – AT&T. Von März bis November 1879 stiegen die Aktien für Bells Gesellschaft von 105 DM das Stück auf über 1.600 DM (damals verzehrte sich die Western Union vor Gram). 1892 waren New York und Chicago telefonisch verbunden. Als Bell im Jahr 1922 verstarb, war das Telefon im ganzen Lande Gemeingut. Es machte mit bemerkenswerter Geschwindigkeit seinen Weg von einer neuen Erfindung zu einem normalen Haushaltsgegenstand.

In der Zwischenzeit war Edison mit der Entwicklung einer Möglichkeit beschäftigt, Elektrizität zu verteilen, um seine neuen Glühbirnen mit Energie zu versorgen. Es ist schwierig, Glühbirnen zu verkaufen, wenn niemand Strom hat, um sie einzuschalten! Und so baute er im Jahr 1892 ein kleines Energieverteilungssystem in New York auf. Es war das erste Elektrizitätsversorgungsunternehmen, das jemals errichtet wurde, um Haushaltungen zu versorgen. Es wurde ein Erfolg, aber anfangs hatte Edison einige Probleme damit. Den Beweis dafür sehen Sie auf fast jedem elektrischen Gerät, das Sie jemals eingesteckt haben. Ist Ihnen jemals aufgefallen, daß auf den meisten von ihnen steht „Nur für Einsatz mit 110 Volt geeignet“? Warum 110 Volt? Weil Edisons erstes Kraftwerk nicht in der Lage war, die nötige Energie im ganzen System aufrechtzuerhalten. Die Menschen in der Nähe der Kraftstation hatten helleuchtende Glühbirnen, aber gegen Ende der Leitung wurde das Licht ziemlich trübe. Die Kunden beschwerten sich bei Edison. So beschloß er, wie jeder gute Unternehmer es getan hätte – er wollte ja Glühbirnen in Mengen verkaufen – die Kraft im Netz von 100 auf 110 Volt zu erhöhen. Und bei diesem Standard blieb es, auch wenn die Verteilungssysteme technisch leistungsfähig genug wurden, um mit dem ursprünglichen Problem zurechtzukommen.

Vergegenwärtigen Sie sich nur einmal die Veränderungen, die eine einzige Erfindung mit sich brachte – die Elektrizität. Unternehmern wie Verbrauchern wurden weite Gebiete neu eröffnet – nicht nur mit Telefonen und Glühbirnen, sondern auch mit Radio, Fernsehen, Computern und Tausenden von anderen Produkten.

Viele von den Unternehmern, die größten Einfluß auf unser tägliches Leben hatten, lebten im vorigen Jahrhundert. Einer von ihnen ist der deutsche Erfinder namens Nikolaus Otto. Otto erfand den ersten praktisch verwendbaren Automotor im Jahr 1876. Er hatte einen jungen Angestellten namens Gottlieb Daimler, der einige Jahre später mit einem Freund zusammenkam, Carl Benz. Sie begannen, Autos zu bauen, welche mit Motoren liefen, die auf Ottos Entwurf basierten, und sie entschieden, die Autos nach der Tochter eines Händlers zu benennen, der ihre Autos verkaufte, einem Mädchen namens Mercedes.

Wie der Elektromotor, so wurde auch der Verbrennungsmotor bald in allen Arten von kleinen Fabriken und Geschäften verwendet. Fast unmittelbar nach seiner Erfindung wurde er benützt, um Pumpen, Nähmaschinen, Druckerpressen, Sägen – alle Arten von Maschinen – mit Energie zu versorgen. Nach heutigen Begriffen war der Motor groß und sperrig, aber gegenüber der Dampfkraft war er ein großer Fortschritt. Aber wie groß war der Fortschritt?

Otto baute im Jahr 1901 einen speziellen Rennmotor, der 450 Pfund wog und 40 PS erzeugte. Ein gewöhnlicher„Käfer"-Motor von Volkswagen der sechziger Jahre erzeugte 40 PS und konnte von zwei durchschnittlich kräftigen Männern hochgehoben werden. Einen modernen Motorrad-Motor, der ebensoviel Kraft erzeugt, kann eine Person hochheben. Der Wettbewerb zwischen den kapitalistischen Unternehmern förderte diese raschen Fortschritte.

1908 kombinierte Henry Ford Ottos Verbrennungsmotor, die Produktionsmethode am Fließband, die Verwendung von Austauschteilen, elektrische Beleuchtung und wissenschaftliches Management, um das Model T herzustellen. Nur fünf Jahre später waren in den Vereinigten Staaten 1.258.000 Autos registriert! Ford machte das Auto für gewöhnliche Leute erschwinglich, und sie kauften es in unglaublichen Stückzahlen. Weitere fünfundzwanzig Jahre später liefen sechsunddreißig Millionen Autos auf amerikanischen Straßen. Die Autos veränderten das Land, sie wurden im Lauf der Zeit das wichtigste Produkt der gesamten Wirtschaft.

Das Auto schuf unternehmerische Möglichkeiten für Millionen von Amerikanern. Die Produktion von Fahrzeugen erforderte eine Menge von Rohmaterialien – und Leute, die sie produzierten. Dazu gehörten Stahl, Gas, Chrom, Gummi, Draht, Farbe, Polsterstoffe – alle Arten von Dingen. Diese Autos waren auf Straßen, Brücken und Tunnel angewiesen.

Mechaniker wurden gebraucht, um sie am Laufen zu erhalten, Tankstellen, um sie mit Treibstoff zu versorgen, Versicherungsagenten, um sie zu versichern – die Liste ist endlos.

Die Mobilität, welche die Menschen durch ihre Autos genossen, schuf ganze neue Industrien: Motels und Urlaubsorte, Raststätten an den Straßen, Campingplätze und Nepplokale. Das Auto führte in Amerika eine neue Kultur ein.

Wie wir gesehen haben, sind die meisten der Verbrauchsprodukte, die uns heute selbstverständlich sind, erst in jüngster Zeit entstanden. Der unternehmerische Geist lebt und wirkt in unserer Mitte. Und die Geschwindigkeit, mit der Innovationen und Veränderungen vorausschreiten hat sich in unserem Jahrhundert gewaltig gesteigert. Fast alle Produkten, die unser kapitalistisches System so effizient herstellt, sind das Ergebnis von dem, was in den letzten einhundert Jahren entwickelt worden ist.

Die heutigen Unternehmer

Glauben Sie keinen Augenblick daran, daß die große Zeit der Unternehmer vorüber sei. Wenn es wahr ist, daß der Geist des freien Unternehmertums in den Menschen immer vorhanden war, dann ist es ebenso wahr, daß es nie eine bessere Zeit gegeben hat, um Ihrem eigenen unternehmerischen Geist Flügel zu verleihen. Es hat nie bessere Gelegenheiten gegeben, ein erfolgreicher Kapitalist zu werden. In den letzten zehn Jahren sind mehr neue Ideen entstanden und in unserer Welt in die Praxis umgesetzt worden, als in all den vergangenen Jahrhunderten zusammen.

Tatsächlich hat der unternehmerische Geist in unserem ganzen Land und unter Leuten aller Altersstufen Verbreitung gefunden. Einige unserer erfolgreichsten Unternehmer waren junge Leute, als sie ihre Arbeit begannen. Sie sind niemals zu jung, zu arm oder haben zu wenig Erfahrung, um eine gute Idee zu haben. Hier sind einige Beispiele von jungen Leuten, über die ich gelesen habe, und die erfolgreiche Unternehmer geworden sind.

Neue junge Unternehmer

Ein erfolgreiches Unternehmen wurde von zwei Freunden, die gerne aßen, an der Highschool gestartet. Sie überlegten sich, kleine runde Brötchen zu produzieren, aber die Ausrüstung war zu teuer. Als zweite Wahl beschlossen sie, zu versuchen, Eiscreme zu machen. Die beiden belegten einen spottbilligen Fernkurs, um zu lernen, wie man Eiscreme macht. Ausgerüstet mit ihren neuen Kenntnissen legten sie ihre Ersparnisse zusammen, liehen sich noch Geld von Verwandten und eröffneten ihr erstes Geschäft in einer aufgegebenen Tankstelle, die wenig Miete kostete. Innerhalb weniger Jahre wies die Firma „Ben and Jerry's Icecream" Verkaufszahlen auf, die über 45 Millionen DM lagen.

Haben Sie von den beiden Studenten in Kalifornien gehört, die in ihrer Garage Leiterplatten herstellten? Sie verkauften einen Volkswagen und eine Rechenmaschine, um ihr Anfangskapital zu vermehren. Sie hofften, am Anfang hundert Leiterplatten zu verkaufen. Aber als sie einige von ihnen zu einem Freund brachten, der einen Computerladen besaß, sagte er, daß sein Interesse an Leiterplatten nicht so groß war, er aber interessiert wäre an fünfzig kompletten Computern. Das war vor einigen Jahren, als es schwierig war, an PCs zu kommen. So bauten sie einige.

Der Verkauf lief am Anfang recht langsam an, und einer von den Partnern verlor so sehr den Mut, daß er daran dachte, in ein buddhistisches Kloster einzutreten. Sie gaben aber doch nicht auf, und schließlich fing ihre Firma an, zu laufen. Die Studentenfreunde waren Steve Jobs und Steve Wozniak.

Machen Ihnen Erfolgsgeschichten wie diese angst? Eine Milliarde DM Umsatz? Wie sehen meine Chancen aus, etwas Derartiges zu tun? Lassen Sie sich nicht entmutigen von der Möglichkeit, daß es auch schief gehen könnte! Sie können in einer Weise erfolgreich werden, die Sie sich niemals erträumt haben – wenn Sie nur Ihr Bestes geben! Und vergessen Sie nicht, Sie müssen kein Imperium aufbauen, um erfolgreich zu sein. Es gibt Zehntausende von erfolgreichen Unternehmern, die viel kleinere Unternehmen aufgebaut haben.

Eines von diesen kleineren Unternehmen wurde von mehreren Jahren auf sehr ungewöhnliche Weise gestartet. Vielleicht haben Sie die Geschichte in der Presse gelesen oder am Fernsehen verfolgt. Sie erinnerte mich an die mittelalterlichen Geschichten über Alchimisten, die versuchten, Blei in Gold zu verwandeln.

Es war eine Geschichte von ein paar Jugendlichen, denen es gelang, Mist in Gold zu verwandeln. Die Kinder bemerkten, daß Leute in ihrer Gegend Dünger für ihren Rasen und für ihre Gärten brauchten. Aber da es unbequem war, loszugehen und ihn einzukaufen, wurden die Gärten nicht gedüngt. Angesichts dieser einfachen, aber wichtigen Einsicht hatten die jungen Leute eine Idee. Warum nicht Mist abpacken und direkt dort in der Nachbarschaft verkaufen?

Mit ihren Eltern als Ratgebern lernten sie, was nötig war, um Kuhfladen in Dünger zu verwandeln. Dann nahmen sie mit einigen ansässigen Milchbauern Kontakt auf, die ganz froh darüber waren, im Austausch gegen den „unverarbeiteten Dünger“ die Kinder ihre Ställe aufräumen zu lassen. So trugen die Kinder den Dünger nach Hause, verarbeiteten ihn, verpackten ihn und verkauften ihn in der Nachbarschaft.

Nach einiger Zeit harter Arbeit begann das Geschäft zu wachsen, und recht bald fing dieser Dünger an, sich in „Gold“ zu verwandeln. Schließlich sammelten sie so viel Bargeld an, daß sie eine Firma gründen konnten und sie KIDCO Inc. nannten. Mit etwas Hilfe investierten sie ihr Geld in Immobilien und brachten es schließlich zu einem eindrucksvollen Besitz an Grund und Häusern.

Vor ein paar Jahren trat ein junger Mann namens Roger Conner in einen Blumenladen am Ort und fragte den Besitzer, ob er dort ohne Bezahlung arbeiten könnte, um sich in das Geschäft einzuarbeiten. Roger war zu jener Zeit zwölf Jahre alt. Der Besitzer stimmte zu, und Roger fing an, nach der Schule und an Samstagen stundenweise zu arbeiten. Zwei Jahre später bat er um einen kleinen Lohn, dies aber wurde abgelehnt, weil der Besitzer meinte, er sei nicht gut genug. Roger ging und arbeitete für ein anderes Geschäft, aber ihm wurde bald gekündigt. Diesmal entschloß er sich, künftig für sich selbst zu arbeiten.

Im Alter von 15 Jahren begann Roger sein eigenes Blumengeschäft mit einer Investition von 100 DM. Er kaufte auf Flohmärkten alte Kühlschränke und baute sie um zu Kühlvitrinen, um darin seine Blumen aufzubewahren. Er betrieb sein Geschäft vom Haus seiner Eltern aus und baute sich einen Ruf für beste Qualität und erstklassigen Service auf. Innerhalb kurzer Zeit wurde sein Geschäft so erfolgreich, daß er das Geschäft aufkaufen konnte, bei dem er ohne Bezahlung gearbeitet hatte. Er renovierte den Laden und machte ihn so erfolgreich, daß er auch das zweite Geschäft erwerben konnte, in dem er tätig gewesen war!

Paul Hawken, ein erfolgreicher Unternehmer, hat gesagt, daß gute Ideen oft auf den ersten Blick gar nicht sehr gut aussehen – oder sogar beim zweiten Hinsehen. Er rät jungen Unternehmern, sich keine Sorgen zu machen, wenn ihre Geschäftsideen sonderbar, verrückt oder schwer verständlich klingen.

Ein ganz wichtiger Aspekt des unternehmerischen Geistes, den all diese jungen Geschäftsleute an den Tag legen, ist ihre Vorstellungskraft. Unternehmen, klein und groß, werden nicht vom Mangel an Geld, sondern vom Mangel an Kreativität behindert. Anstatt von der Knappheit der Mittel eingeengt zu werden, hatten Geschäfte wie das von Ben und Jerry oder KIDCO größtenteil deshalb Erfolg, weil sie einfach und in herzlicher Art und Weise betrieben wurden. Ihre größten Aktivposten war ihr ehrlicher und einfacher Beginn – dies nämlich flößte den Leuten Vertrauen ein. „Das waren doch ganz normale Menschen!" Die Vorzüge ihrer Ideen waren klar zu erkennen – nachdem sie sie in die Tat umgesetzt hatten. Wie viele Male haben Sie sich überlegt, warum hab' ich nicht an all das gedacht? Nun, wenn Sie Ihren Kopf darauf konzentrieren würden, dann könnten Sie es auch schaffen!

Vorstellungskraft und Kreativität sind äußerst wichtig. Sie können sich totarbeiten, Sie können die Leute auf den Kopf stellen, aber wenn es Ihnen an einer guten Idee mangelt, dann werden Sie vermutlich scheitern. Gute Ideen wachsen aus der Kenntnis dessen heraus, *was die Gesellschaft braucht und was sie will.*

Ihr unternehmerischer Geist im Einsatz

Von unseren frühesten Kindheitstagen bis ins hohe Alter hinein, werden wir von wichtigen Fragen verfolgt. Edison, Bell, Ford und die größten Unternehmer der Vergangenheit stellten und beantworteten sich diese selben Fragen. Steve Jobs und Steve Woszniak fragten sich ebenso wie Ben und Jerry, Bill Gates und die anderen jungen Milliardäre, die es wagten, eigene Geschäfte aufzubauen, während die meisten anderen Leute fortfuhren, nur zu träumen. Werfen wir einmal einen genauen Blick auf eine Liste mit Beispielen. Sind die Fragen, die Sie unten lesen, Fragen, die Sie sich selbst schon gestellt haben? Woher kommen diese Fragen? Die Herkunft dieser Fragen zu klären ist nicht annähernd so wichtig wie der Mut, sie zu beantworten.

1. Wie könnte ich mehr Geld verdienen und mich sicherer fühlen?
2. Welche Art von Arbeit könnte mich dahin bringen, mit mir selbst zufriedener zu sein?
3. Von welcher Tätigkeit habe ich stets geträumt, und warum führe ich sie nicht aus?
4. Würde es mir helfen, diese Fragen zu lösen, wenn ich mein eigenes Geschäft anfangen würde?

5. Wenn das der Fall ist, welche Art von Geschäft würde ich gerne anfangen, gerne besitzen oder gerne aufbauen?

Diese Fragen ehrlich und mutig zu beantworten, hat Millionen von Leuten dazu geführt, einen der aufregendsten und lohnendsten Schritte zu unternehmen, die eine Frau oder ein Mann tun kann. Sie sahen sich ihre Gründe für ihre Unzufriedenheit und ihre Träume genau an. Sie wollten frei sein, wollten ihr eigener Chef sein, wollten wieder die Kontrolle über ihr Leben übernehmen. Sie wollten finanzielle Sicherheit für sich und für die Menschen, die sie liebten. Sie wollten ihre Kreativität dazu verwenden, um ihre Begabungen weiterzuentwickeln und den Teufelskreis von Langeweile zu beenden, der die Ursache dafür war, daß sie sich die ganze Zeit gefangen und müde fühlten. Für unsere Freunde in diesem Geschäft und für zig Millionen von Menschen wie Sie war die Antwort die, ein eigenes Geschäft anzufangen.

Chris Cherest hatte einen guten Posten im Einzelhandel. Seine Frau Judy war Lehrerin. Sie hatte an den Wochenenden und in den Ferien frei, aber für Chris waren dies die verkaufsintensivsten Zeiten des Jahres. „Wir sahen einander nie“, erinnert er sich. „Unser Leben führte in verschiedene Richtungen. Wir begannen, davon zu träumen, ein Geschäft zu besitzen, wo wir Seite an Seite arbeiten konnten. Es verlangte Mut, das aufzugeben, was wir beide am besten konnten. Aber wir hatten Pläne für uns selbst und für unsere Kinder. Unsere zwei voneinander getrennten Leben bedrohten unsere Pläne und unterminierten unsere Beziehung. Schließlich atmeten wir tief durch, sprangen ins Wasser – und die vergangenen Jahre, die wir zusammen gearbeitet haben, waren die besten Jahre unseres Lebens.“

Als ich Bob und Jacky Zeender traf, besaßen sie ihr eigenes Geschäft, ein elegantes und angesehenes Restaurant in Silver Spring, Maryland. Ihr Speiselokal war ein riesiger Erfolg, bekam glänzende Kritiken und hatte eine zahlreiche, treue Kundschaft mit gutem Geschmack. Von den Spitzenleuten im Restaurantgewerbe waren den Zeenders fünf Goldmedaillen zuerkannt worden. Bobs Kollegen im Geschäft erkannten seine Talente an und wählten ihn zum Präsidenten der Washington-Restaurant-Association, dem jüngsten Präsidenten in der Geschichte der Vereinigung.

Bob Zeender hätte glücklich sein können, aber er fühlte sich meist elend und erschöpft. Das war auch kein Wunder, denn er arbeitete Tag und Nacht. Er hatte nie ein paar Stunden frei, ganz zu schweigen von einem Urlaub. Und jeden Tag begann der Druck von neuem: Menüs erfinden, frische Qualitätsware auftreiben, neues Personal anstellen und ausbilden, dekorieren und umdekorieren. „Ich mußte ein Geschäft finden, das mir mein Leben zurückbringen konnte", erinnert sich Bob. „Manchmal kommt uns der Erfolg teuer zu stehen. Es war nicht leicht, von vorne anzufangen, aber es mußte sein."

Heute betreiben Bob und Jacky Zeenders ein sehr erfolgreiches Amway-Geschäft. Aber ihr Erfolg bemißt sich nicht nur in Geld. Nun haben sie endlich die Zeit, die sie mit ihren Kindern, Rocky und Julie, und mit anderen verbringen möchten. Und weil sie frei sind, um nach ihren eigenen Vorstellungen zu leben, haben sie auch die Chance, ihre Begeisterung und ihre Führungsqualitäten für mitmenschliche Tätigkeiten im ganzen Lande einzusetzen.

Vor 30 Jahren war Al Hamilton Werkzeugmacher und Spritzgußfachmann mit einem Einkommen von knapp 50.000 DM im Jahr. „Es war nicht gerade der lukrativste Job", denkt Al zurück, „aber es waren schlechte Zeiten, und ich war froh, Arbeit zu haben, auch wenn wir nie genug verdienen konnten, um vorwärtszukommen. Schließlich setzte ich mich mit meiner Frau Fran zusammen, um herauszufinden, wo denn unser Geld blieb: Wir entdeckten, daß es egal war, wie hart und lang wir arbeiteten, wir würden niemals vorwärtskommen."

„Wir hatten gar nicht den Wunsch, eine Menge Geld zu verdienen", fügt Fran hinzu. „Am Anfang wollten wir nur genug verdienen, damit ich mit den Kindern zu Hause bleiben konnte. Dann begann unser kleines Geschäft zu wachsen. Bald verdienten wir genug, um auch Als bisheriges Einkommen aufbringen zu können. Es erforderte Mut, ein Geschäft anzufangen, aber mit ein bißchen Mut und einer Menge harter Arbeit erreichten wir schließlich unsere finanzielle Sicherheit und, was noch besser war, wir gewannen unsere Freiheit zurück."

Jim und Julie Head wollten in Lake Arrol Head, hoch über dem von Abgas erfüllten Becken von Los Angeles, ein Haus bauen. Als Kind hatte Julie ganze Sommer mit ihren Eltern an dem See verbracht und träumte davon, eines Tages hier ein eigenes Heim zu haben. Jim verbrachte oft mit Freunden Wochenenden an dem See, und auch er bekam Lust, eines Tages an seinen Ufern zu leben. Was ist falsch daran, davon zu träumen, an einem See mit all seiner ruhigen Schönheit und Jims glücklichen Kindheitserinnerungen zu leben? Nichts!

Der Traum von Val und Randy Hogan, weit entfernt von der Stadt mit all ihrem Streß und ihren Versuchungen zu leben, hoch auf einem Berg, der das weite Panorama der Salzebenen, den großen Salzsee und die

Stadt Ogden in Utah überragte, und wo Hirsche über die zerklüfteten grauen Felsen sprangen und Bergziegen im Zickzack über die Canyonwände zogen.

E. H. Eric war bereits ein berühmter japanischer Entertainer, als er sich zu fragen begann, ob es nicht eine bessere Art und Weise gäbe, seinen Lebensunterhalt zu verdienen. Nach der Meinung aller war er erfolgreich, aber er selbst war nicht zufrieden. „Wenn ich auf der Bühne stand, wurde ich bezahlt", erinnert sich Eric, „aber wenn ich es nicht tat, dann bezahlte man mich nicht. Ich konnte es mir nicht erlauben, krank zu werden. Ich konnte mir keine Zeit für Geschäfte nehmen, ganz zu schweigen davon, etwas Ruhe zu haben, ohne dafür bezahlen zu müssen. Ich wollte eine Art und Weise finden, weiterhin einen guten Verdienst zu haben, selbst wenn ich nicht immer selbst da war, um auf der Bühne zu stehen."

Midori Ito, in einer reichen und mächtigen japanischen Familie aufgewachsen, hatte großen Erfolg in ihrem eigenen Beruf. „Aber mein Einkommen beruhte ausschließlich auf Provisionen", erinnert sich Midori. Wenn ich mein Tempo ein wenig verringerte, um einmal einen Urlaub zu nehmen, dann verringerten sich diese Provisionen ebenfalls.

Eric und Midori verließen ihre hochbezahlten Karrieren, um ihr eigenes Geschäft anzufangen. Am Anfang schien das niemand zu verstehen. Aber heute ist das ganz anders. E. H. Eric und Midori Itos Amway-Geschäft ist eine von Japans phantastischen Erfolgsgeschichten geworden. Sie sind reich geworden. Sie zeigen Mitgefühl. Und sie sind frei.

Max Schwarz lebte mit seinen Eltern auf dem Bauernhof der Familie in Langenmosen, einem Dorf in Deutschland, neunzig Kilometer von München entfernt. Lieber als alles in der Welt wollte Max selbständiger Elektriker mit einem eigenen Geschäft sein. Er hatte seine Ausbildung abgeschlossen, um den Gesellenbrief zu bekommen, und war gerade daran, seine Meisterprüfung abzulegen, als seine Familie von einem Todesfall heimgesucht wurde. Seine geliebte Schwester starb. Nach ihrem Begräbnis und einer Zeit der Trauer kamen Max' Eltern zu ihm und sagten voller Überzeugung: „Du brauchst die Meisterprüfung nicht zu machen. Du bist unser einziger Sohn. Jetzt, wo deine Schwester nicht mehr ist, mußt du die Verantwortung für den Hof übernehmen." Bis zum heutigen Tag, Jahrzehnte später, erinnert sich Max an die Qual jenes Tages, als sein Traum zugrunde ging.

Stellen Sie sich diesen jungen Menschen vor, mit dem Pflug in der Hand, wo er doch davon geträumt hatte, ein Geschäft zu besitzen und schließlich auf seinen eigenen Bauernhof landete, um Pferde zu züchten.

Trotz ihrer Enttäuschung wollten Max und Marianne ihren Traum nicht aufgeben. Zu ihrem kleinen Kartoffelanbau nahmen sie 1.000 Gänse dazu, dann 2.000 Kaninchen, dann Schweine, und sie bauten Getreide an, um sie zu füttern. Als sie immer noch keinen Erfolg hatten, bauten und verkauften sie Häuser. Auf Jahre hinaus waren ihre Träume unmöglich geworden, und ihre Ziele einfach nicht mehr in ihrer Reichweite. Aber sie lehnten es ab, aufzugeben. Aus jeder neuen geschäftlichen Erfahrung lernten sie. Heute besitzen sie eine internationale Vertriebsgesellschaft. Statt eines bäuerlichen Familienbetriebs für den Anbau von Kartoffeln und Getreide besitzen sie eine Pferdezucht ihrer Träume. Ihr erstes Rennpferd, Crown Ambassador, hat schon neun Rennen gewonnen.

Marshall Johnson, ein Afroamerikaner, wuchs in Jacksonville, Texas, auf. Als er noch ein kleines Kind war, verließ sein Vater die Familie. Um ihre fünf Kinder und ihre kranke Schwiegermutter, die von der Hüfte ab nach unten gelähmt war, ernähren zu können, ging Marshalls Mutter in anderer Leute Häuser, um zu putzen, für 30 DM die Woche. Marshall erinnert sich, wie sich sein Vater zu weigern pflegte, auch nur 10 DM in der Woche an Alimenten zu bezahlen. Aus dem verzweifelten Wunsch heraus, genügend Geld zu verdienen, um wenigstens die Rechnungen zu bezahlen, und mit dem Traum von einem besseren Leben für sich und ihre Familie, nahm Marshalls Mutter schließlich einen gefährlichen und anstrengenden Job am Fließband in einer Fabrik an.

„Nie schien sie ärgerlicher oder verbitterter zu sein“, erinnert sich Marshall. „Aber ich erinnere mich noch an meine Kindheit, wie hart meine Mutter arbeitete, um uns über Wasser zu halten. Früh am Morgen ging sie aus dem Haus und kam oft spät nachts nach Hause. Sie war fortwährend geistig und körperlich müde. Und zweimal passierte etwas Schreckliches: Mutters Maschine in der Fabrik funktionierte schlecht und quetschte ihre Hand ein und riß ihr jedes Mal einen Finger dabei ab.“

Trotz alledem brachte Marshalls Mutter es fertig, ihre Familie durchzubringen. Ihre einfache Kleidung war geflickt, aber sauber. Und zu jeder Mahlzeit stand das Essen auf dem Tisch. Und am Sonntag nach der Kirche, wenn seine Mutter ihre Familie für ihre wöchentliche gemeinsame Zeit zusammenholte, dachte sie immer daran, Marshall daran zu erinnern, daß er eines Tages aufs College gehen und sie an jenem Tag die stolzeste Frau der Welt sein würde.

„Mutters Traum von meiner Zukunft erfüllte sich“, erinnert sich Marshall. „Ich ging an die Universität von Newston mit einem Sportstipendium, und spielte vier Jahre Football, zwei Jahre Basketball, und eine Saison betrieb ich Laufen. Nachdem ich in meinem Studium einen Abschluß gemacht hatte, warben mich die Baltimore Colts an. Während meines letzten Studienjahres traf und heiratete ich Charunda, eine wunderschöne Texanerin mit einem Abschluß in Psychologie und der liebenswerten Gewohnheit, verlassene Tiere und verlassene Menschen nach Hause zu bringen, um ihnen zu essen zu geben und sich um sie zu kümmern. In jenen Tagen glaubte ich noch an die alte Idee, daß Studium und Sport mir ein besseres Leben garantieren würden, und zwar nicht nur für Charunda und unsere Kinder, sondern für unsere ganze Familie."

Bald verdiente Marshall Johnson mehr Geld, als jemals jemand in seiner Familie verdient hatte, aber er sah auch das Menetekel an der Wand. Eines Tages würde er nicht mehr bei den Colts spielen. Man kann nicht ewig Profispieler sein. „Außerdem", erinnert er sich, „wollte ich für meine Gemeinschaft ein Beispiel darstellen, den jungen schwarzen Männern und Frauen zeigen, daß auch wir es in der Geschäftswelt zu etwas bringen konnten." Marshall und Charunda begannen ihr Vertriebsgeschäft im Jahr 1978. Heute blüht es, und durch die finanzielle Unabhängigkeit, die das Geschäft mit sich bringt, konnten die Träume der Johnsons verwirklicht werden. Heute stellen sie ein Beispiel nicht nur für die afrikanischen Amerikaner dar, sondern für uns alle.

In wirtschaftlich guten Zeiten und in schlechten träumen Millionen von Leuten davon, ein eigenes Geschäft zu besitzen, und Tausende von ihnen erkennen, wie diese Träume wahr werden können. Wenn der Geist des freien Unternehmertums in Ihrem Kopf Fragen aufgeworfen hat, wenn Sie sich nach finanzieller Sicherheit sehnen, wenn Sie das, was Sie tun, nicht mögen – dies ist eine großartige Zeit, um eine Änderung herbeizuführen. Der Kapitalismus lebt, und er lebt gut in Nordamerika und rund um den Globus. Es gibt Mengen von Gelegenheiten für Unternehmer, um ihre Träume wahr werden zu lassen, selbst in diesen wirtschaftlich schwierigen Zeiten.

Folgen Sie Ihrem unternehmerischen Geist

In den Vereinigten Staaten gab es beispielsweise im Jahre 1980 etwa 1.322.000 kleine Unternehmen. Nur zehn Jahre später waren es 20.393.000. Allein im Jahr 1990 wurden 647 675 neue Firmen auf nationaler Basis angemeldet, und sie standen für 90% der neugeschaffenen Arbeitsplätze. Die Anzahl von Frauen geführter Unternehmen wuchs zwischen 1982 und 1987 um 57%, und der Verdienst dieser Geschäfte wuchs um 81%. Die Anzahl der Unternehmen, die von Farbigen geleitet werden, wuchs zwischen 1982 und 1987 um 37%, und die Einkünfte dieser Geschäfte vermehrten sich um mehr als 200%.

Einige Leute steigen neu in ein Geschäft ein, weil sie, nachdem sie ein Leben lang gearbeitet haben, plötzlich ihren Arbeitsplatz verloren haben. Sie wollen jetzt beim zweiten oder dritten Anlauf ein Gefühl der Sicherheit haben, und es ist ihnen klar geworden, daß der Besitz eines eigenen Geschäftes – auch wenn es anfangs riskant und schwierig ist – diesem Bedürfnis entspricht. Andere verlassen ihre Arbeitsplätze und beginnen ihr eigenes Geschäft, weil sie einfach genug davon haben, weil sie enttäuscht, zornig, erschöpft sind oder ganz einfach vom Arbeitsleben nichts mehr wissen wollen. Junge Leute, die frisch von der Schule oder von der Universität kommen, fangen ihr eigenes Geschäft an. In einer kürzlich durchgeführten Befragung von *Roper* sagten 38% von 1.200 befragten Studenten in 100 verschiedenen Colleges aus, daß „es eine hervorragende Gelegenheit für eine erfolgreiche Karriere darstelle, ein eigenes Geschäft zu besitzen".

„Sie wollen sich eine gewisse Unabhängigkeit bewahren", berichtet das *Wall Street Journal*. „Sie suchen nach größerer Befriedigung und Unabhängigkeit in ihrer Arbeit. Sie wollen ihre Energien in jede beliebige Richtung kanalisieren können, sie wollen die Dinge auf ihre eigene Weise tun. Letzten Endes wollen sie die Freiheit besitzen, „mit ihrem Leben anzufangen, was sie wollen."

Verstehen Sie mich nicht falsch. Es gibt eine Menge von geschäftlichen Mißerfolgen. Es gab im Jahr 1990 60.400 Pleiten, 20% mehr als 1989. Das ist der Grund, warum wir die meisten Leute, die daran denken, ein eigenes Geschäft anzufangen, dazu ermutigen, folgendes zu tun:

1. Wenn Sie Arbeit haben, behalten Sie sie bei, während Sie Ihr neues Geschäft anfangen. (Sie werden überrascht sein, wieviel übrige Zeit und Energie Sie an den Abenden und am Wochenende haben, um ein neues Geschäft zum Laufen zu bringen, ohne jemals Zeit auf Kosten Ihres derzeitigen Arbeitgebers einzusetzen.)
2. Geben Sie Ihr altes Arbeitsverhältnis erst dann auf, wenn Sie genügend Geld angesammelt haben, um über die Zeiten niedrigen Einkommens hinwegzukommen, die Ihnen bevorstehen.
3. Versuchen Sie eine Geschäftsmöglichkeit zu finden oder zu schaffen, die den kleinstmöglichen Betrag an Startkapital erfordert. (Begeben

Sie sich nicht tief in Schulden aufgrund einer vorübergehenden Laune. Am Anfang tragen solche Geschäfte nicht die Kosten von eleganten Büroräumen, teurer Ausrüstung und Dutzenden von Angestellten. Denken Sie bescheiden. Denken Sie kostengünstig.)
4. Stellen Sie sicher, daß der Service oder die Waren, die Sie herstellen oder vermarkten wollen, von erstklassiger Qualität sind. (Täuschen Sie Ihre Verbraucher nicht. Dies führt zum sicheren geschäftlichen Mißerfolg.)
5. Seien Sie sicher, daß Sie wissen, was Sie tun, daß Sie jede mögliche Informationsquelle über Ihr neues Geschäft gelesen haben, daß Sie mit Ihrer Bank gesprochen haben, einem Anwalt und einem Freund oder zweien, denen Sie absolut vertrauen. Sie werden durch die „Versuch-und-Irtum“-Methode viel lernen, aber verschaffen Sie sich, ehe Sie loslegen, alle Kenntnisse, die Sie sich beschaffen können.

Haben Sie keine Angst, es zu probieren und Ihren Traum zu erfüllen. Denken Sie daran, trotz der Abwärtsbewegung der Wirtschaft sind die Einkommen im Bereich der kleinen Firmen um 6,5% im Jahr 1990 gestiegen, und quer durch die Vereinigten Staaten und rund um die Welt florieren neue Geschäftszweige.

In den nächsten Kapiteln werde ich Ihnen für den Aufbau Ihres eigenen Geschäftes einige praktische, Schritt für Schritt aufgebaute Vorschläge machen. Es ist nicht leicht, besonders am Anfang. Ann Landers hatte ganz recht, als sie sagte: „Gelegenheiten sind in der Regel als harte Arbeit verkleidet, und so erkennen die meisten Leute sie nicht.“ Aber mit dieser harten Arbeit kommt auch ein Gefühl der Leistung und der Sicherheit, welches Ihre Lebensqualität in einer Weise heben kann, von der Sie früher nur träumen konnten.

Lassen Sie mich wiederholen: Ehe Sie ernstlich Überlegungen über eine neue Geschäftsideen anstellen, untersuchen Sie sie! Stellen Sie sicher, daß das Geschäft und die darin tätigen Leute integer sind.

Heute leiten beispielsweise Jay und Jerry Meadows ein erfolgreiches internationales Amway-Geschäft, aber am Anfang waren sie sich darin gar nicht so sicher.

Nach dem Examen und der Heirat zogen die Meadows nach North Carolina, wo Jay einen Job als Chemieingenieur angenommen hatte. Jerry begann auf dem Gebiet der Hauswirtschaft zu arbeiten. Teil ihrer Aufgabe war es, jede Woche eine Fersehsendung über die Herstellung von Kleidung in Heimarbeit zusammenzustellen. Als ihr Sohn Greg gerade sechs

Monate alt war, nahmen die Meadows an einer Präsentation des Amway-Marketing- und -Verkaufsplanes teil.

„Ich verstand das, was ich an jenem Abend hörte“, erinnert sich Jay, „aber ich glaubte es nicht. Jerry glaubte es, aber sie verstand nicht genau, wie es funktionierte. So machten wir unsere Hausaufgaben. Wir untersuchten es!“

„Er ließ mich wegen dieser Amway-Geschichte eine ganze Menge von Leuten anrufen,“ erinnert sich Jerry mit einem Lachen, „einschließlich des Büros des Generalstaatsanwalts. Die Frau, mit der ich dort sprach, sagte: „O Gott, ich glaube, der letzte Generalstaatsanwalt hat sich selbst Amway angeschlossen.“ An diesem Punkt beschlossen wir, daß Amway den Test bestanden hatte und daß wir uns darauf verlassen konnten, daß die Gesellschaft und ihre unabhängigen Berater ihre Versprechen einhalten würden.“

Der *„über“*-nehmerische Geist

Vielleicht wollen Sie gar kein eigenes Geschäft besitzen, aber Sie fühlen trotzdem in sich den unternehmerischen Geist. Gut für Sie! Zu viele Leute glauben, daß Unternehmer ihr eigenes Geschäft besitzen müssen, daß der unternehmerische Geist stirbt oder zumindest erschlafft, wenn Sie für jemand anderen arbeiten. Das ist nicht wahr. Es gibt in Wirklichkeit sehr kreative und sehr begabte Leute, die gerne in dem Geschäft eines anderen arbeiten, sei es groß oder klein. Sie fühlen sich nicht wohl mit der Verantwortung, die zusammen mit dem eigenen Geschäft auf sie zukommt. Sie ziehen ihre regelmäßigen monatlichen Gehaltszahlungen dem Risiko, das mit dem Aufbau eines eigenen Geschäftes zusammenhängt, vor. Sie arbeiten lieber in einer großen Gemeinschaft von Beschäftigten als allein.

Nur um der Klarheit willen sollten wir vielleicht Arbeitnehmer, die mehr tun, als ihre Stechkarten zu stempeln, *„Über-nehmer“*, nennen. Mehr und mehr Geschäfte und sogar berufliche Gruppen beginnen, neue und kreative Methoden ausfindig zu machen, um die Beiträge zu honorieren, welche von diesen Angestellten geleistet werden, denen ihr unternehmerischer Geist den Weg weist. „Übernehmer“ stellen sich auch Fragen und richten sich nach ihnen:

- Was kann ich in meinem gegenwärtigen Beschäftigungsverhältnis, Geschäft oder Beruf tun, um zu wachsen, um meine Begabungen

und Talente kreativer zu nutzen und um jeden Tag mehr Befriedigung über das zu empfinden, was ich tue?
- Wie kann ich dazu beitragen, dieses Geschäft stärker und erfolgreicher zu machen?
- Was würde diese Aufgabe effizienter machen, weniger zeitintensiv und somit kostengünstiger?
- Wie können wir unsere Arbeitsplatzsituation verbessern, um ihn für mich und meine Mitarbeiter sicherer, weniger aufreibend und bequemer zu machen?
- Was machen wir falsch? Wie könnten wir es besser machen?

Wir können unser Leben verbringen, indem wir nur unser Arbeitspensum erledigen, aber die Unternehmer und die „Übernehmer" sehen die Arbeit jeden Tag als eine Gelegenheit an, zu wachsen, zu schaffen, zu entdecken, alte Ideen in Frage zu stellen und neue und bessere zu haben.

Bis jetzt habe ich nur die Geschichten der Unternehmer erzählt. Aber wir sollten auch an die „Übernehmer" denken, ohne deren Hingabe und Kreativität wir nicht überleben könnten.

Bob Kerkstra ist seit mehr als einem Vierteljahrhundert ein kreativer und hingebungsvoller Angestellter der Amway Corporation. Er besitzt all die Kenntnisse und die Begabungen, um auch sein eigenes Vertriebsgeschäft besitzen zu können, aber wir sind dankbar gewesen, daß Bob und Tausende von anderen Arbeitnehmern wie er die Wahl getroffen haben, ihre Talente uns zur Verfügung zu stellen. Sie sehen uns, wie kein anderer uns sieht, und im Dialog mit ihnen und durch die Konfrontation lernen wir von ihnen.

„Als ich zu dieser Firma kam", erinnert sich Bob, „gab es nur fünf- oder sechshundert Angestellte, aber wir hatten rund 42.000 m^2 Raum zur Verfügung für Büros, Produktion, Forschung und für Lagerzwecke, und dieser Komplex erstreckte sich über 115 Hektar."

Ich kann mich nicht daran erinnern, daß Jay und ich jemals offiziell den Beschluß faßten, jeden Arbeiter während der ersten Woche bei uns an seinem Arbeitsplatz zu begrüßen, aber wir sahen es in ihren Augen und hörten es aus ihren Stimmen, wie wichtig es war, daß sie von Anfang an als für dieses Geschäft wichtig betrachtet wurden. Wir nahmen uns einige Augenblicke an jedem Tag Zeit, um diese Leute namentlich zu begrüßen, und die unmittelbaren und die langfristigen Vorteile für unsere Gesellschaft in Form von Treue und Produktivität versetzen mich immer noch in Erstaunen.

„Während meiner ersten zwei Jahre bei Amway“, schaut Bob zurück, „hatte ich Streit mit einem der für mich wichtigen Abteilungsleiter. Als es immer schwieriger und unangenehmer wurde, mit ihm zurechtzukommen, verließ ich meinen Posten. Das geschah ohne irgendeine Kündigung spät an einem Freitagnachmittag. Rich war irgendwo unterwegs auf einem Treffen, aber als er am Montagmorgen herausfand, daß ich das Geschäft verlassen hatte, rief er mich an, entschuldigte sich für das Mißverständnis und drängte mich, es mir noch einmal zu überlegen. Ich ging nicht gleich zurück, aber ich denke heute noch daran, wie beeindruckt ich war, daß der Besitzer der Gesellschaft so schnell über den Vorfall erfahren hatte, ganz zu schweigen davon, daß er sich die Mühe gemacht hatte, mich anzurufen und zu versuchen, die Sache richtigzustellen.“

Manchmal behandeln wir Leute wie Nummern. Wie viele eingestellt? Wie viele entlassen? Aber von den Anfängen unserer Firma bis heute haben Jay und ich immer versucht, daran zu denken, daß es ebenso wichtig ist, die Leute, die uns verlassen, mit Würde und Verständnis zu behandeln wie die, welche gerade erst an Bord kommen. Heute haben wir 12.000 Angestellte und mehr als drei Millionen freie Berater. Es ist unmöglich, mit jedem von ihnen in persönlichem Kontakt zu stehen. Aber trotzdem versuchen wir es.

Bob sagt: „Selbst heute noch praktizieren Rich und Jay das, was wir den ‚Spaziergang‘ nennen. Man weiß nie, wann oder wo sie auftauchen. Das hat nichts mit Nachspionieren zu tun, obwohl uns ihr plötzliches unerwartetes Auftauchen schon auf Trab hält. Es wirkt aber viel freundlicher. ‚Hi, Freunde! Wie geht's euch?‘ rufen sie vielleicht über ein Fließband hinweg, während sie langsam durch ein Werk marschieren. Dann bleiben sie lange genug stehen, um die Antwort auch wirklich zu verstehen. ‚Gibt es etwas, was wir tun können, damit die Arbeit besser läuft?‘. Rich oder Jay fragen deshalb, weil sie wirklich eine Antwort hören wollen, wenn sie neben einem Mann am Förderband oder neben einem Forschungstechniker stehen. Und wenn ein Vorschlag gemacht oder eine Kritik weitergegeben wird, dann sind wir sicher, daß Jay oder Rich es hören werden und daß etwas unternommen wird.“

Bob färbt seine Erinnerungen sehr positiv, und ich bin dankbar dafür, aber ich fürchte auch, daß Jay und ich oft Fehler gemacht haben könnten im Verhältnis zu unseren Angestellten und ihren Bedürfnissen. Menschlichkeit funktioniert in beiden Richtungen. Wenn wir unseren Angestellten die Hand reichen, so reichen auch sie sie uns. Ohne ihre Treue, ihre kreativen Ideen und ihre harte Arbeit wird die Firma nicht funktionieren.

Je größer wir werden, desto leichter wäre es möglich, die Leute als selbstverständlich zu betrachten, und um so schwieriger wird es, mit ihnen in Kontakt zu bleiben. Bei der Größe unserer Produktionsanlagen beispielsweise ist es heutzutage unmöglich geworden, in dem Labyrinth unserer Gebäude allein durch eine der Hallen zu gehen, ganz zu schweigen davon, in den Produktions- und Verteilerzentren in ganz Amerika und rund um die Welt vorbeizuschauen. Das ist der Grund, warum wir so intensiv versuchen, Manager zu finden, die menschlichen Kapitalismus praktizieren, um sie dann hinausschicken, damit sie sich dieser Aufgabe widmen.

„Als wir zu wachsen begannen", fährt Bob fort, „fingen Rich und Jay an, Männer und Frauen aus jeder Abteilung der Firma dazu einzuladen, ihre Arbeitskollegen bei Meinungsforen zu vertreten. Sie finden immer noch jede Woche in informeller Weise in einer Cafeteria oder in einem Auditorium statt, jeweils für eine andere Gruppe von Angestellten der Firma. Jede Frage ist erlaubt. Jede Antwort wird sorgfältig und kritisch aufgenommen. Die ganzen Jahre hindurch waren Rich oder Jay oder beide immer dort und standen immer zur Verfügung."

Auf diesen Sitzungen haben Angestellte Ideen vorgebracht, die inzwischen in der Gesellschaft Eingang gefunden haben. Die Einführung eines Mitarbeitermagazins (einst *Ambit* genannt, jetzt unter dem Titel *Freunde* in Umlauf) war eine von diesen Ideen. Es erscheint jeden Monat und bringt Bilder und Geschichten von Angestellten bei der Arbeit oder beim Spiel heraus. Wir lernten, persönliche und/oder berufliche Leistungen durch entsprechende Beiträge in diesen Magazinen zu würdigen, auf Poster und Bildern rund um die Büros, bei festlichen Einladungen sowie bei Ehrungen und besonderen Anlässen.

Mitmenschlichkeit ist eine gute Sache. Ob Sie ein Arbeitgeber mit einem eigenen Geschäft oder ein Arbeitnehmer sind, der seine Kreativität und seine Hingabe dem Geschäft eines anderen widmet, sie müssen Ihrem unternehmerischen Geist „freien Lauf lassen". Mit Menschlichkeit können wir gemeinsam jegliche Grenzen überwinden und alle unsere Ziele erreichen.

Vor mehr als einem halben Jahrhundert rannte ein sechs Jahre alter Junge die Hauptstraße seines Wohnortes, Three Hills in Alberta, Kanada, hinunter. Er hatte Mühe, die schwere, bleiverglaste Tür des Süßigkeitenladens zu öffnen und ging rasch zu einem großen Discountbehälter, auf dessen Schild stand: 25 Lutscher 50 Pfennige. Der Junge griff in seine Tasche, zog eine passende Münze heraus, kaufte die Lutscher und rannte aus dem Süßigkeitenladen zu einem Kinderpark und Spielplatz im Stadtzentrum.

Der Junge stellte fest, daß eine große Menge Kinder und deren Eltern sich um eine neue Anlage aus metallenen Schaukeln und Rutschbahnen versammelt hatten. Er näherte sich ihnen, öffnete die Tüte mit Lutschern möglichst geräuschvoll und wickelte langsam den allergrößten Lutscher aus seiner Plastikfolie aus. Auf das Geräusch seines zufriedenen Schmatzens hin versammelten sich die Kinder eines nach dem anderen um ihn herum und um seine hellgrüne Plastiktüte mit den Bonbons.

„Wollt ihr einen?" fragte er, und ein Dutzend kleiner Hände streckten sich in seine Richtung. „Sie kosten nur fünf Pfennig pro Stück", sagte er, faßte in die Tüte und zog eine Handvoll roter, grüner, gelber und schwarzer Lutscher heraus.

Es war eine Angelegenheit von Sekunden, daß die Kinder einige Münzen in ihren Taschen fanden oder zu ihren Eltern rannten, um etwas Kleingeld zu erbetteln. Innerhalb von Minuten waren alle 24 verbliebenen Lutscher verkauft, die Tüte war leer und der kleine Junge trollte sich nach Hause mit einem Lächeln auf seinem Gesicht und mit 1,15 DM Profit in seinen Jeans.

Jahre später steht jenes Kind, Jim Janz, zusammen mit seiner Frau Sharon an der Spitze eines erfolgreichen Geschäftes mit Niederlassungen in Kanada und den Vereinigten Staaten. Nach einem erfolgreichen Unternehmerleben denkt Jim immer noch gern, an jene Kindheitserinnerungen. An jenem Tag im Park mit einer Tüte von Lutschern in der Hand war der sechsjährige Jim Janz schon ein Kapitalist, und er wußte es nicht einmal. Und wenn nun irgendein Erwachsener den unternehmerischen Geist in jenem kleinen Kind zerstört hätte?

Ich habe mein ganzes Leben lang das Wort „Kapitalismus" immer mit einem höhnischen Lächeln zusammen nennen hören. Ich vermute, das war einer der Gründe, warum ich dazu neigte, den Ausdruck „freies Unternehmertum" für die Beschreibung unseres großen Wirtschaftssystems zu gebrauchen, da er weniger aufrührerisch klang. Wie immer Sie diesen Funken von unternehmerischem Leben in den Kindern in dieser Welt nennen mögen, tun Sie alles, was in Ihrer Macht steht, um ihn am Glühen zu erhalten. Wenn ein kleiner Junge seine Lutscher en gros einkaufte und sie mit Profit auf den Straßen absetzte, dann hätte er wegen seiner Kreativität und seiner Mühe Lob und Ermutigung verdient.

Jim und Sharon Janz blieben ihrer Berufung treu. Sie folgten ihrem unternehmerischen Geist, und so haben sie Erfolg als Kapitalisten gehabt. Sie haben Tausenden von anderen Leuten die Gelegenheit gegeben, erfolgreich zu werden, und mit ihrem Reichtum haben Jim und Sharon Werke der Menschenliebe durchgeführt, welche auf viele Menschen einen großen und bleibenden Einfluß ausgeübt haben. Der kleine Junge, dem der Zuckersaft des Lutschers über das Gesicht gelaufen war, wurde später der Vorsitzende der „Foundation of Trinity University", Gründungsvorsitzender von „Bibles International" in Kanada und Aufsichtsratsvorsitzender der „Robert Schuller Ministries".

Er folgte nicht den Träumen, die andere für ihn hatten; er folgte dem Traum, den Gott in sein Herz gepflanzt hatte, und als Ergebnis wurde beides wahr, seine eigenen Träume und die Träume, die die anderen für ihn hatten.

Jesus sagte vor fast 2000 Jahren: „Ein kleines Kind soll euch leiten." Denken Sie an jenes kleine Kind in Ihnen, das vielleicht einen Limonadenstand betrieb. Fühlen Sie wieder den Geist des freien Unternehmers, den Sie damals fühlten. Wagen Sie, diese alten Träume noch einmal zu träumen. General Douglas MacArthur sagte einmal: „In diesem Leben gibt es keine Sicherheit, es gibt nur eine Gelegenheit." Was würden Sie gerne mit dem Rest Ihres Lebens anfangen? Tun Sie es! Machen Sie heute den ersten Schritt dazu und alles andere wird folgen.

Nach seinem elften Jahr bei den Miami Dolphins ließ sich Tim Foley von seinem unternehmerischen Geist in unser Geschäft führen. Er wollte finanzielle Sicherheit für Conny und seine Familie, aber er suchte so viel mehr. Ob Sie es nun glauben oder nicht, die erfolgreichsten Berater sind nicht nur wegen des Geldes in unserem Geschäft. Wenn Sie der echte Unternehmergeist einmal gepackt hat, werden Sie entdecken, daß die Freiheit etwas ist, was Sie weitergeben möchten.

„Es hat mich nie interessiert, einen Mercedes zu kaufen", erinnert sich Tim. „Und wenn wir auch in Tawares, Florida ein wunderschönes Haus und all den Komfort besitzen, den eine Familie sich nur erträumen kann – was Conny und mich wirklich glücklich macht, ist, anderen Leuten dazu zu verhelfen, ebenfalls ihre Träume wahr werden zu sehen." Letzten Sommer standen Conny und Tim Foley bei einem riesigen Treffen im Hoosier Dome in Indianapolis vor 41.000 Menschen auf der Bühne. Nachdem Dolly Parton etwas zur Unterhaltung der begeisterten Menge von sich gegeben und der frühere Präsident Ronald Reagan eine bewegende Ansprache zum Thema „Freies Unternehmertum" gehalten hatte, erhielten eine Handvoll Männer und Frauen, die in unserem Geschäft tätig waren, donnernden Applaus von der Menge.

„Louis und Cathy Carillo waren eines der ersten Paare, die in jener Nacht über die Bühne gingen“, erinnert sich Tim. „Bis 1981 war Louis ein erfolgreicher Fluglotse gewesen. Als er und Hunderte seiner Arbeitskollegen gefeuert wurden, lief Louis monatelang umher, um einen neuen Job zu finden. Als ich Louis das erste Mal traf, arbeitete er für 250 DM die Woche als Parkwächter. Aus seiner Frau Cathy, der Frau eines erfolgreichen Fluglotsen, der 85.000 DM im Jahr verdiente, und die als Dienstmädchen und Bedienung arbeitete, war eine Frau geworden, die versuchte, das gemeinsame kleine Heim vor der Bank zu retten, indem sie anderer Leute Häuser putzte.“

Louis Carillo hatte ein schwieriges Leben gehabt. Er hatte hart gearbeitet und viele Opfer gebracht, um seinen Arbeitsplatz im Luftverkehrskontrollsystem des Landes zu bekommen. Als er entlassen wurde, hatten beide so gut wie kein Geld auf der Bank, um damit diese persönliche Notsituation zu überstehen. Und um die Zeit, als Louis und Cathy beschlossen, sich unserem Geschäft anzuschließen, war das Geld längst verbraucht. Louis war ein guter Mensch, aber er war nicht sehr begabt, Kontakte mit anderen Leuten herzustellen, und mit Menschen konnte er überhaupt nicht umgehen. Und als er in seinem rostigen gelben 75er Daihatsu zu den Häusern seiner alten Freunde und Bekannten fuhr, um seine ersten Präsentationen abzuhalten, parkte er ihn weit entfernt, um sich nicht schämen zu müssen.

„Aber Louis Carillo hatte immer noch Träume für sich und für seine Familie“, erinnert sich Tim, „und jede Nacht packte er seine Materialien und seine Musterprodukte in den 75er Daihatsu und fuhr quer durch Florida, um seine Präsentationen abzuhalten, so gut er es eben vermochte. Wir verbrachten Stunden miteinander“, erinnert sich Tim. „Ich versuchte, alles, was ich über das Geschäft wußte, an Louis weiterzugeben. Conny und ich halfen ihm, seine ersten Präsentationen zu planen. Wir saßen neben ihm und ermutigten ihn, wenn er nicht mehr weiterwußte. Eines Nachts, als Louis daran war, es das erste Mal allein zu wagen, fuhr ich zu seinem Haus und klemmte einen Zettel an die Windschutzscheibe seines häßlichen senffarbenen Autos: „Vergiß nicht, Louis, Du hast einen Partner. Zusammen werden wir es schaffen! Ich mag Dich, Tim.“

Louis Carillos Augen füllen sich immer noch mit Tränen, wenn er an diesen Zettel von Tim Foley denkt. Dank Tim und anderen menschlichen Kapitalisten, die Louis in diesem Geschäft traf, hat er sich seinen eigenen Kreis von Freunden geschaffen, die sich nun über Florida und die südlichen Staaten bis nach Mexiko, Südamerika und nach England erstreckt.

Ich wollte, Sie hätten Louis und Tim zusammen nach dem triumphalen Treffen letzten Sommer in Indianapolis gesehen. Nachdem er seinen Traum wahr werden hatte sehen, ging Louis durch die jubelnde Menge, auf der Suche nach Tim, um ihm seinen Dank auszudrücken. Als ihn die Worte im Stich ließen, schloß Louis Tim in seine Arme und drückte ihn an sich.

Irgendwo tief in Ihrem Inneren kämpft Ihr unternehmerischer Geist darum, die Freiheit zu finden. Haben Sie keine Angst davor, es zu versuchen. Packen Sie es an. Die Reise beginnt mit jenem berühmten ersten Schritt. Finden Sie einen Freundeskreis, der Ihnen helfen wird, Ihre Träume Wahrheit werden zu lassen. Und eines Tages werden auch Sie wissen, was Tim und Conny Foley sowie Louis und Cathy Carillo wissen, daß die wirkliche Freude am mitmenschlichen Kapitalismus nicht darin besteht, nur eben Ihre persönliche Erfüllung und Ihre eigene finanzielle Sicherheit zu finden. Die wirkliche Freude ist die, anderen Leuten zu helfen, ihre persönliche Erfüllung und ihre finanzielle Sicherheit für sich selbst finden zu können.

Teil III

Los!

9

Welche Einstellung brauchen wir, um Erfolg zu haben, und wie können wir sie erreichen?

Regel 9

Wir glauben, daß es nötig ist, eine positive, hoffnungsvolle Einstellung zu entwickeln, um unsere Ziele zu erreichen.
Deshalb sollten wir mit der Hilfe unseres Mentors ein Programm entwerfen, ein Programm, welches uns helfen wird, eine positive, hoffnungsvolle, produktive Einstellung zu unserem Leben und seinem Potential zu finden.

Der junge Verkäufer fuhr seinen Lastwagen von der West End-Brauerei die Straße von Utica nach Rome, New York hinauf. Als er den Mohawk-Fluß an der East-Dominick-Street-Brücke überquerte, färbte sich der Himmel schwarz, und Blitze leuchteten am fernen Horizont. In der Hoffnung, dem spätsommerlichen Gewitter zu entgehen, drückte der Fahrer das Gaspedal nieder, bog schwungvoll in die James Street ein und kam vor Gillets Lebensmittelmarkt in der Turin Road mit quietschenden Reifen zum Stehen.

Die ersten Regentropfen begannen, auf die Windschutzscheibe zu prasseln, als der junge Mann seine Reklametafel aus Pappe packte und quer über den Parkplatz rannte, er trug graue Hosen und ein dazu passendes, graues Hemd mit dem Logo der West End-Brauerei und seinem Namen, Dexter Yager, der in fetten Buchstaben auf seine Tasche gedruckt war.

„Keine Reklame, junger Mann", knurrte der neue Manager, als Dexter anfing, die Schilder aus Pappe aufzustellen, die das Bier anpriesen. „Raus damit. Wir haben keinen Platz für Abfall. Wir sind im Lebensmittelgeschäft, klar?"

Dexter nötigte sich ein Lächeln ab, sammelte die Pappestücke zusammen und eilte zum Ausgang, wütend und voll Verlegenheit. Über ihm tobte das Gewitter in voller Gewalt. Einen Augenblick lang blieb er im Eingang stehen und hoffte, die Sintflut würde nachlassen, ehe er zu seinem Lkw zurückrennen mußte. Er fühlte sich in der Klemme – zwischen dem drohenden Manager und dem drohenden spätsommerlichen Gewitter.

Den ganzen Sommer 1964 hatte sich Dexter in einer Zwickmühle befunden. Er verdiente 150 DM die Woche mit dem Verkauf von Bier und dem Aufstellen von Reklametafeln der West End-Brauerei in Lebensmittelgeschäften quer durch Oneida County. Er arbeitete hart, aber er schien niemals in der Lage zu sein, vorwärtszukommen. Dexter und seine Frau Birdie fuhren immer noch einen rostigen 55er Ford Kombi, und sie lebten immer noch mit ihren sieben Kindern in einem alten Reihenhaus, das direkt an eine Straße grenzte. „Wenn wir den Fuß vor unsere Haustür setzten“, erinnert sich Birdie, „dann standen wir direkt auf der Straße. Da war keine grüne Wiese, kein Spielplatz für unsere Kinder, kein Frieden und ganz sicherlich keine Ruhe.“

„Ich hatte große Träume für mich und für meine Familie“, erinnert sich Dexter, „aber irgendetwas stand zwischen mir und jenen Träumen. Und anstatt herauszufinden, was wirklich nicht in Ordnung war, was wirklich geändert werden mußte, zog ich eine Liste von Entschuldigungen an den Haaren herbei und benützte sie, um meine Fehlschläge damit zu erklären.“

„Ich hatte kein College besucht“, sagt er. „Am Anfang glaubte ich, das war es, was mich hinderte. Jedes Mal, wenn ich mich um eine bessere Stelle bewarb, warfen die Herren in den grauen Anzügen und gestreiften Krawatten mir dies vor.“ „Kein College, mein Sohn?“ murmelten sie, wenn sie meine Bewerbung überflogen und dabei in sich hineinlachten. Ich schüttelte meinen Kopf und fühlte mich blamiert. Nachdem sie mein kurzes Schriftstück angesehen hatten, lächelten sie, gaben mir das Blatt zurück und begleiteten mich zur Tür, wobei sie etwas murmelten wie „Na, kommen Sie wieder, wenn Sie diesen Abschluß haben, und dann sprechen wir noch mal darüber.“

„Ich verfügte auch über keinen besonders großen Wortschatz“, sagt Dexter. „Lange Zeit dachte ich, dies sei das Problem, das mir im Weg stand. Ich werde niemals den Tag vergessen, als mich jemand auf meine begrenzte Ausdrucksfähigkeit hinwies. „Kein erfolgreicher Mensch wird etwas von Ihnen wissen wollen“, warnte er mich. „Auch wenn Sie es weit bringen sollten, Sie werden niemals dazupassen.“

„Und ich bin eben nicht auf der richtigen Seite der Straße aufgewachsen“, fügt Dexter hinzu und denkt an die dritte Entschuldigung zurück, die er in jenen frühen Jahren gebrauchte. „Ich bin im Norden des Staates

New York in einer kleinen Stadt namens Rome aufgewachsen. Ich war Protestant in einer katholischen Umgebung; ich war ein deutsch-schottischer Mischling, umgeben von Vollblut-Italienern; ich war der Sohn eines Klempners, und die Kinder von Ärzten, Rechtsanwälten und Politikern nahmen selten Notiz von mir."

„Aber diese ‚Gründe' für meinen Mißerfolg", erklärt er, „waren in Wirklichkeit überhaupt keine Gründe. Sie waren Entschuldigungen, die ich benutzte, um zwischen mir und meinen Träumen eine Mauer aufzurichten. Meine Einstellung zu mir selbst war völlig falsch. Etwas, oder besser jemand mußte sich ändern. Ich mußte mich ändern, aber zu jener Zeit war mir das nicht klar. Alles, was ich tat, war, meinen Bierwagen durch jenen stürmischen Sommertag zu fahren und mich zu fragen, ob meine Träume zusammen mit dem strömenden Regen den Bach hinuntergehen würden, den Wood Creek hinunter in den Mohawk River fließen und für immer im fernen Meer verschwinden würden."

Wie man ein erfolgreicher Unternehmer wird. Glauben Sie an sich selbst!

Ich hoffe, daß einige von Ihnen jetzt sagen, jetzt weiß ich etwas über Unternehmer, aber wie kann ich einer werden? Für Dexter Yager und für Millionen von Geschäftsmännern und -frauen wie ihm begann der Erfolg mit einer Änderung ihrer Einstellung.

Wenn wir sagen, jemand hat eine „Attitüde", dann meinen wir damit oft, er sei arrogant. Das ist es nicht, worüber ich spreche. Arroganz und Selbstvertrauen sind zwei verschiedene Dinge. Ich spreche über die positive Einstellung eines Menschen zu sich selbst, welche ausdrückt: „Ich kann es fertigbringen!" Als sich Dexter Yager einmal dazu entschlossen hatte, daß er seine Einstellung verändern mußte, kam der Erfolg. Haben Sie kein rechtes Vertrauen? Wenn jemand zu Ihnen sagt: „Sie können ein erfolgreicher Unternehmer werden", ist dann Ihre erste instinktive Reaktion nicht zu antworten: „Niemals!"? Nun, damit sind Sie nicht allein. Dexter und Birdie Yager wären die ersten gewesen, die Sie verstehen würden. Die meisten von uns glauben anfangs, sie seien nicht aus dem richtigen Holz geschnitzt. Aber da täuschen wir uns. Oft ist das richtige Holz unter einer Lawine von Abfall vergraben. Unser ganzes Leben lang sagt man uns – mehr oder weniger einfühlsam –, daß wir nicht geeignet sind, daß wir Schwächen haben, daß wir nicht vorwärtskommen.

„Du brauchst eine höhere Ausbildung, um vorwärtszukommen“, ist eine von jenen Lügen. Ich glaube an die Erziehung. Ich habe in der Leitung verschiedener Universitäten mitgearbeitet und mehr als ein Dutzend Ehrendoktorgrade erhalten. Meine Kinder haben alle einen Collegeabschluß, aber ich hatte keinen. Dexter Yager hatte keine Collegeausbildung. Die Liste der Fortune-500-Gesellschaften, deren Gründer oder Generaldirektoren kein College besucht haben, ist lang und eindrucksvoll. Karl Barth, einer der wichtigsten Theologen dieses Jahrhunderts hatte nicht einmal ein Seminar besucht, und trotzdem werden seine gesammelten Schriften in jedem Seminar der Welt benützt. Ich sage nicht, daß ein Universitätsabschluß nicht von Bedeutung sei, aber glauben Sie auch nicht einen Moment, daß Sie ohne einen solchen Abschluß keinen Erfolg haben können. Einer von Dexter Yagers Helden war sein Onkel. „Ich lernte Onkel John kennen, als er Tellerwäscher war“, erinnert sich Dex. „Er verließ die Schule in der achten Klasse. Dann, während er für einen Hungerlohn als Arbeiter beschäftigt war, war er mit tüchtigen Zimmerleuten zusammen und lernte ihr Gewerbe. Als die Baufirma, für die er arbeitete, Pleite machte, fing er seine eigene kleine Baufirma an. Dann lieh er sich Geld, um Land zu kaufen und wurde Makler. Von seinem Profit kaufte er sich sein Lieblingsrestaurant. Er fing immer irgend etwas an. In den sechziger Jahren hatte er mindestens ein Dutzend Geschäfte, und sein Erfolg überstieg seine wildesten Träume. Ich wollte genauso sein wie er.

‚Aber du mußt zuerst aufs College gehen‘, war der Hinweis, den er mir gab. ‚Mach deinen Abschluß‘, stimmte mein Vater mit ein. ‚Aber ich will sein wie ihr‘, sagte ich zu den beiden. Wie Onkel John, so unterbrach auch mein Vater seine Schulausbildung in der achten Klasse. Und doch haben sie nie aufgehört zu lernen, zu wachsen und sich zu verändern. Ich kannte eine Menge Leute mit College- und Schulabschlüssen, aber ich respektierte meinen Vater und Onkel John am meisten für das, was sie fertiggebracht hatten, und für die Art und Weise, in der sie es fertiggebracht hatten. Trotzdem sagten mir beide: ‚Du wirst keinen Erfolg haben, wenn du nicht aufs College gehst.‘“ Auch unsere Helden und Vorbilder können uns auf einen falschen Weg bringen. Dexter lernte das sehr früh. „Um die Zeit, als ich jenen Bierlastwagen in Rome, New York fuhr“, erinnert er sich, war ich davon überzeugt, daß ich ohne einen Collegeabschluß niemals erfolgreich sein würde. Aber ich war zu alt, um am College anzufangen. Ich hatte Frau und Kinder und hatte eine endlose Menge von Rechnungen zu bezahlen. Ich konnte unmöglich ein Student werden, selbst wenn ich in der Lage gewesen wäre, die Aufnahmeprüfung zu schaffen."

Wie wir wissen, kann ein schlechter Rat auch zu einer sich erfüllenden Prophezeiung werden. Er hallt wider in unserem Gehirn und vernebelt unsere Träume. „Du wirst es niemals schaffen ohne einen Collegeabschluß." „Mit Ihrem begrenzten Wortschatz wird Ihnen niemand eine Chance geben." „Es gibt keinen Platz an der Spitze für einen Protestanten oder einen Katholiken oder einen Juden, für einen Hispanoamerikaner oder einen Afroamerikaner, für einen Kahlköpfigen oder eine dicke Frau." Die Liste wird immer länger, bis niemand mehr übrigbleibt, der Erfolg haben kann.

Solche Ratschläge begleiten uns oft schon sehr früh in unserem Leben. Sie können mit einem Witz beginnen oder mit einem Flüstern. Sie wachsen mit jedem Mal, daß uns jemand leise zur Seite nimmt oder uns einen „freundlichen" Rat gibt. Und diese Ratschläge enden mit der Zerstörung unseres Potentials und dem Tod unserer Träume. Lassen Sie es nicht zu, daß Lügen über Ihre Grenzen auch nur einen Tag länger Ihre Zukunft in Gefahr bringen. Listen Sie statt dessen all Ihre Begabungen auf. Finden Sie eine positive Eigenschaft, die Sie an sich selbst bemerken, und benützen Sie diese Eigenschaft als Keil, um sich selbst für all das Potential in Ihnen zu öffnen. Heute ist der Tag, um damit zu beginnen, eine neue, positive, lebensverbessernde Einstellung zu sich selbst zu gewinnen.

Vor ein paar Jahren wurde ich mit den klassischen Symptomen eines Herzanfalles in die Intensivstation des Butterworth-Krankenhauses in Grand Rapids, Michigan eingeliefert.

Die Ärzte führten eine Bypass-Operation durch, um ein Blutgerinnsel in den Blutgefäßen, die mein Herz versorgen, zu entfernen. Während jenes langen Krankenhausaufenthaltes wurde mir schmerzlich bewußt, daß ich zwei Möglichkeiten hatte. Ich konnte genauso wie vorher weitermachen und würde vermutlich wieder auf dem Operationstisch landen, wenn nicht gleich in unserem Familiengrab. Oder ich konnte ernsthafte, auf lange Sicht angelegte Änderungen meines Lebenswandels herbeiführen und hoffen, ein hohes Alter zu erreichen.

Während ich so in meinem Krankenhausbett lag, angeschlossen an die Lebenserhaltungssysteme, die in der Nacht blinkten und summten, dachte ich ernstlich über den Rat meiner Ärzte nach. Er besagte, daß es drei Faktoren waren, die meine Arterien blockiert hatten: Erbanlagen, schlechte Ernährung und Mangel an Bewegung. Diese drei Faktoren waren daran, mir einige Lektionen zu erteilen, die mein Leben retten konnten. Jene selben Lektionen treffen zu, wenn es darum geht, anstelle einer zum Mißerfolg führenden Einstellung eine andere zu finden, die uns den Erfolg bringt. Sehen Sie es einmal so. Dexter fühlte sich blockiert. Er hatte Träume, aber etwas blockierte diese Träume. Er entdeckte, daß es seine eigene negative Einstellung zu sich selbst war. Wie wäre es, wenn wir eine „Kann-ich-nicht"-Einstellung als eine Art von Blockade betrachten würden? Würden dieselben Faktoren – Vererbung, schlechte Ernährung und ein Mangel an Bewegung – zutreffen, könnte es sein, daß die Tendenz, nicht an uns selbst zu glauben, etwas ist, was wir geerbt haben? Wäre es möglich, daß eine neue Gedankendiät einen Unterschied machen würde? Gibt es Wege, unseren Geist zu trainieren, Wege, welche die negative Situation durchbrechen könnten und unseren unternehmerischen Geist wieder frei fließen lassen würden?

Vererbung

Mein Vater, Simon C. DeVos, erlitt mehrere Herzanfälle vor seinem vorzeitigen Tod im Alter von 59 Jahren. Ich habe viele von den Eigenschaften von ihm geerbt, die zu meinem Erfolg führten, und ich bin für jede einzelne davon dankbar. Gleichzeitig aber hatten die psychologischen und körperlichen Züge, die ich ererbt hatte, auch ihre gefährlichen Kehrseiten. Dadurch, daß ich meine Vererbung nicht ernst nahm, fand ich mich plötzlich im Krankenhaus wieder und fragte mich, ob ich meinem Vater in ein frühes Grab folgen würde.

Es hat keinen Sinn, zu versuchen, jemanden zu finden, dem wir die Schuld für unsere Schwächen geben können. Denken Sie daran, daß, von wem oder woher sie auch immer abstammen mögen, eine „Kann-ich-nicht"-Einstellung „ererbt" sein könnte. Nicht genetisch, aber in dem Sinne, daß eine Generation eine Verhaltensweise an die nächste übertragen kann.

Wenn Ihre Eltern von sich selbst dachten, sie seien Verlierer – wenn sie nicht das Vertrauen oder das Bestreben hatten, erfolgreich zu werden –, welche Art von Einstellung gaben sie dann an Sie weiter? Es könnte immerhin sein, daß man Ihnen beigebracht hat, daß auch Sie von sich als einem Verlierer denken. Das kann man Ihren Eltern nicht unbedingt als Schuld anrechnen. Sie hatten Ihre eigene „Erbschaft", mit der Sie zu kämpfen hatten. So oder so, wir haben vieles von den Stärken und Schwächen von unserer Eltern ererbt. Aber das bedeutet nicht, daß Sie sich nicht ändern können. Vergessen Sie die schlechten Züge, die Sie geerbt haben, und halten Sie sich dankbar an die guten.

„Meine Mutter war eine sehr entschlossene Frau", erinnert sich Dexter. „Ihr ganzes Leben lang hatte sie Probleme mit einem schwachen und schmerzenden Rücken. Ihre Ärzte sagten ihr, sie könnte niemals Kinder haben. Sie hatte fünf. Sie warnten sie davor, uns hochzuheben und im Arm zu halten. Sie ignorierte das und drückte uns lange und oft an sich. Als wir kleine Kinder waren, entdeckten die Ärzte Mutters hohen Blutdruck, und sie versuchten, uns auf ihren vorzeitigen Tod vorzubereiten. Sie lächelte und fuhr ganz einfach fort, an sich selbst und an ihren zerbrechlichen Körper zu glauben. Sie nahm die Ärzte niemals ernst, und mit dem Alter von 80 Jahren hatte sie sie alle überlebt.

Kurz nach ihrem 80. Geburtstag hatte Mutter einen Schlaganfall. Ihre rechte Seite war gelähmt. Die Schwestern setzten sie sanft in einen Rollstuhl. ‚Sie wird nie mehr gehen können', sagten sie. Aber jene wohlmeinenden Schwestern kannten meine Mutter nicht. ‚Ich will einen Stock', sagte sie während ihrer ersten Therapiewoche. ‚Ich werde wieder gehen.' Bei einem Besuch kurz danach stand ich im Zimmer meiner Mutter und sah mit großem Erstaunen zu, wie sie sich aus ihrem Stuhl hocharbeitete. ‚Guten Morgen, mein Sohn', sagte sie. ‚Komm, umarm' deine Mutter.' Und damit setzte sie sich in Bewegung auf mich zu, sie ging, sie lächelte, sie glaubte an sich selbst, entschlossen, alles und jeden zu überwinden, dessen Träume nicht zu ihren eigenen paßten.

Mein Vater maß nur etwa 1,60 Meter, erinnert er sich auch, „aber er war zäh, und während der Zeit, als ich in Rome aufwuchs, lebten wir in einer recht rauhbeinigen Ecke der Stadt. An einem Samstag wollten ein paar junge Punks mit meinem Vater Streit anfangen. Er versuchte, ihn zu vermeiden, aber nachdem der erste Schlag gefallen war, stürzte er sich auf sie wie ein Tiger. Das letzte Mal, als wir jene beiden Burschen sahen, rannten sie davon, so schnell sie rennen konnten.

Lange Zeit hatte ich ein kleines Schild auf meinem Schreibtisch, auf welchem stand: *‚Es zählt nicht die Größe des Mannes, der kämpft, sondern die Größe der Kampfbereitschaft in dem Mann.'* Jedes Mal, wenn ich diese Worte sehe, denke ich an meinen Vater und an die Größe der Kampfbereitschaft, die er an mich weitergab."

Wie Dexter, so haben wir alle Gutes und Schlechtes von Familie und Freunden übernommen, aber wir dürfen mit dem nicht zufrieden sein, was uns gegeben wurde. Bauen Sie darauf auf. Wenn Sie eine schlechte Meinung von Ihrem Potential geerbt haben, so kämpfen Sie dagegen an.

Sagen Sie sich selbst: „Ich bin kein Verlierer, ich kann und ich werde Erfolg haben.“ Die Umstände, die meine Eltern oder Großeltern gehindert haben, werden mich nicht aufhalten. Seien Sie dankbar, daß jemand etwas zu Ihnen sagt – jetzt in diesem Augenblick –, was vielleicht noch nie jemand zu Ihnen gesagt hat: *Sie können es schaffen!*

Ernährung

Wir mögen einen starken, flexiblen Körper geerbt haben, aber wenn wir uns dauernd von Pommes frites und Cheeseburgern, Schokoladekuchen und Bier ernähren, dann wissen Sie, was geschehen wird. Wenn wir nicht sehr viel Glück haben, werden sich unsere Adern verstopfen. Die Innenseite unserer Blutgefäße wird aussehen wie die Innenseite rostiger alter Rohre. Aber wenn wir eine ausbalancierte, fettarme Diät zu uns nehmen (und sie schmeckt gar nicht so langweilig, wie sie klingt), dann besteht die Chance, daß unsere Adern in gutem Zustand bleiben.

Dasselbe gilt für unseren Geist. Wenn wir laufend eine Diät von ungesunden Ideen verpaßt bekommen, was wird geschehen? Höchstwahrscheinlich werden wir eine ungesunde Einstellung zu uns selbst entwickeln. Ein kleines Gedicht von Walter Delamare übermittelt uns die richtige Idee. In freier Übersetzung besagt es: „Es ist eine sehr sonderbare Sache – sehr sehr sonderbar –, daß all das, was Miss T. ißt, zu Miss T. wird.“ Es ist die alte Geschichte: Sie sind, was Sie essen. Wenn Sie dauernd eine negative Diät zu sich nehmen, ein „Kann-ich-nicht“-Denken, dann werden Sie mit hoher Sicherheit keinen Erfolg haben!

Während des Interviews mit Dexter und Birdie Yager lehnte er sich plötzlich herüber und nahm ein Glas in die Hand. „Sehen Sie dieses Glas“, sagte er. „Jetzt ist es voll Coke und Eis. Wenn ich es ganz austrinke, dann wird es voll Luft sein. So etwas wie ein leeres Glas gibt es nicht.

Etwas wie einen leeren Geist gibt es auch nicht“, fuhr er fort. „Unser Kopf ist voll von negativen Gedanken, positiven Gedanken oder einer Mischung aus beiden. Da gibt es glückliche Erinnerungen und traurige, die alle zusammen herumschweben. Da gibt es Gefühle von Hoffnung und von Hoffnungslosigkeit, die Seite an Seite herumschaukeln. Aber unser Geist, wie dieses Glas, ist nicht leer. Wir müssen lernen, wie wir die Gifte und den Abfall herausspülen können, gerade so, wie wir eine Toilette spülen müssen. Und wir müssen lernen, unseren Geist wieder mit positiven, hoffnungsvollen, hilfreichen und ermutigenden Gedanken zu füllen.“

Stellen Sie sich Dexter und Birdie Yager in jenen frühen sechziger Jahren vor, als sie ihre finanzielle Zukunft mit einem ganz neuen Geschäft riskierten. Sie lebten noch in dem Reihenhaus mit dem 1955er Kombi. Aber jeden Abend, bevor er schlafen ging, wanderte Dexter die Dominic Street hinunter zum einzigen Cadillac-Händler in Rome.

„Ich stand dort in der Dunkelheit", erinnert er sich, „und starrte auf die hellerleuchteten angestrahlten Cadillacs im Schaufenster des Ausstellungsraums. Ich war auf einen hellblauen DeVille mit feudalen Ledersitzen und elektrischen Fensterhebern aus. Wir hatten keinen übrigen Pfennig auf der Bank, aber wie ich so in der Dunkelheit dastand, sagte ich mir immer und immer wieder, daß eines Tages, und zwar bald, dieses Auto mir gehören würde."

„Dexter war nicht der einzige, der Träume hatte", erinnert uns Birdie. „Während er davon träumte, den Ford gegen einen Cadillac DeVille einzutauschen, hatte ich in einem Wohnviertel am Rande von Rome ein Traumhaus entdeckt. Ich träumte davon, daß unsere Kinder einen Garten mit Rasen und einen kleinen Bach haben würden, an einer Straße, die ruhig und sicher war. Nachdem ich Dexter meinen Traum erzählt hatte, pflegte er den alten Ford vor meinem Traumhaus für jeweils eine Viertelstunde zu parken und wünschte sich das Haus für mich und für unsere Familie. Es ist ein Wunder, daß die Bewohner nicht die Polizei riefen, während Dexter dort saß, das Haus anstarrte und davon träumte und sich wünschte, es gehörte ihm."

„Ich lernte, mich darauf zu konzentrieren, was ich wollte", erklärt er. „Es war die beste Methode, um all den Abfall hinauszuspülen, den andere Leute für mich wollten oder nicht wollten. Ich mußte mein Leben von all jenen Leuten mit ihren guten Absichten zurückfordern, die glaubten, ihre Träume seien besser für mich als meine eigenen. Tag um Tag, Nacht um Nacht, entwickelte ich meine Träume für die Zukunft weiter."

Heute leben Dexter und Birdie Yager in Charlotte, North Carolina in einem riesigen Traumhaus im Kolonialstil mit sechs offenen Kaminen. Das alte Reihenhaus ist nur noch eine Erinnerung. Der durchgerostete Ford Kombi wurde ersetzt durch eine unbezahlbare Sammlung von Oldtimer-Fahrzeugen. Sie unterstützen eine lange Liste von Werken christlicher Nächstenliebe und örtlichen und nationalen Wohltätigkeitsaktivitäten, und sie sind dabei, ein Camp für Kinder ins Leben zu rufen, damit sie dort über das System des freien Unternehmertums lernen und auch sie darin erfolgreich werden können. Die Yagers versuchen, eine ganze Generation „umzuprogrammieren", vom Standpunkt „Ich kann nicht" zu

„Ich kann, wenn ich es versuche," – aber dazu mußten sie zuerst sich selbst umprogrammieren.

Eine wichtige Methode, um Ihre „Diät" zu verbessern, ist es, Kassetten anzuhören und Bücher zu lesen. Von den frühesten Tagen unserer Kindheit an funktionieren unsere Gehirne wie Tonbandgeräte mit eingebautem Mikrofon, die immer auf Aufnahme gestellt sind. Stimmen, die wir hören – einige Fachleute sagen sogar, ehe wir den Mutterleib verlassen –, werden auf Dauer in diesen geheimnisvollen Archiven gespeichert, die irgendwo zwischen unseren Ohren eingebaut sind. Einige von diesen Stimmen geben gute Ratschläge, andere nicht so gute. Aber all die Stimmen werden aufgenommen, und ob wir es mögen oder nicht, diese alten Bänder – besonders die schlechten – werden immer und immer wieder in unseren Köpfen abgespielt.

„Du bist häßlich!"
„Du bist blöd."
„Du bist ja nur ein Mädchen."
„Du neigst zu Unfällen, weißt Du?"
„Einmal ein Versager, immer ein Versager."

Und die Bänder spulen weiter, alte Bänder, Bänder, denen wir nicht länger glauben wollen, aber wir können die Bänder nicht stoppen. Nehmen Sie sich eine Minute und fragen Sie sich: „Welches sind die Bänder, die da ablaufen und die meine Selbstachtung unterminieren und mich dazu veranlassen, mein Potential zu unterschätzen?" Für Dexter waren es die Collegeabschlüsse, sein begrenztes Vokabular, und die Tatsache, daß er auf der falschen Seite der Straße aufgewachsen war. Welche Bänder spielen Sie ab, die Sie hinunterziehen, und welche neuen Bänder könnten Sie abspielen, die Sie wieder hochbringen?

Vor ein paar Jahren hielt in Innsbruck mein spezieller Freund und Vertrauter, Billy Zeoli, der Präsident von Gospel Films (und der Mann, der mich am meisten dazu gedrängt hat, dieses Buch zu schreiben), eine Rede im Olympiastadion. Tausenden von Europäern, die gerade erst daran waren, das freie Unternehmertum und seine Vorteile zu entdecken, erzählte Billy die Geschichte einer Rede von Winston Churchill, die er kurz vor seinem Tod für die Absolventen einer großen englischen Universität hielt.

Churchill kam etwas zu spät, erzählte Billy. Er schritt in dem großen Auditorium ganz nach vorne, noch mit seinem schweren Mantel und seinem schwarzen Filzhut bekleidet. Während die Studenten jubelten, nahm der frühere Premierminister langsam seinen Hut und seinen Mantel ab und legte sie auf das Podium neben sich. Er sah alt und müde aus, aber er stand stolz und aufrecht vor ihnen.

Die Menge schwieg. Sie wußte, daß dies die letzte Rede sein konnte, die der alte Premierminister jemals halten würde. Tausend saubere rosa Gesichter blickten zu dem Mann auf, der mutig den Kampf angeführt hatte, um England von der Bedrohung durch die Nationalsozialisten zu befreien. Sein reiches, volles Leben als Staatsmann, Dichter, Künstler, Schriftsteller, Kriegsberichterstatter, Ehemann und Vater war fast zu Ende. Welchen Rat würde er ihnen geben? Wie würde er all die Erfahrungen in eine Rede von sechzig Minuten verdichten? Churchill schaute eine lange Minute auf sie hinunter und dann sprach er folgende vier Worte:

„Geben Sie niemals auf!"

Die Studenten schauten auf den alten Mann, in der Erwartung, daß er mehr sagen würde. Mindestens weitere dreißig oder fünfundvierzig Sekunden starrte der frühere Premierminister nur zurück. Seine Augen glitzerten. Sein Gesicht glühte. Dann sprach er wieder. Diesmal sprach er lauter, grimmiger.

„Geben Sie niemals auf!"

Ein letztes Mal machte Churchill eine Pause. In dem ganzen Raum füllten sich die Augen der Studenten mit Tränen. Sie erinnerten sich noch an die Flugzeuge der Nationalsozialisten über London und an die Bomben, die auf ihre Schulen, Häuser und Kathedralen fielen. Sie wußten noch, wie Churchill durch die Trümmer ihrer Träume schritt mit seiner Zigarre, die er fest in seiner linken Hand hielt, während er seine Rechte über sie hinwegstreckte, die Finger das V-Siegeszeichen bildend. Während seines nicht enden wollenden Schweigens an jenem Tag kamen selbst den jüngsten unter ihnen die Tränen. Schließlich erhob der alte Mann seine Stimme ein letztes Mal.

„Geben Sie niemals auf!"

Dieses Mal schrie er es. Seine aus vier Worten bestehende Abschlußrede hallte im Auditorium wider. Zuerst schwieg die Menge, überrascht, in der Erwartung, daß noch mehr kommen würde. Niemand rührte sich. Und dann merkten sie, einer um den anderen, daß mehr nicht nötig war. Er hatte alles gesagt. In seinem Leben voller Krisen hatte er niemals aufgegeben. Und die Welt hatte sich für immer geändert, weil er da war.

Langsam zog Churchill seinen Mantel an und setzte den Hut auf. Ehe es ihnen klar wurde, daß die Rede vorüber war, drehte er sich um und begann von der Bühne zu gehen. In dem Augenblick begann der Jubel, und er endete noch lange nicht, nachdem der alte Mann schon gegangen war.

Zeoli benützte die Churchill-Geschichte, um seine Rede zu beenden, von der Ton- und Videoaufnahmen angefertigt wurden. Tausende von Leuten wollten das Band haben, unter ihnen ein junger Deutscher, Wolfgang Backhaus. Er nahm das Video mit nach Hause, wo er und seine Frau daran waren, ein neues Geschäft aufzubauen.

„Ich kann Ihnen nicht sagen, wie viele Male meine Frau und ich dieses Band abgehört haben", sagte uns Wolfgang. „Als die Berliner Mauer fiel, wußten wir, daß es Zeit war, unsere Produkte in Ostdeutschland an den Mann zu bringen. Wir wußten, daß es nicht leicht sein würde. Aber wir nahmen die Chance wahr! Wir luden Leute ein zu unserer Präsentation. Es waren wenige, die verstanden, wie das freie Unternehmertum funktionieren könnte. Es waren wenige, die die Chance ergriffen. Aber jedes Mal, wenn wir uns überlegten, aufzugeben, spielten wir das Band von Billys Rede ab und hörten Churchills Worte noch einmal „Geben Sie niemals auf!" Heute nennt die Familie Backhaus eine Vertriebsorganisation ihr eigen, die sich über ganz Europa erstreckt. Sie löschten das „Kann-ich-nicht"-Band in ihrem Kopf mit Churchills berühmten Worten „Geben Sie niemals auf!"

Ganz zu Beginn des Aufbaus ihres eigenen Geschäfts beschlossen der ehemalige Colt-Footballstar Brian Herosian und seine Frau Deirdre, daß das Anhören von Audiokassetten, welche sie anfeuern und informieren würden, der Schlüssel dazu sein könnte, ihre Einstellung zu ändern. „Wir hören uns jeden Tag eine Motivationskassette an", bemerkt Brian. Wir haben Kassettenrecorder im Auto, im Wohnzimmer und im Schlafzimmer. Wir nehmen einen Recorder mit in Urlaub und hören sie uns sogar an, während wir unseren Morgenspaziergang machen oder in der Turnhalle Sport betreiben."

Brian und Deirdre haben es sich zur Gewohnheit gemacht, sich nützliche Bänder anzuhören und motivierende Bücher und Schriften zu lesen. „Wir lesen oder hören jeden Tag etwas Positives", sagt uns Brian. „Besonders lieben wir Aussagen von Leuten, die schwierige Zeiten durchlebt haben. Es gibt uns mehr Vertrauen angesichts der schlechten Zeiten, die wir erleben."

Dexter und Birdie Yager sind gleicher Meinung. „Meine Mutter war eine große Leserin", erinnert er sich.

„Fast jeden Abend in ihrem Leben setzte sie sich hin, um die Bibel zu lesen. Als ich sie fragte, warum sie so gläubig am Lesen sei, antwortete

Mama, ohne eine Pause zu machen, ‚Manche Leute setzen sich jeden Abend hin, um fernzusehen. Aber das Fernsehen macht mich nicht glücklicher über mich selbst oder die Welt. Deshalb lese ich statt dessen Gottes Wort.

Wenn ich auf das Leben meiner Mutter zurückschaue“, schließt Dexter, „dann ist es mir klar, wieviel von ihrer Kraft allein von jenen Lektüreabenden in dem alten Buch herrührte. Sie las die Geschichten von der Schöpfung, um ihre eigenen geistigen Wurzeln zu finden. Sie prägte sich die Psalmen ein, wenn sie Probleme oder Angst hatte. Sie ließ sich anregen und informieren von den alttestamentarischen Geschichten von Moses' Schwester Miriam, von Königin Esther und der Prophetin Deborah, von Ruth und Naomi, und von den Geschichten aus dem Neuen Testament über Maria, die Mutter Jesu, über seine Freundinnen Maria und Marta, über Lydia und die übrigen tapferen jüdischen Frauen, welche die Welt zu verändern halfen. Und sie las das Leben und die Lehren Jesu, um Versöhnlichkeit und Gnade zu finden und um sich für ihren eigenen schwierigen Weg Kraft zu holen.“

Oma Yager gab ihren Kindern und Enkeln die Liebe zum Lesen mit auf den Weg, nicht nur zur Bibel, sondern zu allen Arten von Büchern. Dexter war nicht aufs College gegangen, aber von seiner Mutter angeregt, hatte er während der letzten 30 Jahre die Bücher verschlungen. Was für eine bessere Erziehung könnten wir bekommen? Wofür ist ein Abschluß gut, wenn er nicht von lebenslangem Lesen begleitet wird?

„Wir versuchen, mindestens ein neues Buch pro Woche zu lesen“, sagt Dexter, wie ein Echo der Familie Herosian. „Da sind Bücher für unsere persönliche Entwicklung, anregende Bücher, Bücher geistigen Inhalts, Bücher, die unsere Fähigkeiten weiterentwickeln, Bücher über Erfolg und organisatorische Grundsätze. Es schadet uns ja nicht, Bücher über erfolgreiche Geschäftspraktiken zu lesen“, fügt er hinzu und lacht. „Wir sind schließlich Geschäftsleute. Warum dann nicht erfolgreich sein? Ein Arzt muß mit der wissenschaftlichen Forschung Schritt halten. Ein Rechtsanwalt muß all die neuen Fälle kennen, die daherkommen. Ein Geistlicher liest fortgesetzt die Bibel und theologische Dinge, bis zu seinem letzten Tag. Warum sollten mitmenschliche Kapitalisten weniger tun?“

Was für Bücher lesen Sie, was für Bänder hören Sie sich an, die Ihnen helfen, eine positivere Einstellung zu sich selbst zu finden und zu ihrem Potential als Unternehmer? In unserem ganzen Unternehmen ist diese „Ein-Buch-pro-Woche“-Regel recht gut verankert.

Da wir darüber sprechen, den uns innewohnenden Geist zu ernähren und so zu einer positiveren Einstellung zu uns selbst und unserem Potential zu gelangen, denken Sie auch an die Kraft Ihrer Freunde. Die Leute, mit denen wir uns abgeben, haben mehr Einfluß auf unsere Einstellung, als wir uns vorstellen können.

Das Geheimnis des Erfolges unserer Gesellschaft sind Leute wie die Yagers, wie die Herosians und die Familie Backhaus, die von ihren gemeinsamen Träumen angezogen werden. Auf Seminaren und bei Treffen, am Küchentisch oder vor dem Kamin sprechen diese Männer und Frauen von ihren gemeinsamen Träumen. Im Neuen Testament schreibt der Apostel Paulus folgenden Rat an die neuen jungen Kirchengemeinden: „Und vergeßt nicht, Euch zu versammeln!" 2000 Jahre später sangen die Beatles den Song „I get by with a little help of my friends".

Unglücklicherweise haben zu viele von uns Freunde, die uns nicht dabei unterstützen, lebensverbessernde Einstellungen zu entwickeln. Sie ziehen uns hinunter. Als ein Politiker sich bei Präsident de Gaulle darüber beklagte, daß seine eigenen Freunde ihn nach unten zögen, antwortete de Gaulle: „Suchen Sie sich andere Freunde!" Ein anderer Franzose, Jacques de Lille, sprach über 100 Jahre vorher folgende Worte, die wir alle ernst nehmen müssen: „Ihre Verwandten wählt das Schicksal für Sie aus, aber Ihre Freunde müssen Sie selbst wählen."

Wenn wir über unsere „Diät" reden, machen wir uns keine Gedanken über Kalorien oder Kohlenhydrate, Gramm, Fett oder Natron. Hier sprechen wir über die Einnahme von Gedanken, Hoffnungen und Träumen. Sind Sie umgeben von Untergangspredigern, von Kleinkrämern, von Leuten, die über andere schlecht reden und solchen, die eine düstere Stimmung verbreiten? Oder wächst die Liste Ihrer Freunde, deren bloße Anwesenheit Ihnen ein Gefühl von größerer Selbstsicherheit und mehr Hoffnung für Ihre Zukunft gibt? Seien Sie auf der Hut!

Körperliches Training

Um wirklich fit zu sein, müssen Sie noch üben. Machen Sie es nicht wie der Zeitgenosse, der sagte: „Immer wenn ich das Gefühl habe, trainieren zu müssen, lege ich mich hin, bis das Gefühl vergeht." Wenn Sie ein Unternehmer werden wollen, dann müssen Sie Ihre Muskeln spielen lassen. Sie müssen rausgehen und es versuchen.

Winston Churchill sagte einmal: „Erfolg bedeutet, mit Begeisterung von Mißerfolg zu Mißerfolg zu schreiten." Und Thomas Edison war der Ansicht: „Erfolg ist 90% Transpiration und 10% Inspiration." Beide, Churchill und Edison wußten, daß man zuerst den Wettkampf aufnehmen muß, bevor man irgendeine Möglichkeit hat, zu gewinnen.

Vielleicht gewinnen Sie nicht jedes Rennen. Sie könnten tatsächlich von einem Mißerfolg zum anderen schreiten. Aber hinauszugehen und zu üben wird Ihnen helfen, Ihre Talente zu entwickeln – es wird Sie „in Form" bringen. Die meisten Leute versuchen nur nicht, etwas zustande zu bringen, und sie entwickeln niemals die unternehmerischen Muskeln, die man braucht, um Erfolg zu haben.

In der Stadt, in der ich wohne, gibt es eine Menge von Beispielen für den Unterschied, den die richtige Einstellung ausmachen kann. Peter Secchia, einer meiner Freunde und Sohn italienischer Einwanderer, wurde von seiner ausgedehnten Familie in der alten Welt gepredigt, daß Bildung nur ein Zeit- und Energieverlust sei. Peter hörte nicht auf sie.

Ein anderer meiner Freunde, Paul Collins, hörte von praktisch jedermann, daß ein junger Schwarzer zwar Sportler oder Jazzmusiker sein könnte, aber nie ein erfolgreicher Maler. Paul hörte nicht auf sie. Ein dritter enger Freund von mir, Ed Prince, erfuhr früh, daß arme Jungen, deren Väter jung sterben, im Geschäft keinen Erfolg haben konnten. Ed hörte auch nicht hin.

Heute ist Peter Secchia Botschafter der Vereinigten Staaten in Italien. Paul Collins großartige Gemälde hängen in eleganten Galerien und Museen rund um die Welt. Und Ed Prince ist Generaldirektor seiner eigenen florierenden und vielbewunderten Firma.

Jeder von diesen Männern überwand die „Gehirnwäsche" seiner ererbten Vergangenheit – das negative Denken, daß den unternehmerischen Geist hätte lähmen können. Sie nahmen gesunde, positive Gedanken auf und umgaben sich mit gesunden, positiv denkenden Menschen. Sie wandten sich von negativ denkenden Freunden und Bekannten ab, die sie hinabgezogen hätten. Und von Jugend an übten sie ihre unternehmerischen Muskeln. Sie hatten Träume, nahmen Risiken auf sich, und obwohl sie auf ihrem Wege gelegentlich stolperten und ihnen einiges nicht gelang, sind sie heute Sieger, weil ihre Einstellung richtig war!

Arbeiten Sie hart daran, die negativen Gedanken über sich selbst zu überwinden, die Sie ererbt haben. Nehmen Sie eine gesunde „Diät" von positiven, ermutigenden und hoffnungsvollen Gedanken auf. Und beginnen Sie heute, Ihre unternehmerischen Muskeln spielen zu lassen. Sie haben eine Idee? Probieren Sie sie aus! Sie werden überrascht sein, wie großen Erfolg Sie haben können. Ich habe eine Menge Freunde, deren Lebensgeschichten dies beweisen!

Bill und Hona Childers wuchsen nicht geradezu in Armut auf. „Nur pleite", erklärt Hona. Ihr Vater war Mechaniker und betrieb seine eigene Werkstätte. Bills Vater besaß eine kleine Textilfabrik. Als Mr. Childers krank wurde, verließ Bill das College, um sich um seinen Vater zu kümmern, und als dieser starb, mußte die Fabrik verkauft werden, damit die Rechnungen bezahlt werden konnten. Da gab es keine Ersparnisse, keine Versicherung, keine Erbschaft. Einige Jahre später starb auch Honas Vater und hinterließ die Familie Childers mit zwei kleinen Kindern.

An jenem Augenblick ihres Lebens hätten die Childers sich selbst bedauern können. Sie hatten mehr als ihr gerechtes Maß an Verantwortung und kein großes Einkommen. Nach dem Militärdienst arbeitete Bill in Charlotte, North Carolina als Verkäufer für einen Bandeisenhersteller, und Hona nahm eine Teilzeitarbeit an, machte Werbung für Kameras in Einkaufzentren und organisierte in Wohnhäusern in ganz Charlotte Vorführungen. Sie hatten keine feinen Studienabschlüsse, keine Sparkonten und keine reichen Onkel irgendwo im Hintergrund. Aber sie glaubten an sich selbst. Ihre Einstellung stimmte.

Sie wußten in ihrem Herzen, daß ihnen etwas begegnen würde, was ihnen finanzielle Sicherheit geben würde, und als sie im Jahr 1973 die Gelegenheit sahen, ein eigenes Geschäft zu besitzen, entschlossen sie sich, es zu riskieren, was immer es sie kosten mochte. Heute lebt die Familie Childers in einem wunderschönen Haus mit einem Trophäenraum, wo an einer Wand ein 250 Kilogramm schwerer Marlin und an der anderen ein riesiger Elch angebracht sind, den Bill in Colorado geschossen hat. Doch was das beste ist, ihre Zukunft und die finanzielle Zukunft ihrer Kinder ist garantiert, und man kümmert sich liebevoll um die beiden verwitweten Mütter. Bill und Hona sind frei von der täglichen Sorge, wie man die Rechnungen bezahlen könnte, und sie haben auch die Freiheit, ihre Zeit, ihr Geld und ihre Führungsqualitäten menschenfreundlichen Anliegen zu widmen, um die sie sich sehr intensiv kümmern. Nachdem der Hurrikan Andrew Florida verwüstet hatte, erschienen die Childers zusammen mit anderen Freiwilligen aus dem Amway-Geschäft aus dem ganzen Lande, um den Menschen in Not Hoffnung und Hilfe zu bringen. Die Familie Childers begann ihr Geschäft mit großen Träumen, wenig finanziellen Möglichkeiten und einer positiven Einstellung. Und ihre positive Einstellung war das Entscheidende.

Wir erleben einen großartigen Abschnitt in der Geschichte. Wir sollten froh sein, heute zu leben! Selbstverständlich gibt es Probleme, aber schauen Sie in die Vergangenheit und schauen Sie auf die Probleme, die wir schon überstanden haben. Wir haben alle genug von den Untergangspropheten und ihren schrillen, pessimistischen Stimmen, die den drohenden Untergang unserer Zivilisation vorhersagen. „Die Rohstoffe gehen uns aus!" „Das Bankensystem nähert sich dem Kollaps"! „Die bevorstehende große Krise wird das Leben, so wie wir es kennen, zerstören!" „Das Ende ist nahe!"

Einige von diesen Unglückspropheten machen aus ihren falschen Warnungen gutes Geld. Aber anstatt die Situation zu verbessern, lähmen sie unseren Geist und leiten uns zur Verzweiflung: Wir dürfen nicht auf die hören, die fortgesetzt negativ denken!

Als mein Sohn Douglas erst dreizehn war, gingen wir zusammen zum Bootfahren auf dem Lake Michigan. Ich erinnere mich, wie der Motor brummte und der Wind uns mit Gischt bespritzte, als wir über das Wasser flogen. „Eines Tages", rief ich meinem Sohn zu, „wirst du ein Boot haben, das noch schneller laufen wird als dieses hier." „Ich fürchte nein", antwortete er. „Die Welt wird wahrscheinlich kein Benzin mehr haben, eher ich meine Chance bekomme."

Ich stellte den Motor ab. Einen Moment lang glitten wir schweigend dahin. „Ich will dir mal etwas sagen, Douglas", sagte ich mit Nachdruck. „Wenn du dein Boot kaufen wirst, dann wirst du dich um das Benzin nicht zu sorgen brauchen, denn das Boot wird schon seinen Treibstoff für seine gesamte Lebensdauer eingebaut haben." „Das kannst du doch nicht wissen", antwortete er skeptisch. „Da kannst du nicht sicher sein."

„Vor Jahren wußte ich auch nicht, daß wir von Washington, D.C. nach Paris in nur drei Stunden würden fliegen können", sagte ich zu ihm, „oder daß wir per Fax Nachrichten in Sekundenschnelle über das ganze Land hin und her würden schicken können, und doch ist es Wirklichkeit geworden. Die unüberwindlichen Probleme von gestern sehen heute einfach aus. Und wir müssen fortfahren, zu glauben, daß die unlösbaren Probleme von heute morgen leicht aussehen werden."

Ich bin ein unheilbarer Optimist. Ich glaube an den kreativen Genius, den Gott in uns hineingepflanzt hat, damit wir Probleme lösen können, wie etwa, daß es kein Benzin mehr gibt oder daß wir die Hungrigen der Welt sättigen können. Wenn wir unseren Glauben und unsere Vision erhalten, dann werden wir auch weiterhin Lösungen für die großen Probleme der Welt finden. Ihre Einstellung und die meine werden entscheidend sein in unserem Erfolg als Menschen und als geschäftliche Unternehmer.

Was immer Sie in Ihrer Vergangenheit gelähmt haben mag, was immer Sie sich hat als Verlierer fühlen lassen, welche Ängste auch immer Sie bezüglich Ihrer persönlichen oder geschäftlichen Träume haben – hören Sie auf jene Stimme in Ihnen, die sagt: „Du kannst es schaffen. Hör nicht auf die Lügen!“

10

Was ist ein Mentor, und warum brauchen wir einen, der uns leiten soll?

Regel 10

Wir glauben, daß wir, ehe wir als „menschliche Kapitalisten" Erfolg haben können, einen erfahrenen Mentor brauchen, der uns leitet. Deshalb müssen wir jemanden finden, den wir bewundern, der das schon erreicht hat, was wir erreichen wollen, und müssen diese Person bitten, uns beim Erreichen unserer Ziele zu helfen.

Am 9. November 1950 standen die Truppen der Vereinten Nationen am Rande eines ernstzunehmenden Krieges mit den chinesischen Kommunisten in Korea. Ohne Vorwarnung strömten zwei chinesische Divisionen über die koreanische Grenze. Die Truppen der Vereinten Nationen befanden sich stolpernd in vollem Rückzug. Weitere fünf Divisionen, dreihunderttausend gefechtsbereite Chinesen, wurden in der Mandschurei zusammengezogen, bereit, den Fluß Yalu zu überschreiten. Fassungslos über den plötzlichen Umschwung der Verhältnisse erklärte Präsident Truman in den Vereinigten Staaten den Notstand und drängte alle Amerikaner, gegen den „Kommunistischen Imperialismus" zu Felde zu ziehen.

In einer Armeebasis der Vereinigten Staaten nahe dem 38. Breitengrad stand Leutnant Bill Britt, frisch aus der Offizierskandidatenschule kommend, vor seinen Männern. „Alle Streitkräfte waren in vollem Alarmzustand", erinnert sich Bill, „und in jenem Augenblick voller Streß machte einer meiner neuen Gefreiten, frisch in Korea angekommen, einen Fehler. Ich kann mich nicht einmal erinnern, was er getan hat, aber ich erinnere mich sehr wohl, daß ich ihn übel zur Schnecke machte. Er nahm Haltung an und stand vor mir und dem Rest meiner Männer. Ich sah, wie er mit Tränen der Verlegenheit kämpfte."

Als Bill mit der Befehlserteilung zu Ende war, beeilten sich die Männer doppelt, ihre Aufgaben wahrzunehmen. Er eilte zurück zu seinem Büro, als ein wettergegerbter alter Feldwebel sich ihm freundlich in den Weg stellte.

„Herr Leutnant“, sagte er respektvoll, „könnte ich einen Moment in Ihrem Büro mit Ihnen sprechen?“

Bill betrat sein Zelt, ging zum Schreibtisch und wandte sich ihm zu. „Ich hatte eine sehr gute Beziehung zu meinen Offizieren und meinen Männern. Sie respektierten mich, weil ich sie respektierte, aber dieser Feldwebel war nicht glücklich mit mir, und dies war unschwer zu übersehen.“

„Herr Leutnant“, sagte er und kam zur Sache, „Sie üben Ihre Macht genau von diesem Stuhl hier aus. Wenn Sie das nächste Mal irgendwelchen Ärger mit einem Mann in dieser Einheit haben, sagen Sie es einfach mir. Ich hole ihn mir und bringe ihn hierher zu Ihnen. Dann gehe ich weg und Sie können ihn von oben bis unten und von unten bis oben zur Schnecke machen.“

Bill war überrascht, daß er zur Rede gestellt worden war. Er war der Leutnant. Aber bald stellte sich heraus, daß der Feldwebel nicht nur älter, sondern auch weiser war, und daß er viel mehr Erfahrung hatte.

„Sie haben das Recht, es so oder so zu machen“, schloß der Feldwebel, „aber dies ist es, was ich Ihnen empfehlen würde, Herr Leutnant. Pfeifen Sie sie hier an, im Einzelgespräch, nicht vor den anderen Männern. Sie werden Ihnen dafür Respekt entgegenbringen.“

Es erforderte Mut von dem Mann, einen Vorgesetzten anzureden. Aber Bill wußte in derselben Minute, in der er anfing zu sprechen, daß der Feldwebel recht hatte und daß er unrecht gehabt hatte.

„Feldwebel“, sagte er und ging um seinen Schreibtisch, um ihn die Hand zu drücken, „Sie haben völlig recht. Ich hätte es besser wissen sollen. Ich schätze Ihren Rat. Ich werde ihn nicht vergessen.“

Sie schüttelten sich die Hände. Der Feldwebel wandte sich um und eilte zurück zu seinen Männern. „Während jener harten Tage, während wir Minenfelder räumten und Brücken bauten“, schließt Bill, „lernte ich, mich wegen seiner praktischen Ratschläge im Gefecht auf ihn zu verlassen. Als ich zu einer anderen technischen Division versetzt wurde, erwirkte ich eine besondere Erlaubnis, daß dieser Feldwebel mit mir kommen konnte. Es ist traurig, daß ich mich nicht mehr an seinen Namen erinnere, aber in einer sehr schwierigen Zeit meines Lebens war er mein Mentor und mein Freund.“

Was ist ein Mentor, und warum brauchen wir einen, um im Leben sowohl wie im Geschäft Erfolg zu haben?

Im 8. Jahrhundert v. Chr. schrieb der griechische Schriftsteller Homer ein episches Gedicht, in dem er die Abenteuer des Odysseus während seiner zehnjährigen Irrfahrt nach Hause nach dem Trojanischen Krieg beschrieb. Für die Zeit seiner Abwesenheit vertraute er die Aufsicht und die Erziehung seines geliebten Sohnes Telemach seinem treuen Freund Mentor an. Fast dreitausend Jahre später hat der Name dieses Mannes die Bedeutung eines weisen und vertrauenswürdigen Beraters angenommen.

Im Laufe der Jahre ist der Ausdruck Mentor dazu gebraucht worden, um einen geliebten Lehrer, einen weisen Meister, einen verständnisvollen Freund, einen erfahrenen Erzieher und einen reifen Führer zu beschreiben. Wenn wir Glück haben, so erscheinen in unserem ganzen Leben Mentoren, um uns in dem Moment zu helfen, wo wir Hilfe brauchen. Für Leutnant Bill Britt, den Neuling an der Front des Koreakrieges, war es ein Feldwebel, der mutig und weise zu ihm sprach. Wenn Sie auf Ihr Leben zurückschauen, welche Erinnerungen haben Sie an Mentoren, die erschienen, ihren Beitrag zu Ihrem Leben leisteten und lebenslange Freunde wurden oder einfach verschwanden?

Als ich die Highschool besuchte, traf ich Jay Van Andel. Ich mochte ihn vom ersten Augenblick an, an dem wir uns trafen. Er war klug. Er war ruhig und sicher. Und er war immer positiv eingestellt. Wir beide träumten davon, ein eigenes Geschäft zu beginnen. Ideen strömten aus mir heraus wie das Wasser aus einem Hydranten in Brooklyn in der Mitte einer sommerlichen Hitzewelle. Jay wußte den Fluß zu regulieren, Fragen zu stellen, Vorschläge zu machen, unsere Energie zu konzentrieren und auszurichten. Wir wurden Partner und die besten Freunde. Und obwohl Jay mir dasselbe Verdienst an unseren Erfolgen (und an unseren Mißerfolgen) fast ein halbes Jahrhundert lang zugestand, ist er für mich ein Mentor gewesen – ein weiser und vertrauenswürdiger Berater und Freund –, und ich werde immer froh und dankbar sein für seine Freundschaft.

Mentoren sind die Erhalter wichtiger Traditionen und lebensformender Geschichten

Diese Geschichten sind lebenswichtig für unser persönliches Wachstum und für das Erreichen unserer Ziele. Neben ihren vielen Begabungen wurde Bill Britts Großmutter genau so ein Mentor für ihn, als er sieben Jahre alt war.

„Mein Vater war Alkoholiker", erklärt Bill. „Er war ein guter Mann, wenn er nüchtern war, aber unter dem Einfluß des Alkohols wurde alles anders. Er hielt unsere Familie in totalen Chaos. Wie wußten nicht, was als nächstes passieren würde. An einem Sonntagmorgen kam meine Großmutter in unser Haus, in Hut und Handschuhen. Sie nahm mich bei der Hand und führte mich weg zu einer methodistischen Sonntagschule. ‚Ich möchte, daß du den Herrn triffst', sagte sie, und an jenem Tage hörte ich zum ersten Mal über meinen anderen Vater, meinen Vater im Himmel, der mich liebte und der für immer mein Mentor und Freund sein würde."

Manchmal stellen sich unsere Eltern als unsere wirksamsten Mentoren heraus. In anderen Fällen mißlingt es ihnen. Als Leonard Bernsteins Vater kritisiert wurde, weil er seinem Sohn als Kind nicht mehr Ermutigung gegeben habe, antwortete er „Wie konnte ich wissen, daß aus ihm Leonard Bernstein werden würde?" Wenn Bills Vater heute noch leben würde, könnte er sagen: „Hätte ich es nur gewußt." Er versagte als Mentor für seinen Sohn. Er machte ihm Kummer und Sorgen, eine Erbschaft, die zu überwinden Bill Mühe hatte. Glücklicherweise trat seine Großmutter an seine Stelle und führte ihren kleinen Enkel in die großen Geschichten des christlichen Glaubens ein.

Mentoren vermitteln uns das Wissen, welches zu lernen für uns allein sehr schwierig wäre

Ohne Mentoren müßten wir das Rad in jeder neuen Generation neu erfinden. Aristoteles sagte: „Was wir zu tun lernen müssen, das lernen wir, indem wir es tun." Es ist wahr, daß wir durch Tun lernen, aber ein Mentor kann uns davor schützen, dieselben Fehler zu machen, die er gemacht hat. Ein Mentor gibt uns einen Vorsprung vor der Masse, er gibt uns jenes kleine bißchen mehr, er multipliziert unser Wissen mit seinem eigenen.

Als Junge von acht Jahren pflegte Francis Spellman, später ein römisch-katholischer Kardinal, in seines Vaters Lebensmittelladen auszuhelfen. Ein Rat, den der Vater dem kleinen Frank gab, blieb für immer in seinem Geist haften. „Tu dich immer zusammen mit Leuten, die schlauer sind als du selbst", sagte er seinem Sohn. Und dann (hoffen wir, er sagte dies mit einem Lächeln oder einem Zwinkern) fügte er hinzu, „und du wirst kein Problem damit haben, solche Leute zu finden."

„Ich war ein sehr armer Student auf der Highschool“, erinnert sich Bill Britt. „Als Alkoholiker war mein Vater nie in der Lage, einen Job längere Zeit zu behalten, und so war die Familie dauernd am Umziehen. In meinem Abschlußjahr wohnten wir in Daytona Beach in Florida. Um dazu beizutragen, unsere Rechnungen zu bezahlen, arbeitete ich jede Nacht bis um elf Uhr an einer Sinclair-Servicestation an der Main Street. Wenn mein Vater am Trinken und ein bißchen verrückt war, versuchte er, das Geld aus der Ladenkasse der Servicestation zu nehmen, und so mußte ich Tag und Nacht den Laden bewachen. Ich hatte keine Zeit, um Sport zu treiben oder um auf schulische Veranstaltungen zu gehen, wie Konzerte oder Tanzveranstaltungen. Ich hatte keine Zeit für Freunde und, was noch schlimmer war, ich lernte niemals zu studieren. Ich nahm niemals ein Buch mit nach Hause, ich tat geradeso viel, um es zu schaffen, und irgendwie entkam ich der Highschool mit einem Abschluß.

Aus dem Grund war ich so erstaunt, daß ich in der Armee zu einer Ausbildung für Führungspersonal und dann für die Offiziersanwärterschule ausgewählt wurde. Ich wollte es schaffen, aber ich wußte nicht einmal, wie man sich auf eine Prüfung vorbereitet, ganz zu schweigen davon, eine akademische Arbeit zu schreiben. Ich fiel durch die erste Runde von Prüfungen und glaubte ganz sicher, ich würde vom Programm gestrichen werden. Eines Nachmittags wurde ich ins Büro von Captain Schwarz gerufen, einem jüdischen Offizier, der in Korea verwundet worden war. Zu jener Zeit diente er als Berater für meine Offiziersanwärterklasse.

‚Kadett Britt‘, fing er an, und ich merkte schon am Klang seiner Stimme, daß meine Träume, ein Offizier der US-Armee zu werden, vorbei waren, ‚Sie sind ganz eindeutig das richtige Material für einen Offizier.‘ Ich traute meinen Ohren nicht. ‚Sie sind körperlich in guter Form‘, sagte er. ‚Sie genießen den Respekt der anderen Männer. Sie sind intelligent und lernen das Exerzieren schnell. Aber Sie wissen ganz einfach nicht, wie man studiert.‘

Ich war so aufgeregt, daß ich mein eigenes Herz klopfen hören konnte. Dieser Mann wollte mir eine zweite Chance geben. Er sah mich nicht als das, was ich als Student war, sondern als das, was ich werden konnte. Er hatte sich Zeit genommen, um meine Stärken herauszufinden und war dabei, mir zu helfen, eine Schwäche zu überwinden, die mich für den Rest meines Lebens in den Mißerfolg hätte hinunterziehen können.

‚Setzen Sie sich hin, mein Sohn‘, sagte er, und deutete auf einen Stuhl neben seinem metallenen Schreibtisch. ‚Lassen Sie mich Ihnen ein paar kleine Geheimnisse über Studiengewohnheiten erzählen. Erstens, wenn die anderen Burschen schlafen gehen, seien Sie sicher, daß Sie aufbleiben und diese Bücher lesen und sich Notizen machen. Zweitens finden Sie in jeder Klasse jemanden, der das Material kennt, und bitten Sie ihn, Ihnen zu helfen. Drittens, machen Sie sich einen Abriß von jedem Fach. Mit jedem Buch, das Sie lesen, schreiben Sie ein wenig mehr in diesen Abriß. Mit jeder Vorlesung, die Sie hören, fügen Sie mehr Details dazu. Wenn ein Lehrer ein Buch zitiert, suchen Sie sich das Buch in der Bibliothek heraus und schauen Sie es durch. Fügen Sie dieses Material Ihrem Abriß hinzu ...‘

Captain Schwarz nahm sich fünfzehn oder zwanzig Minuten Zeit und zeigte mir, wie man studiert. In all den Jahren auf der Schule hatte kein Lehrer genau genug hingeschaut, um zu sehen, daß ich vielleicht das Hirn dazu hatte, es aber nur nicht zu gebrauchen wußte. Meine Ergebnisse schossen empor. Ich machte meinen Abschluß an der Offiziersanwärterschule ‚cum laude‘, weil ein Mann, der mehr über das Studieren wußte als ich, sich die Zeit nahm, um sein Wissen darüber an mich weiterzugeben.“

Mentoren lehren uns, was wir wissen müssen, um im Leben erfolgreich zu sein

Sokrates, ein klassischer Mentor, beschrieb sich selbst als „eine Hebamme, die den Geist in seinen Geburtswehen von Wissen und Weisheit unterstützt“. Stellen Sie sich vor, Sie seien schwanger mit einem Traum. Der Mentor steht über Ihnen und hilft Ihnen während der schmerzlichen Kontraktionen der Wehen ihres Traumes zu atmen und sich zu entspannen. Der Mentor hilft dem Traum durch den Geburtskanal und hinaus ans Tageslicht zu kommen. Der Mentor hält Ihren Traum an den Fersen in die Höhe und verhilft ihm mit einem Klaps ins Leben. Dann legt der Mentor den neugeborenen Traum in Ihre Arme, lächelt und geht weg, um einem anderen Träumer in den Geburtswehen zu helfen.

400 Jahre v. Chr. beschrieb Hippokrates, der griechische Arzt und Vater der Medizin, seine Arbeit als Mentor für seine jungen Medizinstudenten. „Studenten sind wie die Erde“, sagte er, „und die Lehrer legen die Saat hinein. Es ist die Aufgabe des Lehrers, zur rechten Zeit zu pflanzen. Eifrige Studenten pflegen dann die Felder.“

Als der Krieg in Korea beendet war, fuhr Bill Britt heim nach North Carolina und schrieb sich ein für einen Ingenieurstudiengang im Rahmen des staatlichen Hilfsprogramms für ehemalige Soldaten in North Carolina. Er traf Peggy Garner, verliebte sich in sie und heiratete sie. Bills erste Beschäftigung nach seinem Examen war ein Posten als Assistent des Oberstadtdirektors von Raleigh, North Carolina.

„Bill Carper war mein Boss“, erinnert sich Bill. „Er verwaltete eine der großen Städte des Südens, aber fast jeden Tag pflegte er mich in sein Büro zu rufen, sich hinter seinen großen Schreibtisch zu setzen, mir ins Auge zu schauen und laut zu fragen, ‚Nun, Bill, was haben Sie heute gelernt?‘ Nach kurzer Zeit stellte ich mir selbst diese Frage: ‚Was lerne ich aus dieser Sitzung oder von jener Blaupause? Welche neue Information bekomme ich aus diesem Treffen mit einem Kollegen in der Eingangshalle oder von jener Haushaltsplanung?‘ Bill Carper wollte, daß ich ein erfolgreicher Oberstadtdirektor würde. Er war mein Mentor, und jeden Tag nahm er sich trotz seines übervollen Pensums ein paar Minuten Zeit, um mich zum Denken anzuregen, zum Analysieren, zum Schulen meines Intellekts und zum Entwickeln der Gaben, die Gott mir mitgegeben hatte.

Die Mentoren, die uns am meisten lieben, unterrichten uns am besten

Augustinus erklärte, daß das Lehren der größte Akt der Liebe sei und daß die Liebe die beste Hilfe zum Lernen darstelle. Ich weiß nicht, wer diese Worte hinzufügte, aber für mich sind sie immer eine Inspiration gewesen: „Diejenigen, die uns am meisten lieben, unterrichten uns am besten.“ Eine andere Version dieses klassischen Gedankens ist ein Lieblingsausdruck in einer meiner Freundesgruppen geworden. „Sie kümmern sich nicht darum, wieviel du weißt“, heißt der Spruch, „solange sie wissen, wie sehr du dich bemühst.“

Denken Sie an die Leute in Ihrem Leben, die sie am meisten geliebt haben. Sind es nicht genau diese Leute, die Sie auch am meisten gelehrt haben? Peggy Britts Vater war genau so ein Mentor für Bill und Peggy während jener frühen Tage ihrer Ehe.

„Mein Vater füllte unser Haus mit Angst und tiefer Sorge über die Zukunft“, gibt Bill heute zu, „aber in Peggys Haus lernte ich etwas über Vaterliebe. Ihr Vater, G. B. Garner, betrieb einen Reparaturdienst für Kühlmaschinen in Raleigh. Wenn man ihn durch die Straßen gehen sah, fragte man sich, ob er auch irgendwelche anständigen Kleider zum Anziehen hatte. Er gab für sich selbst kein Geld aus, immer nur für seine Familie. Jeder kam an und wollte etwas im Hause Garner, aber dort herrschte eine Atmosphäre der Liebe, beginnend mit Mr. Garners ruhigem Lächeln, die sich jedem mitteilte, der durch ihre Haustür hereinkam.

„Er hatte sein Büro in der Wohnung, und es konnten Tag und Nacht Inhaber von Restaurants oder Lebensmittelhändler anrufen, um einen Notfall mit ihren Kühlgeräten mitzuteilen. Mr. Garner war wie ein Arzt, der in seinem kleinen Lkw rund um die Uhr mit seinen Werkzeugen Hausbesuche machte. Bei Tag pflegte Mr. Garner allein loszubrausen, um eine Kühlanlage für Fleisch oder eine Speiseeismaschine zu reparieren. Aber wenn diese Notrufe bei Nacht eingingen, eilte die ganze Familie zu ihren Sitzen in Mr. Garners Lastwagen und fuhr mit ihm."

„Mein Vater glaubte, daß die Familie, soweit es irgend möglich war, jeden Abend zusammen verbringen sollte", erinnert sich Peggy. „Wir alle hielten es für ganz natürlich, zusammen mit Vater in jenen Wagen zu springen, wenn das Telefon mitten in unserer ‚Familienzeit' läutete, ihm die Werkzeuge zuzureichen und ihm kalte Drinks zu bringen, während er arbeitete, und uns dann selbst mit einem Stop am Eisstand zu belohnen, wenn die Arbeit vorüber war."

„Man konnte Mr. Garners Liebe fühlen", sagt Bill. „Er und seine Frau Hattie Mae waren beide großartige Leute, und sie gaben ihre Liebe an Peggy und mich weiter. Nun versuchen wir, dieselbe Liebe an Tausende unserer ‚Adoptivkinder' in diesem Geschäft weiterzugeben."

Mentoren haben den Mut zur Konfrontation

Augustinus hatte recht, als er sagte, Lernen werde durch die Liebe erleichtert. Manchmal nehmen sich sogar Leute ihrer an, die Sie nicht einmal mögen. Und manchmal ist auch Konfrontation eine Art von Liebesbeweis. Wenn sich Leute überhaupt nicht für Sie interessieren, warum sollten Sie sich die Mühe geben, ihnen zu sagen, wo sie falsch liegen und was sie dagegen tun sollten?

Ein junger Mann in unserer Gesellschaft lehrte mich das. Vor Jahren stand ich vor einem großen Raum, voll von unseren erfolgreichsten Beratern bei einer Konferenz in Rio. Ich war in jenen Tagen ziemlich ungebärdig, ging durch den Raum und benahm mich nicht wie General Schwarzkopf, sondern eher wie General Patton. Als ich begeistert meine Präsentation beendet hatte und wissen wollte, ob es Fragen gab, wurde die Menge verdächtig leise. Niemand sprach. Sie applaudierten höflich, und dann schauten sie auf ihre Füße oder gleich weg.

„Sind Sie sicher, daß es keine Fragen gibt?" fragte ich. Meine Augen schossen durch den Raum, und ich hoffte, daß irgend jemand ein dynamisches Frage- und Antwortspiel beginnen würde. Niemand sprach. Schließlich, nach einem langen Augenblick des eigenartigen Schweigens, sagte ein junger Mann ganz freundlich: „Ich würde es nicht wagen, Ihnen eine Frage zu stellen." Er machte eine Pause, atmete tief durch, und dann hatte er den Mut, fortzufahren. „Ich fürchte, daß in dem Moment, wo ich mit meiner Frage fertig wäre, Sie mir die Hosen herunterziehen würden und ich schließlich nackt und bloß vor allen dastehen würde."

Ohne es zu wissen oder zu beabsichtigen, hatte ich den Leuten in einer Art und Weise geantwortet, die sie erniedrigte. Statt Information weiterzugeben, überfuhr ich sie. Die Leute hatten Angst, mit mir zu sprechen; ich aber hatte keine Ahnung von der Macht, die ich über ihr Leben ausübte. Ohne es zu wollen, trieb ich sie dazu, daß sie mit mir gar nicht mehr ehrlich sprechen wollten. Diese peinliche Konfrontation ereignete sich vor etwa 35 Jahren, aber ich erinnere mich immer noch jedesmal daran, wenn mich jemand etwas fragt. Der junge Mann veränderte mein Leben mit einer mutigen Auseinandersetzung. Von jenem Tag an habe ich versucht, jedem gegenüber sensibel zu sein, der mir eine Frage stellt. Ich versuche zu fühlen, woher er kommt. Ich versuche, meine Antwort in den Geist des Verständnisses und der Liebe zu kleiden. Mentoren machen sich nicht rar. Als Greg Duncan, ein anderer von unseren erfolgreichen Beratern, für dieses Buch interviewt wurde, erzählte er eine Geschichte, die mich bewegte. Ich hoffe, Sie verstehen den Grund, warum ich sie erzählen möchte. Gregs Geschichte gab mir die Hoffnung, daß ich mich gebessert hatte.

„Wir waren in einem Badeort auf Hawaii", sagte Greg zu Billy Zeoli, einem unserer Direktoren. „Ich war niemals zuvor allein gewesen mit Rich DeVos. Lauri und ich waren ziemlich neu im Geschäft. Ich hatte Hemmungen, diesen vielbeschäftigten Mann um einen Termin zu bitten. Aber ich hörte, daß er jeden Morgen allein am Strand entlang wanderte. So stand ich am ersten Morgen auf Hawaii um sieben Uhr auf, rannte die Hoteltreppe hinunter und joggte den Sandstrand entlang in der Hoffnung, Rich zu sehen, aber ich verfehlte ihn. Am nächsten Morgen stand ich um sechs Uhr auf, aber ich traf ihn wieder nicht. Schließlich gab ich auf, ging in den Speisesaal und ging zu einem Tisch mit Blick aufs Wasser, um dort alleine zu essen. Plötzlich stand Rich da und schaute mich an. ‚Guten

Morgen, Greg', sagte er – er erinnerte sich offenbar an meinen Namen – und schaute mir geradewegs in die Augen. ‚Haben Sie was dagegen, wenn ich mich zu Ihnen setze?' Ich war 28 Jahre alt. Lauri und ich waren ziemlich neu in diesem Geschäft. Es gab überhaupt keinen Grund für Rich, sich an mich zu erinnern, aber er tat es. Ich hatte so viele Fragen zu meinem Geschäft. Ich konnte es kaum erwarten, die Antworten von Rich DeVos auf diese Fragen zu hören. Statt dessen ließ er mich sprechen. Wir aßen 45 Minuten, und er sagte kaum ein Wort. Er stellte nur einmal eine kleine Frage, dann noch eine kleine Frage und noch eine und noch eine, bis ich meine Probleme selbst herausgearbeitet hatte. Er lehrte mich, daß Führungspersönlichkeiten fähig sein müssen, zuzuhören, daß die erfolgreichsten Mentoren es verstehen, Fragen zu stellen und nicht, sie zu beantworten.

Ehe Rich mich an jenem Tag verließ, erinnert sich Greg, „gab er mir einige Ratschläge, die ich niemals vergessen habe: ‚Das einzig Schlechte daran, das zu erreichen, was Sie in so einem jungen Alter erreicht haben,' machte er mich aufmerksam, ‚ist, daß Sie selbstzufrieden werden und immer auf dem gleichen Stand bleiben könnten, auf dem Sie heute sind.' Dann pflanzte Rich einige Träume in mein Herz, wie man Leute auf Dauer beeinflussen kann, Träume, für die ich einige Jahre brauchte, bis ich glaubte, daß sie überhaupt real waren. ‚Wenn ein Traum Wirklichkeit geworden ist', riet er mir, ‚ersetzen Sie ihn durch einen größeren und so fort. Und jene großen Träume werden Sie für den Rest Ihres Lebens lebendig halten und Ihnen Begeisterung schenken.'"

Nachdem Britt in Korea von seinem Mentor gelernt hatte, ist er in der Folgezeit einer der größten Mentoren in der Geschichte unseres Geschäftes geworden. Das Verteilernetz Britts erstreckt sich von Britt Plaza in Durham, North Carolina über alle Staaten des Landes und über Dutzende von Ländern rund um die Welt. Weil sie ihre Begabungen als Mentoren fortentwickelten, konnten sie Hunderte, dann Tausende, dann Zehntausende von Leuten im Amway-Geschäft aufrütteln.

Bill Britt bezeichnet seinen Stil als Mentor als „väterliche Kraft". „In diesem Geschäft", erklärt er, „könnten wir es väterliche und mütterliche Kraft nennen. Wir Väter und Mütter müssen lernen, unsere Söhne und Töchter als Eltern zu betreuen. Wie gute Eltern freuen wir uns, wenn unsere Kinder wachsen, uns ebenbürtig werden, weiterkommen und es sogar besser machen, als wir selbst es gemacht haben.

„Wir müssen uns daran erinnern", fügt Bill hinzu, „daß unser Einfluß Generation um Generation weiter andauert. In dem alttestamentarischen

Buch *Exodus* erinnert uns Moses daran, daß wir unsere Liebe nicht nur unseren eigenen Kindern zeigen, sondern auch den vier Generationen, die folgen. Wenn wir unsere Söhne und Töchter lieben, wenn wir ihnen durch unser liebendes Beispiel Mentoren sind, so werden sie ihre Liebe weitergeben an ihre Söhne und Töchter. Und wir sitzen da und beobachten staunend, wie unsere Enkel und Urenkel in diesem Geschäft ihre Liebe weitergeben, so, wie wir ihre Eltern vor ihnen geliebt haben, und wie sie in diesem Geschäft Erfolge haben, die unsere wildesten Träume übersteigen."

Für die meisten von uns sind unsere Eltern unsere ersten Mentoren. Was sie an uns weitergeben, das vererben wir an unsere Kinder und durch sie an unsere Enkel und an Generationen, die noch nicht geboren sind.

Stan Evans' Vater war ein Bauer. Stan hebt die Fähigkeit seines Vaters als Mentor für seinen Erfolg Jahre später in diesem Geschäft hervor. „Die Bauern liehen sich gegenseitig ihre Geräte aus", erinnert er sich. „Unsere Nachbarn pflegten sich Dads Pflanzmaschine auszuleihen, wenn gesät werden mußte, und wir borgten uns immer den Mähdrescher unseres Nachbarn zur Erntezeit. Manchmal kamen Vaters Maschinen rostig, schadhaft oder ohne Treibstoff zurück, aber wenn Vater die Maschinerie zurückgab, die er entliehen hatte, war sie stets in besserem Zustand als damals, als er sie sich ausgeliehen hatte.

„Tu nicht nur das, was recht ist, mein Sohn", sagte er. „Sei großzügig, und dein Nachbar wird es dir nie vergessen."

„Wenn eine verliehene Maschine kaputt zu Vater zurückkam", erinnert sich Stan, „reparierte sie Dad. Wenn sie gewartet werden mußte, nahm Dad eine Inspektion vor. Wenn ein Riemen alt war, tauschte Dad ihn aus. War ein Reifen schadhaft, so zog Dad einen neuen auf. Selbstverständlich kostete es Vater Geld, großzügig zu sein, aber auf lange Sicht brachte ihm seine Großzügigkeit reiche Dividenden.

„Wenn ich den Leuten Geld anbiete für ihre Ausrüstung", erklärte mein Vater, „sagen sie immer nein. So stelle ich mir vor, daß Reparaturen, das Auffüllen mit Treibstoff und die Säuberung der Maschinen, bevor ich sie zurückgebe, auch Methoden sind, sich zu bedanken. Ich möchte, daß der Mann, der es riskierte, mir seine Ausrüstung zu leihen, sich daran erinnert, daß er sie besser zurückbekam, als er sie sich ausgeliehen hatte. Wenn ich ihn dann wieder darum bitte, mir etwas zu leihen, wird er nicht zögern, es zu tun."

„Durch sein Beispiel", erinnert sich Stan dankbar, lehrte mich mein Vater, über die Gefühle der anderen Menschen nachzudenken. Für sie dasselbe zu tun, was ich möchte, daß sie für mich tun. Ich habe versucht, diese Regel meiner eigenen Familie und den Menschen in diesem Geschäft weiterzugeben."

Bernice Hansen hat Jay und mir seit 1950 „mütterliche Kraft" vorgeführt, als Walter Bass, der Sponsor von Bernice, und ich zum Haus der Hansens in Cuyahoga Falls, Ohio fuhren, um mit Bernice und ihrem Mann Fred über den Verkauf von Nutrilite-Produkten zu sprechen.

Nach dem Tod ihres Mannes machte sich Bernice Hansen daran, eines unserer größten und erfolgreichsten Verteilergeschäfte in ganz Amerika und in zweiundfünfzig Ländern auf der ganzen Welt aufzubauen. Jay und ich sind für Bernice immer nur „die Buben" gewesen. Ihr ansteckendes Lächeln und ihre starke, liebevolle Person waren für uns über Jahrzehnte so wichtig. Sie umarmte das Leben mit Schwung und Begeisterung und heiratete im Jahre 1987 Doktor Ralph Gilbert, einen pensionierten Augenarzt. Wie viele Male in den vergangenen Jahrzehnten hat ein helfendes oder beratendes Wort von Bernice Hansen-Gilbert Jay und mir neue Einsichten und eine neue Richtung gegeben. Und wir haben unser Bestes getan, an Tausende von anderen das weiterzugeben, was Bernice und andere Menschen wie sie uns gegeben haben.

Joe und Helyne Victor haben ebenfalls „elterliche Kraft" in ihrer eigenen Familie und in ihrem ganzen Geschäft gezeigt. Joe war ein Milchmann in dem kleinen Ort Cuyahoga Falls, Ohio, als Fred und Bernice Hansen in seine Stadt umzogen und den Traum mitbrachten, den Jay und ich hatten, Amway über ein unabhängiges Netzwerk von Beratern aufzubauen, die ihre eigenen Geschäfte besaßen. Fred Hansen, ein Friseur, bekam den Traum von Walter Bass erläutert, der ihn weitergab, während er in Ada, Michigan, bei Fred im Friseurstuhl saß. Fred gab den Traum weiter an Joe und Helyne Victor in Cuyahoga Falls. Und die Victors gaben ihn ihrerseits weiter an ihre Söhne und Schwiegertöchter, Jodie und Kathie Victor sowie Ron und Debra Victor.

„Ich denke noch an den Tag, als du uns in Cuyahoga Falls die erste Lastwagenladung „Frisk" ins Haus geliefert hast", sagte mir Jodie kürzlich. „Ich war elf Jahre alt. Du stelltest mich an, um Schildchen auf jenes erste Amway-Produkt zu kleben, für einen Groschen pro Flasche. Nachts lag ich in meinem Bett und hörte dir zu, wie du jenen ersten Plan vor meinen Eltern, den Hansens und den Dutts ausgebreitet hast. Ich war nur ein kleines Kind", fügte er hinzu, „aber der Traum nahm mich bereits gefangen."

Am Anfang stand unsere kleine Fabrik in Ada, Michigan und unsere erste Gruppe von unabhängigen Beratern war in Cuyahoga Falls, Ohio.

Helyne ließ, als ihr Geschäft anfing zu wachsen, den Eßtisch der Familie aus Kirschholz in zwei Teile sägen, um zwei Schreibtische für Joe und sich selbst zu organisieren. Inzwischen haben die Victors jenes zum Büro umfunktionierte Wohnzimmer von vor 37 Jahren durch einen Komplex von Büros und Versammlungsräumen ersetzt. Die Familie Victor sen. war Teil jener kleinen Gruppe von Pionieren, die bei der Gründung des Geschäftes unseren ersten Marketingplan unterschrieb und den Traum, der hinter dem Plan stand, an ihre Kinder weitergab. Offensichtlich unterrichteten sie ihre Kinder gut. Heute haben Jodie und Kathie sowie Ron und Debra Geschäfte, die sich über das ganze Land und rund um die Welt erstrecken.

Brüder und Schwestern haben auch die Kraft, Träume weiterzugeben und die Träumer anzuregen und zu informieren. Bill Britt sah seinen eigenen Bruder in das Geschäft eintreten und erfolgreich werden. „Peg und ich, wir sind so ungeheuer stolz auf meinen Bruder Bobby und seine Frau Mitzy", sagte uns Bill kürzlich. „Ihr könnt euch nicht vorstellen, was für ein gutes Gefühl es ist, zu sehen, wie die, die man am meisten liebt, Leistungen erbringen, von denen sie niemals geträumt hatten."

Nachdem sie ihr eigenes Geschäft gegründet hatten, gaben Greg und Laurie Duncan den Traum an Gregs Bruder Brad weiter. „Und es war nicht nur das Geschäft, das Greg an uns weitergab", erinnert sich Brad. „Greg und Laurie sind Vorbilder und Mentoren für meine Frau Julie und für mich. Sie haben die Art von Ehe und Familie, die wir auch haben wollen. Sie repräsentieren die Art von Werten in ihrer Kirche und in ihrer Gemeinschaft, die wir in unserem Leben auch verwirklichen wollen."

Brad und Julie Duncan sind noch jung in diesem Geschäft, aber sie haben schon viel mehr erreicht als manche Leute, die doppelt so alt sind oder doppelt soviel Erfahrung haben.

„Und obwohl wir hart gearbeitet haben", gibt Brad zu, „hätten wir es nie fertig gebracht, ohne daß Greg und Laurie uns Anregungen gegeben und uns den Weg gezeigt haben."

Brad und Julie Duncan sponserten Julies Eltern, Bob und Luise Eckard, die es geschafft haben, ihr eigenes Geschäft aufzubauen, und Greg und Brads Vater, David Duncan, einen weiteren Mann, der es in unserem Geschäft und in anderen eigenen Unternehmungen weit gebracht hat. „Ich bin mein ganzes Leben lang ein freier Unternehmer gewesen", gibt Duncan sen. zu. „Ich besaß Leasingfirmen und Baufirmen, aber meine Kinder waren es, die diesen besonderen Traum an mich weitergaben."

„Väterliche Kraft“. „Mütterliche Kraft“. Kraft von Bruder oder Schwester, Sohn oder Tochter. Jeder von uns besitzt die Kraft, jemanden in unserer Umgebung zu beeinflussen und durch diese einzelne Beeinflussung dazu beizutragen, die Welt zu verändern. „Wenn Sie heiraten und Kinder haben“, erinnert uns Bill Britt, „dann haben Sie es nicht nur mit diesen Kindern zu tun, sondern auch mit deren Kindern und Kindeskindern. Was immer Sie lehren – im Guten oder im Bösen – wird von Generation zu Generation weitergegeben. Wenn Sie für Ihre Kinder ein Mentor sind, dann haben Sie auch einen tiefgehenden und bleibenden Effekt auf Ihre Enkelkinder, Ihre Urenkel und auf Generationen, die folgen.

Einen Mentor finden, der zuhört

Umringt von der lärmenden Menge, die gekommen war, um ihn in die Falle zu locken, sagte Jesus am Anfang gar nichts. Das ist die erste Lektion, die wir über Mentoren zu lernen haben. Diejenigen, die sich nicht beeilen, einen Rat zu geben, sind üblicherweise die vertrauenswürdigeren. Diejenigen, die lange genug innehalten, um wirklich zuzuhören, werden unweigerlich die besten Ratschläge geben, wenn sie überhaupt welche geben.

Jesus aber kniete nieder in den Sand und schrieb darin Worte mit seinen Fingern. Bis zum heutigen Tag weiß niemand, welche Worte er schrieb. In Cecyl B. DeMills klassischem Kinofilm *King of Kings* schrieb Jesus diejenigen Sünden in den Sand, die von jenen selbstgerechten Männern begangen worden waren, die um ihn herum in der Menge standen. Alles, was wir sicher wissen, ist, daß Jesus eine Pause machte, um zuzuhören, um nachzudenken, um zu beten, um die Stimmung abkühlen zu lassen und um zu einer eigenen Haltung zu finden, ehe er überhaupt begann.

Einen Mentor finden, der Fragen stellt

Nach einer langen Pause blickte er auf und sah die Steine, die sie fest in ihren Händen hielten. Die Männer waren gekommen, bereit, das Todesurteil zu vollziehen. Jesus ignorierte ihre Fragen und stellte selbst eine: „Wer von euch ohne Sünde ist, der werfe den ersten Stein.“ In Wirklichkeit war es eine Frage. „Die Frau mag schuldig sein“, deutete er an, „aber wer von euch ist nicht derselben Sünde schuldig?“ Offensichtlich stoppte sie diese Frage auf der Stelle. Das ist ein weiteres Zeichen eines guten Mentors. Die Person, die weiß, was sie fragen muß und wann sie die Frage stellen muß, ist viel hilfreicher als eine Person, die sich beeilt, zu antworten.

Ein Stein nach dem anderen fiel aus ihren Händen, und die Männer verschwanden einer um den anderen, bis die Frau mit Jesus und seinen Jüngern allein war. Noch einmal stellte Jesus eine Frage, diesmal an die junge Frau zu seinen Füßen, die schreckliche Angst empfand.

„Wer verurteilt dich?“ fragte er sie ruhig. Langsam schaute sie vom Boden auf, wo sie zusammengekrümmt lag. Sie traute ihren Augen nicht. Ihre Peiniger waren gegangen. Sie hatte noch eine Chance bekommen. „Niemand, Lehrer“, antwortete sie. „Ich tue es auch nicht“, erwiderte er sanft. Dann, fast als ob es ihm erst am Schluß eingefallen wäre – und sicherlich nicht als Verurteilung oder Beurteilung –, fügte er diese hoffnungsvollen Worte hinzu: „Geh’ und sündige nicht mehr.“

Einen Mentor finden, der gute Ratschläge gibt

Am Ende sprach der Mentor fünf kurze Worte der Weisheit. Was, glauben Sie, versuchte Jesus der armen Frau zu seinen Füßen zu sagen? Er hatte ihr schon versichert, daß er sie nicht verurteilte. Er gab ihr den Rat, nicht mehr zu sündigen, aber glauben Sie nicht, daß die Frau schon selbst zu diesem Schluß gekommen war? Können Sie sich vorstellen, daß sie, als sie dort im Sand lag, umgeben von ihren Henkern, gedacht hatte: „Gott, wenn ich aus dieser Lage herauskomme, werde ich dieses Risiko nie mehr eingehen.“

Die Worte Jesu waren Worte der Hoffnung. Er wußte, wie schwierig es für sie sein würde, von dem Leben loszukommen, das sie bis dahin gelebt hatte. Als er also zu ihr sagte „Geh’ und sündige nicht mehr“, gab er ihr die Hoffnung, daß sie das schaffen konnte und würde, was sie in ihrem Herzen schon beschlossen hatte.

Einen Mentor finden, dessen Rat aus Liebe gegeben wird

Jesu Worte waren die Antwort auf die eigentliche Frage, die sie sich stellte. „Kann ich mich ändern? Kann dieser Alptraum enden? Gibt es irgendeine Hoffnung für mich?" „Ja", war der Inhalt seiner Antwort, „du kannst es schaffen." Seine Worte „Geh' hin und sündige nicht mehr" mögen auf den ersten Blick wie eine Verurteilung klingen. Aber gehen Sie noch einmal zurück. Hören Sie diese Worte noch einmal so an, wie sie sie gehört haben muß.

Er ist ein weiser und liebevoller Lehrer, dessen Ruf sich über das Land verbreitet hat. Er beginnt seine Antwort mit folgenden Worten: „Ich verdamme dich auch nicht." Und er beendet seinen Rat mit den Worten: „Geh' hin und sündige nicht mehr." Ich bin überzeugt, daß sie diese Worte an jenem Tag als Worte der Hoffnung und des Versprechens aufgefaßt hat. Ihr ist vergeben worden. Sie wird Erfolg haben. Nun kann sie gehen und mit seinem Segen ihr neues Leben führen. Die Liebe Jesu, die sie an jenem Tag fühlte, muß ihr Leben für immer verändert haben.

Wie meine Freunde im Amway-Geschäft oft sagen: „Die Leute kümmern sich nicht darum, wieviel du weißt, solange sie wissen, wie sehr du dich bemühst."

David Taylor begann sein Geschäft, als er noch linker Stürmer bei den Baltimore Colts war. „Viele bezweifelten, daß ich im Geschäft Erfolg haben würde", erinnert sich Dave. „Meine ersten Versuche, den Marketingplan zu erklären, waren entmutigend. Oft dachte ich daran, aufzugeben. Dann ging ich zu einem Gruppentreffen, wo ich meine Mentoren Rex Renfrow und Bill Britt traf. Die sagten, sie glaubten an mich und seien stolz auf mich."

„Ich war schockiert", sagte er. „Jahrelang war ich Footballspieler gewesen. Wenn Mean Joe Green mich zu Boden geschlagen hatte, dachte er nicht daran, mir aufzuhelfen und mir zu sagen: ‚Hey Mann, ich mag dich.' Es war viel wahrscheinlicher, daß er mich anspuckte und wegging."

Hüten Sie sich vor nicht vertrauenswürdigen Mentoren

Erinnern Sie sich an den Namen Jim Jones? Im Oktober 1978 versetzte eine neue Nachricht aus Jonestown, Gyuana, der Welt einen Schock und stieß sie in Trauer. Aus Gründen, die heute noch nicht klar geworden sind, nahmen der Geistliche Jim Jones und fast eintausend von seinen Jüngern im Tempel des Volkes ein vergiftetes Getränk als Sakrament des Todes zu sich (oder sie wurden dazu gezwungen, es einzunehmen). Die ersten Bilder von ihren aufgedunsenen Leichen, die im Dschungel lagen, werden stets in meinem Gedächtnis haften bleiben. Die Geschichte von Jim Jones und seinen unschuldigen Jüngern wird stets zur Warnung dienen gegen Mentoren, die das Vertrauen der Menschen nicht verdienen, und als schreckliches Beispiel der Konsequenzen für die Menschen, die sich ihnen anvertrauen.

Ein vertrauenswürdiger Mentor wird Ihre Zeit nicht mißbrauchen

Jim Jones hielt seine Jünger in einem Zustand der Erschöpfung. Ehe die Tempelleute nach Jonestown zogen, war ihre Kirche im Tenderloin District von San Francisco gewesen. Jones und seine Jünger arbeiteten Tag und Nacht, um den Armen, den Einsamen, den Arbeitslosen, den Drogensüchtigen, ehemaligen Gefangenen, den Alten und den Behinderten zu helfen. Sie servierten Tausende von kostenlosen Mahlzeiten in der Woche an die Hungrigen in ihrer Umgebung.

Je länger und je härter sie arbeiteten, desto erschöpfter wurden sie. Damals wußte dies keiner, aber die Erschöpfung war eines der Ziele von Jones. Wenn sie erschöpft sind – auch von guten Taten – dann verlieren sie die Fähigkeit, zu denken, vernünftige Entscheidungen zu treffen und sich und die zu schützen, die sie lieben. Wenn ein Mentor Sie über Ihre Grenzen hinaus zu treiben versucht und Sie sich immer erschöpfter fühlen, nehmen Sie sich vor ihm in acht!

Ein würdiger Mentor ermutigt Sie, einen körperlich wie geistig ausgeruhten Zustand anzustreben. Er lobt Sie für Ihre harte Arbeit, aber er warnt Sie auch, wenn Sie über Ihre Grenzen hinausgehen, und hilft Ihnen, die Kontrolle über Ihr Leben wiederzugewinnen.

Ein vertrauenswürdiger Mentor wird Ihr Geld nicht mißbrauchen

Jones wußte, wie wenig Zeit beschäftigte Leute haben, um ihre Rechnungen zu bezahlen oder ihre Finanzen in Ordnung zu halten. Er wußte, wie viele Leute nicht einmal in der Lage waren, den Überblick über ihre Scheckbücher zu behalten. So schlug er vor, daß ihr ganzer Zahlungsverkehr und ihre Sparkonten im Namen ihrer Kirche abgewickelt werden sollten. Zu „ihrem eigenen Vorteil“ ließ er ihre Kreditkarten, ihre Hypothekenpapiere und selbst Aktien und Wertpapierdepots auf seinen Namen ausstellen. Damit war es unvermeidlich, daß er ihr Geld kontrollierte, und damit ihr Leben. Wenn ein Mentor Ihr Geld kontrollieren will, wenn Sie entdecken, daß er Sie betrügt oder auch nur zeitweilig etwas zurückhält, das Ihnen zusteht, seien Sie auf der Hut!

Ein würdiger Mentor wird Ihnen helfen, die Kontrolle über Ihr Geld zu behalten, aber er wird auch darauf bestehen, daß Sie Ihre eigenen Entscheidungen über Ihr Geld treffen. Er wird für Ihre finanzielle Unabhängigkeit arbeiten und wird niemals Vorteile daraus ziehen oder Ihr Geld für seinen eigenen Vorteil mißbrauchen.

Ein vertrauenswürdiger Mentor wird die Disziplin nicht mißbrauchen

Zu viele Leute wollen keine selbständigen Entscheidungen treffen. Sie bevorzugen es, daß eine starke Persönlichkeit die Entscheidungen für sie trifft. Jones zog Vorteil aus dieser Schwäche. Nicht genug damit, daß er ihnen sagte, was richtig und falsch war, er setzte sogar Bestrafungen für falsches Verhalten fest, welche verbale und körperliche Mißhandlungen im privaten und im öffentlichen Bereich einschlossen. Er brüllte sie an. Er erniedrigte sie. Er züchtigte sie, und sie mußten sich untereinander züchtigen. Aus den Züchtigungen wurden Prügel. Die Leute lebten in Angst. Wenn ein Mentor Sie erniedrigt, wenn er Sie verbal oder körperlich in irgendeiner Weise mißhandelt, sehen Sie sich vor!

Ein vertrauenswürdiger Mentor wird Sie niemals erniedrigen, weder verbal noch körperlich. Wenn er einen Fehler macht und Sie in Verlegenheit bringt, wird ganz schnell eine Entschuldigung folgen. Ein vertrauenswürdiger Mentor bemüht sich, Sie aufzubauen, nicht, Sie hinunterzuziehen. Sein Ziel ist Ihre Unabhängigkeit. Er will, daß Sie sich auf sich selbst verlassen, und nicht auf ihn.

Ein vertrauenswürdiger Mentor wird Sie nicht zu sexuellen Dingen mißbrauchen

Jones setzte die Sexualität in sehr raffinierter Weise ein, um seine Leute zu verführen. Er pflegte mit einer Ehefrau zu sympathisieren, deren Mann sie mißhandelt hatte. Er gab ihr den Trost und die Fürsorge, welche sie brauchte. Wenn ihr Vertrauen zu ihm stärker wurde, zog er aus diesem Vertrauen um so mehr sexuellen Vorteil. Wenn ein Mentor sexuelle

Annäherungsversuche macht, seine Macht über Ihr Leben mißbraucht, um sexuelle Vorteile zu erzielen, lassen Sie die Finger davon!

Ein vertrauenswürdiger Mentor wird niemals versuchen, Sie zu sexuellen Dingen zu mißbrauchen. Er weiß, daß Sie verletzlich sind, aber er wird sich professionell verhalten und niemals aus Ihrer Schwäche Vorteile ziehen.

Ein vertrauenswürdiger Mentor wird die Vertrautheit nicht mißbrauchen

Jim Jones war ein meisterhafter Manipulator. Er gewann das Vertrauen eines nach dem anderen seiner Jünger. Er kannte jeden beim Namen. Mit jedem einzelnen von ihnen verbrachte er eine gewisse Zeit allein. Er liebte es, sich Tratsch und Halbwahrheiten zu bedienen und brachte Lügen vor, um Freunde zu trennen und Beziehungen kaputtzumachen. Er wollte, daß die Leute einzig und allein Jim Jones vertrauten. Und so hielt er sie isoliert von ihren Freunden und Familien außerhalb von „The people's temple". Dann arbeitete er daran, sie voneinander zu isolieren.

Wenn ein Mentor sich bemüht, Ihre Beziehungen kaputtzumachen, wenn er möchte, daß Sie nur ihm vertrauen, nehmen Sie sich in acht.

Ein vertrauenswürdiger Mentor schätzt und fördert Ihre Beziehung mit Ihrer Frau oder mit Ihrem Mann, mit Ihren Kindern und Freunden. Er wird Sie immer wieder daran erinnern, daß es viel wichtiger ist, diese Beziehungen zu einem Erfolg zu führen, als eine Million zu verdienen.

Ein vertrauenswürdiger Mentor wird seine Autorität nicht mißbrauchen

Von Anfang an arbeitete Jones daran, das Vertrauen seiner Jünger in irgendwelche Autoritätspersonen in deren Leben zu zerstören. Er zeigte ihnen, wie wenig vertrauenswürdig ihre Eltern gewesen waren und ermutigte sie dazu, ihre Familien nicht mehr anzurufen oder ihnen zu schreiben. Er machte sich lustig über ihre früheren religiösen Ansichten und die wichtigen Gedanken, die sie seit ihrer Kindheit geleitet hatten. Bücher und Bibliotheken zog er ins Lächerliche (solange es sich nicht um Bücher handelte, die er empfahl.) Er warnte sie davor, einander gute Ratschläge zu geben (es sei denn, sie zitierten seine Aussagen). Er lehnte es ab, ihnen zu erlauben, seine Autorität in Zweifel zu ziehen. Und er dachte nicht daran, ihre Fragen ehrlich zu beantworten. Wenn ein Mentor Fragen zurückweist, die Sie stellen, wenn er versucht, Sie von jeglicher von außen kommender Informationsquelle abzuschneiden, seinen Sie auf der Hut!

Ein vertrauenswürdiger Mentor ist offen für jede Frage, die Sie haben. Er wird sich von Ihren Fragen nicht verunsichern lassen, sondern sein Bestes tun, um Sie ehrlich, direkt und vollständig zu beantworten. Mentoren, auf die Sie sich verlassen können, werden Sie respektieren, Ihre Werte, Ihre geistig-seelischen Überzeugungen und Ihre Traditionen. Diese Mentoren können Ihnen ihre eigenen Erfahrungen mitteilen, und Sie können entscheiden, wie Sie antworten wollen, aber sie werden niemals Sie oder Ihre Überzeugungen entwürdigen oder unterbewerten.

Ein vertrauenswürdiger Mentor wird stets wachsen

Im Jahr 1927 schrieb Charles Majo: „Das sicherste für einen Patienten ist es, in den Händen eines Mannes zu sein, der das Fach Medizin unterrichtet. Um das tun zu können, muß der Arzt selbst stets weiterstudieren." Leute, die in ihrem Leben und in ihrem Geschäft erfolgreich sind, werden stets an persönlicher Größe zunehmen. Sie sind große Mentoren, weil sie sich um andere kümmern und sie lehren. Bei all ihren verschiedenen Gaben und Erfahrungen ist ihnen allen die goldene Regel gemeinsam: „Liebe Gott und liebe deinen Nächsten wie dich selbst." Lieben heißt wachsen. Dies ist das Geheimnis eines erfolgreichen Mentors. Es ist das Geheimnis des mitmenschlichen Kapitalismus, wo immer und wann immer er praktiziert wird. Und es ist das Geheimnis der persönlichen Erfüllung und des finanziellen Erfolges.

Bill Britt hat vielleicht diese Art von Liebe von seinem eigenen alkoholkranken Vater nicht bekommen, aber wie die Macht der Liebe in der Lage ist, jemanden zu verändern, wurde Bill von seinem Großvater gezeigt, als er noch ein Kind war. Er erinnert sich noch an den Tag, als sein Großvater ihn liebevoll in den Armen hielt, seine Tränen abwischte und ihn hoffen ließ, daß irgendwann einmal und auf irgendeine Weise alles wieder gut werden würde.

„Der Bauernhof meines Großvaters lag etwas außerhalb von Kinston, North Carolina", erinnert sich Bill. „Ich sehe heute noch das kleine, aus Ziegeln erbaute Bauernhaus mit seiner weiten Veranda, die um das ganze Haus herum lief, und Großvaters Schaukelstuhl, der wie ein Thron an seinem Ehrenplatz stand, vor mir. Von diesem Stuhl aus konnte Großvater hinaussehen über den Gemüsegarten und die Räucherkammer bis zu den weit entfernten Tabakfeldern und den grünen Wiesen, wo das Vieh entlang einem ruhig dahinfließenden Bach graste.

Als ich sechs oder sieben Jahre alt war, drohten die Saufgelage meines Vaters unsere Familie zu zerstören. Wir alle lebten in Angst vor seinen Wutausbrüchen. Eines Nachmittags sah mein Großvater selbst, wie schrecklich mein Vater geworden war. ‚Der Junge kommt mit mir nach Hause', sagte Großvater streng am Ende eines der seltenen Besuche bei uns. ‚Und er wird bei uns bleiben für ein Jahr, vielleicht auch mehr.' Ich erinnere mich noch, daß Mutter meine Kleider in einen kleinen Sack gepackt hatte und ich mit meinem Großvater durch die offenen Felder zu seinen Bauernhof fuhr.

Nach der langen Fahrt setzten wir uns nieder zu einem späten Sonntagsfrühstück", erinnert sich Bill. „Ich erinnere mich noch an den Geschmack von Omas frischen Haferplätzchen, die dick mit hausgemachter Butter und Marmelade aus wilden Beeren bestrichen waren. Als das Essen zu Ende war, eilte Oma zurück in die Küche und Opa ging hinaus, um sich in seinem Schaukelstuhl auf der Veranda niederzulassen. Ich war gerade sieben zu der Zeit. Ich stand auf jener Veranda, lauschte in die Stille und sah den weißen Wolken am dunkelblauen Sommerhimmel nach. Mit einemmal fühlte ich mich traurig. Etwas tief in mir wollte weinen. Ich weiß nicht genau warum, aber die Tränen stiegen in meine Augen, und so sehr ich es auch versuchte, ich konnte sie einfach nicht zurückhalten.

Plötzlich fühlte ich Großvaters Arm um mich. Sanft hob er mich empor zu sich, trug mich quer durch die Veranda und setzte mich auf seinen Schoß in jenem alten Schaukelstuhl. Ich fühle noch, wie er mit seiner rauhen Bauernhand über mein Haar strich. Ich höre ihn immer noch flüstern: „Es wird alles gut, Junge. Du wirst sehen. Alles wird gut."

„Einen Moment lang lag ich dort ganz steif und wußte nicht, wie mir geschah. Ich hatte nie den Arm meines Vaters um mich gefühlt. Ich hatte nie meinen Kopf an seine Brust gelehnt oder meine Tränen auf sein Gesicht fallen lassen. Langsam beruhigte ich mich. Ich lehnte mich zurück an meines Großvaters wollene Jacke. Und in jenem zauberhaften Moment hörte ich ein Geräusch, das ich niemals vorher gehört hatte. Großvaters Herz schlug, und ich konnte es hören. Es war ein großes altes Herz voller Liebe, und in jenem Augenblick wußte ich zum ersten Mal in meinem Leben, daß ich geliebt wurde und daß mit einer Liebe, die so groß war wie die meines Großvaters, alles wieder gut werden würde."

11

Warum sind Ziele so wichtig für unseren Erfolg, und wie setzen wir sie und halten sie aufrecht?

Regel 11

Wir glauben, daß der Erfolg nur zu denen kommt, die sich Ziele setzen und dann eifrig daran arbeiten, sie zu erreichen.
Deshalb sollten wir mit der Hilfe unseres Mentors sofort beginnen, unsere kurz- und langfristigen Ziele festzusetzen, sie niederzuschreiben, bei jedem Schritt, den wir tun, unsere Fortschritte zu kontrollieren, die Ziele, die wir erreicht haben, zu feiern, und aus denen zu lernen, die wir nicht erreicht haben.

Rex Renfrow stand allein auf den Stufen des Lincoln Memorial. Die Sonne stieg langsam hinter der Kuppel des Kapitols empor. Rex sah strahlende Bänder aus goldenem Licht, die den dunklen Winterhimmel durchdrangen. Früher hatte es ihm Spaß gemacht, in der Dämmerung allein unter der marmornen Kolossalstatue von „Honest Abe" spazierenzugehen, aber heute spukten die Worte Lincolns über die Freiheit, die in die Wände dieses großen marmornen Denkmals eingemeißelt waren, in seinem Kopf herum und ärgerten ihn.

„Während all dieser Jahre, die ich für die Bundesregierung arbeitete", erinnert sich Rex, „dachte ich, ich sei frei. Ich stellte mir vor, daß ich, wenn ich hart und lang genug arbeitete, wenn ich meine Fertigkeiten verbesserte und die Anweisungen gewissenhaft erfüllte, genügend Geld verdienen würde, um es mir leisten zu können, ein kleines eigenes Geschäft anzufangen. Und plötzlich war ich vierzig Jahre alt und genau an der Stelle angekommen, wo meine Träume sich hätten erfüllen sollen. Statt dessen lagen sie zerschmettert zu meinen Füßen."

Rex fing an, für die Bundesregierung zu arbeiten, nachdem er vier Jahre Militärdienst abgeleistet hatte. Er war stolz auf seine Einstufung als GS-3-Stenotypist. Das ist so etwa die niedrigste Position, die man auf der Gehaltsliste der Regierung einnehmen kann, aber Rex hatte keine Collegeausbildung, und er war dankbar für diese Stellung. Er glaubte, daß er, wenn er sich voll einsetzen würde, sich im Rahmen des Landwirtschaftsministeriums würde hocharbeiten können. Um jene Zeit, so vermutete er, würde er genügend zur Seite gelegt haben, um sein eigenes Geschäft anfangen zu können. Und er war bereit, all das zu tun, was nötig war, um dies zu erreichen.

Einige Zeit lang arbeitete Betty Jo Renfrow, um für sich und ihren Mann ein zweites Einkommen zu erzielen. Als sie Drew und später Melinda Jo vom Kinderheim in Greensboro adoptierten, gab Betty Jo ihre Arbeit auf, um bei den Kindern zu Hause bleiben zu können.

„Wir beschlossen, daß einer von uns beiden die ganze Zeit zu Hause sein würde, so lange die Kinder noch klein waren“, erinnert sie sich. „Kann sein, daß dies eine altmodische Anschauung war. Aber wir wollten, daß es bei uns nach Plätzchen duftete und man die Kinder lachen hören konnte. Wir wollten, daß jemand von uns zu Hause war, wenn Drew oder Melinda sich ein Knie aufschlugen oder einen Freund verloren. Wir wollten, daß unsere Kinder von *uns* lernen sollten, was es bedeutet, liebende und verantwortungsvolle menschliche Wesen zu sein, und nicht von Babysittern oder Leuten in der Kindertagesstätte, ganz egal, wie tüchtig sie auch sein mochten.“

Um wenigstens einen Teil des Zweiteinkommens zu ersetzen, nahm Rex eine Zweitarbeit an, indem er nachts und an Wochenenden an einer Autokundendienststation zu arbeiten, Benzin einzufüllen, Öl zu wechseln und Windschutzscheiben zu reinigen. Überstunden und harte Arbeit machten ihm nichts aus. Er hatte den Traum, ein Geschäft zu besitzen, und er würde fast alles tun, um dies zu erreichen. Er zog mit seiner Frau und den zwei Kindern um, wohin auch immer die Regierung ihn schickte, aus North Carolina nach New Mexiko, nach South Dakota und schließlich zum Hauptquartier des Landwirtschaftsministeriums nach Washington, D.C. An schlimmen Tagen saß er fünfzehn Stunden ohne Unterbrechung an seinem Schreibtisch.

„Schließlich, nach 26 ½ Jahren, die ich wie ein Sklave für ein paar Mark die Woche gearbeitet hatte“, erinnert sich Rex, „erreichte ich den Rang GS-14. Während all jener Jahre hatte ich gedacht, daß das Erreichen dieses höheren Ranges mir das Einkommen garantieren würde, um den nächsten Schritt tun und ein eigenes Geschäft anfangen zu können. Das war mein Ziel. Und jeder Schritt die Leiter hinauf sollte mich ihm näher bringen.“

An jenem Morgen, als die Sonne über der Hauptstadt der Nation aufging, fühlte sich Rex Renfrow von ihrem Licht nicht gewärmt oder getröstet. Er hatte sich die Leiter der Bürokratie hinaufgearbeitet, aber finanziell war er nicht abgesicherter als damals, als er begonnen hatte. Die Inflation hatte jede Gehaltserhöhung aufgefressen. Betty Jo und Rex besaßen auch kein Sparkonto. Wie hätten sie eines haben können? An jedem Monatsende war nichts übrig, was man hätte sparen können. Und gerade am Tag zuvor, als Rex seine Vorgesetzen gefragt hatte, wann er wieder auf eine Beförderung hoffen konnte, teilten sie ihm voll Bedauern mit: „Rex, ohne Collegeausbildung ist das für Sie in weiter Ferne."

„Ich hatte den Traum", erinnert sich Rex heute, „mein eigenes Geschäft zu haben. Aber nachdem ich mein halbes Leben damit verbracht hatte, es zu versuchen, begann ich zu glauben, daß er sich nicht erfüllen ließe. Der endgültige Schicksalsschlag war es für mich, als meine Vorgesetzten mir sagten, daß jemand wie ich, ohne einen Abschluß am College, nicht weiterkommen könne, egal wie hart ich arbeitete oder wie gut ich meine Arbeit machte."

Sein eigenes Geschäft zu besitzen ist ein großer Traum. Es muß für Rex Renfrow eine schreckliche Enttäuschung gewesen sein, erkennen zu müssen, daß er es niemals würde schaffen können. Er hatte diesen Wunsch gehabt, seit er als Teenager auf der Tabakfarm seines Vaters in North Carolina gearbeitet hatte.

Haben Sie diesen Traum auch? Einige Leute, die diesem Ziel folgen, haben den Erfolg fast augenblicklich. Für andere wie Rex kann es eine lange und harte Reise bedeuten. Ich habe einige Berichte über die Geschichte von Amway gelesen, die so klingen, als ob Jay Van Andel und ich unser Geschäft eines Morgens in Jays Keller angefangen hätten und am Abend Millionäre gewesen wären. Obwohl wir mit Dankbarkeit und Staunen auf die Geschwindigkeit unseres Erfolges zurückschauen, kostete es auch uns ein halbes Leben, unser Ziel wahr werden zu sehen. Auch wir mußten Umwege machen und erlebten ein oder zwei Katastrophen auf unseren Wegen.

Auf der Highschool begannen Jay und ich davon zu träumen, zusammen ein Geschäft aufzubauen. Wir pflegten uns nach der Schule zu treffen, um Pläne zu machen. Während Jays Abschlußjahr heuerte uns sein Vater für unseren ersten Geschäftsversuch an. Er betrieb eine Garage und einen Gebrauchtwagenverkaufsplatz. Er mußte zwei gebrauchte Pick-ups an einen Kunden in Montana liefern. Wir machten aus dieser ersten kleinen Autolieferung eine aufregende dreiwöchige Reise nach Westen über viertausend Meilen. Wir waren im Geschäft. Wir arbeiteten für uns selbst. Und selbst wenn wir eine Reifenpanne hatten oder die Straße rauh und beschwerlich wurde, waren wir doch von jeder Minute dieser Reise begeistert.

Der zweite Weltkrieg brachte die erste größere Unterbrechung unseres Weges zum Besitz unseres eigenen Geschäftes mit sich. Wir traten in das Armee Air Corps ein, und als wir uns zu Hause im Urlaub trafen, besiegelten Jay und ich unser erstes richtiges Geschäft, eine Flugschule und einen Air-Charter-Service in Comstock Park, in der Nähe unseres Wohnortes Grand Rapids. Aber da gab es Probleme. Es fing damit an, daß keiner von uns fliegen konnte. Deshalb legten wir, nachdem wir unseren Militärdienst abgeschlossen hatten, unsere Ersparnisse zusammen, nahmen ein Darlehen auf, stellten einen Piloten an, kauften eine gebrauchte Piper Cub und stellten ein riesiges Schild auf: *Wolverine Air Service.* Als sich herausstellte, daß die einzige Startbahn der Stadt nichts war als ein Streifen Sumpf, montierten wir Pontonschwimmer an unser kleines Flugzeug und benützten einen in der Nähe gelegenen Fluß für Starts und Landungen. Unnötig zu sagen, daß unser erstes Geschäft nicht gerade ein umwerfender Erfolg war.

Wir ersannen unseren zweiten Geschäftsplan, eines der ersten Drive-in-Restaurants der Welt. Am Rande der Landebahn stellten wir ein kleines Gebäude aus vorgefertigten Teile auf. An geraden Tagen grillte ich die Burgers und Jay befaßte sich mit den Autos. An ungeraden Tagen tauschten wir die Plätze. Wir verdienten nicht viel, aber wir waren daran, unseren Traum zu verfolgen. Wir hatten unser eigenes Geschäft und arbeiteten für uns selbst.

Im Jahr 1948 kauften Jay und ich Elisabeth, einen 12-Meter-Schoner. Wir schlossen unsere anderen Geschäfte und planten, das Schiff auf einer ein Jahr dauernden Fahrt entlang der Atlantikküste, durch die Karibischen Inseln und weiter nach Südamerika zu segeln. Es war eine Art Urlaub, aber dahinter stand ein Plan. Wir wollten etwas über Boote und über das Segeln lernen, über das Verchartern von Booten und über das Reisegeschäft. Natürlich waren wir niemals vorher gesegelt. So begannen wir unsere Reise mit einem Segelbuch in einer Hand und der Pinne in der anderen. Im Nebel vor New Jersey verirrten wir uns und landeten schließlich in den flachen Marschen, so weit vom Meer entfernt, daß sogar die Küstenwache staunte, als sie uns fand und an einem Tau zurück in den Atlantik schleppte.

Als wir dann schließlich das Segeln gelernt hatten, war die arme Elisabeth ernstlich leck geschlagen. In einer dunklen Nacht im März 1949, auf dem Törn von Havanna nach Haiti, begann der verkrustete alte Schoner leck zu schlagen. Wir schöpften an Wasser, was wir konnten, aber trotz unserer verzweifelten und urkomischen Bemühungen sank unser Schoner zehn Meilen vor der Nordküste von Kuba auf 500 Meter Wassertiefe. Wir wurden von einem amerikanischen Frachter gerettet und drei Tage später in San Juan, Puerto Rico an Land gebracht.

„Für euch wird es jetzt Zeit, eine Anstellung zu finden und euch niederzulassen", riet uns ein Freund. Aber wie Rex Renfrow und Millionen von Menschen wie er – vielleicht auch wie Sie – waren wir immer noch dazu entschlossen, unser eigenes Geschäft zu betreiben, und obwohl wir nicht recht wußten, wohin dieser Traum uns führen würde, folgten wir ihm.

Im August 1949, kurz nachdem wir von unserer glücklosen Seereise zurückgekehrt waren, stellte uns Neil Maaskant, ein holländischer Einwanderer und entfernter Verwandter von Jay, eine Geschäftsgelegenheit vor, um unabhängige Berater der Fa. Nutrilite Products zu werden, einer Linie von Nahrungsergänzungsmitteln. *„WIE MAN GESUND WIRD UND GESUND BLEIBT"* stand auf ihrem kleinen Begleitbüchlein, und wir unterschrieben. Der Aufbau eines Direktvertriebssystems würde ganz rasch zu unserem dritten geschäftlichen Unternehmen werden.

In wenigen Jahren hatten wir ein wunderbares Team unabhängiger Berater für Nutrilite aufgebaut. Wir arbeiteten hart und viel, und unser Geschäft blühte. Im Jahr 1957 bat Carl Rehnborg, der Gründer von Nutrilite, Jay, Präsident der Gesellschaft zu werden. Nach sorgfältiger Überlegung lehnte Jay das Angebot ab. Wieder einmal hielt uns unser Traum zusammen. Komme, was da wolle – auch noch so reizende Gehaltsangebote und ein schickes Büro –, wir wollten unbedingt unser eigenes Geschäft haben.

Im Jahr 1958 kündigten wir unseren Nutrilite-Beratern an, daß wir neue Produktlinien einführen wollten, und im Jahr 1959 wurde die Amway Corporation geboren. Gerade 34 Jahre später machen mehr als zwei Millionen unabhängige Amway-Berater in 54 Ländern und Gebieten fast zehn Milliarden DM Umsatz.

Jay und ich verbrachten fast zwanzig Jahre damit, mit verschiedenen unternehmerischen Plänen zu experimentieren, ehe wir Amway gründeten. Und wenn wir heute zurückschauen, dann messen wir unseren Erfolg nicht an erster Stelle in Geld. Wir messen ihn daran, unserem Traum treu geblieben zu sein. Die ganze Zeit hatten wir unser eigenes Geschäft besitzen wollen.

Was ist Ihr Ziel?

Vielleicht wollen Sie nicht Ihr eigenes Geschäft besitzen. Vielleicht gefällt Ihnen der Gedanke, für eine große Gesellschaft oder ein wundervolles kleines Geschäft in Ihrer Heimatstadt zu arbeiten. Vielleicht wollen Sie ein Buch schreiben, in einer Kirche Pastor sein oder sich um ein politisches Amt bewerben. Vielleicht haben Sie die Wahl getroffen, beim Militär, bei der Polizei oder bei der Feuerwehr Ihren Weg zu machen. Ob Sie nun planen, Ihr eigenes Geschäft zu betreiben, Ihre sportlichen oder künstlerischen Fähigkeiten zu verkaufen, für die Regierung oder in einem Privatunternehmen zu arbeiten, Sie haben die Chance, Ihre Muskeln spielen zu lassen, als Unternehmer, als eine Person von Wert, die dabei ist, die Herausforderung eines Lebens anzunehmen. Und was immer Ihr Ziel sein mag, die Regeln sind weitgehend dieselben.

An erster Stelle müssen Sie an sich selbst glauben. Das ist der Grund, warum wir weiter vorne darüber sprachen, wie wichtig es ist, eine positive Einstellung zu besitzen. Zweitens brauchen Sie einen Mentor, der Sie auf Ihrem Weg begleitet. Dann, mit der richtigen Einstellung und ein wenig Hilfe von seiten Ihrer Freunde, sind Sie bereit. Nun beginnt der Prozeß – im Ernst. Träumen Sie Ihren eigenen Traum! Entwickeln Sie einen Plan, um diesen Traum zu erreichen und arbeiten Sie hart daran, ihn zu vollenden! Und was immer Sie tun, geben Sie nicht all den negativen Stimmen um Sie herum (oder in Ihnen) nach, die herausschreien: „Du wirst es nie zu etwas bringen“ oder „Auch wenn du es versuchst, wirst du es niemals schaffen!“

Folgen Sie Ihrem Ziel

Der junge Paul Collins saß auf dem Rand eines Stuhls in meinem Büro in Ada, Michigan. Er hatte einen Traum. „Ich möchte Maler werden“, sagte er. „Dies hier ist ein Muster meiner Arbeit.“ Pauls Hand zitterte leicht, als er einige Bilder auf meinen Konferenztisch legte. Dynamische, helle Gesichter in strahlenden, frischen Farben schauten mich von der Leinwand her an. „Sehr hübsch“, sagte ich. „Danke“, erwiderte Paul ruhig. Dann, mit dem Versuch, ein unzähmbares Lachen zu unterdrücken, setzte er hinzu: „Sie sind hübsch, nicht?“

Paul Collins hatte die richtige Einstellung. Gegen alle Widerstände glaubte er an sich selbst. Paul ist schwarz. Er war in einer Familie des unteren Mittelstandes in Grand Rapids aufgewachsen. Er hatte kein Geld. Und obwohl seine Lehrer seine Begabung anerkannten, rieten sie ihm, sich „eine richtige Arbeit" zu suchen und die Malerei als Hobby zu betreiben. Paul lehnte es ab, auf sie zu hören. Wenn seine Lehrer nicht an Paul Collins glaubten, dann glaubte er selbst an sich. Er hatte einen Ziel und war bereit, alles zu riskieren, um ihm zu folgen.

Seine Lehrer waren nicht so optimistisch. „Du wirst durch den Verkauf deiner Bilder nicht genug Geld verdienen, um dir deinen Lebensunterhalt zu verdienen", sagten sie. Aber wieder hörte Paul nicht auf sie, und als er gerade achtzehn war, verkaufte er sein erstes Bild. Nach diesem kleinen Sieg wurde er noch entschlossener, seine Begabung als Künstler zu gebrauchen, um sich seinen Lebensunterhalt zu verdienen. An jenem Tag in meinem Büro, als ich auf jene glänzenden Gesichter auf der Leinwand hinabschaute und in die leuchtenden, entschlossenen Augen ihres Schöpfers, bedurfte es keines Kunstkritikers, um zu sehen, daß Paul Collins Traum sich eines Tages erfüllen würde.

Anders als Paul, hatte Rex Renfrow keine besondere Begabung, die er in ein Geschäft ummünzen wollte. Er wußte nur, daß er ein eigenes Geschäft wollte. Das ist auch in Ordnung. Rex hatte in seinem Leben soviel gearbeitet, um das Geld für die Verwirklichung seines Traumes zu verdienen, daß er wirklich keine Zeit gehabt hatte, um sich selbst diesen Traum zu veranschaulichen, um seine eigenen Gaben zu testen, um seine Möglichkeiten zu studieren, ganz zu schweigen davon, die entsprechenden Entscheidungen zu treffen.

Dann eines Nachts, etwa um die Zeit, als Rex schon dachte, daß sein Traum von einem eigenen Geschäft für immer gestorben sei, hörte er von unserem Direktvertriebsprogramm, begann sein eigenes Geschäft und kam zu Erfolgen, die er sich niemals erträumt hätte. Amway ist nur eine von Millionen von Ideen, um Ihr eigenes Geschäft anzufangen, aber für Rex war es wie der Sonnenaufgang am Ende einer langen, dunklen Nacht.

Sie können planen, Ihr eigenes Geschäft zu haben, aber irgendwann einmal wird Ihr Ziel auch etwas spezifischer werden müssen. Welche Art von Geschäft würden Sie gerne besitzen? Wie würden Sie gerne Ihr Leben verbringen? Welche Art von Arbeit würden Sie gerne tun? Als ich jung war, war ich nicht mit einer künstlerischen Begabung gesegnet wie Paul Collins, noch arbeitete ich recht hart, um die wenigen Gaben zu perfektionieren, die ich besitze. Wenn Leute mir jene schreckliche Frage stellten – „Was willst du denn werden, wenn du groß bist?" –, hatte ich davon keine Vorstellung. Aber mein Vater hatte mir eine Art Traum von der Arbeit weitergegeben, der aus seinem persönlichen Alptraum erwachsen war. „Fang dein eigenes Geschäft an“, riet er. „Arbeite nie für jemand anderen als für dich selbst.“

Neunzehn Jahre lang arbeitete mein Vater für die General Electric. Als ich auf der Highschool war, bot General Electric meinem Vater eine Beförderung und eine Gehaltserhöhung an, wenn er in Detroit einen neuen Posten annehmen würde. Vater liebte Grand Rapids. Seine Wurzeln waren dort. Er wollte seine Familie nicht zwingen, in eine neue Stadt zu ziehen, neue Schulen und eine neue Kirche oder neue Freunde zu finden.

So lehnte Vater seine einzige große Chance ab, vorwärtszukommen. Aus dem einen oder anderen Grund wendete sich der Chef meines Vaters in Grand Rapids gegen ihn, und die Firma entließ ihn, ohne einen Gedanken an die Jahre wertvoller geleisteter Arbeit zu verschwenden. Nur ein Jahr vor der Pensionierung verlor mein Vater seinen Posten, seine Vergünstigungen und seine Pension.

Von jenem Augenblick an war er nur noch von einer Idee besessen: „Arbeite für dich selbst“, sagte er mir. „Fang’ ein eigenes Geschäft an.“ Schließlich wurde der Traum, den mein Vater für mich hatte, zu meinem eigenen. Aber jener Traum genügte nicht. Jay und ich mußten Pläne machen, um diesen Traum am Leben zu erhalten. Wir mußten uns an die Arbeit machen und uns fragen: „Wohin gehen wir mit unserem Traum, und wie werden wir dahin kommen?“

Paul Collins hatte das Ziel, Maler zu werden. Jay und ich hatten zuerst den Traum, einen Flugdienst zu eröffnen, dann ein Drive-in-Restaurant, dann eine Beraterschaft im Rahmen von Nutrilite. Rex Renfrow wollte ganz einfach ein Geschäft für sich selbst, auf das er stolz sein konnte und das ihm lebenslang eine Einkommensquelle verschaffen würde. Was ist Ihr Ziel? Machen Sie sich keine Sorgen, wenn Sie nicht sicher sind, welche Art von Geschäft Sie gerne besitzen würden. Wenn Sie ein Ziel haben, auch nur eine vage Vorstellung davon, folgen Sie ihm. Bleiben Sie dabei! Wenn Sie noch kein Ziel haben oder wenn Sie nicht sicher sind, ihm vertrauen zu können, hier sind ein paar Fragen, die Ihnen helfen könnten, die richtige Entscheidung zu treffen.

Ist das Ziel wirklich Ihr Ziel?

Wenn Sie irgendeine Beschäftigung, irgendeine Berufung, irgendeine Karriere auf der Welt wählen könnten, was wäre es? Vergessen Sie für einen Augenblick, was all die anderen wollen, daß Sie tun sollen. Ihre Familie, Ihre Freunde, Ihr Partner oder Ihre Partnerin haben alle ihre Ziele für Sie, aber was wollen *Sie*? Vertrauen Sie Ihrem Gefühl. Hegen Sie Ihren Traum oder auch nur das winzige Bruchstück von einem Traum, das Sie in Begeisterung versetzt und Ihnen Hoffnung für die Zukunft gibt.

Der französische Philosoph Blaise Pascal sagte einmal: „Das Herz hat seine Gründe, von denen die Vernunft nichts weiß." Hören Sie nicht auf jene Stimmen in Ihnen, die Ihr Potential begrenzen wollen. Lassen Sie Ihr Herz sprechen. Hören Sie auf die Stimmen jener, die große Pläne für Sie anstreben. Dann wagen Sie, diesen Zielen zu folgen.

Es war nicht genug, daß mein Vater oder Rex' Vater ihre Träume weitergaben. Wir mußten uns vergewissern, daß ihre Träume wirklich auch die unseren waren. Auch wenn unser Schoner sank, wußten Jay und ich, daß wir unser eigenes Geschäft besitzen wollten, daß wir frei sein wollten.

Paßt dieses Ziel zu Ihren Gaben?

Ein Ziel ist eine Sache, aber das Zeug dazu zu haben, es zu realisieren, ist eine andere. Helen Keller hätte vielleicht gerne ein Auto gesteuert, aber sie hätte auf den Straßen eine öffentliche Bedrohung dargestellt. Ihre Blindheit verbot ihr einige ihrer Wünsche. Aber sie hatte trotzdem große Pläne. „Wir könnten niemals lernen, tapfer und geduldig zu sein", schrieb sie 1890, „wenn es auf der Welt nur Freunde gäbe."

Haben Sie keine Angst vor Ihren Grenzen, aber seien Sie auch nicht närrisch. Wenn Sie die Basismathematik in Verlegenheit bringt, dann dürfte Ihre Zukunft wohl kaum in der Teilchenphysik liegen. Wenn Sie 1,50 Meter groß oder 60 Jahre alt sind, dann dürfte Ihre Karriere wohl nicht im Profi-Basketball liegen. Wenn Sie beim Anblick von Blut ohnmächtig werden, dann überlegen Sie sich nochmals Ihre Träume, ein großer Chirurg zu werden. Wenn ein Traum sich als unmöglich herausstellt, träumen Sie einen anderen!

Denken Sie darüber nach, worin Sie gut sind und was Sie gern tun. „Ich bin in gar nichts gut", sagen Sie. Unsinn! Niemand von uns besitzt die Gaben eines Genies wie Mozart. Wenige von uns werden jemals in der Lage sein, Klavier zu spielen wie André Watts. Es ist leicht möglich, daß Sie nicht fähig sind, Bestseller zu schreiben wie Stephen King. Aber wir alle haben unsere gottgegebenen Begabungen.

Die meisten Leute, die Erfolg gehabt haben, betrachten sich selbst nicht als Genies. Aber das will nicht heißen, daß Gott nicht jedem von uns eine Menge Durchhaltevermögen oder Fähigkeit für harte Arbeit geschenkt hat. Erinnern Sie sich, was wir über Vererbung gesagt haben? Lassen Sie sich von niemand erzählen, daß Sie keine Gaben besitzen. Sie haben sie!

Manchmal verwechseln die Leute Genie mit harter Arbeit. Es ist wahr, daß ein paar wenige Genies großartige Dinge mit einer Mühelosigkeit zustande bringen, die erstaunlich ist. Wenn aber alle Musiker und Komponisten sich mit Mozart messen wollten, dann wären sie sehr niedergeschlagen. Manchmal würdigen wir die Tatsache nicht, daß große Musiker, Sportler, Autoren, Künstler und, ja, auch mitmenschliche Kapitalisten deshalb groß geworden sind, weil sie ihre Genialität mit harter Arbeit weiterentwickelt haben. Halten Sie sich das vor Augen, wenn Sie über Ihre Begabungen nachdenken.

Denken Sie darüber nach, was Sie gerne tun würden, was Ihnen leicht fällt (nicht weil es keine Arbeit erfordert, sondern weil es Ihnen Spaß macht), wovon andere sagen, daß Sie es gut machen. Das wird Ihnen helfen, Ihre Begabungen zu identifizieren. Wenn Sie diese in der Verfolgung Ihrer Ziele als Unternehmer einsetzen, dann werden Ihre Erfolgschancen Sie in Erstaunen versetzen.

Rex und Betty Renfrow begannen, unsere Produkte und unseren Marketingplan Freunden und Nachbarn in Washington, D.C., vorzuführen. Rex arbeitete weiterhin für das Landwirtschaftsministerium. Endlich, nach mehr als 26 Jahren, war er dabei, sein eigenes Geschäft aufzubauen. Es war harte Arbeit. Glauben Sie das nicht, was die Burschen in den Nachtprogrammen des Fernsehens erzählten. Es gibt keinen schnellen oder leichten Weg zu finanzieller Sicherheit oder zum Erfolg. Und obwohl es am Anfang langsam und schwierig war, wußten Rex und Betty Renfrow, daß, wenn sie nur dem Weg folgten, ihre Arbeit ihnen lebenslang Dividenden einbringen würde.

„Es war ein geringer Preis, den wir bezahlten“, erinnert sich Rex. „Endlich baute ich etwas für mich und meine Familie auf, was uns immer gehören würde. Ich hatte mein Leben in die Träume anderer Leute investiert. Jetzt wendete ich meine Zeit und Energie auf, um meine eigenen Träume zu verwirklichen.“

Haben Sie die Mittel, um Ihr Ziel zu verfolgen, oder können Sie diese ausfindig machen?

Einer der Gründe, warum Rex Renfrow von unserem Geschäft so begeistert war, war der niedrige Eintrittspreis. „Das Starterkit mit seiner Geld-zurück-Garantie kostete mich 80 DM", erinnert sich Rex. „Ich stellte mir vor, daß ich das aufbringen konnte. Ich war begeistert. Wir sagten uns selbst, Mensch, was können wir schon verlieren?"

Viele Geschäfte haben genau wie das unsere niedrige Eintrittsgebühren. Andere kosten mehr. Gehen Sie beispielsweise auf eine Franchise-Messe. Sehen Sie sich die Preise an, um sich in eine Hamburger- oder Pizzakette einzukaufen. Überlegen Sie sich, wie hoch die Kosten für Miete und Einrichtung eines Büros, eines Verkaufsraums oder eines Studios sind. Zählen Sie die Preise für Büroausrüstung, Computerhardware und -software zusammen. Selbst ein Telefon und eine Faxmaschine mit dazugehörigem Papier und Visitenkarten kosten Geld. Haben Sie dieses Geld zur Verfügung? Gehört es Ihnen oder jemand anderem? Wenn es nicht Ihr Geld ist, wieviel von Ihrer Zukunft müssen Sie dafür aufwenden?

„Ins Geschäft zu kommen, kostete Betty Jo und mich weniger als unser Geburtstagsessen", erinnert sich Rex. „Und", fügt Betty Jo mit einem Lächeln hinzu, „jenes Vier-Sterne-Lokal bot uns keine Geld-zurück-Garantie an."

Welches Geschäft auch immer Sie wählen, seien Sie sicher, über die finanzielle Basis zu verfügen, um die anfängliche Zeit zu überstehen, während deren Sie wenig (oder gar nichts) verdienen.

Stimmt dieses Ziel mit Ihren Werten überein?

Träume sind manchmal gefährlich. Sie können zusammentreffen mit den Dingen, die Sie für richtig halten. Sie könnten uns sogar auf einen Weg locken, der uns ruiniert. Denken Sie voraus. Entscheiden Sie zu Beginn der Reise, wohin der Weg führen soll. Wenn Sie Ihr Ziel erreichen, wenn Ihr Traum Wirklichkeit wird, wird er Ihnen oder jemandem, den Sie lieben, Freude oder Leid bringen?

In den größeren Städten dieses Landes beginnen junge Männer ihren eigenen Drogenhandel. Warum sollten Sie Hamburger oder Zeitungsabonnements, Autos, Grundbesitz oder Seife verkaufen, wenn doch der

Erlös aus Marihuana, Kokain und Heroin soviel größer ist? Und doch werden eines Tages dieses jungen Männer, wenn sie zurückschauen, ihre Wahl bedauern – falls sie nicht vorher in einem Kugelhagel ums Leben kommen.

Rex und Betty Renfrow mußten sich die gleichen Fragen stellen, die wir uns alle stellen müssen: Sind die Produkte für die Verbraucher sinnvoll? Würde ich sie verwenden? Handelt es sich um Qualitätsprodukte, die zu einem vernünftigen Preis und mit einer Geld-zurück-Garantie verkauft werden?

Ist die Präsentation seriös? Ist sie nachvollziehbar? Kann ich mich darauf verlassen? Oder ist sie mit Halbwahrheiten, Übertreibungen und sogar Lügen gespickt?

Ist der Marketingplan sinnvoll? Ist er fair? Ist er großzügig? Läßt er Raum für Entscheidungsfreiheit?

Sind die Leute ehrlich, fair und offen? Wird es Spaß machen, mein Leben in ihrer Gesellschaft zu verbringen? Welchen Einfluß werden sie auf mich, auf meine Partnerin oder meinen Partner und auf meine Kinder haben?

„Wenn ich zurückschaute“, erinnert sich Rex, „fiel mir auf, daß mein Traum die ganze Zeit auch eine menschliche Seite hatte. Ich wollte ein eigenes Geschäft, aber noch mehr wollte ich ein Geschäft, das mir erlauben würde, den Menschen zu helfen. Wie froh wir waren, als wir merkten, daß dies ein ‚Menschen-helfen-Menschen‘-Geschäft ist“, fügt er hinzu. „Seine Werte und meine Werte gehen Hand in Hand.“

Ist dieses Ziel groß genug, um für Sie eine Herausforderung zu sein?

Setzen Sie sich keine Ziele, die zu geringfügig oder zu sicher sind. Wagen Sie, große Träume zu träumen, die weit jenseits dessen liegen, wo Sie sich befinden. Das Ziel, sicher über die Straße zu kommen, kann sich jeder setzen. Machen Sie einen Riesenschritt. Schauen Sie sich die Welt an. Warum sollten Sie sich mit mittelmäßigen Zielen zufrieden geben, wenn Sie etwas wirklich Wundervolles erreichen können? Glauben Sie an sich selbst! Folgen Sie Ihrem Traum! Dies sind die wirklich großen Schritte. Alles andere wird folgen.

Die meisten Leute, die in unser Geschäft kommen, beginnen mit kleinen Träumen. Daran ist nichts falsch. Vielleicht unterschreiben sie nur, um einen günstigen Rabatt auf die mehr als 3.000 Produkte zu bekommen, die wir führen. Oder sie brauchen vielleicht vier- oder fünfhundert Mark zusätzliches Einkommen im Monat, um ihre Rechnungen zu bezahlen oder um ein bißchen anzusparen für schlechte Tage.

Kaoru Nakajima erzählte uns eine alte japanische Legende, um einen Gesichtspunkt näher zu beleuchten. Ein alter japanischer Bauer und sein Hund gingen im Wald spazieren. Zehn Jahre lang wanderten sie in den Wäldern umher, um einen verlorenen Schatz zu finden. Plötzlich blieb der Hund unter einem Baum stehen. Einen Augenblick schnüffelte er an den Wurzeln. Dann begann er zu bellen. Der alte Mann wußte, daß der Hund gerne bellte, und so ging er weiter, lächelte in sich hinein und wartete darauf, daß sein Hund folgen würde. Aber der Hund bellte einfach weiter. Der Mann blieb stehen und rief den Hund beim Namen. Der Hund wollte nicht kommen. Der Mann schrie und gestikulierte ärgerlich; schließlich warf er einen Stock nach dem Hund in der Hoffnung, daß das eigensinnige Tier mit dem Bellen aufhören und gehorchen würde. Als der Hund wieder nicht folgte, kehrte der alte Mann zu dem Baum zurück, nahm eine Schaufel von seinem Rücken und begann zu graben. Innerhalb einer halben Stunde entdeckte der alte Mann einen unbezahlbaren Schatz.

„Wenn jemand nein zu mir sagt", erklärt Mister Nakajima, „dann betrachte ich das als den Beginn, nicht als das Ende unserer Beziehung. Wie der Hund, so fahre auch ich fort, Aufmerksamkeit zu erregen und zu bellen. Nachdem ich eine Woche oder zwei gewartet habe, rufe ich wieder an. Mein möglicher Kunde stellt mir neue Fragen. Jede Frage gibt mir eine weitere Möglichkeit, zu antworten. Über kurz oder lang beginnt mein Kunde zu graben, wenn ich nicht aufgebe. Als nächstes wird er den Schatz entdecken. Für die meisten Leute bedeutet die Antwort Nein das Ende. Für mich ist die Antwort Nein der erste Schritt auf dem Weg zum Ja."

Entwickeln Sie einen Plan und arbeiten Sie hart daran!

Sie haben ein Ziel. Jetzt brauchen Sie einen Plan. Pläne umreißen, wohin Sie gehen wollen. Sie geben Ihnen die Möglichkeit, den Fortschritt zu messen. Sie geben Ihnen ein klares Gefühl für Richtung und Zweck. Erinnern Sie sich an den Autoaufkleber: „Steh' zu etwas, oder du wirst für irgend etwas fallen."

Manche Leute haben große Ziele, aber sie entwickeln nie einen fertigen Plan mit Zielen und Taktiken, um die Ziele zu realisieren. Ohne einen Plan werden Sie sich immer im Kreis drehen und Ihr Leben vertun. Andere Leute haben Pläne, aber sie sind ungeeignet. Diese Leute verstehen nicht, wie der Kapitalismus funktioniert, und so bleiben sie immer ohne Erfolg.

Rex Renfrow glaubte, es sei sein Ziel, ein Geschäft zu besitzen. Aber das war überhaupt nicht sein Ziel. Sein wirkliches Ziel war es, durch ein regelmäßiges Einkommen eine gewisse finanzielle Sicherheit zu haben, welche ihm gewisse Freiheiten ermöglichen würde.

„Ich hatte genug von den Grenzen, die die Leute mir auferlegten", gibt er heute zu. „Ich war zu kreativ und besaß zuviel Energie, um mir meine Fähigkeiten eingrenzen zu lassen. Ich wollte frei sein, um meine eigenen Entscheidungen über die Zukunft zu treffen, und dazu braucht man Geld."

Auf lange Sicht wollte Rex genau das, was wir alle wollen, ein gewisses Maß an finanzieller Sicherheit. Um wirklich frei zu sein, braucht man Geld, nicht unbedingt mehrere Millionen DM, aber genug, um die Rechnungen bezahlen und ein wenig für schlechtere Tage zur Seite legen zu können.

Wir sollten uns nie unseres Wunsches nach materiellem Wohlstand schämen. Wir sollten stolz und dankbar sein für jede DM, die wir ehrlich erwerben. Das Geld, das Sie verdienen, wird Ihre Lebensqualität und die Ihrer Familie verbessern, und wenn Sie mitmenschlich eingestellt sind, wird es Ihnen auch die Macht geben, um Hunger, Armut, Obdachlosigkeit und Krankheit derer zu lindern, die in Ihrer Nachbarschaft und rund um den Globus leiden. Vergessen Sie nie, daß Profit das Ziel eines guten Geschäftsplanes ist. Was sind Ihre Ziele, und wie planen Sie, sie zu erreichen?

Was ist ein Ziel?

Definieren Sie ein Ziel, wie immer Sie wollen: „Das Endergebnis", „die letztendliche Absicht", „die Zielsetzung Ihrer Arbeit", „das Ziel, welches Sie treffen wollen", „das Resultat oder Ergebnis, auf welches Ihre Mühe ausgerichtet ist". Sich über Ihr Ziel in Ihrem Kopf klar zu werden, ist der erste Schritt dahin, einen Traum möglich zu machen. Und im Geschäftsleben ist ein primäres Ziel der Profit.

Das Fernziel der finanziellen Sicherheit erreicht man, indem man eine Reihe von Nahzielen erstellt und anstrebt. Rex Renfrow begann abends und an den Wochenenden zu arbeiten, und hoffte, auf diese Art und Weise sein Einkommen um drei- oder vierhundert Mark im Monat aufzubessern. Als dieses Nahziel verwirklicht war, setzten sich Rex und Betty ein größeres Ziel von 1.000 DM im Monat als Zusatzeinkommen. Dann, während er sein neues Geschäft immer noch als Teilzeitarbeit betrieb, setzten sie sich das Ziel, sein Gehalt, das er beim Landwirtschaftsministerium hatte, mit der neuen Beschäftigung zu erreichen. Als dieses Nahziel erreicht war, gab Rex seine Stellung beim Landwirtschaftsministerium auf. Um diese Zeit besaßen sie bereits ein Geschäft, das wuchs. Sie hatten ein ausreichendes Einkommen, um sich finanziell sicher fühlen zu können. Ziel um Ziel sahen Rex und Betty Renfrow ihren Traum wahr werden.

John und Barbara Sims schlossen sich unserem Geschäft an aufgrund ihres Zieles, mehr Zeit miteinander verbringen zu können. „Ich arbeitete mit der Eltern-Lehrer-Vereinigung zusammen", erinnert sich Barbara. „Nur allein unsere Kinder Scott, Karen und David in der Stadt herumzufahren, hielt mich beschäftigt. Und John war so angespannt damit, seine Werkstatt zu leiten und den Abschleppwagen auf Notrufe hin vierundzwanzig Stunden am Tag bereitzuhalten, daß wir uns nur selten sahen, ganz zu schweigen davon, daß wir Zeit hatten, miteinander Pläne zu schmieden oder gemeinsam zu beten." Sie erreichten ihr Ziel dadurch, daß sie ein Geschäft begannen, das sie zusammen führen konnten.

Jack Spencer war Highschool-Lehrer und Trainer. Er studierte spät am Abend noch, um seinen Magisterabschluß zu bekommen. „Ich arbeitete oft siebzehn Stunden am Tag, weil ich überzeugt war, daß harte Arbeit und mehr Ausbildung die Geheimnisse waren, um vorwärtszukommen", erinnert er sich. Als Jack jedoch das Programm für die Magisterprüfung abgeschlossen hatte, mußte er zu seiner Bestürzung feststellen, daß die ganze Gegenleistung für all seinen Aufwand eine Gehaltserhöhung von nur 50 DM pro Monat betrug. Jack und Maggy Spencer wollten für ihren Zeit- und Energieaufwand ein besseres Ergebnis sehen. Sie erreichten ihr Ziel, indem sie ein Geschäft anfingen, in welchem es keine Einkommensbeschränkung gab.

Dave und Marge Lewis wollten ein erfolgreiches Geschäft aufbauen, ohne ihr Dorf Hersey in Michigan zu verlassen. „Erfolg kann in einer Kleinstadt nicht gedeihen", sagt Dave lächelnd, oder das sagte man uns zumindest. „Die Leute informierten uns darüber, daß man eine riesige

Metropole braucht, um die finanziellen und beruflichen Schritte tun zu können, die einen auf seinem Gebiet an die Spitze bringen." „Aber wir mochten Hersey", setzt March hinzu, „und wir wollten, daß unsere Kinder mit all den Vorteilen einer kleinen, sicheren und überschaubaren Gemeinschaft aufwachsen sollten." Dave und March erreichten ihr Ziel, indem sie ein Geschäft begannen, welches überall blühen konnte, sei es in einer kleinen oder in einer großen Stadt.

Jedes erfolgreiche Geschäftsleben beginnt damit, daß man sich ein einzelnes Ziel setzt. Aus diesem Ziel kann man bald viele Nahziele und Fernziele ableiten. Die Nahziele müssen dann durch eine Reihe von Handlungen und Taktiken umgesetzt werden, die einem helfen, die Fernziele zu erreichen.

Was ist Taktik?

Taktik beschreibt ein planmäßiges Verhalten, das wir an den Tag legen, um unsere Ziele zu erreichen. Erinnern Sie sich noch an die Formel: MW = NR + ME x H? Wenn unser Fernziel der materielle Wohlstand ist (MW), dann machen die natürlichen Ressourcen (NR), die menschliche Energie (ME) und die Hilfsmittel (H) die Taktik aus, über die wir verfügen, um jenes Ziel zu erreichen.

Natürliche Ressourcen: Die meisten Güter und sogar Dienstleistungen bedürfen des kreativen Gebrauchs der natürlichen Ressourcen unserer Erde. Paul Collins' Bedürfnisse sind verhältnismäßig einfach: Farbe und Leinwand. Die geschäftlichen Pläne jener erfolgreichen jungen Unternehmer, die wir früher diskutiert haben, legten verschiedene Kombinationen natürlicher Ressourcen zugrunde, um damit Erfolg zu haben: Rosen, Nelken und Farnblätter (Roger Connor für seine Gärtnerei); Eier, Zucker, Rahm und verschiedene natürliche Geschmacksstoffe (Ben und Jerry); einzelne Computerteile (Jobs und Wozniak); und sogar Kuhmist (die Kinder von KIDCO).

Unsere Firma und Tausende von anderen Geschäften haben die üppigen Ressourcen unserer Erde in Tausende von wundervollen Produkten verarbeitet, und doch betritt tagtäglich jemand unsere Büros in Ada, Michigan mit irgendeinem neuen Produkt, welches die Lebensqualität derer verbessert, die es benutzen. Ich fordere Sie heraus. Nehmen Sie die Herausforderung an! Erfinden Sie etwas! Erschaffen Sie etwas! Setzen Sie es um! Träumen Sie! Denken Sie nach! Haben Sie Phantasie! Riskieren Sie! Versuchen Sie! Die Welt ist immer noch reich an natürlichen Ressourcen, die von Ihrem kreativen Geist umgeformt werden könnten. Gehen Sie es an!

Menschliche Energie: Denken Sie bei sich: „Gewähren Sie mir eine Pause. Leute wie Roger Connor oder Ben und Jerry hatten einfach Glück. Sie waren einfach zur richtigen Zeit am richtigen Platz. Sie hatten unglaubliches Glück, und ich habe einfach nicht soviel Glück."

Glück spielt sicherlich eine Rolle. Aber nach meiner Erfahrung ist es nicht das Glück, sondern die harte Arbeit, welche den Erfolg bringt. Steven Leacock sagte es so: „Ich glaube sehr an das Glück, und ich finde, je härter ich arbeite, desto mehr davon habe ich."

Gott hat Ihnen Energie gegeben, die Sie nutzen sollen, um die Erde und ihre Ressourcen umzuformen. Wie jede andere Hilfsquelle, so ist auch Ihre Energie begrenzt. Vergeuden Sie sie nicht. Unterschätzen Sie sie nicht. Entwickeln Sie einen Plan, um Ihre eigenen Träume zu erfüllen, und nutzen Sie jedes Gramm von Kraft und Energie, das Sie besitzen, um erfolgreich dabei zu werden.

In unserem Geschäft ist die menschliche Energie alles. Wenn einmal die natürlichen Ressourcen in die gut 3.000 Produkte umgeformt sind, die wir führen, ist alles, was man braucht, um ein Geschäft aufzubauen, das so groß und rentabel ist, daß es jede Vorstellung übertrifft, die Energie eines Mannes oder einer Frau.

Hilfsmittel: Es stehen alle Arten von Hilfsmitteln zur Verfügung, um Ihnen zu helfen, Ihre Arbeit leichter, effizienter und wirtschaftlicher zu machen. Paul Collins benützt verschiedene Pinsel, tragbare Staffeleien und Aluminiumrahmen, um seine Leinwand gespannt zu halten. Aber auch Düsenflugzeuge, Telefone und Faxgeräte spielen eine Rolle.

Stellen Sie sich die Hilfsmittel vor, welche jene erfolgreichen Unternehmer benutzten, um ihren Plänen Leben zu verleihen. Roger Connor bettelte, borgte sich Dinge, und kaufte alte Kühlschränke, um seine Blumen frisch zu halten. Ben und Jerry verwendeten Aluminiumbottiche und Mixer, um ihr Eis schnell und effizient herzustellen. Jobs und Wozniak benützten einfache Werkzeuge und Lötkolben, um ihre ersten Computer zusammenzubauen, und die Kinder von KIDCO nahmen Schaufeln, Schubkarren und Trockenplatten zu Hilfe, um ihr Düngergeschäft zum Laufen zu bringen.

Übrigens, falls es Ihr Plan ist, eine Dienstleistung anzubieten (anstatt ein Produkt zu vermarkten), denken Sie nach über die Hilfsmittel, die Sie bereits besitzen (oder ausleihen könnten), um sie in Ihren Plan einzubeziehen, und die Ihnen das Leben leichter und Ihre Dienstleistung effektvoller machen würden.

Unternehmer müssen besonders erfindungsreich sein. Sie benützen alte Autos, um Pizzas oder medizinische Rezepte zu transportieren. Sie benützen ihre Fahrräder, um Zeitungen auszutragen; sie nutzen ihre Telefone, um Befragungen durchzuführen; sie verwenden ihre Schreibzeuge, ihre Schreibmaschinen oder ihre Computer, um Theaterstücke, Lieder oder Dichtung zu produzieren oder um Handzettel oder andere Anzeigen herzustellen. Oder sie benützen ihren Rasenmäher, um ein Gärtnereigeschäft anzufangen; ihre Waschmaschine und ihren Trockner, um damit Wäsche von Studenten einer am Ort ansässigen Universität zu reinigen, oder ein Bügelbrett, um Hemden anderer Leute zu bügeln.

Alles, was *wir* brauchen, um in *unserer* Branche Erfolg zu haben, ist ein Telefon, ein Block mit Bestellformularen, ein Lager, um Produkte und Material unterzubringen und ein Transportmittel, um sie durch die Stadt zu transportieren (oder um die Welt). Was für ein Geschäft würden Sie gerne beginnen? Welches sind die Hilfsmittel, die Ihnen bereits zur Verfügung stehen? Beeindrucken Sie sich selbst mit Ihrer Kreativität.

Lassen Sie uns kurz zusammenfassen

Selbst wenn Sie an sich selbst glauben und einen Traum haben, werden Sie einen Plan brauchen, um erfolgreich zu werden. Die meisten dieser Pläne schließen den kreativen Gebrauch von natürlichen Ressourcen, menschlicher Energie und Hilfsmitteln ein. Lassen Sie uns nun etwas genauer hinsehen, wie man solche Pläne entwickelt. Paul Collins hatte einen Plan, als er vor fünfdreißig Jahren zum ersten Mal in mein Büro kam. „Ich möchte Portraits von den Leuten aus Afrika malen“, sagte er, und seine Begeisterung war ansteckend, „und ich hoffte, daß Sie die Reise sponsern würden.“ Paul glaubte schon an sich selbst und seinen Traum, aber um als Maler seinen Lebensunterhalt zu verdienen, mußte er einen Geschäftsplan entwickeln, der finanziell sinnvoll war.

„Ich werde Ihnen die Reise bezahlen“, sagte ich, „aber dann gehören mir 50% der Bilder.“ Einen Augenblick lang sah mich Paul recht niedergedrückt an. „50%?“, sagte er. „50%!“ antwortete ich. „Aber ich mache doch all die Arbeit“, protestierte er. „Und ich zahl’ all die Rechnungen“, erwiderte ich. Plötzlich lächelte er und streckte mir seine Hand hin. „Partner?“ fragte er. „Partner!“ stimmte ich zu.

Paul fuhr nach Afrika und brachte eine brillante und bewegende Sammlung von afrikanischen Portraits mit zurück. Seine erste größere Ausstellung etablierte ihn fest als einen von Amerikas führenden Porträtisten. Aber er bewies auch seine Fähigkeiten als Geschäftsmann. Pauls Plan ist einfach. „Ich verkaufe Anteilscheine auf mich selbst“, sagt er. „Ich verwende das Geld, um zu reisen, um mir mein Atelier einzurichten, um die Unkosten für meine Familie zu bezahlen und um zu malen. Wenn die Gemälde verkauft werden, kann ich gut leben und meine Investoren bekommen ihr Geld samt Profit zurück.

„Hier ist mein Geschäftsplan“, sagte Bill und händigte mir mehrere mit der Maschine geschriebene Seiten aus. „Das ist alles, was ich brauchen werde, um anfangen zu können, einschließlich eines detaillierten Budgets.“ Bill besuchte das erste Semester am College. Vor ein paar Wochen hatte er mich um einen Rat gebeten, um ein eigenes Geschäft anzufangen. „Schauen Sie mal in Ihrer eigenen Umgebung, vor dem Haus, hinter dem Haus“, sagte ich ihm. Bei mir hinter dem Haus ist ein Trödellager“, antwortete er. Wir mußten beide lachen. Dann begannen Bills Augen zu funkeln. Einige Tage später kam er wieder mit einem Plan.

„Unser Hinterhof ist voller Schätze“, rief er aus. „Alte Stühle, Tische, Sofas, Bettgestelle, Matratzen, Anrichten, Lampen und Teppiche.“ Er lachte über das ganze Gesicht. „Möbel sind die dauerhafteste Ware auf dem Markt“, fuhr er fort. „Irgendeinen Wert behalten sie immer.“ „Aber“, „fügte er hinzu, „die Leute kaufen keine gebrauchten Möbel, weil der einzige Ort, wo man sie normalerweise findet, in einem Slum liegt. Ich werde Gebrauchtmöbel an einem sauberen, sicheren Platz mit einem gewissen Niveau verkaufen. Und hier ist eine Liste von genau den Dingen, die ich brauche, um anfangen zu können.“

Ich sah mir Bills Geschäftsplan an. Die meisten Pläne enthalten Antworten auf folgende grundlegende Fragen: Was, wie, wer, wo, warum, wieviel und wann?

Was will ich tun? Ein Produkt verkaufen? Eine Dienstleistung vermarkten? Mein künstlerisches oder sportliches Können vermarkten?

Wie kann ich das umsetzen? Welche Schritte werden mich zu meinem Ziel führen?

Wer kann mir dabei helfen? Wer sind die Leute, die ich brauchen werde, um mir auf meinen Weg zu helfen?

Was benötige ich, um mir dabei zu helfen, das fertigzubringen? Welche natürlichen Ressourcen werde ich brauchen? Welche Hilfsmittel werde ich brauchen?

Wo kann ich es am besten durchführen? An einem Ort, der mir bereits zur Verfügung steht? In einem Raum, den ich noch bereitstellen muß?

Wieviel wird es kosten, das zu realisieren? Welche Gelder werde ich von Anfang bis zum Schluß benötigen?

Wo werde ich das Geld hernehmen? Verfüge ich selbst über genügend Geld? Werde ich Geld ausleihen müssen? Brauche ich Partner, die in meine Idee investieren?

Wie lang wird es dauern, bis ich das Geld wieder hereingebracht habe? Wieviel werde ich berechnen? Wieviel plane ich zu verdienen?

Auch beim besten Plan müssen Sie über einige der Antworten Mutmaßungen anstellen. Unternehmer zu sein birgt Risiken. Tun Sie Ihr Bestes, um einen vollständigen und verläßlichen Plan aufzustellen. Setzen Sie Ziele. Überlegen Sie sich eine Taktik, wie Sie diese Ziele erreichen werden. Stellen Sie die voraussichtlich benötigten Geldmittel fest und planen Sie das Datum, an dem Sie hoffen, die Taktik erfolgreich ausgeführt zu haben. Dann zeigen Sie Ihren kompletten Plan Ihrem Mentor, um seine Meinung dazu zu hören. Ich blätterte Bill Sweets Plan kurz durch. Es waren vier oder fünf Seiten, in einfachem Abstand getippt, die all die Fragen beantworteten, die ich oben aufgelistet habe. Wie die meisten Geschäftsleute (besonders Banker) interessierte mich die Ziffer unterm Strich, was Bill glaubte, daß sein Plan kosten sollte.

„80.000 DM?“ flüsterte ich und sah ihn ein wenig überrascht an. „Das ist eine Menge Geld.“

„Ich weiß“, antwortete er. „Die beiden Banker, an die ich mich um ein Darlehen wandte, sagten das gleiche – ehe sie mich lachend zur Tür brachten.“

Später gab Bill zu, daß er gehofft hatte, ich würde den Telefonhörer nehmen, diese Banker anrufen und für sein Darlehen eine Garantie übernehmen. Statt dessen begann ich ihm Fragen zu stellen. „Warum brauchen Sie einen Teppich in Ihrem neuen Laden, Bill? Warum nicht einen Betonboden? Was ist mit all diesen Zwischenwänden zur Abtrennung? Warum können Sie nicht einen offenen Schauraum haben? Und brauchen Sie wirklich drei Rechenmaschinen und zwei Kassen? Wäre eine nicht genug für den Anfang?“

Ehe unser Treffen zu Ende ging, war Bills Liste für seinen Geschäftsanfang auf 8.000 DM geschrumpft. Ohne einen Anruf von mir war Bills Banker schnell einverstanden, sich an dem Risiko zu beteiligen. Wenige Jahre später hatte Bill Sweets zwanzig neue Möbel-Leasing-Ausstellungsräume in vier verschiedenen Staaten. Er hatte einen einfachen Plan, und nach ein paar kleineren Abänderungen wurde er zu einem umwerfenden Erfolg!

Was ist Ihr Traum? Haben Sie einen Plan, der Ihnen hilft, dafür zu sorgen, daß Ihr Traum Wahrheit wird? Was sind Ihre Ziele, und welche Taktik wenden Sie an, um sie zu erreichen? Vor 20 Jahren hörte Rex Renfrow vom Marketingplan von Amway und hätte sein Leben auf seinen Erfolg gewettet. Heute besitzen er und Betty Jo ein sehr erfolgreiches Vertriebsunternehmen, welches sich über das ganze Land und rund um die Welt erstreckt. Sie lernten frühzeitig, daß Menschlichkeit sie zum Erfolg bringen würde. „Dieses Geschäft stellt die Menschen an die erste Stelle und den Profit an die zweite“, sagt uns Rex. „Von Anfang an zeigten uns unsere Mentoren, daß wir unsere Bedürfnisse erfüllen könnten, indem wir anderen Leuten dabei halfen, zuerst ihre grundlegenden Bedürfnisse zu erfüllen.“

Marc Stefano und seine Frau Lynn besaßen einen kleinen Pizzaladen in einer Vorstadt von Maryland in Washington, D.C. Marc machte die Pizzen und bediente seine Kunden 96 Stunden die Woche. Sein Geschäft funktionierte nicht. Seine Ehe war fast gescheitert. Lynn arbeitete für ihr Magisterexamen, um während der bevorstehenden Trennung und Scheidung ihren Lebensunterhalt bestreiten zu können. Die Kinder der Stefanos sahen ihre Eltern kaum, und wenn sie sich sahen, stritten Marc und Lynn normalerweise.

Als Rex und Betty Jo Renfrow das erste Mal unseren Marketingplan den Stefanos vorführten, lachte Marc. „Wir haben keine Zeit, um Seife zu verkaufen“, sagte er. „Wir überleben schon jetzt kaum.“ Rex verstand Marcs Problem aufgrund seiner eigenen Erfahrung. Aber Lynn Stefano sah in dem Plan einen Hoffnungsschimmer und überzeugte ihren Mann, daß sie es versuchen sollten.

„Marc war als Jugendlicher straffällig geworden“, erinnert sich Rex. „Er hatte fast keine Schulbildung und sehr wenig Geschäftssinn. Während seiner ganzen Kindheit hatte sein Vater ihn wertlos oder dumm genannt. Niemand glaubte an ihn, so schien es. Das Schlimmste aber war, daß Marc selbst nicht an sich glaubte. Aber irgendwie glaubten Betty Jo und ich an ihn. Er war gut drauf. Er arbeitete hart. Er hatte wirklich das Zeug zum Erfolg. So sagten wir ihm immer und immer und immer wieder, daß er clever sei, daß er es schaffen könnte, daß er eines Tages nicht mehr der Sklave jenes heißen Ofens würde sein müssen.

Abend um Abend fuhren wir zu jener kleinen Pizzeria und halfen Marc dabei, das Amway-Handbuch zu lesen und zu verstehen. Wir halfen ihm dabei, seine Freunde telefonisch zu seinen Vorführungen einzuladen. Wir halfen ihm dabei, die Präsentationen zu machen. Wir fuhren hin und her zwischen dem District und Maryland, um den Stefanos beim Start unter die Arme zu greifen. Jeden Tag schauten wir Marc in die Augen und lächelten. Wir drückten ihn an uns. Wir sagten ihm so lange, er sei wunderbar, bis er eines Tages begann, selbst daran zu glauben.“

„Ich weiß nicht, wie viele Jahre es dauerte“, erinnert sich Betty Jo. „Aber wir hatten uns nun einmal dazu verpflichtet, Marc und Lynn Stefano gern zu haben, ob sie nun produzierten oder nicht. Und ganz allmählich begannen sie, etwas zu tun. Ihr Geschäft wuchs. In der Familie begannen sie wieder, einander zu mögen.“ Schließlich wurden sie Direktberater in unserem Geschäft.

„Letztes Weihnachten“, erinnert sich Rex, „öffnete ich unsere Haustür, um die Zeitung hereinzuholen, und da stand mitten in unserem Eingang ein großer wunderschöner Weihnachtsstern, an welchen ein Kuvert geheftet war. Ich öffnete den Brief und las folgende unvergeßlichen Worte: ‚Danke, daß Ihr mir einen neuen Mann gegeben habt.‘ Der Zettel war unterschrieben mit Lynn Stefano.

Wir hatten keinerlei Garantie dafür, daß Marc und Lynn Erfolg haben würden“, erinnert uns Rex, „aber nach unserer Erfahrung kann man durch Mitmenschlichkeit viel erreichen. Daß wir den Stefanos halfen, ihr Leben wieder in Ordnung zu bringen, daß wir ihnen halfen, ihre Träume wahr werden zu lassen, war auch für unsere Firma profitabel und half bei der Verwirklichung unserer eigenen Langzeitziele.“

Aber hier endet die Geschichte noch nicht. Am 11. März 1991 erlebten Rex und Betty Jo eine schreckliche Tragödie im eigenen Hause. Ihre Adoptivtochter Melinda starb während eines epileptischen Anfalles. Innerhalb von Minuten läuteten Telefone in ganz Amerika. Zu Hunderten begannen schon am nächsten Tag Blumen, Karten und Briefe einzutreffen. Freunde, die Rex und Betty Jo in diesem Geschäft gewonnen hatten, fuhren oder flogen nach Fairfax, Virginia, um die Trauer der Renfrows zu teilen. Mehr als 1.000 Freunde füllten die Kirche beim Trauergottesdienst für Melinda bis auf den letzten Platz.

„Wir hatten all diese Leute in unserem Geschäft geliebt", erinnert sich Rex „waren aber trotzdem zutiefst beeindruckt von der Liebe, die zu uns zurückkam. Am Ende der Zeremonie auf dem Friedhof standen Betty Jo und ich in der Nähe von Melindas Grab, als Marc Stefano auf uns zukam, mit einer einzelnen Rose in der Hand. Tränen liefen ihm aus den Augen. Einen Augenblick lang versuchte Marc zu sprechen. Dann gab er Betty Joe nur die Rose, umarmte mich unbeholfen und ging zurück, um neben Lynn und ihren Kindern stehenzubleiben."

12

Welches Verhalten wird uns dabei helfen, Erfolg zu haben? (Das ABC des Erfolgs)

Regel 12

Wir glauben, daß es eine bestimmte Verhaltensweise gibt (direkt oder indirekt auf unsere Aufgaben bezogen), die uns helfen wird, unsere Ziele zu erreichen.
Deshalb sollten wir mit der Hilfe unseres Mentors sofort beginnen, das nun folgende ABC des Erfolgs zu meistern, welches uns helfen wird, erfolgreich zu werden.

In einem Schlafsaal der Universität von North Carolina ging es in jener Nacht des Jahres 1971 besonders geräuschvoll zu, als eine Handvoll junger Studenten beschloß, an einem Amway-Treffen von Bill und Peggy Britt teilzunehmen.

„Trinken wir noch ein Bier, ehe wir gehen", rief Paul Miller quer durch den Erfrischungsraum seinen Football-Kameraden zu. Sekunden später wurden die Flaschen geöffnet und das Bier floß.

Es war kein Wunder, daß sie feiern wollten. 1970 war die aufregendste Saison in dem jungen Leben von Paul Miller und seinen Tar-Heel-Teamkameraden gewesen. Mit unglaublichem Mumm hatte Paul es fertiggebracht, nach einem ernsten Problem mit seinem Rücken seinen Weg zurück in die Startaufstellung zu erkämpfen. „Sie werden nie mehr Football spielen", hatten ihm seine Ärzte gesagt. „Da irrt ihr euch", dachte Paul bei sich, und nur zwei Tage, nachdem er das Krankenhaus verlassen und noch eine lästige Rückenstütze zu tragen hatte, begann er, auf seinem Weg der Genesung loszumarschieren.

Im selben Jahr führte er seine North-Carolina-Teamkameraden zu der Atlantic Coast Championship und zu der 70er Peach Bowl. Und Pauls Abschlußjahr sah noch größere Siege. 1971 führte er sein Team zur Gator Bowl und wurde ausgewählt, um im All-American-Spiel in Lubbock, Texas unter den Trainern Bear Bryant und Bo Schembeckler anzutreten.

„Ich hatte gedacht, die professionellen Talentsucher für Football würden Schlange stehen, um mich anzuwerben", erinnert sich Paul, „aber als das Telefon nicht läutete und mein Briefkasten leer blieb, wußte ich, daß das Spiel vorbei war und ich anfangen müsse, zu arbeiten. Unglücklicherweise hatte ich, wie viele meiner Klassenkameraden, keinerlei Lebensziel vor Augen. Ich raffte mich auf, meinen Abschluß in Rechtswissenschaften in Chapel Hill zu machen, die Anwaltsprüfung abzulegen und den Juristenberuf sechzehn elende Monate lang auszuüben. Aber es begeisterte mich nichts so recht, und ich daran dachte, mir ein eigenes Geschäft zuzulegen. Das ist der Grund, warum ich anfing, Neugier über diese Gesellschaft zu empfinden."

„Ich weiß nicht, wieviel wir getrunken hatten, ehe wir unseren Weg zu diesem ersten Treffen fanden", erinnert sich Paul, „aber ich weiß sehr wohl, daß ich voll war, als wir ankamen. Wir saßen in der hintersten Reihe, stießen einander mit den Ellbogen an und kicherten wie die Verrückten", erinnert er sich. „Aber schließlich kaufte ich doch das Starterkit und kehrte damit zu meinem Schlafsaal zurück, ohne eine Ahnung zu haben, was ich damit anfangen sollte, ganz zu schweigen davon, was ich tun müßte, um ein erfolgreiches eigenes Geschäft zu haben."

Zu seiner Ehrenrettung muß gesagt werden, daß Paul schon am nächsten Tag von einem ahnungslosen Fremden eine Bestellung für eine Schachtel von Waschseife aufnahm. Unglücklicherweise hatte er nicht einmal mitbekommen, daß wir kein Tür-zu-Tür-Geschäft waren. Und obwohl er seinen ersten Verkauf auf diese Weise zustande brachte, machte er sich nie die Mühe, die Bestellung weiterzugeben oder die Seife auszuliefern. Jahre später, nachdem Paul Debby getroffen und geheiratet hatte, dachte er endlich etwas ernsthafter bezüglich des Aufbaus eines Geschäftes nach. „Ich arbeitete als Peggy Britts Lagerbursche", erinnert sich Paul, „ich lud Kartons ab und stapelte sie auf und nahm Bestellungen entgegen und füllte sie aus. Ich beobachtete die Britts und andere erfolgreiche Männer und Frauen in diesem Geschäft ganz genau. Debby und ich gingen auf Treffen, hörten uns Tonbänder an und lasen Bücher, bis unsere Köpfe fast platzten. Eines Tages schließlich hörten wir auf herumzureden, und Debby und ich konzentrierten uns darauf, die grundlegenden Dinge zu tun, bis unser Geschäft blühte und unsere Träume sich schließlich erfüllten."

Nicht einmal 25 Jahre später, haben die Millers eines der größten Vertriebsnetze von unabhängigen Beratern in unserer Gesellschaft aufgebaut. Wenn man sie fragt, wie sie das gemacht haben, antworten sie ohne

Zögern: „Wir haben immer und immer wieder die grundlegenden Dinge getan."

Als mein Sohn Dan 12 oder 13 Jahre alt war, bat er mich, ihn das Tennisspielen zu lehren. Jeder, der mich jemals auf dem Tennisplatz gesehen hat, weiß, daß Wimbledon niemals in meinen Zukunftsplänen einen Platz gehabt hätte. Aber ich hatte die Grundregeln gelernt und war froh, sie weitergeben zu können. In meinem Kopf wußte ich genau, wie man einen perfekten Aufschlag macht, wie man den Schläger hält, welche Stellung man für einen Rückpaß einnimmt und wie man ans Netz geht. Ich kannte die Grundlagen in meinem Kopf, aber Dan ging einen Schritt weiter. Er übte den Aufschlag. Er lernte es, beim Return seines Gegners in der richtigen Position zu sein. Er entwickelte Geschwindigkeit, Geschicklichkeit und Durchhaltevermögen, indem er die Grundlagen immer und immer und immer noch mal wiederholte, und eines schönen Tages, zu meinem Kummer und zu meiner Überraschung, schlug mich mein eigener kleiner Sohn sehr hoch.

Welches Geschäft Sie auch immer aufbauen, die grundlegenden Dinge sind meistens ziemlich die gleichen. In dem folgenden ABC des Erfolgs habe ich versucht, die Grundregeln zusammenzufassen, wie ich sie kennengelernt und ausprobiert habe. Auf diesen folgenden Seiten habe ich 26 Richtlinien festgehalten, die Jay und ich und unsere Gesellschaft von Freunden auf dem Wege gelernt haben. Erinnern Sie sich aber bitte, daß es nicht genug ist, diese Grundregeln zu kennen. Denken Sie, während Sie weitermachen, an folgende Worte von John Wesley: „Hüte dich davor, dich von den Büchern verschlucken zu lassen! Denn eine Unze Liebe ist ein Pfund Wissen wert." Wenn ich irgend etwas gelernt habe, dann ist es, daß uns, wenn all unsere Fähigkeiten uns im Stich lassen, harte Arbeit (die grundlegenden Dinge zu tun) und Menschlichkeit ans Ziel bringen werden.

Glück im Unglück

Als Lauri Duncan gerade sechzehn war, wurde sie bei einem Auffahrunfall durch die Windschutzscheibe eines Autos geschleudert. Das zerbrochene Glas schnitt tief in ihr Gesicht. Nachdem sie die Katastrophe einigermaßen überstanden hatte, begann die junge Frau eine jahrelange schönheitschirurgische Behandlung. Stellen Sie sich vor, wie schwierig es für ein junges Mädchen gewesen sein muß, ihr Gesicht von tiefen Narben verunstaltet zu sehen.

„Zuerst wünschte ich, der Unfall hätte mich umgebracht", gibt Lauri zu, „die langen Monate im Krankenhaus waren schrecklich. Dann, als ich in die Schule zurückkehrte, sah man das Mitleid in den Augen meiner Lehrer und meiner Klassenkameraden. Jungen, die ich attraktiv fand, wollten mich nicht anschauen. Es war ein Alptraum. Wie sehr ich es auch versuchen mochte, ich brachte es nicht fertig, von meiner Tragödie Abstand zu bekommen. Ich mußte sie jeden Morgen und jeden Abend im Spiegel sehen."

Zu irgendeiner Zeit sehen wir alle uns mit Widrigkeiten konfrontiert. Das Scheitern in einer Beziehung oder im Geschäft, eine tragische Krankheit, Verletzungen oder Tod, der Zusammenbruch von Hoffnungen oder die Zerstörung von Träumen bringen Leiden, Verzweiflung, Beunruhigung und Kummer mit sich.

„Heute kann ich auf meine Tragödie zurückschauen", sagt Lauri dankbar, „und mir klarmachen, daß sie mich zwei wichtige Lektionen lehrte. Erstens lernte ich, die Dinge zu akzeptieren, die ich nicht ändern konnte, und zweitens lernte ich, die Dinge zu tun, die etwas ändern würden." Neun Jahre später heiratete Lauri Greg Duncan, und zusammen haben sie eine wunderbare Familie und ein sehr erfolgreiches Geschäft aufgebaut.

„Viel von unserem Erfolg", gibt Greg zu, „rührt daher, daß wir die schlechten Zeiten sowie die guten Zeiten feierten. Lauri lehrte mich das", sagt er. „Wenn wir die schlechten Zeiten als lehrreich betrachten, erscheinen sie nur noch halb so schlimm."

Jeff Moore war ein in der Army anerkannter Boxer, sicher, einen Platz im olympischen Team zu bekommen. Dann trafen die bereits seit langer Zeit erwarteten Befehle, sich für den Vietnamkrieg zu melden, ein. Im Gefecht fuhr Jeffs Fahrzeug auf eine Landmine. Seine Trommelfelle wurden zerrissen. Er kam nach Hause und entdeckte, daß seine Kriegsverletzungen auch seine Karriere als Boxer beendet hatten. Nach sechs Monaten vergeblicher Operationen, um seine Ohrverletzungen zu heilen, gingen Jeff und Andrea Moore nach Alaska, um dort zu arbeiten. Sie kauften ein Blockhaus und begannen ein Rund-um-die-Uhr-Geschäft, wo sie Lebensmittel und Jagd- und Fischereibedarf verkauften. Sie waren bereits mit wachsenden Schulden belastet, und dann brannte den Moores auch noch das Haus und das Geschäft völlig nieder.

Etwa um diese Zeit begannen Jeff und Andrea ihr eigenes Amway-Geschäft. Sie ergaben sich nicht der Verzweiflung und der Furcht. Sie lernten wichtige Dinge über das Überleben aus den Widrigkeiten, die sie angetroffen hatten, und obwohl Jeff Angst hatte, daß ein Gerichtsvollzieher auftauchen und ihn mitten in einer Präsentation unterbrechen könnte, machte er weiter. Heute sind Jeffs und Andreas Rechnungen bezahlt. Sie besitzen ein blühendes Geschäft und haben Gelegenheit, Mitmenschlichkeit zu beweisen.

„Egal, was daher kam", sagt Jeff, „wir gaben nie auf. Im Jahre 1987 starb unser neugeborenes Baby. Aber das Leben bleibt nicht stehen, weil eine Tragödie vor Ihnen auftaucht. Dieses Geschäft hat mich gelehrt, daß Sie, trotz aller Tragödien und trotz aller Hindernisse aufrecht gehen sollten und das tun, was man von Ihnen erwartet, und damit aufhören sollten, über die widrigen Umstände zu jammern."

Wenn Sie Unglück erlebt haben, lernen Sie aus diesen bösen Zeiten und beginnen Sie von vorne. Wenn Sie keinen Collegeabschluß haben oder nicht einmal eine Ausbildung an der Highschool, nutzen Sie das, was Sie haben und machen Sie möglichst viel daraus. Wenn Sie heute nichts verkaufen, dann werden Sie morgen etwas verkaufen. Fragen Sie sich selbst, welche Lektion kann ich aus dieser Tragödie lernen? Suchen Sie selbst im Unglück nach Ihrem Glück.

Basisarbeit muß immer sein

Hören Sie nie auf, Grundlagenarbeit zu leisten! Ein junger Mann saß in einer schallgedämpften Kabine auf dem Campus der Louisiana State University. Sein Leben lang waren die Beziehungen von Dan Williams mit anderen Leuten durch sein Stottern beeinträchtigt worden. Schließlich lehrte ein Therapeut an der Universität Dan eine Serie von Übungen, welche ihm halfen, sein Problem in den Griff zu bekommen.

„Ich habe mein ganzes Leben lang diese Übungen gemacht", sagt Dan heute, „die meisten Leute merken nicht einmal, daß ich stottere. Im Gegenteil, als Billy mich dazu einlud, eine Gruppe meiner Geschäftspartner Präsident Gerald Ford vorzustellen, habe ich nicht ein einziges Mal gestottert oder gestammelt, während der ganzen Zeit. Der Grund, warum ich mit dem Stottern fertiggeworden bin", erklärt er, „war der, daß ich diese grundlegenden Übungen gelernt und niemals damit aufgehört habe, sie zu machen."

Nicht ganz ohne Hintergedanken schreibt Dan sogar einen Teil seines Erfolges in jenen frühen Tagen dem Stottern zu. „Die Leute, die mich den Plan erklären hörten, während ich noch stotterte", erinnert sich Dan, „mußten ihn in Wirklichkeit zehnmal hören." Ich habe Dan dabei beobachtet, als er diese Art von Humor einsetzte, um die Aufmerksamkeit und den Respekt von Zuhörern quer über das Land zu erringen. Heute haben Dan und Bunny Williams von ihrem Büro in Austin, Texas aus ein sehr erfolgreiches Vertriebssystem aufgebaut, weil sie die grundlegenden Regeln gemeistert und sie mit Geschicklichkeit und Beharrlichkeit angewendet haben.

Bill und Sandy Hawkins sind zwei von unseren Spitzenberatern in Minnesota. Ihr Erfolg hat ihnen zur Erfüllung eines Traumes verholfen. „Wenn Sie an einem bestimmten Punkt angekommen sind", sagt Bill, „wird Geld immer weniger wichtig. In der Lage zu sein, Geld wegzugeben ist etwas, was uns wirklich Freude macht. Wir werden dieses Jahr mehr Geld weggeben als je zuvor", setzte er hinzu, „und das ist die reine Freude!"

Die Familie Hawkins erreichte dieses wunderbare Ziel, indem sie die grundlegenden Dinge immer noch einmal wiederholte. „Sie können eine Menge Fehler machen in diesem Geschäft", sagt Sandy. „Sicherlich haben wir sie gemacht. Aber wenn Sie sich genügend bemühen, deswegen mit anderen zu sprechen, dann werden eine Menge von richtigen Dingen passieren."

Was sind die grundlagenden Dinge in diesem Geschäft? Haben Sie überhaupt versucht, eine Liste der Tätigkeiten anzulegen, die Sie regelmäßig tun müssen, um Erfolg zu haben? Wenn Sie die grundlegenden Dinge regelmäßig tun, dann wird Ihr Geschäft blühen. Wenn Sie träge werden und einen Tag vorbeigehen lassen, und dann noch einen und noch einen, werden Sie scheitern.

Kaoru Nakajima hebt hervor: „Ein Wachhund, der nur einmal bellt, wird seinen Besitzer niemals aufwecken oder einen Dieb abschrecken. Der erfolgreiche Wachhund wird nicht aufhören zu bellen, bis seine Aufgabe erfüllt ist!" Sie wollen den Erfolg im Geschäft? Dann bellen Sie! Tun Sie diese grundlegenden Dinge verläßlich jeden Tag, und Sie werden Erfolg haben.

Wer den Pfennig nicht ehrt, ist des Talers nicht wert

Erinnern Sie sich noch an G. B. Garner, Peggy Britts Vater, dem Mann mit dem Reparaturgeschäft für Kühlschränke? Er war ein junger Mann, als der Aktienmarkt im Jahr 1929 zusammenbrach, und er gab an seine Tochter folgende unschätzbare Lektion weiter.

„Mein Vater lehrte mich, mit Geld verantwortungsvoll umzugehen", sagt sie uns. „Er drückte es so aus: ‚Wenn du irgendwelches Geld hast, um es auszugeben, dann hast du eben gerade soviel Geld, um es für morgen zur Seite zu legen.'"

Während dieser unserer Tage, wo von einzelnen und von Nationen immer mehr Schulden gemacht werden, sollten wir uns an ein altes französisches Sprichwort erinnern: „Keine Schulden, keine Gefahr!" Brian Herosian, ein ehemaliger Footballspieler bei den Baltimore Colts, sagte es auf folgender Weise: „Ich lief ein Leben lang herum mit einer Tasche voll Geld, die ein Loch hatte, bis ich eines Tages merkte, daß ich dieses Loch selbst stopfen mußte."

Wir haben das Geld viel zu lange mit vollen Händen ausgegeben, in der Meinung, es würde nie zu Ende gehen. Nun ist es weg. Wäre es jetzt nicht an der Zeit, uns regelmäßig folgende Frage zu stellen: „Brauche ich das wirklich oder hat das noch Zeit?" Wäre es nicht angebracht, unsere Kreditkarten aus unserer Geldbörse oder aus unserer Brieftasche zu entfernen, und an ihrer Stelle unser Sparbuch hineinzustecken? Wieviel habe ich heute, diesen Monat, dieses Jahr gespart? Wir müssen lernen, unseren Erfolg an dem Geld zu messen, das wir zur Seite gelegt haben und nicht an dem, das wir ausgegeben haben.

Greg Duncan stellt folgende Frage: „Wenn man Ihnen einen Vorschuß von 10.000 DM in einem Monat auf einen Schlag oder Ihnen einen Pfennig im ersten Monat, zwei Pfennige im zweiten Monat, vier Pfennige im dritten, acht Pfennige im vierten und so weiter anbieten würde, welches Angebot würden Sie annehmen?" Ich habe es nicht nachgerechnet, aber Greg würde Sie dazu drängen, die Pfennige zu akzeptieren. Er schwört, daß, wenn Sie das, was Sie haben, jeden Monat verdoppeln, im 30. Monat mit einer Summe von 10.737.418,24 DM enden würden.

Sparen Sie sich Ihre Pfennige auf. Verzichten Sie auf sofortige Annehmlichkeiten. Arbeiten Sie auf Ihre Fernziele hin. Kann sein, daß Sie am Anfang knapp dran sein werden, aber auf lange Sicht wird es Ihnen guttun.

Definieren Sie, was für Sie wichtig ist, und tun Sie es, was immer es kosten mag!

Unser guter Freund Bill Nicholson, der dazu beigetragen hat, unserer Gesellschaft zu einer Zeit unglaublichen Wachstums zu verhelfen, erzählt folgende bewegende Geschichte über seinen Vater. Als Bill noch ein junger Mann war, gingen er und sein Vater zum Fischen. Das Leben beider Männer war sehr ausgelastet. Sie hatten miteinander nicht sehr viel Zeit verbracht. Da gab es so viel nachzuholen, und so viel Leben, das noch gelebt werden mußte. Plötzlich griff sich Bills Vater an jenem Tag im Boot an die Brust, Zeichen eines tödlichen Herzanfalls. Die letzten Worte, die Bill seinen Vater sagen hörte, waren: „Nicht jetzt! Nicht jetzt!"

Mark Twain sagte einmal: „Tun Sie nicht heute, was Sie auf morgen verschieben können." Das ist nicht richtig. Wir müssen wichtige Fernziele setzen. Vielleicht kommt ja jeden Tag etwas Wichtiges, etwas Dringendes, eine kritische Situation auf uns zu, was uns aufhält. Wenn es für Sie wichtig ist, finden Sie einen Weg, es heute noch zu beginnen! Wir wissen nicht, was Bills Vater im Moment seines Todes dachte. Wir wissen nur, was er sagte: „Nicht jetzt! Nicht jetzt!" Jedes Mal, wenn ich die Geschichte höre, beschließe ich aufs neue, in der Zeit, die mir noch bleibt, das zu tun, was mir wichtig ist.

Erkennen Sie, daß jeder Mensch, den Sie treffen, mehr Potential besitzt, als Sie zu träumen wagen

Während einer Rede vor einer Arena voll jubelnder Menschen sagte Chris Cherest einmal: „Wenn diese zwei holländischen Jungs aus Grand Rapids, Michigan, es schaffen können, aus dem Bankrott heraus ein Geschäft aufzubauen, das Milliarden wert ist, dann kann es auch jeder andere." Ich muß ihm recht geben.

Brian Hayes wurde von einem Lkw-Fahrer angesprochen, der ihm die Chance anbot, ein eigenes Geschäft anzufangen. „Ich glaubte, er sei ein armer Bursche, der sich so ein paar Dm dazuverdienen wollte", erinnert sich Brian. „Fast wollte ich ihn gar nicht beachten. Aber Gott sei Dank hörte ich mir seine Präsentation des Amway-Marketingplans an." Heute besitzen Brian, der jüngste Vizepräsident in der Geschichte von Motorola, und seine Frau Margret dank eines Lastwagenfahrers ohne schicke Kleider oder vornehme Abstammung ein sehr erfolgreiches Vertriebsgeschäft, und dies hat ihnen die finanzielle Freiheit gegeben, für die wohltätigen Zwecke zu arbeiten und sie zu unterstützen, einschließlich des Christian Children Found und der Heilsarmee.

Als Dan und Jeanette Robinson Richard trafen, waren sie nicht beeindruckt. „Richard sah aus wie ein Landstreicher", erinnert sich Jeanette grinsend. „Er konnte dir nicht einmal in die Augen schauen. Sein Haar war schulterlang. Sein Bart war verfilzt und ungepflegt. Er fuhr ein altes, verkommenes Fahrrad und nuschelte beim Sprechen. Aber wir machten trotzdem unsere Präsentation, und Richard und seine Frau entschieden sich auf der Stelle, ihr eigenes Geschäft anzufangen."

„Wir unterschätzten den guten Richard wirklich", gibt Dan zu. „Innerhalb weniger Wochen hatte er seinen Bart abrasiert und seinen ersten Anzug und seine erste Krawatte gekauft. Mit jedem Vertragsabschluß, den er machte, konnten wir sein Selbstbewußtsein wachsen sehen. Heute besitzen er und seine Frau ein gutgehendes Geschäft, und ihr Leben hat an neuem Schwung gewonnen."

Eine alte Redewendung sagt, wie schwierig es ist, ein Buch nach seinem Umschlag zu beurteilen. Denken Sie immer daran, daß ein Mensch, von dem Sie glauben, daß er höchstwahrscheinlich Erfolg haben wird, mit dem Geschäft aufhören oder erfolglos bleiben könnte, und der Mensch, von dem Sie annehmen, daß er höchstwahrscheinlich keinen Erfolg haben wird, geradewegs den Vogel abschießen könnte. Riskieren Sie einen Versuch mit „Verlierern." Sie werden überrascht sein, wie oft solche Leute sich in Sieger verwandeln, und das Verdienst daran geht an Sie.

Fehlleistungen können zum Erfolg führen

Riskieren Sie Fehler. Lernen Sie aus Ihnen!

In unserem Geschäft wie in dem Ihren sind die Geschichten über jene Leute, die zuerst versagten, aber dann triumphalen Erfolg hatten, Legende (und oft sehr witzig). Joe Foglio ist nur ein Beispiel dafür. Eines Abends in San Diego zeigte Joe unseren Marketingplan einer Gruppe von Paaren, die im Haus eines Nachbarn um einen großen Eßtisch saßen. Während er sprach, wurde der riesige Rottweiler des Nachbarn unruhig, verschwand unter dem Tisch und verrichtete sein Geschäft direkt an Joes Füßen. Kurz darauf besuchte er das Haus eines Psychiaters und wurde dazu eingeladen, den Plan in einem großen Whirlpool zu erklären, wo seine Gastgeber und ihre Freunde nackt warteten. Eine dritte Präsentation fand in einem dunklen und einsamen Viertel statt. In der Dunkelheit konnte Joe kaum das Haus finden, und als er eintrat und das Licht einschaltete, entdeckte er, daß seine Gastgeber in einem Abbruchgebäude hausten, an welchem die Polizei ein gelbes Schild angebracht hatte, welches alle vor dem Eintreten warnte. Bei einer vierten Präsentation in einer ehemaligen Lagerhalle im Stadtzentrum, welches zu einem Studio umfunktioniert worden war, entschuldigte sich Joe, ehe die Präsentation begann, ging auf die Toilette, schaltete das Licht ein, und fand ein großes Krokodil, das ihn heimtückisch aus der Badewanne anstarrte, vor.

Chris Cherest präsentierte den Marketingplan einhundertfünfzig Mal ohne Erfolg. Jim Dornan erinnert sich daran, daß seine ersten Monate im Geschäft eine Reihe von Fehlschlägen mit sich brachte. „Wir machten alles mindestens zweimal falsch“, erinnert er sich, „nur um ganz sicher zu sein, daß es wirklich falsch war.“ Aber Joe, Chris und Jim gaben nicht nach. Sie machten Fehler. Aber mit jedem Fehler lernten sie eine wertvolle neue Lektion. Sie untersuchten die Gründe für ihre Fehlschläge, und dann bauten sie sehr erfolgreiche Geschäfte auf.

Frank Morales besitzt eine niedliche kleine Formel, die ihm über seine Mißerfolge hinweghalf. „Ew – En – Eo“, sagt er. „Einige wollen. Einige nicht. Egal, oder?“ Nach Franks und Barbaras Erfahrung wird ein Drittel der Leute, mit denen man Kontakte macht, sich dafür interessieren. Ein Drittel von diesen wird in das Geschäft eintreten. Und wiederum ein Drittel von ihnen wird etwas dafür tun, Erfolg im Geschäft zu haben. Wie immer die Erfolgsquote für Sie aussieht – in Ihrem Geschäft oder in unserem –, machen Sie sich keine Sorgen über einen Fehlschlag. Jede Person, die Ihnen mit Nein entgegnet, bringt Sie dem Menschen näher, dessen Ja Ihre Welt und die seine verändern wird.

Huw Wheldon, ein britischer Rundfunkmann und Fernsehdirektor, sagte zu einer Gruppe von Möchtegern-Produzenten einmal: „Ein Fehlschlag ist nichts Schlimmes. Schlimm ist es, dem Erfolg keine Chance zu geben.“

Gehen Sie zuerst auf Ihre Ziele los!

Alles andere wird folgen.

Margret Hardy wurde in den West Indies geboren und kam nach New York, als sie fünfzehn war. Terral, ihr Mann, kommt aus Spartanburg, South Carolina. Beiden hatte man von Kindheit an gesagt, daß schwarze Männer und Frauen niemals das erreichen könnten, was die Weißen erreichen. Sie schlossen sich uns an, weil wir alle Menschen nach demselben Maß messen. Wenn Sie produzieren, dann werden Sie belohnt, egal welcher Rasse oder welchem Glauben Sie angehören.

Trotzdem waren die Hardys von den Beschränkungen ihres Lebens geschädigt. Sie erinnern sich noch, wie ihr heranwachsender Sohn Quentin eines Tages murmelte: „Wir werden niemals reich sein. Oder?"

„Plötzlich", so erklärt Terral, „merkten Margret und ich, daß unser Sohn recht hatte. Wir würden das niemals erreichen, weil wir uns dieses Ziel nicht gesetzt hatten. Wir hatten uns Ziele gesetzt. Aber sie waren zu geringfügig. An jenem Abend schrieb unsere Familie zusammen ein Fernziel auf, welches unser Leben ändern sollte. ‚Wir werden in den nächsten zwölf Monaten reich werden.'" Margret und Terral schafften das, und noch mehr. Ihr Sohn Quentin, der jetzt seinen Collegeabschluß gemacht hat, sieht sein eigenes Geschäft wachsen, und all das begann, als sie sich endlich entschlossen, sich ein Ziel zu setzen und es zu erreichen, was immer es an Entbehrungen mit sich bringen mochte.

David Humphrey praktizierte noch als Arzt, als er sein Vertriebsgeschäft begann. Eine Krankenschwester stellte Dave unseren Plan vor und lud ihn dazu ein, ein Seminar zu besuchen. Dort begeisterte sich Dr. Humphrey derart über den Gedanken, sein eigenes Geschäft zu besitzen, daß er vor der versammelten Menge aufstand und ankündigte, in sehr kurzer Zeit Leiter eines Vertriebsystems bei Amway zu werden – ein schwieriges Ziel. Nachdem er voll Begeisterung und Aufregung von der Bühne gestiegen war, wandte er sich dem Nächstbesten zu, den er sah, und fragte verlegen: „Was habe ich jetzt gerade getan?" Lächelnd gab jener zur Antwort: „Ich weiß es nicht, aber es wird ein Jahr mit einer irrsinnigen Menge Arbeit werden." Wenn Sie es ernst damit meinen, Ihre Ziele zu erreichen, dann wird es Ihnen helfen, es der Welt in klaren und sicheren Worten mitzuteilen. Zumindest sollten Sie Ihre Ziele jemandem anvertrauen, der Sie auf ihrem Wege ermutigen und Sie auf Ihre Arbeit ansprechen wird. Die meisten Grenzen, auf die wir treffen, sind solche, die wir uns selbst setzen. Wir haben keine klaren Langzeitziele. Warum sind wir also überrascht, wenn wir sie nicht erreichen? Was sind Ihre Ziele für dieses Jahr? Für dieses Jahrzehnt? Haben Sie sie schon niedergeschrieben? Haben Sie Ihren Fortschritt in einer Tabelle festgehalten und Ihren Kurs entsprechend angepaßt? Wenn Sie keine Ziele haben, von denen Sie sich leiten lassen, werden Sie wahrscheinlich gar nirgends hinkommen. Und wenn es so kommt, dann können Sie niemandem die Schuld geben, als sich selbst.

Harte Arbeit geht dem Erfolg voran. Opfer werden unvermeidlich sein!

Kenny Stewart arbeitete weiterhin tagsüber am Bau und verwendete jeden Abend und jedes Wochenende damit, sein Geschäft hochzubringen.

Während Brian Herosian immer noch für die Baltimore Colts spielte, verbrachte er zwei Abende die Woche an einer Universität, um seinen Abschluß als Rechnungsprüfer zu machen, und nebenbei baute er sein Geschäft auf. Al Hamilton hatte eine solche Angst davor, seine ersten Präsentationen zu machen, daß er buchstäblich zitterte, ehe sie begannen. Dieser frühere Werkzeugmacher und Spritzgußfachmann bei Ford war schüchtern, unerfahren und entsetzt, wenn er vor einem Publikum sprechen mußte, aber dann tat er es trotzdem.

In Hiroshima City, Japan, wollten Shuji und Tomoko Hanamoto „frei sein, um über den großen, blauen Teich zu fliegen“ aus dem „kleinen, bequemen Käfig“, in welchem ihre Beschäftigung in der Industrie sie festhielt. Sie mußten all ihre Vergünstigungen aufgeben – das regelmäßige Einkommen, die Sporttaucherausflüge nach Okinawa, welche ihre Firma anbot, ihre Renten und Gratifikationen –, um ihr eigenes Geschäft anzufangen. Noch schlimmer, als Shujis Vater erfuhr, daß er sich unserem Geschäft angeschlossen hatte, gebrauchte er einen alten japanischen Ausdruck von Wut und Enttäuschung: „Komm' nicht mehr durch meine Türe“, sagte er zu seinem Sohn. Es gibt kein größeres Opfer, als sich gegen die Wünsche eines Vaters zu wenden; aber Shuji Hanamoto hatte einen Traum, und er war willens, jenen Preis zu bezahlen.

Diese Leute arbeiteten hart und brachten viele Opfer, und ihre Geschäfte hatten einen umwerfenden Erfolg. Heute sind sie finanziell auf der sicheren Seite, haben die Freiheit, weniger zu arbeiten und ihr Leben mehr zu genießen. Eine letzte Bemerkung: Shuji Hanamoto lud seinen Vater zu einem Treffen in Hiroshima City ein, wo 2.000 Leute sich erhoben und jubelten, als Shuji und Tomoko die Anstecknadeln für ihren Erfolg verliehen bekamen. Shujis Vater, der an jenem Abend in der ersten Reihe saß, strahlte zu seinem Sohn hinauf und applaudierte ihm zusammen mit allen anderen.

Ihre Sorge für andere wird dazu führen, daß andere sich um Sie kümmern!

Stan Evans hatte einen Fehler gemacht. Ein Berater hatte bei ihm 20 Liter Autowaschmittel bestellt, das nicht planmäßig ausgeliefert wurde. Als er anrief, um sich zu beschweren, antwortete Stan, ohne einen Moment zu zögern: „Sie haben recht. Ich habe einen Fehler gemacht. Ich bin schon unterwegs." Jener Berater war 200 Meilen entfernt, aber Stan Evans fuhr, um das Produkt auszuliefern, persönlich die 400 Meilen, um sein Wort zu halten. Jener Berater wird ihm das mit Sicherheit nie vergessen.

„Mein Wort wiegt wie Gold", sagt Stan. „Wenn ich etwas zusage, dann liefere ich es. Die Menschen wollen wissen, daß sie Ihnen vertrauen können. Haben Sie Ihnen einmal ihr Vertrauen geschenkt, dann werden sie Ihnen immer treu bleiben. Wenn ich jemandem einen Betrag schulde, werde ich ihn rechtzeitig anweisen, egal wie klein er ist. Weil ich weiß, daß jener Berater mich mit derselben Höflichkeit und demselben Respekt behandeln wird."

Zwei Berater von Bill und Peggy Florence hatten Ärger in ihrer Ehe. Bill und Peggy luden das junge Paar in ihr Haus ein. „Wir verbrachten während der nächsten Monate mehr als ein Dutzend Abende mit ihnen, um sie zu beraten", erinnert sich Peggy. „Wir glauben an das alte biblische Prinzip, daß Führer in Wirklichkeit Diener sind. Unsere Aufgabe ist es nicht nur, Verkäufe zu tätigen, sondern den Menschen zu helfen, ihr Leben zu meistern."

„In diesem Geschäft", fügt Bill hinzu, „haben wir gesehen, wie Dutzende von Ehen gerettet und Familien zusammengeführt wurden, weil die Menschen und nicht das Produkt an erster Stelle stehen. Wenn die Wunden sich schließen und verheilen, dann kehren die Menschen mit neuer Hingabe an ihre Arbeit zurück. Ihr Geschäft blüht. Indem wir ihnen helfen, das zu bekommen, was sie wollen, sehen auch wir, wie sich unsere eigenen Träume erfüllen."

Ja zum Handeln! Wenn Sie nicht handeln, werden Sie nie wissen, was Sie verpaßt haben

Über den Times Square hängt eine Reklametafel, acht Stockwerke hoch: „Just do it". Wie oft wir zurück- und vorwärtsschwanken und Dinge durch ewige Diskussionen über Für und Wider zu Tode reiten! Aesop schrieb: „Ich möchte mit einem Menschen nichts zu tun haben, der mit dem selben Atemzug heiße und kalte Luft ausatmen kann."

Dan Robinson war ein Zeitungsgroßhändler, als er und seine Frau Jeanette im Jahr 1979 ihr Geschäft begannen. „Die Inflation ruinierte uns", erinnert sich Dan. „Wir hatten unser Traumhaus gebaut, aber wir büßten es ein, als wir mit den Steuern nicht Schritt halten konnten. Etwas hatte zu geschehen, und zwar schnell." Dan und Jeanette stürzten sich ins kalte Wasser, und seit jenem aufregenden Tag haben sie jedes Jahr in unserem Geschäft eine Stufe nach oben erklommen. Tim Brian war Grundschullehrer, und seine Frau Sherry arbeitete als Anwaltssekretärin, als sie das erste Mal unseren Plan sahen. „Ich wollte zu Hause bei unseren Kindern bleiben", erinnert sich Sherry. „Ich wollte jene frühen Jahre ihres Heranwachsens nicht versäumen. Es machte uns angst, ein ganz neues Geschäft anzufangen, aber wir haben es getan, und wir haben niemals zurückgeschaut oder haben unseren Entschluß auch nur einen Augenblick bedauert."

Wartet da irgendeine unangenehme Aufgabe auf Sie? Tun Sie es einfach. Muß da irgendein riskanter Schritt unternommen werden? Tun Sie ihn einfach. Gibt es da irgendein Abenteuer, bei dem Sie trotz Ihrer Begeisterung Angst haben, es zu bestehen? Beginnen Sie es einfach. Sie wollen ein eigenes Geschäft anfangen? Sie wollen Ihren Chef um eine Gehaltserhöhung bitten oder Ihren Abteilungsleiter um eine neue Position in der Produktion, oder Ihren Mitarbeiter ersuchen, seine Stereoanlage leiserzustellen, oder, oder, oder … Tun Sie es einfach! Wenn Sie nicht handeln, werden Sie nie wissen, was Sie verpaßt haben. Wenn Sie nicht jetzt handeln, dann werden Sie vielleicht überhaupt nie handeln.

Kinder nicht außen vor lassen

Die Kinder von Greg und Laurie Duncan waren vom ersten Tag an am Geschäft beteiligt. „Als Devin acht Jahre alt war und Whitney, unsere Tochter, sechs", erklärt Greg, „lernten sie, ans Telefon zu gehen und wichtige Nachrichten aufzunehmen. Sie gingen mit uns zu Treffen. Sie hörten die Erfolgsgeschichten und waren begeistert davon. Sie baten uns darum, ihr eigenes Geschäft anfangen zu dürfen, indem sie Active-8 (eins unserer Fruchtsaftprodukte) in unserem Vorgarten verkauften."

Die Duncans setzten sich zu Beginn ein hohes Ziel für ihr Geschäft. „Wir bezogen unsere Kinder mit ein, und besprachen mit Ihnen unsere Pläne", erklärt Laurie, „und als wir es nicht schafften, fühlten wir uns zuerst verlegen. In Wirklichkeit aber hatten wir ihnen etwas beigebracht. Als wir zurückschauten, wurde uns klar, wie wichtig es für unsere Kinder war, zu sehen, daß wir sowohl Mißerfolge als auch Erfolge hatten; denn eines Tages werden auch sie Mißerfolge haben, und indem sie uns dabei beobachten, wie wir noch einmal laden, noch einmal den Hahn spannen, noch einmal zielen und noch einmal feuern, werden sie lernen, die Bruchstücke ihres eigenen Mißerfolgs aufzusammeln und von Neuem zu beginnen."

Bill und Peggy Florence, zwei unserer erfolgreichsten Berater, leben in Athens, Georgia mit ihren drei Kindern. Ich sage mit Stolz, daß Bill und Peggy ihre zwei hübschen Söhne Rich und Jay genannt haben; und ihrer Tochter gaben sie in sehr passender Weise den Namen Hope. Alle drei Kinder sind von ihrer frühesten Kindheit an im Geschäft mit dabeigewesen. Hope verdiente, indem sie mit ihrer Familie zusammenarbeitet, genügend Geld, um die Anzahlung für ihr eigenes neues Auto zu leisten.

„Wir lernten von den Führungspersönlichkeiten in diesem Geschäft", erklärt Peggy, „unseren Kindern nicht alles zu geben, was sie wollen. Statt dessen helfen wir ihnen, die Prinzipien des Erfolgs zu lernen und anzuwenden. Wir lassen sie auch auf Schwierigkeiten stoßen – unsere Schwierigkeiten und ihre –, so daß auch sie verstehen, worauf es ankommt, um vorwärtszukommen."

Welches Geschäft Sie auch haben mögen, lassen Sie Ihre Kinder darin eine Rolle spielen. Lassen Sie sie etwas über das wirkliche Leben lernen, während Sie noch da sind, um ihre Siege bejubeln und sie bei ihren Mißerfolgen in den Arm nehmen zu können.

Chuck und Jean Strehli sind ein weiteres Beispiel für Eltern, die ihre Kinder in ihre Pläne einbezogen haben. „Vor zehn Jahren", erinnert sich Jean, „als Tamara 14 und ihr Bruder Scott 13 Jahre alt waren, besprachen wir mit ihnen schon unsere beruflichen Ziele. Warum sollte man die Kinder im unklaren lassen, und warum sollten sie niemals wirklich wissen, was ihre Eltern machen?" fragt sie weise.

„Wir sind ihre ersten Beispiele", fügt Jack hinzu. „Was sie über das Leben wissen werden, das werden sie von uns lernen. Von Beginn an versuchten wir, ihnen beizubringen, wie wichtig es ist, sich verbindliche Ziele zu setzen und sie bis zum Ende zu verfolgen."

Im Jahr 1980 verbrachte die ganze Familie Strehli sieben Monate in Deutschland, um ihr Europageschäft auf die Beine zu stellen. Die ganze

Familie lernte zusammen die Sprache und die Gebräuche dieses Landes. Obwohl die Kinder jetzt erwachsen sind, kehren sie gelegentlich heute noch nach Europa zurück, um etwas für ihr Geschäft zu tun, zu reisen und in den Alpen Ski zu fahren.

Wenn ich über Kinder spreche, wie könnte ich es unterlassen, unsere eigenen wenigstens zu erwähnen? Alle acht Söhne und Töchter der Familien Van Andel und DeVos arbeiten hart daran, diese Firma vorwärts zu bringen. Zusammen mit Jay und mir stellen unsere Kinder die Planungsgruppe des Familienrates. Wir treffen uns allmonatlich, um ein Brainstorming zu veranstalten und die Langzeitplanung durchzuführen. Unsere Kinder sind uns ebenbürtig geworden und helfen uns, dieses Unternehmen zu leiten, und jedes von ihnen hat eine besondere Rolle bei der Ausgestaltung der Zukunft von Amway inne.

Steve Van Andel ist Vorsitzender der Amway Corporation. Nan Van Andel ist Mitglied des Policyboard und Vizepräsidentin für die Bereiche Kommunikation und Kataloge. David Van Andel ist ein Direktor bei unserer Produktionsabteilung. Und Barbara Van Andel verwaltet zwei wichtige Besitztümer von Amway, das Amway Grand Plaza Hotel und die Peter-Island-Ferienanlage auf den Britischen Virgin Islands.

Helens und meine Kinder sind auch tief mit der Amway Corporation und ihren zwei Millionen unabhängigen Beratern rund um die Welt verbunden. Doug ist der Verbindungsmann der Familie zu unseren europäischen Beratern. Dan hat eine ähnliche Rolle für Japan und den Rest Asiens inne. Und Cheri (DeVos) Vanderwide nutzte, bis sie sich entschied, mehr Zeit ihrer Rolle als Frau und Mutter zu widmen, ihre Begabungen bezüglich Mode und Farbe, um unsere gesamte Artistry Kosmetiklinie zu verbessern und auf den neuesten Stand zu bringen.

Wer hätte jemals davon geträumt, daß unsere Kinder – die Ihren und die meinen – jemals so verantwortungsvolle und kreative und hingebungsvolle Erwachsene werden würden? Die Kinder von Anfang an in Ihre Pläne mit einzubeziehen, ist wichtig für ihr Wachstum und für ihr Verständnis.

Respekt gegenüber den anderen ist der Schlüssel zum Erfolg!

Tom Michmershuizen, Ken Morris, Gary Smit, Larry Miller, Jack Wright, Larry Shear und die Brüder Bob und Jim Rooker haben 30 oder mehr Jahre für Amway gearbeitet. Ihre großzügige und aufopfernde

Hilfsbereitsschaft gegenüber Jay und mir, ihren Mitarbeitern, unseren unabhängigen Beratern und unseren Kunden haben uns viel über den Respekt gegenüber anderen gelehrt.

Zum Beispiel erhielt in einer Nacht im Jahr 1963 Tom Michmershuizen einen Anruf von unserem Nachtwächter, der ihn bat, doch für einen Polizisten aus Rome, New York eine mitternächtliche Führung durch das Amway-Werk zu machen. Der junge Beamte war interessiert an unserem Geschäft, aber er mußte für seinen Morgendienst nach New York zurückfahren. Ohne sich auch nur mit einem Wort zu beklagen, zog sich Tom an, eilte hinunter und fand Charly Marsh schlafend auf dem Rücksitz eines alten Nash vor.

Tom weckte unseren mitternächtlichen Besucher und veranstaltete für ihn eine begeisterte und wohldurchdachte Tour unserer zwei Gebäude. Mister Marsh war fasziniert von unserem Lederspray-Produkt und wollte zwei Schachteln davon kaufen, um sie mit nach Hause zu nehmen und sie an die anderen Polizisten in seinem Gebiet zu verkaufen. Tom mußte ihm erklären, daß Amway-Produkte von unabhängigen Beratern verkauft werden und daß er das Produkt von diesem Sponsor kaufen mußte. Charlie Marsh verstand. Er kehrte nach Rome zurück und teilte seine Erkenntnisse seiner Frau Elsie mit. Zusammen bauten sie eine Vertriebsorganisation auf, die für eine Weile für mehr als die Hälfte unseres gesamten Geschäftes stand.

Was wäre geschehen, wenn Tom Michmershuizen kein Interesse gehabt hätte? Was, wenn er den Hörer auf die Gabel geknallt hätte und wäre ins Bett zurückgegangen, anstatt für einen Fremden jene mitternächtliche Führung zu machen? Amway hätte vielleicht Charly und Elsie Marsh verloren.

Dave Taylor erinnert uns alle daran, daß hinter dem Erfolg eine unumstößliche Regel steht. „Sie lautet: respektiere die Menschen und gebrauche das Geld," sagt er, „nicht: respektiere das Geld und gebrauche die Leute."

Behandeln Sie sie alle respektvoll: Kunden, Lieferanten, Zulieferer, Chefs oder Angestellte, und der Respekt, den Sie geben, wird zu Ihnen zurückkehren."

„Wo gehen Sie hin, um Hilfe beim Wiederaufbau Ihrer Ehe zu bekommen?" fragt Dave. „Wo gehen Sie hin, um Ihr Selbstvertrauen wiederherzustellen und zu erneuern? Wo gehen Sie hin, um die Leute sagen zu hören, daß Sie ein Sieger sind und daß Sie mit Ihrem Leben etwas anfangen können? Diese Dinge werden uns in den Schulen nicht beigebracht", bemerkt er. „Allzuoft lehrt man uns diese Dinge nicht einmal zu Hause oder in den Kirchen. Wir müssen das füreinander tun, und wenn wir es tun, dann werden unsere Leute loyaler, arbeiten mehr, und unsere Geschäfte laufen gut.“

Mentoren wissen, was Sie nicht wissen

Hören Sie auf sie!

Als Renate Backhaus sich entschloß, ihr eigenes Geschäft in Deutschland anzufangen, hatte sie eine Arztpraxis, welche auf Sportmedizin spezialisiert war. „Mein Mann Wolfgang und ich waren beide begeistert von der Freiheit, die ein erfolgreiches Geschäft uns bringen würde“, erklärt sie. „Wir gingen zu den Treffen. Wir probierten die Produkte aus und fanden sie gut. Wir lernten den Verkaufs- und Marketingplan kennen. Wir beeilten uns, ins Geschäft zu kommen – und es wurde ein Mißerfolg“, gibt sie zu.

„Wenn wir heute zurückschauen, dann können wir ganz klar erkennen, warum wir zuerst keinen Erfolg hatten. Ich hatte gerade ein siebenjähriges Hochschulstudium abgeschlossen. Wir waren beide so lang auf den Universitäten gewesen, daß wir glaubten, wir wüßten alles. Wir hörten nicht auf unseren Mentor, wir glaubten, wir seien schlauer als er. Als wir schließlich damit aufhörten und anfingen, zuzuhören, wuchs unser Geschäft rapide.“

Zusammen mit Eva und Peter Müller-Meerkatz gingen Wolfgang und Renate Backhaus in den Ostteil des wiedervereinten Deutschland und bauten dort große Geschäfte auf. „Ohne den Rat unseres Mentors“, gibt Frau Backhaus zu, „wären wir ohne Erfolg geblieben. Mit seinem Rat übertraf unser Erfolg all unsere Träume.“

In Tschechows *Kirschgarten* fragt eine reiche Frau einen jungen Mann: „Sind Sie immer noch Student?“ Seine Antwort habe ich mir selbst zu eigen gemacht. „Ich erwarte, bis ans Ende meiner Tage Student zu sein.“ Jay und ich haben Zehntausende von erfolgreichen Geschäftsmännern und -frauen ausgebildet. Aber ebenso, wie wir sie mit unserer Erfahrung unterrichteten, so fahren sie fort, uns mit der ihren zu unterrichten.

Sehen Sie nie zurück
Gehen Sie stetig vorwärts, einen Schritt nach dem anderen!

Lew Riggan war Flugkapitän bei American Airlines. Seine Frau Darlene verdiente Ihr Geld als Modeschöpferin und Planerin. Beide waren auf ihren jeweiligen Gebieten gut eingeführt und wurden für ihre Anstrengungen gut bezahlt. Es war ein hübscher Schock, als Lew sich vor die Berater in seiner Amway-Organisation hinstellte und ankündigte, daß er seine Arbeit als Pilot aufgeben und Vollzeit in diesem Geschäft arbeiten wolle.

„Da standen tausend junge Piloten Schlange, um meinen Platz einzunehmen", erinnert er sich. „In dem Moment, wo ich aufhörte, ersetzte mich die Airline. Sie hatten keine andere Wahl. Ich konnte nicht warten. Ich konnte nicht zurückschauen. Aber wir hatten einen Traum, und wir konnten diesen Traum nicht durch Teilzeitarbeit verwirklichen."

„Und wir haben es nie bedauert", fügt Darlene hinzu. „Es gab Zeiten der Unsicherheit und der Fragen, aber wir gingen unserem Ziel der finanziellen Unabhängigkeit weiter entgegen. Wir hatten es satt, einander nur auf der Basis ‚nur nach Vereinbarung' zu sehen. Wir wollten frei sein, miteinander zu arbeiten und genügend finanzielle Sicherheit zu haben, um die Dinge unterstützen zu können, die wir lieben."

Heute haben sich ihre Träume erfüllt, auch weil sie hinter sich die Brücken abbrachen und niemals zurückschauten. Ich finde den Rat großartig, den Dave Severn einmal seiner Gruppe von Beratern gab: „Machen Sie's nicht so wie der Hochhausfensterputzer", warnte er sie, „der einen Schritt zurücktat, um sein Werk zu bewundern."

Dieses Geschäft läßt Ihnen nicht viel Zeit (so wie jedes andere, was das betrifft), einen Schritt zurück zu tun, um Ihr Werk zu bewundern oder um sich zu überlegen, ob Sie in die richtige Richtung gerannt sind. Natürlich sollten wir mit Bedacht vorgehen, wir sollten aus unseren Fehlern und Mißerfolgen lernen, aber um lange darüber nachzubrüten, bleibt keine Zeit. Wenn Sie einen Erfolg verbuchen konnten, dann klopfen Sie sich selbst auf die Schulter, machen Sie eine Fünf-Minuten-Pause, um den Erfolg zu feiern, und gehen Sie zurück an die Arbeit. Wenn Sie einen Mißerfolg zu verkraften haben, dann weinen Sie kräftig und dann wischen sich danach die Tränen ab. Es gibt genug zu tun. Da sind Grenzen zu erforschen. Da sind neue Horizonte, die ausgelotet werden müssen, und es gibt unglaubliche Siege, die man gewinnen muß.

Offen sein für Gelegenheiten heißt die Parole. Seien Sie bereit! Jack Daughery sagte uns gegenüber folgendes: „Wenn der Student bereit ist, wird der Lehrer kommen.“ Ich habe über die Weisheit in diesen Worten viel nachgedacht. Gelegenheiten gibt es immer wieder, aber nur, wenn wir bereit sind, werden wir auch in der Lage sein, die Chance zu ergreifen, und es wird uns niemals leid tun, was gewesen sein könnte.

Was bedeutet das, sich für die Gelegenheiten bereitzuhalten, die auf Sie zukommen? Nicht Ihr Collegeabschluß ist es, der Sie darauf vorbereitet, obwohl ein Collegeabschluß hilfreich sein kann. Und obwohl Geld wichtig ist, ist es nicht das Geld auf der Bank, das Ihnen den Weg pflastern wird. Freunde höheren Ortes? Ein mächtiges Netz von Verbindungen? Ein phantastischer Lebenslauf? Empfehlungen stapelweise?

Nein, was Sie befähigt, ist die Chance zu erkennen und am Schopfe zu packen, wenn sie sich plötzlich ergibt. Das ist eine Gabe, die wir einander geben. Manchmal ist es auch eine Gabe, die wir uns selbst zukommen lassen müssen. Unsere Zeit mag finanziell schwierig sein, aber es gibt heutzutage genauso viele Gelegenheiten, um aus Ihrem Leben einen Erfolg zu machen, wie je zuvor, vielleicht sogar mehr. Stellen Sie sich darauf ein. Finden Sie einen Freund oder eine Gesellschaft von Freunden, die an Sie glauben, und an einem gar nicht fernen Tage werden Sie an sich selbst glauben. An jenem Tag wird sich Ihnen die Gelegenheit bieten, der Lehrer wird erscheinen, und Sie werden bereit sein.

Angelo Nardone war daran, sein Magisterstudium als Sonderschullehrer an der American University abzuschließen, als die Gelegenheit an seine Tür klopfte. Ein Studienkollege erzählte ihm über unseren Marketing- und Vertriebsplan. Er eilte nach Hause, um seiner Frau Claudia, einer Sekretärin im Verteidigungsministerium, seine Ideen mitzuteilen. Sie stürzten sich sofort in die Arbeit, und nach sehr kurzer Zeit besaßen sie ein erfolgreiches Geschäft. „Übernehmen Sie die Kontrolle über Ihr Leben“, rät uns Angelo. „Kontrollieren Sie Ihre Lebensumstände, erlauben Sie ihnen nie, Sie zu kontrollieren.“

Menschen nicht warten lassen. Das Wichtige zuerst

In jedem Geschäft, wo Erfolg auf lange Sicht wichtig ist, sollte man die Menschen nicht unnötig warten lassen. Wie viele Stunden können wir damit verbringen, den Staub auf unseren Regalen neu zu verteilen, während direkt vor unserer Tür Menschen darauf warten, daß man ihnen zuhört, sie antreibt und fördert. Lassen Sie den Staub sich selbst verteilen. Nehmen Sie sich Zeit für die Leute, und Sie werden den Erfolg in Ihrem Geschäft sehen können, bevor Sie es ahnen.

Craig und Carole Holiday, zwei Geschäftsfreunde aus San Juan Capistrano, Kalifornien bringen das Prinzip perfekt auf den Punkt. „Es ist Ihr Ziel, der Sie dazu veranlaßt, an die Haustüren der Menschen zu gehen", sagt Craig. „Aber danach ist es das Ziel dieser Menschen, das zählt. Wenn wir das Haus oder das Geschäft eines anderen Menschen betreten, dann lassen wir unsere Interessen an ihrer Schwelle zurück, so daß wir uns auf die Ziele und der Menschen in diesem Haus konzentrieren können."

Carole drückt es so aus: „Du sagst zu dir selbst: Mensch, ich möchte erfolgreich sein; und so bin ich bereit, all diese Meilen zu den Häusern all dieser Menschen zu fahren. Aber wenn ich einmal dort bin, dann werde ich mich selbst fragen: Was ist ihr Traum? Was ist es, das Sie sich vom Leben erwarten, und wie kann ich Ihnen helfen, es fertigzubringen?"

Vor einiger Zeit habe ich meine Tochter Cheri Vanderwide beobachtet, wie sie eine schwierige Entscheidung über die Ziele in ihrem Leben getroffen hat. Cheri hat eine besondere Begabung für Mode und Entwurf. Nachdem ich ihr zugesehen habe, wie sie unsere Kosmetiklinie umgestaltet hat, habe ich keinerlei Zweifel, daß sie auf jedem damit verbundenen Gebiet schnell Karriere machen könnte. Aber als ihr erstes Kind geboren wurde, beschloß sie, ihren Beruf nur noch halbtags auszuüben, um die Möglichkeit zu haben, ihre Ziele als Ehefrau und Mutter erfüllen zu können.

Welches sind Ihre Ziele? Haben Sie sie in der Reihenfolge der Wichtigkeit für sich aufgeschrieben? Was steht zum Beispiel heute oben auf Ihrer Liste zur Erledigung an, und wer sind die Leute, die Ihnen dabei helfen können, diese Dinge zu tun? Menschen zu helfen, sich selbst zu helfen, ist der Schlüssel für einen dauerhaften Erfolg. Sind Sie davon überzeugt? Tun Sie es? Wie schnell das scheinbar Wichtige die wirklich wichtigen Ziele in unserem Leben an die Wand drückt! „Und derweilen", schreibt Vergil, „fliegt die Zeit, unwiederbringlich fliegt die Zeit vorüber."

Aufgeben heißt es nicht wirklich zu versuchen.
Dran bleiben bis es funktioniert.

Dumm gelaufen? Versuchen Sie es, bis es klappt! Als Jay und ich gerade begannen, unser Geschäft aufzubauen, fuhr ich nach Phoenix, um den

Amway-Marketing- und Vertriebsplan zu präsentieren. Nur ein einziger Mann, Frank Delisle sen., war zu dem Treffen erschienen. Er war per Bus aus einer anderen, weit entfernten Stadt angereist, und unterwegs hatte er einen Scheck in einem „Lucky store" eingewechselt, um seine Unkosten begleichen zu können. Frank wußte, daß sein Scheck bis zum Montag nicht gedeckt sein würde, aber er kam zu dem Treffen und saß allein in dem Versammlungsraum des Hotels, den wir angemietet hatten.

Ich hätte jenes Treffen absagen, mich bei Frank entschuldigen und das nächste Flugzeug nach Hause nehmen können. Statt dessen spulte ich für Frank die komplette Präsentation ab. Er nickte, schüttelte mir begeistert die Hand, und wir gingen auseinander. Ich glaubte, die gesamte Fahrt sei ein Fehlschlag gewesen. Aber Frank fuhr nach Hause, erzählte seiner Frau Rita mit Begeisterung, was er erlebt hatte, und sie bauten zusammen eine der größten Organisationen in der Geschichte unserer Gesellschaft auf. Er sorgte auch rechtzeitig dafür, daß der Scheck gedeckt war, und Jahre später nannte ich ihn immer noch Lucky, um uns beide an jenen schicksalsträchtigen Tag zu erinnern, an dem wir uns trafen.

Wenn Sie ein neues Unternehmen starten, wird es immer Zeiten geben, zu denen Sie sich fragen, ob Sie nicht einen schrecklichen Fehler gemacht haben. Ein weiterer erfolgreicher Unternehmer in meinem Geschäft von Freunden nennt diese Zeit die „Glaubensperiode". Er erinnert sich an seine frühen Tage in dem Geschäft zusammen mit seiner Frau, „als wir arbeiteten und das Gefühl hatten, wir würden gar nirgends hinkommen, und daß wir überhaupt keinen Fortschritt machten". Dies sind schwierige Zeiten, ganz sicher, aber sie werden vorübergehen. „Bleiben Sie einfach dran", rät Ihnen mein Freund. „Tun Sie weiterhin was sie für richtig halten, und die guten Ergebnisse werden sich einstellen."

Diejenigen, die zu früh aufgeben, fragen sich immer, was hätte sein können. Aber jene, die vertrauensvoll weiterarbeiten, Tag um Tag, die die Stunden einbringen, die grundlegenden Dinge tun, es ablehnen, aufzugeben, werden sich eines Tages zu den Millionen von anderen im Kreis der Sieger gesellen.

Der Drang aufzugeben ist das letzte Hindernis zwischen Ihnen und Ihren Zielen: dem neuen Haus, dem neuen Auto, dem Geld auf der Bank, den Ferien Übersee. Halten Sie durch. Jeder hat dann und wann Lust, aufzugeben. Tun Sie's einfach nicht.

Riskieren Sie alles, um Ihre Ziele zu erreichen!

„Wer wagt, gewinnt!“ Jede der Erfolgsgeschichten in unserem Geschäft bestätigt diese Worte. Ich kenne nicht einen Menschen, der nicht etwas riskiert hätte, ehe er vorwärtskommen konnte.

Für manche ist es das Geld. Angelo und Claudia Nardone hatten beide sichere Jobs bei der Regierung in Washington, D.C., aber sie hatten genug von ihrem begrenzten Einkommen. So riskierten sie ihre Arbeitsstellen, begannen ein Vertriebsgeschäft und, abgesehen von ihrem finanziellen Erfolg, den sie erreicht haben, mobilisierten sie Millionen im Rahmen unserer Aktion für die Easter Seal Society.

Für einige ist es der Ruf der Familie. Midori Ito wuchs auf, umgeben von Reichtum und Vornehmheit. Ihr Familienstammbaum umfaßte einen früheren Premierminister und den Gouverneur von Tokio. Es war ein großer Gesichtsverlust für Midori, ihren eigenen Strukturvertrieb anzufangen. Sie riskierte alles, und sie gewann!

Für einige ist es der Ruhm. E. H. Eric war der Gastgeber einer populären Fernsehshow in Japan, als er die Gelegenheit erblickte. Er riskierte seine Berühmtheit, um ein eigenes Geschäft zu beginnen, und er gewann!

Für einige ist es die Sicherheit. Dreißig Jahre lang war Frank Morales ein Direktor bei Diamond International. Seine Frau Barbara war Mitbegründer und erster Geschäftsführer der National Bank of Southern California. Sie riskierten all das, um ihr eigenes Geschäft anzufangen, und sie gewannen!

Was ist Ihr Berufstraum? Was würden Sie riskieren, um Ihren Traum zu verfolgen? „Wer nicht wagt, der nicht gewinnt“, heißt ein altes Sprichwort. „Wir könnten hinzufügen, riskieren Sie viel, und Sie werden viel gewinnen.“

Säen Sie genug aus, und Sie werden eine große Ernte einbringen!

Vor fast 3.000 Jahren schrieb König Salomon: „Tu' Gutes, und die guten Taten werden zu dir zurückkommen." Wenn im antiken Ägypten nach dem Winter die Fluten entlang des Nils sich zurückzuziehen begannen, wußten die Bauern ganz genau, wann sie ihre Aussaaten auf die dünne Schicht von Schlamm machen mußten, die zurückblieb. Einige Bauern warteten bis zu einer Zeit, zu der es bequemer war. Andere säten ein bißchen hier und ein wenig dort und waren zufrieden. Aber jene, die zur richtigen Zeit und am richtigen Platz genügend Samen ausbrachten, garantierten sich somit eine reiche Ernte.

Erinnern Sie sich an Chris Cherest, der 150 Präsentationen abhielt, und jeder sagte nein. „Ich brauchte in jenen Tagen jeweils zweieinhalb Stunden", erinnert sich Chris. Ich ging fast acht Monate lang am Abend von einem Haus zum anderen, und niemand sagte ja.

„Aber ich hatte ein Ziel für unsere Zukunft", erklärt Chris. „Und mein Ziel war so groß, daß ich keinen anderen Platz hatte, wo ich es hintragen konnte. Schließlich verstand ich, daß mein Ziel allein nicht genug war. Ich mußte zuerst auf die Träume anderer Leute hören, und als ich einmal verstanden hatte, daß mich zwar mein Wunsch, meine Ziele zu erfüllen, an die Türen führte, daß aber erst der Versuch, ihre Ziele zu erfüllen, sie ja sagen ließ, da änderte sich die ganze Lage. Als ich es das 151. Mal versuchte, sagte das junge Paar ja, und der Rest ist Geschichte."

In Kanada haben André und Françoise Blanchard eine Menge über das Ausbringen von Saaten zu sagen. André war Aufseher in einer Kette von Lebensmittelläden in seiner heimatlichen Provinz von Quebec. Da er nur bis zum siebten Jahr zur Schule gegangen war und auch recht beschränkte Englischkenntnisse besaßt, war André mit 150 DM die Woche an der Grenze seiner beruflichen Entwicklung angekommen. Françoises verdiente als Anwaltssekretärin mehr Geld, aber selbst zusammengelegt reichten ihre Einkommen nicht dazu aus, ausstehende Rechnungen zu bezahlen.

„13 Jahre lang", erinnert sich André, „brachten wir jeden freien Moment damit zu, Aussaaten zu machen. Wir präsentierten den Verkaufs- und Marketingplan Hunderten von Leuten. Wir machten Tausende von Anrufen und reisten Hunderttausende von Meilen weit. Es gab Zeiten, wo wir an dem Ganzen zweifelten. Es gab Zeiten, wo wir der Sache überdrüssig wurden und bereit waren, aufzugeben. Aber wir hörten nicht auf,

Samen auszustreuen, und die Ernte war üppiger, als wir in unseren wildesten Träumen erhofft hatten."

Heute leben André und Françoise in einem Haus auf dem Gipfel eines Berges. Aber was noch wichtiger ist als die finanzielle Sicherheit, die sie erreicht haben – die Blanchards sind frei, die Zeit mit ihren Kindern zu verbringen und ihr Leben dem mitmenschlichen Dienst für die Kinder von Quebec zu widmen.

Teilen Sie ein Zehntel Ihres Einkommens mit denen in Not, und große Dinge werden sich ereignen!

Unsere unabhängigen Berater umfassen alle Farben des Regenbogens. Jede Rasse und jeder Glaube ist in den Städten und Ländern rund um die Erde vertreten. Es gibt keine Regeln über das Geben, keinen Standard, der festgelegt wäre. Aber im Laufe der Jahre hat einer nach dem anderen von uns gelernt, daß, so großzügig unsere Hilfe für die Bedürftigen auch sein mag, doch immer noch mehr Großzügigkeit erforderlich sein wird.

Im 16. Jahrhundert sagte Francis Bacon: „In der Wohltätigkeit gibt es kein Zuviel." Helen und ich sagen: „Gott kann man im Geben nicht übertreffen." Als Helen beschloß, daß wir jeden Monat einen Scheck, der zehn Prozent unseres Bruttoeinkommens betrug, an unsere Kirche und an wohltätige Zwecke überweisen sollten, gab sie uns damit eine weise und fruchtbare Richtung vor. Versuchen Sie es. Schenken Sie jemandem in Not Beachtung, und tun Sie etwas gegen sein Leid. Achten Sie darauf, was es für Sie, für Ihre Familie und für Ihr Geschäft bedeuten wird, anderen zu helfen, deren Bedürfnisse größer sind als Ihre eigenen.

Unerläßlich ist es, die Grundregeln zu verstehen, ehe Sie beginnen!

Sie werden unweigerlich zu dem Ergebnis kommen, daß jene, die im Geschäft erfolgreich sind, nicht damit beginnen, ehe sie nicht eine Menge wichtiger Fragen gestellt und die entsprechenden Antworten erhalten haben. Sie erinnern sich an sie: Wer? Was? Wo? Wie? Wann? Warum? und Wieviel? Wenn Sie sich mit jemandem zusammensetzen, um unsere Produkte zu verkaufen, den Marketingplan zu erklären oder irgend etwas anderes in diesem Zusammenhang zu tun, geben Sie sich nicht zufrieden, ehe Sie nicht ehrlich und begründete Antworten bekommen haben.

Linda Harteis erinnert sich, wie sie an ihrer Fähigkeit zweifelte, ihren Teil zu dem Geschäft beitragen zu können, das sie und ihr Mann Fred begonnen hatten. „Ich verstand, daß wir nicht aufgefordert werden, Dinge zu tun, bevor wir dazu bereit sind", sagt Linda. „Ich hätte am Anfang das nicht tun können, was ich heute tue. Verantwortlichkeit kommt von Mal zu Mal in kleinen Schritten, und wenn Sie die Zeit und die Energie aufwenden, um zu lernen, wie Sie mit jeder Aufgabe auf Ihrem Weg fertig werden, dann werden Sie in kurzer Zeit Dinge bewältigen, von denen Sie nie geträumt hätten. Wir beide sahen einfach immer wieder auf die Dinge, die wir für unsere Kinder wollten, und an den Abenden, während Tonya, Freddy und Angela schliefen, bauten wir die Zukunft für unsere Familie auf."

Es gibt eine Legende über einen französischen Heiligen, der nach seiner Exekution seinen eigenen Kopf sechs Meilen weit getragen haben soll. Nachdem sie diese Geschichte gehört hatte, antwortete eine Adelige: „Die Entfernung spielt keine Rolle; es ist nur der erste Schritt, der schwierig ist." Machen Sie Ihren ersten Schritt sorgfältig. Seien Sie sicher, daß Sie verstehen, was zu tun ist. Dann haben Sie das Vertrauen, daß Sie es tun können und tun wollen, aufgebaut. Wenn Sie das wissen, schieben Sie die alten Fragen beiseite und gehen Sie Ihr Abenteuer an. Auf Ihrem Wege werden Sie genügend Zeit haben für neue Fragen.

Vor allem anderen kommt die Freundschaft!

Im Sprichwörterbuch findet sich ein Rat von Salomon: „Laß deinen Freund nicht im Stich, denn wir leben in einer Zeit des Unglücks, und du wirst ein Haus brauchen, wohin du fliehen kannst." Wenn ich auf meine Jahre in diesem Geschäft zurückschaue, dann erinnere ich mich besonders an die Augenblicke, die ich mit Jay, meinem lebenslangen Partner und ältesten Freund, zusammen verbracht habe. Ob wir es mit Fehlschlägen oder mit Erfolgen zu tun hatten, Jay und ich schauten ihnen gemeinsam ins Auge. Sicherlich stritten wir. Sicherlich waren auch schlechte Zeiten neben den guten dabei. Aber wie trostlos wäre das alles gewesen, hätte ich jene Zeiten nicht mit Jay zusammen verbringen können.

Eines der Geheimnisse unserer Freundschaft war unsere Übereinkunft von Anfang an, niemals zu sagen: „Ich hab' es dir ja gesagt." Es gab schwierige Zeiten auf unserem Wege, wenn wir uns über eine Entscheidung nicht einigen konnten, die getroffen werden mußte. Wenn die Entscheidung getroffen war und ich mir klarmachte, daß sie falsch gewesen war, ließ mich Jay nicht ein einziges Mal fühlen, daß ich dumm oder schuldig gewesen wäre. Während all dieser Jahre habe ich ihn niemals sagen hören: „Ich hab' es dir ja gesagt." Und glauben Sie mir, es gab Zeiten, zu denen er, hätte er es gesagt, völlig recht gehabt hätte.

Ann Morrow Lindbergh beschreibt, wenn sie auf ihre Ehe mit Charles Lindbergh und auf die Entführung und Ermordung ihres Kindes zurückblickt, perfekt die Rolle eines Freundes während schlimmer Zeiten. „Beide tappen wir unsicher im Kreis und fühlen uns ein wenig verloren", gestand sie, „aber wir sind zusammen."

Im Laufe der Jahre gewann ich Tausende von Freunden innerhalb und außerhalb dieses Geschäfts. Wieviel wichtiger war das als all das Geld, das wir verdient haben oder das wir zusammen verdienen werden. Welche Trauer ich jedes Mal empfinde, wenn ich vom Tode eines deren höre, die ich Freunde nenne! Helen Keller sagte einmal: „Mit dem Tode jedes Freundes, den ich liebe, ist ein Teil von mir beerdigt worden, aber ihr Beitrag zu meinem Glück, meiner Stärke und meinem Verständnis bleibt, um mich in einer veränderten Welt zu unterstützen."

Haben Sie einen Freund in Ihrem Geschäft? Was tun Sie, um diese Freundschaft zu erhalten? Haben Sie Ihren Freund kürzlich angerufen, um zu hören, wie es ihm geht? Haben Sie zusammen zu Mittag oder zu Abend gegessen? Haben Sie ihm ein paar Blumen oder eine Überraschungskarte geschickt, nur so, um zu sagen: „Hallo, mein Freund. Ich denk' an dich!"? Ich beginne zu glauben, daß es unsere wichtigste Aufgabe sein könnte, mindestens einen guten Freund zu haben. Freunde trösten uns oder stellen uns zur Rede, wenn wir es nötig haben. Freunde helfen uns dabei, unsere Ziele weiterzuverfolgen. Freunden kann man vertrauen, daß sie uns die Wahrheit sagen.

Schwache Typen sind nicht gefragt! Sieger bevorzugt!

Die meisten von uns mögen Siegertypen. Bei den Veranstaltungen unserer Gesellschaft steht im Mittelpunkt, die Ergebnisse derer anzuerkennen, die etwas leisten.

Sie sind Gewinner. Sie glauben an sich selbst. Und je mehr Sie mit Gewinnern zu tun haben, desto mehr werden Sie sehen, daß Sie glauben, ebenfalls ein Sieger sein zu können.

Die andere Seite der Medaille ist oft tragisch. In *Henry IV.*, Teil I, schreit der junge Prinz, dessen Leben in Scherben liegt, hinaus: „Meine

Umgebung, meine verbrecherische Umgebung, ist mein Verderben gewesen.“ Umgeben Sie sich mit Jammerlappen, mit Menschen, die überall etwas Schlechtes finden, mit Heulsusen, mit Untergangspropheten, mit Neinsagern, mit Leuten, die sich ewig beklagen, mit Rassisten, mit Leuten, die verurteilen und hassen, und Sie werden genau wie sie enden. Suchen Sie die Gesellschaft von Siegern, und eines Tages werden die Leute Ihnen zujubeln!

Entschuldigungen werden Sie nicht weiterbringen!

Don und Nancy Wilson erinnern sich an folgende drei Ausreden, die sie für ihre Fehlschläge anführten, als sie ihr eigenes Geschäft begannen.

„Erstens“, erinnert sich Don, „wir hatten nicht genug Zeit. Nancy arbeitete zehn Stunden am Tag als Krankenschwester und ich sechzig bis achtzig Stunden in der Woche als Trainer. Zweitens, wir konnten uns uns selbst nicht als Verkäufer vorstellen. Nancy war so schüchtern, daß sie nicht einmal die Führung einer Gruppe beim stillen Gebet übernehmen konnte, und ich fühlte mich peinlich berührt, wenn ich, statt einen Basketball ins Netz zu werfen, ein Produkt an den Mann bringen sollte. Und drittens, wir hatten keinerlei Selbstvertrauen, daß wir es schaffen könnten.

„Don war ein schlankes Bürschchen“, fügt Nancy hinzu, „und ich war lang, dünn und schlaksig. Wir glaubten nicht an uns selbst, und so glaubten wir an unsere Entschuldigungen.“

„Dann tauchte Dexter Yager auf“, sagt Nancy dankbar. „Er mochte uns. Er sagte uns, wir könnten es schaffen. Er brachte uns Bücher zum Lesen und Bänder zum Hören. Wir stellten Fragen und lernten, wie das Geschäft funktionierte. Als ich ihm sagte, ich könnte niemals aufstehen, um vor einer Menschenmenge zu sprechen, lachte Dexter und sagte: ‚Stell dir mal vor, sie alle sitzen da in ihrer Unterwäsche.‘ Das nächste Mal, als ich vor einer Menschenmenge zu stehen hatte, war meine Angst vergangen und ich brach fast in Lachen aus.“

„Wir machten ein paar Anrufe“, erinnert sich Don. „Wir hatten Erfolg mit einer Präsentation und dann mit noch einer. Mit jedem Sieg gewannen wir ein wenig Selbstvertrauen hinzu, und Dexter war immer da, glaubte an uns, lehrte uns, und lenkte uns auf unser Ziel zu.“ Heute besitzen Don und Nancy Wilson ein blühendes Geschäft. Als sie aufhörten, Entschuldigungen zu finden, begann ihr Leben.

John Crowe ist ein Mann, der viele Gründe hätte, um sich selbst leid zu tun, aber wie die Wilsons, glaubt er nicht an Entschuldigungen. Am 15. Juni 1981 verbrachte seine Frau Jennie Belle ein Wochenende zusammen mit ihrem kleinen Sohn John Crowe III bei ihren Eltern, der mit einem lebensbedrohlichen gesundheitlichen Schaden geboren war. John kehrte um Mitternacht nach Hause zurück, nachdem er unseren Marketingplan in einer nahegelegenen Stadt erläutert hatte. In seiner eigenen Einfahrt überfielen ihn vier oder fünf Männer im Ecstasy-Rausch. Sie zwangen ihn, sein Haus zu betreten, und drohten, ihn umzubringen, wenn er ihnen nicht genau das geben würde, was sie wollten.

„Ich fühlte in meinem Herzen, daß sie mich umbringen würden", sagte uns John. „So versuchte ich eine Waffe zu erhaschen. In dem anschließenden Handgemenge brachte ich es fertig, einen der Räuber dreimal zu treffen, aber auch ich wurde aus nächster Nähe in den Kopf und in meine linke Hand getroffen. Als die Polizei ankam, war ich dem Tode nahe. Irgendwie schafften sie es, mich wieder zum Leben zu erwecken, und ich wurde mit dem Hubschrauber in ein naheliegendes Krankenhaus gebracht. Innerhalb von 24 Stunden hatte unsere Gruppe von Freunden 1.000 Liter Blut gespendet. Viele von ihnen standen stundenlang Schlange und warteten auf eine Chance, ihr Blut zu geben, um mein Leben zu retten. Während der nächsten sechs Monate wurden aufgrund meines Falles noch einmal 2.500 Liter Blut gespendet." Weil John unter Umständen in der Lage gewesen wäre, die Kriminellen zu identifizieren, machte die Polizei ihn darauf aufmerksam, daß sein Leben immer noch in Gefahr sei. Freunde in unserem Geschäft beaufsichtigten ihn nicht nur Tag und Nacht im Krankenhaus, sondern sie fütterten ihn, sie trösteten ihn und sie beschützten seine Frau und seine Familie. „Ehe man auf mich schoß, war ich ein Sportsmann", erklärte John. „Danach war ich gelähmt und kämpfte um mein Leben."

Im Krankenhaus fühlte sich John von Gott verlassen. Gerade sechs Monate vor der Schießerei war sein Sohn mit einem schweren Geburtsfehler zur Welt gekommen. Nun war John gelähmt. Er durchlebte eine Zeit, in der er Gott fragte: „Warum sollte ich dich lieben, wenn du all dies über mich hereinbrechen läßt?"

„Die Wahl war einfach", erinnert sich John. „Ich hätte mich selbst bedauern und mit dem Geschäft aufhören können. Oder ich konnte für mein Leben dankbar sein, die Bruchstücke auflesen und weitermachen. Mit der Hilfe unserer Freunde machte ich weiter. Helen Keller hat einen Ausspruch getan, den ich gedruckt und an meiner Bürowand aufgehängt habe: ‚Wenn du dein Gesicht der Sonne zuwendest, dann wirst du nie die Schatten sehen.' So wende ich jeden Tag, wenn die Schatten drohen, meine Welt in die Dunkelheit zu stürzen, mein Gesicht dem Sonnenschein zu, und mein Leben ist wieder mit Licht erfüllt."

Trotz seiner Lähmung hat John Crowe mit der Hilfe seiner Frau Jennie Belle ein Vertriebsgeschäft aufgebaut, das für meine Gesellschaft von Freunden ein Vorbild sein kann. „Wir haben es nicht wegen großer Häuser oder Autos gemacht", gibt John zu. „Wenn das Leben deines neugeborenen Sohnes in Gefahr ist, aufgrund einer Speiseröhre, die gerade einen Zentimeter zu kurz ist, dann kümmerst du dich nicht um Cadillacs oder Villen. Aber dank unserer finanziellen Sicherheit können wir unserem Sohn die lebenslange Hilfe anbieten, die er vielleicht brauchen wird, und was noch wichtiger ist, wir sind frei und zu Hause, wenn er uns braucht, um ihm die Art von Liebe zu geben, die ihn stark macht."

„Carpe diem" schrieb der römische Dichter Horaz. „Pflücke den Tag!" Entschuldigungen sind wie eine offene Wunde. Aus ihnen schwindet, wie Blut aus einer Wunde, unsere Kraft davon, bis wir sterben. Und die Uhr tickt weiter, und die Minuten und die Stunden fließen davon. Welche „Gründe" geben Sie vor, um sich selbst vom Versuchen abzuhalten? Wem geben Sie die Schuld für Ihre Mißerfolge? „Pflücke den Tag!" Wenn Ihnen Ausreden im Weg stehen, hinterfragen Sie diese. Strecken Sie Ihre Hand nach jemandem aus, der Sie etwas lehren kann. Glauben Sie an sich selbst und „Pflücken Sie den Tag!"

Nichts ist unmöglich! Hören Sie nie auf, an sich selbst zu glauben!

Brian Herosian hatte alles, was er jemals gewollt hatte: Einen Vertrag als Footballspieler mit den Baltimore Colts, eine schöne Frau, Jane, und sein erstes Kind, Ben, das bald geboren werden sollte.

„Fast über Nacht fiel meine perfekte Welt in Trümmer", erinnert sich Brian. „Die Colts ließen mich fallen. Ich war arbeitslos und nicht darauf vorbereitet, einen guten Job zu finden, ganz besonders einen, der so gut bezahlt war wie der, den ich bisher hatte. Aber es kam noch schlimmer: Mein Sohn wurde ohne Füße und mit nur einer Hand geboren. ‚Möbius Syndrom', sagte uns der Doktor traurig. ‚Sehr selten. Es gibt nur drei Fälle in ganz Kanada.'"

„Dann, im Jahr 1979, verlor meine Frau die Kontrolle über unser Auto und fuhr mit einer Geschwindigkeit von 65 Meilen in der Stunde in einen

Sattelschlepper. Neben ihr in dem Wrack eingeklemmt, konnte ich sehen, daß Jane tot war. Auf der Intensivstation sagten mir die Ärzte, daß mein Genick gebrochen war und ich Glück haben müßte, jemals wieder gehen zu können."

Wenn Sie es jemals schwierig finden, an Ihre Zukunft zu glauben, dann denken Sie an Brian Herosian. Er erstand wie der Phoenix aus dem Wrack seiner Lebensträume. „Es war nicht leicht", erinnert sich Brian. „Ohne die Hilfe meiner Geschäftsfreunde hätte ich mit all meinen Zweifeln und Enttäuschung auch untergehen können."

Aber Brian ging nicht unter. Wir fragten ihn, wie er es gemacht hatte, während jener dunklen einsamen Tage stark zu bleiben. „Ich mußte ganz von vorne beginnen", sagt er uns. „Im Football war ich gut drauf. Ich wußte, wie man deckt, wie man angreift und läuft, aber ich war eine Null im freien Unternehmertum. So bekam ich Hunger nach Wissen. Ich las pro Woche ein Buch und hörte mir täglich ein neues Tonband an. Ich fand auch Mentoren, Leute, die im Leben schon das waren, was ich sein wollte, die schon taten, was ich tun wollte. Ich scheute mich nicht, ihnen Fragen zu stellen. Ich war offen, gelehrig."

Heute besitzt Brian Herosian ein erfolgreiches Geschäft, eine schöne zweite Frau, Deirdre, und eine wachsende Familie. Brians 15 Jahre alter Sohn Ben hat sein Handicap auch besiegt. Heute ist er ein erfolgreicher Student und berechtigt als Schriftsteller zu großen Hoffnungen.

Was erhielt Brian seinen Glauben an sich selbst? Es ist ein Rätsel. Aber es ist auch der Schlüssel zu Ihrer Zukunft, so wie er es für Brians Zukunft war. Wenn Sie an sich selbst glauben, dann werden Sie Erfolg haben. Wenn Sie es nicht tun, folgen Sie Brians Rat. Lesen Sie die Geschichten anderer Leute, die über ihr Schicksal triumphiert haben. Hören Sie die Geschichten auf Band an, die Ihnen Begeisterung und Information näherbringen. Finden Sie eine Gruppe von Menschen, die positiv eingestellt ist und an Sie glaubt. Und wie Brian werden auch Sie aus der Asche neu erstehen und Ihre neuen Träume sich erfüllen sehen.

Zu Gott genug Vertrauen zu haben führt Sie zu einer ganz neuen Welt!

Als Jay und ich unser Unternehmen starteten, besaßen wir nichts. Unsere anderen Versuche, ein Geschäft aufzubauen, der Flugdienst, das Drive-in-Restaurant und der alte Schoner waren gescheitert. Aber wir glaubten weiterhin an uns und vertrauten auf Gott. Ich weiß nicht, an wen oder was Sie glauben, aber für Jay und mich war es nie genug, nur an uns selbst zu glauben.

Ich wünschte, ich hätte mehr Möglichkeiten, den Millionen von Menschen zu danken, die zum Erfolg unserer Gesellschaft beigetragen haben, aber wir alle würden uns schämen, für uns in Anspruch zu nehmen, was Gott getan hat. All die natürlichen Ressourcen, die wir in diesem Geschäft benützen, sind Gottes Schöpfung entsprungen und nicht der unseren. All die menschliche Energie, die aufgewendet wird, von der Entwicklung bis zum Kundenservice und zur Auslieferung, ist Gottes Gabe an jeden von uns. Und die Güter und Dienstleistungen, die produziert wurden, sind ein direktes Ergebnis von Gottes Einladung an jeden von uns, uns die Erde untertan zu machen, und die mit unseren Händen und Herzen geschaffenen Produkte dienen dazu, unseren Schöpfer zu ehren.

Im Jahre 1981 stand ich bei der Eröffnung von Amways Grand Plaza Hotel in Grand Rapids mit meinem Partner Jay auf einer Seite und dem früheren Präsidenten Gerald Ford auf der anderen auf einer großen geschwungenen Freitreppe. Es wurde Zeit für mich, das Band zu durchschneiden und das Hotel offiziell für den Betrieb zu eröffnen. Eine große Menge von Leuten aus unserem Unternehmen und Geschäftspartnern hatten sich dazu versammelt. Fernsehkameras und Fotografen warteten auf meine Rede. Ich hatte meine Worte für die Veranstaltung nicht geplant, aber plötzlich kamen mir aus tiefster Seele folgende Worte über die Lippen: „Gott sei die Ehre. Große Dinge hat er vollbracht!"

Johann Sebastian Bach schrieb oft unter eine neue Komposition folgende Worte: „Deo Gloria". „Gott sei die Ehre!" Wenn ich einen Federhalter hätte, der groß genug wäre, würde ich diese Worte überall quer über die Fassade unserer Fabriken, Lagerhäuser und Büros schreiben. „Gott sei die Ehre. Große Dinge hat er vollbracht."

Wenn es, was Ihr finanzielles oder geistiges Vermögen angeht, schlecht um Sie steht, haben Sie keine Angst. Legen Sie, was Sie haben, vertrauensvoll in Gottes Hände und sehen Sie mit Erstaunen zu, was passieren wird. Im Jahre 1939, als die Achsenmächte unter Adolf Hitler die ganze Welt mit Tyrannei bedrohten, las König Georg VI. in seiner Radioansprache dem Volk von England folgende Geschichte vor: „Und ich sagte zu dem Mann, der am Tor des Jahres stand: ‚Gib mir ein Licht, damit ich sicher ins Unbekannte treten kann.‘ Und er antwortete, ‚Geh hinaus in die Dunkelheit und leg‘ deine Hand in die Hand Gottes. Das wird für dich besser sein als ein Licht und sicherer als ein bekannter Weg.‘“

Zum Abschluß

Eine ältere Frau stand im Eingang, ihr Geschirrtuch in der Hand, schützte mit der anderen Hand ihre Augen vor dem blendenden Sonnenlicht und starrte in die Ferne.

„Da kommt der Schwätzer wieder“, sagte sie mit einer Art von mütterlichem Knurren.

Don Wilson rannte zur offenen Tür seines heruntergekommenen kleinen Bauernhauses, das neben einem von Büschen bestandenen Hügel in Maine lag. Ein langes weißes Auto war gerade von der Landstraße in ihre Richtung abgebogen.

„In gewisser Weise“, erinnert sich Don, „war Dexter Yager war in jenen frühen Tagen mein Vorbild. Zusammen mit ein paar anderen wichtigen Mentoren, zu denen auch Rich DeVos und Jay Van Andel gehörten, lehrte mich Dexter fast alles, was ich heute über die Grundlagen dieses Geschäftes weiß.“

Jahrelang hatte Dons Frau Nancy als staatlich geprüfte Krankenschwester im Operationssaal eines großen Krankenhauses in New Hampshire gearbeitet. Don war Highschool-Lehrer und Basketballtrainer, der nebenbei die recht kleinen Sportveranstaltungen der Stadt leitete. Die Wilsons verdienten nicht schlecht, aber selbst mit ihren zusammengelegten Einkünfte waren sie kaum in der Lage, gegen die Flut von Rechnungen anzukommen.

„Noch ein Kind mehr“, erinnert sich Don ungläubig, „und wir hätten die Bedingungen zum Erhalt der Lebensmittelmarken erfüllt. So unterzeichneten wir unseren Antrag bei Amway, in der Hoffnung, daß uns der Besitz eines eigenes Geschäftes die Art von dauerndem, verläßlichem Einkommen sichern würde, welches wir brauchten.“

„Am Anfang waren wir Nieten“, gibt Nancy zu. „Don pflegte zu sagen, wir waren 90-Tage-Wunder. Nach 90 Tagen im Geschäft fragten wir uns, was wir dort eigentlich taten. Nach 29 Monaten konnten wir immer noch nicht unseren Lebensunterhalt damit bestreiten. Dann fand uns Dexter Yager und zeigte uns den richtigen Weg."

„Er glaubte an uns", sagt Don dankbar. „Er verließ sich darauf, daß wir, wenn wir nur erst die Grundlagen gelernt hätten, es auch bis ganz oben hin schaffen würden." Dexter Yager wußte, daß es keine Abkürzung gibt, um sich seine Träume zu verwirklichen. Ehe Sie jemals in unserem Geschäft oder in irgendeinem anderen Erfolg haben werden, müssen Sie bestimmte Fertigkeiten und Disziplinen erlernen und praktizieren. Dexter gab die Fertigkeiten und Disziplinen an die Wilsons weiter, und sie bauten darauf ein erfolgreiches eigenes Geschäft auf.

Eines Abends aßen Don und Nancy mit Dons Eltern in einem kleinen Restaurant in Maine zu Abend. Das rustikale Häuschen in Maine war Geschichte.

„Ich hatte Bedenken, daß er nur ein weiterer Schwätzer sei, der etwas aus dir herausholen wollte", sagte Großmutter Wilson, die sich an jene ersten Besuche mit einem verlegenen Lachen erinnerte. „Er war unser Vorbild, Mami", erwiderte Don. „Er brachte uns bei, wie wir ein erfolgreiches eigenes Geschäft haben konnten."

„Und er wollte etwas völlig von uns", setzte Nancy leise hinzu, „unser Bestes."

Großmutter Wilson legte ihren Kopf auf die Seite wie ein junger Hund und lächelte nur. „Ich kannte diesen Blick", erinnert sich Don. Mutter lachte so, wenn ihr billiges Hörgerät Schwierigkeiten machte oder kaputt war. ‚Mutter braucht ein neues Hörgerät, Vater', sagte ich, ohne mir etwas dabei zu denken. ‚Tja, ich kann mir keines leisten', sagte er, sich rechtfertigend. Die Wilsons waren Sozialhilfeempfänger. Ihr festes Einkommen erlaubte keinerlei größere Extras. Don und Nancy begannen gerade, sich als erfolgreiche Leute zu fühlen und sie kannten die Freude, etwas übriges Geld zu haben.

„Wieviel kostet ein gutes Hörgerät?", erkundigte sich Don bei seinem Vater. „800 DM", antwortete dieser. Don dachte nicht lange nach. Er faßte einfach in seine Tasche, zog seine Brieftasche heraus, entnahm ihr acht 100-DM-Scheine und schob sie über den Tisch.

Dons Vater war beleidigt. „Wir brauchen euer Geld nicht", sagte er und schob das Geld zurück. „Nimm's trotzdem", meinte Don und schob die Scheine wieder über den Tisch. Einen Augenblick herrschte peinliches Schweigen. Dann sagte Don: „Papa, wäre es nicht schön, wenn Mutter dich besser hören könnte?" Plötzlich schmolz der Widerstand seines Vaters. Geld von seinem Sohn zu nehmen war nicht leicht, aber wie wunderbar würde es für seine Frau sein, wieder besser hören zu können. Tränen stiegen ihm in die Augen, als er nach dem Geld griff. „Ich danke Dir, mein Sohn“, sagte er. Frau Wilson legte ihre Hand auf die ihres Mannes. Als die Bedienung mit ihrem Essen kam, weinten alle rund um den Tisch.

„Vor jenem Augenblick“, erinnert sich Don, „hatte ich mir nie klargemacht, welche Freude es mir machen würde, in meine Tasche zu greifen und meinen Eltern acht Hunderter in die Hand zu drücken. Die Tatsache, daß wir ein eigenes Geschäft hatten, ermöglichte es uns, uns sicher zu fühlen und denen, die wir liebten, zu helfen, sich ebenso zu fühlen. Nun haben wir ihnen ein neues Auto geschenkt und sie nach Hawaii, nach Großbritannien und nach Europa in Ferien fliegen lassen.“

Und all das begann für Don und Nancy Wilson, für Paul und Debby Miller und für Millionen von Menschen wie sie, als sie sich entschlossen, das freie Unternehmertum ernst zu nehmen. Sie lernten die Grundlagen und setzten sie verläßlich um, und der Rest ist, wie sie sagen, Geschichte. Auch Sie können Erfolg haben. Pflücken Sie den Tag! Finden Sie einen Mentor. Lernen Sie das ABC des Erfolges und wenden Sie es für Ihre eigene Zukunft an. Versuchen Sie es mal. Was können Sie schon verlieren außer der Gelegenheit, Ihre Träume zu verwirklichen und anderen zu helfen, das Gleiche zu tun?

Während jener Collegejahre, als Paul Miller seine Meisterschaftssaison bei den North Carolina Tar Heels genoß, war der Aufseher des Teams im Umkleideraum Morris Mason, ein weiser und liebevoller Schwarzer, der den Spielern 40 lange Jahre diente.

„Er verbrachte sein Leben damit, den Sportlern und ihren Trainern zu helfen“, erinnert sich Paul. „Ich war noch ein Junge, als ich nach Chapel Hill kam, mich unterlegen fühlte und voller Furcht war, daß ich es mit dem Team niemals schaffen würde. Aber jedesmal, wenn mir Morris Mason in die Augen schaute und mich Mister Miller nannte, stand ich aufrecht und hatte wieder Hoffnung. Er tat so viel mehr, als Handtücher auszugeben oder müde Körper zu massieren. Seine gütigen Worte und sein freundliches Lächeln inmitten von soviel Streß und Spannung heilten auch unsere Seelen.“

Im Jahre 1982, als Paul und Debby Miller hörten, daß Morris Mason in den Ruhestand gehen wollte, beschlossen sie, ihn zu ehren, indem sie ein Stipendium einrichteten und es nach ihm benannten. Die Leitung der Universität plante ein Bankett, um Mason für seine Jahre des Dienstes zu ehren. Sportler und Trainer aus dem ganzen Süden kamen zurück nach Chapel Hill, um an der Feier teilzunehmen.

„Ich werde jene Nacht niemals vergessen“, sagt Debby. „Paul und ich saßen zusammen mit Mister Mason und seiner Frau am Kopf der Tafel. Als das ‚Morris Mason Stipendium‘ angekündigt wurde, stand die Zuhörerschaft auf und zollte Beifall.

Mister Mason saß da in sprachlosem Erstaunen. Er lächelte, aber Tränen liefen ihm die Wangen herab und hinterließen feuchte Flecken auf seinem einfachen grauen Anzug. ‚Danke‘, sagte er schließlich. ‚Ich danke Ihnen sehr!‘“

„Wir haben in diesem Geschäft eine Menge Geld verdient“, sagt Paul, „unseren Teil an eleganten Autos und schönen Häusern kaufen können. Aber an jenem Abend in dem kleinen Festsaal nahe dem Universitätsgelände sah ich, was mitmenschlicher Kapitalismus bewirken kann. Die feinen Autos und die schönen Häuser werde ich vergessen, aber ich werde mich immer an jenen Blick in Mister Masons Augen voller Tränen erinnern. ‚Oh, ach, o du liebe Güte!‘, sagte er. ‚All diese Kinder, die an diesem großen Ort hier studieren, werden alle an meinen Namen erinnert. Wie kann das sein? Wie kann das sein?‘“

Teil IV

Das Ziel erreichen: Hilfe zur Selbsthilfe

13

Warum sollten wir anderen helfen, sich selbst zu helfen?

Regel 13

Wir glauben daran, anderen zu helfen, unterstützen sie dabei, sich selbst helfen zu können. Wenn wir unsere Zeit und unser Geld mit anderen teilen, um sie zu führen, zu unterrichten oder zu ermutigen, dann geben wir lediglich einen Teil von dem zurück, was uns vorher gegeben wurde.
Seien Sie also ein Mentor. Wem könnten Sie helfen, seine Ziele zu erreichen, seine Träume wahr werden zu sehen?

Willy Bass war kein schöner Mann. Er war zwar erst 52 Jahre alt, aber er hatte ein faltiges Gesicht, sah müde und verbraucht aus. Die Zeit war mit Willy nicht zart umgegangen. Sein Gesicht trug die Narben zahlreicher Wirtshausschlägereien. „Die kommen nicht vom Flirten", sagte er und grinste spitzbübisch. Willy war ein Junge vom Land, auf einer Farm in North Carolina in Armut geboren. Er war ein Mann, der stets ausgebeulte Overalls trug, und seine alten, geflickten Kleider paßten auf seine schmalen Schultern und seine ausgemergelte, müde Gestalt, wie einer Vogelscheuche ihre alten Kleider passen.

Willy hatte sein Leben lang als Schweißer gearbeitet. Er verbrachte seine Tage über den heißen Stahl gebeugt und blinzelte, den Schweißbrenner in der Faust, durch seine Maske. Im Laufe der Jahre hatte das verdampfte Metall zahlloser Schweißelektroden seinen Weg in Willys Lungen gefunden. Das Einatmen der giftigen Dämpfe hatte zur Folge, daß sich seine Lungenkapazität um 50% vermindert hatte.

Was Willy an äußerer Erscheinung und Lungenkapazität abging, machte er jedoch durch seinen Charakter wett. Er war ein Herz und eine Seele mit seiner Frau Naomi und mit ihren Kindern. Willy wußte, daß seine Familie von ihm abhing, und als die Ärzte ihm sagten, daß er viel zu krank war, um seine Arbeit als Schweißer fortzuführen, lehnte er es ab, aufzuhören. Er schleppte sich Schritt um Schritt zur Bushaltestelle, keuchend und nach Luft ringend. Einen schlimmen Tag nach dem anderen setzte Willy seine Schweißermaske auf, nahm seinen Brenner und atmete den Tod ein, damit die leben konnten, welche er liebte. Er wollte sie nicht im Stich lassen. Er wäre lieber gestorben.

Für sein bescheidenes Haus bezahlte Willy zwar eine Hypothekenrate von 190 DM im Monat, aber wenn er zum jetzigen Zeitpunkt aufgehört hätte, hätte seine Arbeitsunfähigkeitsrente nur einhundertsechsundachtzig Dollar im Monat betragen. Die Familie konnte mit einem derart kleinen Betrag nicht überleben. So befand er sich in der Klemme ohne einen Hoffnungsschimmer, hinter den Mauern von Arbeitsunfähigkeit und Not. Jeden Morgen stolperte er wieder zu seiner Arbeit, und jeden Abend schleppte er sich die Stufen seines kleinen Hauses hinauf, fast tot vor Müdigkeit und krumm vor Schmerzen.

Was sollte man mit Willy Bass anfangen? Wir hätten so tun können, als ob wir Willy nicht bemerkten. Wir hätten um ihn herum- und dann unserer Wege gehen können, in der Hoffnung, daß irgendein guter Samariter Willy rechtzeitig sehen und seine Wunden verbinden würde, bevor er verblutetete, daß er ihn auf seinen Esel laden, ihn zu einer Gaststätte bringen und den Wirt im voraus für seine Dienste bezahlen würde.

Wir hätten aus Willy einen Almosenempfänger machen können. Wenn wir ihn gesehen hätten, wie er an der Autobahnausfahrt gesessen und sein kleines handgeschriebenes Schild in die Höhe gehalten hätte, „Arbeitsloser Schweißer möchte arbeiten, um zu essen“, dann hätten wir unser Autofenster herunterkurbeln, ihm eine DM oder auch fünf in die Hand drücken und im übrigen hoffen können, daß irgendein Wohltätigkeitsprogramm der Regierung Willy Bass auffangen und ihm Lebensmittelmarken und vorübergehende Unterkunft für seine Familie zuteilen würde.

Oder wir hätten Willy helfen können, sich selbst zu helfen. Und genau das tat Ron Hale vor mehr als 15 Jahren. So kommt es, daß wir die Geschichte kennen. Willy Bass und Ron Hale waren Nachbarn. Von Zeit zu Zeit bemerkte Ron, wie Willy langsam zur Bushaltestelle und von der Bushaltestelle zurück ging. Irgendwie war es Willys Mumm wie auch sein Gang, wegen dessen Ron sich an ihn erinnerte. Je mehr sie über Willy erfuhren, desto klarer wurde es ihnen, wie dringend er aus seiner verzweifelten Situation herauskommen mußte. Schließlich beschlossen die Hales, daß sie tun würden, was immer sie konnten, um Willy zu helfen, sich selbst zu helfen. Wenn er es zulassen würde, wollten die Hales seine Mentoren sein.

Jim Floor war ein erfolgreicher Interessenvertreter der Southern California Gas Company im Parlament. Er war der Verbindungsmann seiner Gesellschaft mit dem Stadtrat von Los Angeles, dem Büro des Bürgermeisters, und dem Los Angeles County Board of Supervisors. Ganz anders als Willy führten Jim und Margee ein angenehmes Leben. Sie hatten ein großes Haus in einer wunderschönen Vorstadt von Orange County, und er bezog ein beachtliches Einkommen, Reisespesen und eine großzügige Unkostenerstattung.

Auf den ersten Blick würde niemand Jim Floor mit Willy Bass vergleichen. Aber unter der glatten Oberfläche war auch Jim unzufrieden. Er hatte Träume für sich und seine Familie, die er nicht realisieren konnte. Fred Bogdanov, einer von Jims Freunden und Mitarbeitern, begann ein besonderes Interesse für ihn zu entwickeln. Fred hatte gerade damit begonnen, die Früchte seines eigenen Geschäfts zu ernten, und er setzte Jim Floor ganz oben auf seine Liste der Leute, denen er das Geschäft erklären wollte.

Heute, zwei Jahrzehnte später, haben sich erstaunliche Dinge im Leben von Willy Bass und im Leben von Jim Floor ereignet. Und ich hoffe, daß das, was mit ihnen geschah, Ihre Entscheidung fördern wird, ein Mentor zu werden, und Sie dazu anregen wird, sich dem erregenden Kreis derer anzuschließen, welche Menschen dabei helfen, sich selbst zu helfen.

Schritt 1: Ein Mentor glaubt an das Potential eines Menschen, erfolgreich zu werden. „Wenn wir Willy ansahen", erinnert sich Ron, „sahen wir in ihm nicht einen besiegten und invaliden alten Mann. Wir sahen ihn als Menschen mit großen Potentialen, der einige falsche Entscheidungen getroffen hatte und dem man auf den rechten Weg zurückhelfen mußte."

„Als wir Jim und Margee Floor sahen", erinnert sich Fred, „standen sie vor uns als zwei Leute wie wir selbst, nach üblichen Begriffen erfolgreich und ehrgeizig, aber darüber hinaus hatten sie größere Träume, waren sich jedoch nicht sicher, wie sie diese Träume realisieren konnten."

Leute, die Menschen helfen wollen, sich selbst zu helfen, müssen zuallererst versuchen, andere so zu sehen, wie Gott sie sieht. Aus diesem Grund habe ich dieses Buch damit eingeleitet, über die Träume unseres Schöpfers für jeden von uns zu sprechen. Was für ein heilloses Durcheinander wir auch immer aus unserem Leben gemacht haben (oder was für eines wir ererbt haben), Gott glaubt immer noch an uns. Welche Erfolge wir auch immer im Leben erreicht haben, Gott betrachtet uns als fähig und würdig, so viel mehr zu sein. Das ist die gute Nachricht (und hier ist der Punkt, an dem der Prozeß „Menschen helfen Menschen“ einsetzt). Wenn Gott weiter an uns glaubt, dann sind auch wir frei, weiter aneinander zu glauben.

Bis Ron auftauchte, glaubte fast niemand an Willys Potential, nicht einmal er selbst. Aber Ron blickte über seine Grenzen hinaus. Ein Mann, der so hart arbeitete, um seine Verpflichtung gegenüber seiner Familie zu erfüllen, hatte etwas Besonderes. Ron glaubte an Willy und an Willys Zukunft. Und er war willens, entsprechend diesem Glauben zu handeln.

Es war viel leichter für Fred, an Jim Floor zu glauben. Jim war schon erfolgreich. Es gab keine offen sichtbaren Gründe, warum er nicht von einem Erfolg zum anderen sollte weitergehen können. Aber es würde für Jim nicht leicht sein, die Überzeugung zu gewinnen, daß er weitergehen könnte oder sollte. Es ging ihm ja prima, na bitte. Warum sollte er all die Probleme auf sich nehmen, ein Geschäft anzufangen, neue Risiken einzugehen, aus dem weichen, schon gemachten Bett herauszuklettern und sein Leben weiterzuentwickeln? Jim hatte alle Arten von Gegenargumenten parat, und irgendwie mußte Fred an ihnen vorbeikommen, wenn er als Jims Freund und Mentor Erfolg haben wollte.

Obwohl Willy und Jim offensichtlich verschieden waren, glichen sie sich in einer Hinsicht. Beide hatten sie jemanden, der an ihr Erfolgspotential glaubte, und für Willy und für Jim wie für so viele Millionen von anderen begann ein völlig neuer, lebenspendender Prozeß, als endlich jemand an sie glaubte.

Schritt 2: Ein Mentor hat den Mut, einem Menschen zu sagen, daß er das Potential, erfolgreich zu werden, besitzt. Eine Sache war es, sich Willys Möglichkeiten vorzustellen, aber es war ganz etwas anderes, Willy davon zu überzeugen. Ganz egal, wie sehr Sie an jemanden glauben – bis Sie den Kontakt mit ihm hergestellt haben, um es ihm zu sagen, um ihm zu helfen, selbst an sich zu glauben, bis dahin ist es reines Wunschdenken.

Mehrere Wochen lang sprach Ron mit Willy darüber, sein eigenes Geschäft zu besitzen und über die Hoffnung und die Freiheit, die mit dem Gedanken verbunden war. Willy lächelte nur und schüttelte den Kopf. Er war nicht dumm. Er wußte, was für eine Menge Argumente gegen ihn sprachen. In seinem Alter und in seinem körperlichen Zustand ein Geschäft anzufangen, schien ein Traum weit jenseits seiner Reichweite. Und die Hales redeten. Willy hörte aufmerksam zu, und ganz langsam schöpfte er Hoffnung.

„Als Fred Bogdanov, ein Arbeitskollege bei Southern California Gas, mich das erste Mal einlud, mit mir darüber zu sprechen, ein eigenes Geschäft anzufangen", erinnert sich Jim, „wußte ich überhaupt nichts über Amway, nichts Gutes und nichts Schlechtes; so versprach ich ihm, ich würde kommen, und dann ließ ich das Treffen ausfallen. Der gute Fred war aber entschlossen, mein Mentor zu werden, und so machte er mir ein Angebot, das ich nicht ablehnen konnte. Er kam in unser Haus und erklärte den Plan. Er riskierte Verlegenheit und Ablehnung, um uns seine helfende Hand hinzuzustrecken."

Die ganzen zweieinhalb Stunden, die seine Präsentation dauerte, schien Fred aus verständlichen Gründen nervös zu sein, aber er hatte ein echtes Interesse an Jims Zukunft. Jim respektierte und schätzte Fred wegen seiner Bemühungen, und er verstand, was die Zahlen des Planes bedeuteten, aber er empfand einfach nicht das Bedürfnis, ein Geschäft anzufangen – oder das sagte er mindestens zu Fred.

„In Wirklichkeit empfand ich ein starkes Bedürfnis nach finanzieller Sicherheit", gibt Jim heute zu, „und auch nach der persönlichen Freiheit, die sie garantieren würde. Ich brachte es nur einfach nicht fertig, zuzugeben, daß ich ein Bedürfnis hatte, nicht ihm gegenüber. Wir waren Arbeitskollegen und Freunde. Ich war zu stolz, um ehrlich zu sein."

Heute, fast 20 Jahre später, haben Jim und Margee Floor großen Erfolg in unserem Geschäft, und sie sind selbst erfahrene und erfolgreiche Mentoren geworden. „Als er beschloß, mein Mentor zu werden", gibt Jim zu, „wurden Fred die zwei hauptsächlichsten Probleme, die ein Mentor überwinden muß, bewußt."

Erstens geben Leute nicht gerne zu, daß sie nicht dort stehen, wo sie in ihrem Leben gerne wären. Trotz dieses Widerstands muß ein Mentor ehrlich und geduldig sein. Der Mentor sollte seine eigene Geschichte erzählen. Er sollte seine eigenen Zweifel mitteilen, seine eigenen Schwächen zugeben. Geben Sie den Menschen Zeit. Drängen Sie nicht. Wenn Sie Ihnen einmal wirklich trauen, werden sie wahrscheinlich auch ihre Probleme zugeben.

Das zweite Problem, das sich dem Mentor stellt, besteht darin, die Leute so weit zu bringen, daß sie sich beliebigen Dingen öffnen, die neu oder anders sind. Die britische Romanschriftstellerin Rosamund Lehman drückte es einmal so aus: „Man kann Leuten Gelegenheiten offenbaren. Aber man kann sie nicht dazu zwingen, den Gelegenheiten gewachsen zu sein." Noch einmal: Übereilen Sie nichts. Sagen Sie klar, was Sie wollen. Und dann geben Sie ihnen all die Zeit, die sie brauchen. Hören Sie sorgfältig auf jede Frage. Antworten Sie ehrlich und exakt. Benützen Sie Ihre eigene Geschichte, um das Ganze zu veranschaulichen, und Schrittchen um Schrittchen wird sich der verschlossene Geist Ihres Gesprächspartners öffnen.

Willy Bass und Jim Floor waren zwei Männer auf ganz verschiedenen Seiten des Lebens, aber ihre künftigen Mentoren hatten bei beiden mit vielen Problemen zu kämpfen. Liebevoll und geduldig mußten Ron und Fred warten, bis sich Willys und Jims Zweifel, ihre Fragen und ihre Ängste lösten. Und erst dann konnten sie wirklich das Abenteuer von Leuten angehen, die Menschen helfen wollen, sich selbst zu helfen.

Schritt 3: Ein Mentor legt einen praktizierbaren Plan vor und hilft dabei, diesen Plan umzusetzen. „Es kostete mich drei Monate, Willy nur davon zu überzeugen, daß er es schaffen konnte", gibt Ron Hale zu. Auch nachdem Willy zugestimmt hatte, es zu versuchen, war er zu schüchtern, um mit Menschen zu sprechen. Er hatte niemals vorher etwas Ähnliches gemacht. „Acht oder neuen Monate lang", erinnert sich Ron, „halfen wir Willy dabei, Leute anzurufen und sie zusammenzuholen. Wir sprachen für Willy auf seinen Treffen – zu allen Tages- und Nachtzeiten –, und wir befaßten uns mit den Leuten, die Fragen über die Produkte oder Interesse an den Produkten oder am Marketingplan hatten."

Während Ron Willy an der Hand nahm, hatte Fred Bogdanov alle Hände voll zu tun mit Jim Floor. Fred war ja selbst gerade erst am Anfang. Aber er war clever. Wenn er die Antwort auf eine von Jims oder Margees schwierigen Fragen selbst nicht wußte, rief er andere zu Hilfe, die mehr Erfahrung hatten, um sie zu beantworten.

Für den Mentor bedeuten diese ersten Monate viel Zeitaufwand und harte Arbeit. Bei der Aufgabe, Menschen zu helfen, sich selbst zu helfen, ist dies das Stadium, welches viel Zeit erfordert und die Geduld des Mentors auf die Probe stellt. Leute, die niemals vorher wirklich an sich selbst geglaubt haben, wie Willy Bass sind schließlich fast wie neugeborene Kinder. Man muß sie füttern, bevor sie sich selbst ernähren können. Man muß sie erst eine Weile tragen, bevor sie gehen können. Und Leute wie die Floors, die zwar an sich selbst glaubten, aber nichts über das Geschäft wußten, brauchten ebensoviel Liebe und sorgfältige Zuwendung.

„Es ist für jedermann sehr schwierig, ganz auf eigene Faust erfolgreich zu werden in dieser Welt, die nach dem Wettbewerbsprinzip ‚Einer frißt den anderen' funktioniert", erinnert uns Jim Floor. „Wir brauchen einander nicht nur während dieser schwierigen Anfangszeiten, sondern immer.

Es ist schwer, Leuten zu der Einsicht zu verhelfen, wieviel mehr Kraft wir haben, wenn wir zusammenarbeiten, wie sehr viel mehr wir gemeinsam zustande bringen können, als wenn wir versuchen, allein zu arbeiten. Das ist der Geist dieses Geschäfts", fügt Jim hinzu. „Mentoren finden bald Mentoren für sich selbst. Haben sie Mentoren gefunden, so werden sie bald die Lehrer unterrichten. Nach kurzer Zeit profitiert jeder in gleicher Weise. Das System ‚Menschen verhelfen Menschen dazu, sich selbst zu helfen' funktioniert nach beiden Seiten und für immer."

Schließlich brachte Willy den Mut auf, selbst Präsentationen durchzuführen. „Seine erste Präsentation war eine ‚wilde Geschichte'", erinnert sich Ron. Mit seinen beeinträchtigten Lungen sprach Willy laut, aber stockend. Er hatte niemals einen Rednerkurs absolviert. Er war kein gewiefter Verkäufer. Und da er die üblichen gesellschaftlichen Umgangsformen nicht beherrschte, war seine Präsentation bemerkenswert geradlinig. Aber Willy sagte die ungeschminkte Wahrheit. Seine Sprache war sehr „farbig". Und er zögerte nicht, mit größter Begeisterung Adjektive zu gebrauchen, welche die meisten Leute nicht einmal im Traum auf Produkte wie Seife oder Autopolitur anwenden würden.

Willys erste Präsentation war ein Erfolg, nicht weil er aalglatt war, sondern weil er ehrlich war. Die Leute konnten die Hoffnung in seiner Botschaft fühlen. Aber woher nahm Willy diese Hoffnung? Er nahm sie von den Hales und den anderen. Das ist das wichtigste Geschenk, das Sie von Leuten erhalten, welche daran glauben, Leuten dazu zu verhelfen, sich selbst zu helfen. Sie glauben an Sie, und schließlich beginnen Sie, an sich selbst zu glauben. Sie setzten Hoffnung in Ihre Zukunft, und ganz langsam dämmert diese Hoffnung auch in Ihrem Herzen.

Für Jim und Margee waren die Präsentationen leichter. Jim hatte Erfahrung mit dem Sprechen vor der Öffentlichkeit, und obwohl Margee in Fragen der Kommunikation keine große Übung hatte, entwickelte sie rasch Fähigkeiten im Sprechen vor der Öffentlichkeit, während sie den Marketingplan erklärte. Bald begann ihr Geschäft zu wachsen. „Wir begannen das Geschäft, um so 400 oder 500 DM im Monat zusätzlich verdienen zu können", erinnert sich Jim. „Bald hatten wir das verdreifacht, und wir begannen zu verstehen, daß in einem eigenen Geschäft keine Grenzen existierten außer denen, die wir uns selbst auferlegten."

Etwa um diese Zeit wurde Jim Floor befördert und nahm eine noch verantwortungsvollere Position bei Southern California Gas in Sacramento ein.

Sein Einkommen stieg. Die Floors zogen in ein weitläufiges, teures neues Haus in einer noblen Vorstadt. Nun hatten sie mit den wichtigsten Führungspersönlichkeiten in ihrem Staat zu tun, vom Büro des Gouverneurs bis zu Vertretern der staatlichen Gesetzgebungsorgane.

„Im ersten Moment", erinnert sich Jim, „war ich von unserem neuen Leben in der Bundeshauptstadt geblendet und etwas besorgt. Ich verlor die Perspektive, mein eigenes Geschäft zu haben. Ich hörte auf, meine Kundenbasis zu verbreitern, und meine Präsentationen für neue Leute reduzierten sich auf Null. Aber der gute alte Fred, mein ursprünglicher Mentor, blieb mir auf den Fersen. Cliff Minter, mein neuer Freund, wurde mein zweiter Mentor, indem er mich anrief, mir schrieb und mich anzuhalten versuchte, weiterhin ehrlich an meinen Traum zu glauben und ihn zu verfolgen. Wenn er mich anrief, um zu sehen, wie es mir ging, log ich. ‚Es geht mir gut', sagte ich und tat so, als ob ich weiterhin auf Kurs wäre, wo ich doch in Wirklichkeit kilometerweit daneben lag."

Dann fuhr ich zu einer Veranstaltung, die drei Stunden entfernt in Redding stattfand. Ich hörte Dave Severn über die Leute sprechen, die eine Aufgabe übernehmen und sich überhaupt nicht darum kümmern, sie zu Ende zu bringen. Am Ende seiner Rede brach Dave ab und sprach sozusagen direkt zu mir. „In diesem Raum ist jemand", sagte er, „der eine gottgegebene Gabe besitzt, die er vergeudet. Und es macht mich ganz krank, darüber nachzudenken, was geschehen hätte können, wenn er nur seiner Vision treu geblieben wäre." „Der Sprecher kannte mich nicht", sagt Jim, „aber seine Worte trafen mein Herz wie ein Hammer. Ich fuhr zurück nach Sacramento und begann mich an die Arbeit zu machen.

Schritt 4: Mentoren, die Leute, die von ihnen angeleitet werden, und der ganze Rest, wir alle profitieren. Menschen zu helfen, sich selbst zu helfen, mag schwierig sein, besonders am Anfang, aber auf lange Sicht bietet es erstaunliche Vorteile. Diese Vorteile begünstigen nicht nur den Mentor und diejenigen, für die er die Rolle des Mentors übernommen hat, sondern in Wellen des Einflusses verbreiten sie sich über die Erde.

Die Leute, welche wir anleiten, profitieren von den Vorteilen. Da es ein vordringliches Ziel ist, mehr Geld zu verdienen, wollen wir zuerst einen Blick auf die finanziellen Vorteile werfen. Leute, die Glück haben wie Willy und Jim, die Mentoren haben, welche ihnen dabei helfen, ihr Potential zu entdecken, und die dann wagen, ihr Potential auszuloten und – auch in kleinem Umfang – Erfolg haben, werden erstaunliche finanzielle Gewinne erzielen.

Sehen Sie, was mit Willy Bass geschah. 13 Monate, nachdem er sein eigenes Geschäft angefangen hatte, wurde er Direktberater in unserem Geschäft. Er gab seine Stellung als Schweißer auf. Er hatte das Geld, um für sich medizinische Hilfe zu finden und für sich und seine Familie eine bessere Lebensqualität zu schaffen. Das erste Mal in seinem Leben konnte Willy, nachdem die Rechnungen bezahlt waren, anfangen, Geld auf seinem Konto anzusammeln, um für die Sicherheit seiner Familie vorzusorgen, wenn er sterben sollte.

Wie Willy Bass, so erzielten auch Jim und Margee Floor erstaunliche Ergebnisse, als sie ernsthaft begannen, wieder an ihrem Geschäft zu arbeiten. „Unser Geschäft wuchs sprunghaft“, erinnert sich Jim. „Das erste Mal in unserem Leben lief unser Einkommen weiter, auch wenn wir nicht arbeiteten. Da wir unser eigenes Geschäft besaßen und wir in den Genuß der langfristigen Profite kamen, warf unser Aufwand an Zeit und Energie Jahr um Jahr Profite ab. Ich kündigte bei Southern California Gas. Ich wollte nie wieder für jemand anderen arbeiten. Und Margee und ich sahen, wie sich unser Ziel von der finanziellen Sicherheit verwirklichte.“

Aber der Entschluß, Leuten zu helfen, sich selbst zu helfen, umfaßt viel mehr als Geld. Stellen Sie sich vor, was mit Willys Selbstwertgefühl passierte, als er über jenen Kreislauf der Verzweiflung triumphierte, der ihn für den größten Teil seines Erwachsenenalters gefangen gehalten hatte. Stellen Sie sich die neue Hoffnung in seinem Herzen vor, als er daran dachte, seinen Schweißbrenner für immer zur Seite zu legen. Stellen Sie sich die neue Freiheit vor, die er kennenlernte, als er sich nicht mehr jeden Tag nach Luft japsend hinunter zur Bushaltestelle plagen mußte, und die Freude, die ihm widerfuhr, als er die Jahre, die ihm verblieben, mit seiner Frau und seiner Familie verbringen konnte. Geld zu machen, ist nur ein Aspekt von dem, was Willy Bass widerfuhr. Das Geldverdienen verhalf ihm zu neuer Hoffnung, neuer Freiheit und neuen Freuden. Was kann man sich Besseres vorstellen als dies?

Auch Jim und Margee Floor entdeckten, daß sich die Vorteile weit über das Geld hinaus erstreckten. „Wir sind frei“, erinnert sich Jim. „Wir konnten als Familie zusammensein. Wir konnten unsere eigenen Pläne machen. Endlich hatten wir eine schöne Zeit. Selbstverständlich verlangte unser neues Geschäft einiges von uns ab, besonders während jener ersten zwei oder drei Jahre, aber wir waren trotzdem frei, zu kommen und zu gehen, zu reisen oder zu Hause zu bleiben, wie wir es für richtig hielten.

Und einer der größten Vorteile von allen“, erinnert sich Jim, „ist der neue Freundeskreis, den wir gewannen. Ihre Gründe, ein Geschäft zu beginnen, waren weitgehend die gleichen wie die unseren. Sie wollten die finanzielle Kontrolle über ihr Leben wiedergewinnen, so daß sie dann auch in jeder anderen Hinsicht ihr Leben wieder unter Kontrolle bringen konnten. Die Träume und die Werte, die uns gemeinsam waren, führten uns zusammen.

Es ist sehr schwierig, die Atmosphäre bei den Zusammenkünften derer zu beschreiben, die sich der Philosophie ‚Menschen helfen Menschen' verschrieben haben", fügt Jim hinzu. „Rich und Jay, unsere größten Mentoren, gaben an uns die Prinzipien weiter, die einst dieses ganze Volk leiteten: den Glauben an das menschliche Potential, seine Rechnungen zu bezahlen und seine Finanzen in Ordnung zu bringen, sich Ziele zu setzen, sie niederzuschreiben und sich daran zu halten, Belohnungen an sich selbst aufzuschieben, um jene Ziele zu erreichen, hart zu arbeiten, anständig zu sein, berechenbar zu bleiben für eine Gruppe von Menschen, die unser Bestes im Sinn haben, und die uns nicht beurteilen nach unseren Fehlern, Leute, die Menschen helfen, sich selbst zu helfen.

Unsere Schulen lehren diese Prinzipien nicht mehr", sagt Jim. „Selbst die Elternhäuser und Kirchen in diesem Lande versäumen es oft, sie unseren Kindern zu vermitteln. Einen Kreis von Freunden zu finden, der die gleiche Einstellung hat, Freunde, die wir immer hoch schätzen werden, war der größte Vorteil von allen." Auch Mentoren haben Anteil an den Vorteilen. Sicher waren es Willy und Jim, die ihr eigenes Geschäft angefangen haben, aber ihre Mentoren Ron Hale und Fred Bogdanov hatten teil an den finanziellen und an den persönlichen Vorteilen. Im Network Marketing oder auch Multilevel Marketing erzielen Mentoren eine große Ernte, wenn jene, die sie unterrichtet haben, zu Erfolg gelangen.

Bekamen die Hales nur Geld für ihre Mühe? Willy Bass zu helfen, war keine schnelle und keine leichte Sache. Die Hales investierten Jahre der Liebe und der Aufmerksamkeit in Willy und seine Familie. Sie glaubten an ihn, sie hegten ihn und sie standen ihm bei. Und die Bogdanovs? Welchen Vorteil hatten sie davon, Jim und Margee ihre Hand zu reichen? Und warum blieb Fred immer noch dran, nachdem die Floors nach Sacramento gezogen waren und aufgehört hatten, an ihrem Ziel zu arbeiten? Tat Fred dies für Geld oder steckte mehr dahinter?

Was ich sagen möchte, mag Ihnen unglaublich erscheinen. In Ordnung, ich verstehe das. Ich glaube, auch ich hätte es mir nicht vorstellen können – am Anfang. Aber die Hales, die Bogdanovs und nun die Floors und andere Paare wie sie, die in diesem Geschäft erfolgreich geworden sind, setzten die Freude, Leuten zu helfen, vor die Freude, Geld zu verdienen. Sie können es glauben oder nicht, sie haben entdeckt, daß es für ihr eigenes Selbstwertgefühl und ihre eigene persönliche Erfüllung viel förderlicher ist, die Träume einer anderen Person wahr werden zu lassen, als das Geld, das man dabei verdient.

Ich bin in Versuchung, laut die Millionen von Leuten zu verteidigen, die erfolgreiche Network- oder Multilevel-Marketing-Geschäfte besitzen. Aber ich werde es nicht tun. Ich werde die Fälle von Willy Bass und Jim Floor für sich selbst sprechen lassen. Was glauben Sie, was wohl Willy zu diesen Anschuldigungen sagen würde? Was glauben Sie, was er über die Hales und ihre Rolle in seinem Leben empfand?

„13 Jahre später", sagt Ron, „als Willy Bass starb, stand ich an seinem Grab und dachte zurück. Wie viele Male hatte er meine Hand in seine großen ledrigen Hände genommen. Wie oft hatte er mir direkt in die Augen geschaut, auf der Suche nach einer Art und Weise, mir seine Dankbarkeit auszudrücken. Wie viele Male hatte er zu mir gesagt, ‚Danke, Ron.' Und dann, unfähig, all das herüberzubringen, was in seinem Herzen hochstieg, stand er einfach da, nahm meine Hand und lächelte mich durch Tränen hindurch an."

Die Hales und Paare wie sie rund um die Welt verdienen eine Menge Geld, indem sie Menschen helfen, sich selbst zu helfen. Wenn die Leute, denen Sie halfen, für Ihre Hilfe dankbar sind, welches Recht hat irgend jemand, Ihre Motive in Zweifel zu ziehen? Die Hales haben hart gearbeitet, um ihre Träume zu verwirklichen. Indem sie Willy Bass halfen, erreichten sie dies und so viel mehr.

Die ganze Welt hat Vorteile davon, wenn Menschen anderen Menschen dazu verhelfen, sich selbst zu helfen. In welcher Weise hat sich die Welt zum Besseren geändert, als Willys Leben eine Wende nahm? Es ist nicht genug, darüber zu sprechen im Sinne von gewachsener Produktivität, größerer Kaufkraft, einer neuen Steuerquelle für die Regierung oder Spenden an die Kirche. Was mit Willy geschah und mit allen anderen Männern oder Frauen geschieht, die lernen, auf ihren eigenen Beinen zu stehen, betrifft uns alle. Wie die Wellen, die sich über einen See verteilen, bedeutet die Erneuerung einer Person Hoffnung und Heilung für die ganze Welt.

Betrachten Sie zum Beispiel Willys Familie. Stellen Sie sich die neue Hoffnung vor, die sie hatte, als in Willys Herzen die Hoffnung neu geboren wurde. Auch ihr Leben änderte sich, und ihr Einfluß erstreckte sich auf jeden anderen Menschen, mit dem sie zusammenkamen. Was ist mit Willys Nachbarn? Wie wirkte es auf sie, Willy zu sehen, wie er in seinem neuen Anzug aufrecht dastand oder wie er in seinem neuen Auto vorfuhr, nach all den Jahren, wo man ihn gesehen hatte, wie er sich japsend und mit pfeifendem Atem zur Bushaltestelle gekämpft hatte? Was ist mit Willys Arbeitskollegen, seinem Vorarbeiter und seinem Chef? Können Sie nicht hören, wie unter ihnen das Wort umgeht: „Was ist bloß mit dem alten Willy passiert?“ und „Wenn das mit ihm passieren kann, dann kann es mit mir auch passieren!“

Die Hales haben einen Lieblingsausdruck: „Wenn du den Leuten hilfst, wirst du der Held, aber wenn du den Leuten hilfst, sich selbst zu helfen, werden sie die Helden.“ Was wäre gewesen, wenn sich die Hales damit zufriedengegeben hätten, Willy zu helfen, indem sie ihm Geld gegeben oder ihn zur Arbeit gefahren hätten oder ihn in irgendein Hilfsprogramm eingegliedert hätten? Mit Recht wären sie für ihre gute Tat gelobt worden. Aber was wäre mit Willy gewesen? Hätten die Leute ihn gelobt? Aller Wahrscheinlichkeit nach hätte er ebenso stolz, aber auch ebenso müde und hoffnungslos geendet, wie er vorher gewesen war. Und was noch schlimmer gewesen wäre, durch die Akte der Nächstenliebe der Familie Hale hätte er sich vielleicht noch hoffnungsloser, abhängig und sogar entwürdigt gefühlt.

Was die Hales Willy gaben, war ein Geschenk von unendlich größerem Wert. Sie schenkten ihm die Möglichkeit, sich selbst zu helfen. Und mit diesem Geschenk kamen weitere reiche Gaben: Anerkennung, Belohnung, Freiheit und Hoffnung einher. Anstatt Willy zu einem abhängigen Sklaven zu machen, lehrten sie ihn, frei zu sein. Sie schenkten ihm die Kraft, sich auf sich selbst verlassen zu können.

Um selbständig sein zu können, brauchen wir einander

Selbständigkeit ist ein uralter und sehr begehrter Wert. Stark und selbständig sein zu können ist ein in unserer Kultur weit verbreitetes Thema, aber wie wir an diesen bemerkenswerten Ort gelangen, wo wir das sind, ist keine Geschichte, die oft erzählt wird. Wir werden nicht nur mit Mut, Integrität oder Hoffnungen geboren. Es ist so, daß wir uns einfach eines Tages entschließen, stark und unabhängig zu sein. Irgend etwas passiert mit jedem von uns auf unserem Wege, was uns die Kraft und das Knowhow gibt, selbständig sein zu können. Wie passiert das? Die Antwort ist einfach, aber sie ist nicht leicht: Wir schenken anderen die Gabe der Selbständigkeit. Über die Jahre hinweg hat mein Freund Fred Meijer Tausenden seiner Angestellten dieses Geschenk gemacht. Freds Vater, Henric Meijer, ist in unserer Stadt eine Legende. Henric kam im Jahre 1907 aus seiner Heimat, den Niederlanden, nach Holland, Michigan. Er war ein 23-jähriger Fabrikarbeiter mit einer großen Abneigung gegen Kapitalismus. Trotzdem eröffnete dieser junge Rebell in Holzschuhen während der Wirtschaftskrise einen Lebensmittelladen und entwickelte diesen Laden weiter in eine erfolgreiche Kette von Supermärkten und Discountläden namens Meijer, die nun sein Sohn besitzt und betreibt. Fred besitzt viele Fähigkeiten auf dem Gebiet von Marketing und Management, aber eine Geschichte illustriert ganz besonders seine Gabe, den Leuten die Gabe der Selbständigkeit zu vermitteln. Von Mitte der fünfziger bis Mitte der sechziger Jahre waren die Vereinigten Staaten von Rassenunruhen zerrissen. In Montgomery, Alabama begannen die Schwarzen, die Geschäfte jener Stadt zu boykottieren, als Rosa Parks festgenommen und eingesperrt wurde, weil sie nicht in den hinteren Teil eines Busses steigen wollte. Ein Baptistenprediger aus dem Süden, Martin Luther King Junior, organisierte und weitete jenen Boykott in eine Bürgerrechtsbewegung aus, die über die Nation hinwegfegte.

Um etwa diese Zeit brauchte Fred Meijer eine Empfangsdame für sein betriebsames Hauptbüro in Grand Rapids. Drei Frauen bewarben sich um den Posten, von denen eine schwarz war. Als sein Personalchef ihm versicherte, daß alle drei Frauen die gleiche Qualifikation besaßen, sagte Meyer einfach: „Dann stellen Sie Mrs. Pettibone ein." „Aber sie ist die Schwarze", antwortete der junge Mann. „Sie wird die erste Person sein, die jeder zu Gesicht bekommt." „Ich weiß", antwortete Fred. „Stellen Sie sie ein." „Aber warum?", fragte der junge Mann noch einmal. „Weil die beiden weißen Frauen auch sonst überall einen Posten finden können. Mrs. Pettibone kann das nicht."

Gehen Sie in Ihrem eigenen Leben einige Stationen zurück. Versuchen Sie sich an mutige und nachdenkliche Männer und Frauen zu erinnern, die Ihnen die Hand hingestreckt haben, um Ihnen eine Chance zu geben, um sich selbst zu beweisen. Seien Sie dankbar für diese Leute. Jede eindrucksvolle Geschichte von den großen Männern und Frauen, die jemals gelebt haben, setzt sich in Wirklichkeit zusammen aus Dutzenden von kleinen Geschichten anderer Männer und Frauen, die dazu beigetragen haben, sie groß gemacht zu haben.

Helen Keller wurde als kleines Kind blind und taub, war von der Welt abgeschnitten, wütend und voller Angst. Heute wird ihr Name ehrfürchtig ausgesprochen von Schulkindern quer über das Land. Aber Helen Keller kämpfte sich ihren Weg heraus aus der Dunkelheit und dem Schweigen nicht alleine frei. Ihre Eltern baten zuerst Alexander Graham Bell, ihnen zu helfen. Mit seiner Hilfe fand Helen eine Lehrerin, Ann Sullivan, die selbst teilweise blind war. Ann träumte für ihre wilde junge Studentin große Träume. Sie war Helens treuer furchtloser Mentor während all jener Kindheitsjahre. Im Jahr 1904 promovierte Helen Keller ‚cum laude' am Radcliff College.

Heute zitiert man ihre Worte der Weisheit rund um die Erde, aber es waren ihre Mentorin, Ann Sullivan, und die anderen Mentoren an der Horace-Mann-Schule in New York City, die Helens Weg zur Größe überwachten. Sie war nicht das, was man eine „Self-made-woman" nennt. Ohne ihre Mentoren wäre Helen Keller in einer dunklen und schweigenden Welt gestorben.

Jeder von uns kann seine Selbständigkeit auf irgend jemanden in unserer Vergangenheit zurückführen. Glauben Sie niemals, daß wir auf eigene Faust hier angekommen sind. Es wäre nicht nur arrogant, es wäre gefährlich und irreführend, auch nur für einen Augenblick zu glauben, daß wir einander nicht brauchen. Denken Sie zurück. Versuchen Sie sich zu erinnern. Wer trug dazu bei, jene Qualität in Ihnen zu entwickeln, die zu Ihrem Erfolg führte? John Donne schrieb die berühmten Worte: „Kein Mensch ist eine Insel, ganz für sich; jeder Mensch ist ein Teil des Kontinents, ein Teil der großen Landmasse."

Der Ausdruck „Die Götter helfen denen, die sich selbst helfen" stammt nicht – wie viele irrtümlich meinen – aus der Bibel, sondern aus den Fabeln von Aesop, geschrieben im 6. Jahrhundert v. Chr. Und tatsächlich steht das Gefühl, das aus diesem Ausdruck spricht, in völligem Widerspruch zu unserer jüdisch-christlichen Tradition. Glauben Sie, Aesop wußte, wie schwer es für eine Person ist, sich selbst zu helfen, ohne jemanden zu haben, der den Weg zeigt? Glauben Sie, er war sich darüber im klaren, wie abhängig jeder von uns von dem anderen ist, um zu lernen, wie wir selbständig sein können? Meinen Sie, er kannte die Freude, Leuten dazu zu verhelfen, sich selbst zu helfen?

So dreht sich die Welt, eine Generation hilft der nächsten, auf ihren eigenen Beinen zu stehen. Eltern, die ihre Kinder lehren, wie man sich auf sich selbst verläßt. Kinder, die diese selben Freiheiten weitergeben an ihre Kinder und Enkel. Und durch die Jahrhunderte: Menschen, die Menschen helfen, sich selbst zu helfen.

Als Jesus sagte: „Liebt einander", gab er uns die Grundlage mit auf den Weg, auf der wir unser Leben aufbauen sollen. Menschen dazu zu verhelfen, sich selbst helfen zu können, ist der feinste und wirksamste Weg, „einander zu lieben".

Ich wundere mich immer, wenn ich jemanden sagen höre: „Warum bringt denn der Soundso seine Sache nicht auf die Reihe?" Meine Antwort ist, Warum zeigen Sie ihm nicht, wie man das macht? Die Menschen werden nicht geboren und wissen schon, wie man selbständig wird. Sie wissen nicht immer, wie sie sich selbst helfen können. Im Mittelpunkt des mitmenschlichen Kapitalismus steht der Wunsch, Menschen den Weg zum Erfolg zu lehren, auf die gleiche Weise, wie die Hales Willy lehrten.

Unser Geschäft hat seine Wurzeln in dem Glauben, daß, wenn wir den Menschen zeigen können, wie sie sich selbst helfen können, sie dies auch tun werden. Meine Reden rund um die Welt basieren auf zwei einfachen Themen: „Du kannst es schaffen!" und „So macht man es!" Dies erscheint als eine wohlerprobte und vertrauenswürdige Idee. Und doch legen Regierungen und viele private Einrichtungen (wissentlich oder unwissentlich) alle ihre Bemühungen in den Versuch, die Leute abhängig und unfähig zu machen, sich selbst zu helfen. Ich glaube, daß die meisten Versuche, Leuten zu helfen, sie aber im Endeffekt nicht auf eigene Beine stellen zu wollen, zum Mißerfolg verurteilt sind.

Wohltätigkeit allein ist noch nicht Menschlichkeit

Ein britischer Kirchenmann des 19. Jahrhunderts kam in Teufels Küche, als er sagte: „Niemand richtet soviel Schaden an wie jene, die herumgehen und Gutes tun." Ich glaube an die Wohltätigkeit. Menschlichkeit ist das Thema dieses Buchs. Ich weiß, daß es Leute auf dieser Welt gibt, die sich nicht selbst helfen können und die vielleicht niemals in der Lage sein werden, sich selbst zu helfen. Auch diese Leute verdienen unsere Liebe und unsere praktische, opferbereite Sorge. Ich möchte das nächste Kapitel dazu verwenden, diese Vision mit Ihnen zu teilen und die aufregenden Geschichten von mitmenschlichen Kapitalisten, die von ihr ergriffen wurden.

Aber in der Zwischenzeit erinnern Sie sich daran, daß milde Gaben auch dazu führen können, daß sich das Selbstwertgefühl der Menschen verringert. Wohltätigkeit hat oft nur den Effekt, die Leute ohne die Fähigkeit oder das Interesse zurückzulassen, ihre eigenen Probleme selbst zu lösen.

Das hat nichts mit Menschlichkeit zu tun. Die Regierung der Vereinigten Staaten hat besonders lang dazu gebraucht, dies zu lernen. Sie hat jahrzehntelang Geld für Sozialprobleme ausgegeben, ohne viel dafür vorzeigen zu können. Die Regierung hat die Schaffung von Bürokratien des Sozialdienstes mit Menschlichkeit verwechselt. Diese Einrichtungen, ungeachtet ihrer guten Motive, setzen oft jeden Rest von Selbstachtung, den

Menschen besitzen, herab und zerstören ihn. Sie setzen dazu an, Menschlichkeit zu fördern, aber es endet mit einem Fehlschlag.

Echte Menschlichkeit hilft den Menschen, sich selbst zu helfen

Jede andere Art von Menschlichkeit ist unecht. Echte Menschlichkeit sorgt nicht nur für eine kurzzeitige Besserung. Spenden sind bestenfalls eine zeitweilige Lösung. Sie tragen nichts dazu bei, wichtige Umstände zu ändern, welche die Menschen bedürftig machen. Und diese kurzfristigen Lösungen haben einen hohen Preis. Einige Menschen glauben, daß soziale Vergünstigungen gratis sind. Sie sind es nicht. Sie sind teuer. Sie heben den Preis von Waren und Dienstleistungen für jeden an und machen Leute, die schon abhängig sind, nur noch abhängiger.

Menschlichkeit beginnt oft mit Wohltätigkeit, um Notfälle zu mildern, aber wirkliche Menschlichkeit ist mehr als Wohltätigkeit. Leuten für kurze Zeit zu helfen, ist nicht genug. Wirkliche Menschlichkeit hilft den Menschen, sich selbst zu helfen – und zwar auf lange Sicht.

Was würden Sie tun, wenn Sie eines Morgens an Ihre Haustür gingen und fänden in Ihrem Vorgarten einen blutüberströmten Zeitungsjungen? Sie würden sicherlich losrennen, um ihm zu helfen, nicht wahr? Das ist aktive Nächstenliebe. Ohne darüber nachzudenken, würden Sie alles tun, was in Ihrer Macht steht, um das Leben des Jungen zu retten. Wenn wir mit verzweifelter, lebensbedrohender Not konfrontiert werden, dann versuchen wir, diese Not zu lindern. Und wir erwarten uns nichts dafür.

Aber wenn die lebensbedrohende Notsituation vorüber ist, dann ist eine andere Art von Menschlichkeit gefragt. Menschlichkeit auf lange Sicht – Menschen, die Menschen helfen, sich selbst zu helfen. Wie kam der Zeitungsjunge zu seinen Verletzungen? Wessen Schuld war es? Wenn ein Autofahrer, der Fahrerflucht beging, das Fahrrad des Jungen böse zugerichtet und ihn beinahe ums Leben gebracht hat, dann müßte man Zeugen suchen, man müßte die Zulassungsnummer feststellen, und der Schuldige müßte der Justiz übergeben werden. Der gefährliche, verantwortungslose Fahrer müßte bestraft werden.

Aber wenn der Zeitungsjunge selbst nicht aufgepaßt hätte, wenn er nicht die Augen aufgemacht hätte, bevor er die Straße überquerte, oder wenn er eine zu große Ladung transportiert hätte, um auf seinem kleinen Fahrrad damit zurechtzukommen, wäre der nächste Schritt der Menschlichkeit, dem Jungen klarzumachen, was er getan hatte, um den Unfall zu verursachen, und ihm dabei zu helfen, zu verstehen, was er künftig anders machen muß, um eine Wiederholung zu vermeiden.

Wir müssen unser Bestes tun, um das Bluten zu stoppen, wo immer Leute leiden, ob es in der früheren Sowjetunion oder in unserem eigenen verzweifelten heruntergekommenen Nachbarvierteln sein mag. Mitmenschlicher Kapitalismus verlangt von uns genau das. Aber wir müssen auch den Mut besitzen, den zweiten Schritt zu tun, den Leuten zu helfen, sich selbst zu helfen, so daß sie niemals mehr ein solches Leid erleben müssen.

In einem wirklich mitmenschlichen System richtet sich alle Anstrengung darauf, Leute unabhängig und fähig zu machen, auf ihren eigenen Beinen zu stehen

Menschlichkeit richtet neue Arbeitsstellen ein, in denen die Leute ihre Zufriedenheit mit ihrem eigenen Ich und ihr Selbstwertempfinden behalten können. Echte Menschlichkeit gibt Menschen die Möglichkeit, zu arbeiten, und belohnt sie dann für eine Arbeit, die sie gut gemacht haben. Wir müssen Leute belohnen, die arbeiten. Das ist aktive Menschlichkeit. Passive Menschlichkeit – die Art, die nichts gibt – hat keinen Sinn. Wahre Menschlichkeit gibt den Menschen die echte Gelegenheit, im Leben Gewinner zu werden.

Leute haben nichts dagegen, hart zu arbeiten, wenn sie glauben, daß sie eine Chance auf Erfolg haben. Und umgekehrt, wenn es keine Strafe dafür gibt, Arbeit abzulehnen, dann werden einige Leute sie nicht einmal versuchen. Wenn keines von beiden der Fall ist, haben sie zwei gute Gründe, nicht das Richtige zu tun! Und letzten Endes müssen die Menschen arbeiten und anfangen, sich selbst zu helfen.

Als der Soziologe Christopher Jencks, ein Professor an der North Western University, im *Fortune*-Magazin interviewt wurde, führte er als Antwort auf eine Frage über Reformen des Wohlfahrtssystems in den Vereinigten Staaten folgendes aus: „Das erste, was wir tun müssen, ist die Aufstellung von Programmen, die ein Verhalten belohnen, an welches die Gesellschaft glaubt. Die Gesellschaft hat jedes Recht, darauf zu bestehen, daß Empfänger öffentlicher Unterstützung arbeiten und sich an die Gesetze halten. … Ein richtig gemachtes Antiarmutsprogramm würde Anstrengungen bei der Arbeit belohnen, anstatt sie zu bestrafen … Unsere heutigen Methoden ziehen jenen den Boden unter den Füßen weg, die versuchen möchten, selbständig zu sein."

Wenn wir anderen helfen, sich selbst zu helfen, dann belohnen wir sie für ihre Arbeit. Wir bringen ihnen bei, wie sie selbständig werden können. Dan Minche, ein Angestellter der Xerox, unterstützt andere Men-

Arbeit nachzugehen hatte, aber trotzdem fuhr ich manchmal für eine Stunde oder sogar zwei vorbei. Ich ging, um Leuten zu helfen, denen die meisten anderen keine Zeit gewidmet hätten. Es ist so wichtig, den Menschen zu helfen. Wenn Sie an einer Person Interesse haben, ihm ehrlich in die Augen schauen und sagen: ‚Ich werde Ihnen helfen', dann ist das eine mächtige Sache. Manchmal werden Sie in der Lage sein, Leuten in besonderer Weise zu helfen und Bedürfnisse auf Gebieten ihres Lebens zu erfüllen, von denen Sie vorher nie etwas ahnen konnten.

Sie verdienen für sich selbst etwas, indem Sie zuerst geben. Wir strecken dauernd die Hände aus und berühren andere Menschen. Wir geben etwas von uns selbst. Und wenn wir das tun, wenn wir Leuten so helfen, dann werden sie verstehen, daß wir auf sie achtgeben. Und so wird die Basis Ihres eigenen Geschäfts die gleiche sein. Sie lernen es ebenfalls, anderen dazu zu verhelfen, sich selbst zu helfen."

Zehntausende von amerikanischen Firmen, groß und klein, glauben an eben dieses Prinzip, anderen die Möglichkeit zu geben, sich selbst zu helfen. Die echte Menschlichkeit beginnt, wenn Sie ein Mentor werden und anderen beibringen, wie sie Erfolg haben können. Wie eben die alte Redewendung sagt: „Gib deine Hand, anstatt etwas in die Hand zu geben." Die meisten Leute, die auf den Straßen leben, ruiniert und hungrig, suchen einen Weg, sich selbst zu erhalten, und nicht nur kurzzeitige Wohltätigkeit.

Xerox und IBM helfen Menschen, indem sie ihre Angestellten und die Erfahrung ihrer Angestellten ausleihen, um anderen Einrichtungen zu helfen. Geld an gemeinnützige Organisationen zu spenden, ist nötig und hilfreich, aber ihnen die Erfahrung ihrer besten Leute zur Verfügung zu stellen, hinterläßt ein dauerhaftes Vermächtnis. Menschen können die Fertigkeiten weitergeben. Seit 1971 hat Xerox die Fähigkeiten von mehr als vierhundert seiner Angestellten Organisationen zur Verfügung gestellt, die dies verdienten. IBM, mit ihrem 21 Jahre alten Programm, hat mehr als tausend ihrer erfahrensten Leute der Gemeinschaft zur Verfügung gestellt.

Unser eigener Erfolg wird direkt von der Art und Weise abhängen, in der wir anderen Leuten helfen, erfolgreich zu werden. Wenn wir anderen Leuten die Hand reichen, damit sie wachsen, dann wachsen wir selbst. Und wenn die anderen nicht wachsen, dann wissen wir wenigstens, daß wir es versucht haben. Manchmal investieren Sie Zeit in Leute, die es nicht sehr weit bringen werden. Es ist traurig, jemanden zu sehen, der das Potential hat, es aber ablehnt, sich helfen zu lassen. Aber es ist noch trauriger zu sehen, wie Leute, die das Potential besitzen, es versuchen, so gut sie können, und doch keinen Erfolg haben. Das kommt vor, aber für jeden, der erfolglos bleibt, werden viele andere da sein, welche den Erfolg bringen.

Amway sponserte in Mexiko Konzerte des staatlichen mexikanischen Symphonieorchesters, eines wundervollen Orchesters mit einem begabten Dirigenten, der mich bei einem Empfang nach einem Konzert fragte, warum wir Gelder unserer Gesellschaft dazu verwendeten, solche wohltätigen und kulturellen Ereignisse zu unterstützen. „Weil wir daran glauben, daß wir der Gemeinschaft, für die wir tätig sind, etwas zurückzugeben haben", antwortete ich. „Aber Sie verdienen ja in Mexiko noch gar kein Geld!" rief er aus. „Sie haben hier gerade erst begonnen." „Und wir werden, solange nicht Tausende von Mexikanern Geld aus ihrem eigenen Geschäft verdienen, in Mexiko auch kein Geld verdienen", antwortete ich, „aber selbst wenn wir bis dahin keinen Profit sehen, geben wir in der Zwischenzeit – im Vertrauen darauf, daß wir eines Tages auch hier Profit machen werden. Bis zu jener Zeit", fügte ich hinzu, „ist es ein gutes Geschäft, großzügig zu sein."

„Die meisten mexikanischen Firmen müßten davon etwas erfahren", sagte der Dirigent, „aber wer wird es ihnen beibringen?" „Sie werden das tun!" sagte ich. „Ich?" antwortete er, voll Überraschung und etwas verunsichert. „Ja, Sie!" sagte ich. Nach einer langen Pause fügte er hinzu: „Werden Sie mir helfen? Werden Sie hierher kommen und sich mit den reichen Leuten treffen und ihnen Ihren Traum mitteilen?"

Spät im Jahre 1991 kehrte ich nach Mexiko zurück. Mein neuer Freund und ich trafen uns mit Führungspersönlichkeiten aus der Geschäftswelt. Ich tat gar nicht viel. Ich spendete nur schweigend Beifall, während der mexikanische Dirigent seine leidenschaftlichen Appelle um Unterstützung vorbrachte. Jene reichen Geschäftsleute ließen sich von seiner Präsentation bewegen und reagierten großzügig. Es war der Anfang von etwas Wunderbarem. Das Orchester mit Geld zu unterstützen, war aber nur der erste Schritt. Dann mußten das Orchester und sein Dirigent lernen, sich selbst zu helfen.

Ich bin dankbar für jede Gelegenheit, die ich habe, um den Leuten Hilfestellung zu geben, sich selbst zu helfen, weil andere Leute Jay und mir geholfen haben. Die Erfolge von Willy Bass und Jim Floor waren Teil einer langen Kette von Erfolgen, die erst mit den Hales und den Bogdanovs verbunden waren und dann zurückreichten zu deren Mentoren und so fort.

Den Erfolg erreicht man niemals in der Isolation. Ich kenne keine einzige erfolgreiche Person, die nicht den Weg entlang geleitet wurde. Ich verstehe es nicht, wenn erfolgreiche Leute nicht den Drang verspüren, anderen zu helfen. Wenn sie es ablehnen, dann durchbrechen sie den Kreis der liebenden Fürsorge, die jede neue Generation befähigt, Erfolg zu haben. Ein Mangel an Menschlichkeit in einer Generation hat immer Auswirkungen auf jene, die folgen. Anderen dazu zu verhelfen, sich selbst zu helfen, beseitigt die Bevormundung und die entwürdigende Abhängigkeit, die so viele Versuche gekennzeichnet hat, der Armut ein Ende zu machen.

Vom Erfolg konnte sich Willy kein neues Paar Lungen kaufen. Aber er verschaffte ihm 13 Jahre des inneren Friedens und der Sicherheit. Die Hales gaben Willy das Geschenk, sich selbst helfen zu können, und er wiederum gab dem Rest von uns das Geschenk der Hoffnung. Jim Floor erzählte uns eine bewegende Geschichte, um diesen Punkt zu beleuchten. Vor zwei Jahren fuhr ein Paar, das ein eigenes erfolgreiches Vertriebsgeschäft besaß, von einem Treffen in Los Angeles zurück nach Hause nach Sacramento. Der Vater war müde und bat seine 16 Jahre alte Tochter, zu fahren, während er ein Schläfchen machte. Durcheinander- gebracht von einigen plötzlichen Anweisungen ihres Vaters, versuchte das junge Mädchen, schnell zu wenden. Das Auto überschlug sich, beide Elternteile wurden getötet. Die 16-jährige und ihr zwölf Jahre alter Bruder überlebten, aber beide trugen seelische Narben davon aus dem Unfall und empfanden einen schrecklichen Verlust.

„Aber jene Kinder lebten in der Atmosphäre ‚Menschen helfen Menschen', das ich vorher beschrieben habe", erzählt uns Jim. „Sofort wurden sie buchstäblich adoptiert in die Häuser der Mentoren ihrer Eltern, die keine eigenen Kinder hatten. Von dem Moment an, wo ihre natürlichen Eltern starben, hatten diese zwei Kinder neue Eltern, die sie liebten, umsorgten und für sie Mentoren waren."

Die Geschichte endet hier noch nicht. Die psychologische Beraterin, die den Kindern während dieser frühen Zeit ihres Kummers half, war so beeindruckt von den Leuten, die anderen Menschen halfen und mit denen sie zusammenkam, daß auch sie sich einen Mentor suchte und ihr eigenes Geschäft anfing, nur um Teil dieser großen, liebevollen Familie zu sein.

Seien Sie ein Mentor, helfen Sie anderen, sich selbst zu helfen, die Vorteile werden Sie überraschen, und Sie werden für immer andauern. Andererseits, wenn wir unsere Hand nicht ausstrecken, werden die Folgen schwerwiegend sein. Die Welt kennt viel Not, aber wir können immer nur die Probleme einer Person auf einmal lösen. Im Talmud können Sie dieses Wort lesen: „Das Haus, welches nicht für Wohltätigkeit offen ist, wird man dem Arzt öffnen müssen." Seien Sie ein Mentor.

14

Warum sollten wir anderen helfen, die sich nicht selbst helfen können?

Regel 14

Wir glauben daran, anderen helfen zu können, die sich nicht selbst helfen können. Wenn wir unsere Zeit und unser Geld mit denen teilen, die sich in einer Notlage befinden, wächst das Empfinden unserer eigenen Würde und unser Selbstwertgefühl, und wir setzen positive Kräfte in Bewegung, die für die Welt Hoffnung und Heilung bedeuten.
Entschließen Sie sich deshalb, zu geben. Was tun Sie, um das Leiden der Menschen in Ihrer Umgebung oder auch rund um die Welt zu lindern?

Um Mitternacht wimmelten die langen weißen Krankenhausgänge immer noch von ängstlichen Eltern. Väter mit Tassen von kaltem, fadem Kaffee in ihren Händen wanderten hilflos durch die schattigen Hallen und durch die überfüllten Warteräume. Mütter voller Angst wiegten schreiende Babys in ihren Armen. Schwestern eilten von Zimmer zu Zimmer, gaben Spritzen und spendeten ein paar tröstende Worte, wo sie konnten. Ärzte, immer noch in ihrer grünen Operationssaalkleidung, umringt von ängstlichen Familienangehörigen und Freunden, versuchten Krankheiten mit Namen zu erklären, die niemand buchstabieren kann und die das Leben von unschuldigen Kindern bedrohen.

„Spaltwirbel?“ sagte Jim Dornan leise, und aus seinen weit aufgerissenen Augen sprach die Geschichte eines von vielen Vätern, dessen neugeborenes Kind von lebenslangem Leiden, wenn nicht gar von einem vorzeitigen Tod bedroht war. „Nancy und ich hörten dem Doktor zu, und unsere Angst wurde immer größer“, erinnert sich Jim. „Wir hatten keine Mutterschaftsversicherung. Wir hatten gerade genug Geld gespart, daß Nancy drei Tage im Krankenhaus bleiben konnte. Man ließ uns nur hinein, nachdem wir unsere kleine Schachtel vorgezeigt hatten, die mit Bargeld gefüllt war, um die Krankenhauskosten im voraus zu begleichen.“

Eric Dornan verbrachte acht Stunden im Operationssaal, noch bevor er 24 Stunden alt war. Fast sofort entwickelte das Baby einen Wasserkopf und wurde schnellstens in die Gehirnchirurgie verlegt, um einen lebenserhaltenden Shunt in sein Gehirn einzupflanzen. Wieder und wieder funktionierte der Shunt nicht. Schließlich überstellte man Eric in das Kinderkrankenhaus in Los Angeles. Während der ersten neuen Monate wurde er neunmal am Gehirn operiert. „Unser Sohn kam während der ersten zwölf Lebensmonate kaum aus dem Krankenhaus nach Hause", erinnert sich Nancy Dornan. „Und so campierten wir neben ihm in seinem Zimmer."

Während der ersten Lebensjahre von Eric überstiegen die Arztrechnungen der Dornans die Summe von 150.000 DM, und es war kein Ende in Sicht. Heute sind Jim und Nancy Dornan ebenfalls eine unternehmerische Erfolgsgeschichte geworden, aber als Eric geboren wurde, hatten sie ihr kleines Geschäft gerade erst angefangen. Die Dornans waren kaum in der Lage, jeden Monat ihre Hypothekenrate zu bezahlen, als sie mit dieser gewaltigen neuen finanziellen Belastung konfrontiert wurden.

„Fast sofort steckten wir in Schulden", erinnert sich Jim. „Wir hatten kein Interesse an Nerzmänteln oder Rolls-Royces. Große Häuser oder teure Urlaube spielten für uns keine Rolle. Alles, was wir wollten, war genügend Geld, um das Leben unseres Sohnes zu retten, um ihm zu geben, was er brauchte, ohne uns über jede neue Ausgabe Sorgen machen zu müssen, und um die Möglichkeit zu haben, während seiner Leidenszeit bei ihm zu sein."

Die meisten Kapitalisten sind in Wirklichkeit wie Jim und Nancy Dornan. Sie arbeiten, um ihre Bedürfnisse zu stillen und um die Lebensqualität derer anzuheben, die sie lieben. Sylvia Pankhurst, eine bekannte britische Sozialistin, sagte einmal: „Ich werde gegen den Kapitalismus kämpfen, und wenn es mich umbringt. Es ist falsch, daß Leute wie sie gemütlich und wohlgenährt leben, während rings um sie die Menschen verhungern."

Silvia Pankhurst irrte, was den Kapitalismus betrifft. Während der vergangenen zwei Jahrhunderte waren es die mitmenschlichen Kapitalisten unter uns, die mehr getan haben, um die Bedürfnisse der Hungernden, der Obdachlosen, der Kranken und Sterbenden zu stillen, als all die Gegner des Kapitalismus zusammen. Sicherlich, es hat gierige Kapitalisten gegeben, und ich vermute, es wird immer Leute geben, die es ablehnen, Menschen in Not zu helfen. Aber lassen Sie nicht zu, daß der häßliche Gedanke an sie die Erinnerung an Generationen von mitmenschlichen Kapitalisten verdunkelt, deren Großzügigkeit Hoffnung und Heilung für Millionen von Menschen, die sich nicht selbst helfen konnten, gebracht hat.

Auch heute brauchen wir Menschlichkeit. Angesichts der unkontrollierbaren Bevölkerungsentwicklung, die zu Armut, Hunger, Obdachlosigkeit und Krankheit führt, noch verschlimmert durch regionale und ethnische Konflikte, die Aids-Epidemie und die Naturkatastrophen, erlebt die Welt unvorstellbare menschliche Not. Und mitmenschlicher Kapitalismus ist der beste, wenn nicht überhaupt der einzige Weg, mittels dessen wir der Welt Hoffnung und Heilung bringen können.

Es gibt massive Probleme. Es ist zu unserem eigenen Besten, diese Probleme jetzt zu lösen, solange wir noch die Möglichkeit dazu haben. Wir dürfen nicht zynisch oder pessimistisch werden. Wir brauchen nicht alles selbst zu tun, und wir brauchen auch nicht alles heute zu tun. Alles, was die Menschlichkeit von uns verlangt, ist, daß wir diesen ersten kleinen Schritt machen.

Den Männern und Frauen zu helfen, die vor kurzer Zeit der kommunistischen Tyrannei ein Ende gesetzt haben, stellt bereits einen sehr wichtigen Test der Macht des mitmenschlichen Kapitalismus dar, die Welt zu heilen und zu verändern. Wir können es uns nicht erlauben, uns mit dem Scheitern der Ideen von Karl Marx hervorzutun. Der Kommunismus hat tragische Folgen für Millionen von Menschen gehabt – die auf ein anständiges Leben verzichten mußten, die ihrer Würde beraubt wurden, in die Verzweiflung gestürzt und sogar umgebracht wurden. Unsere Antwort ihnen gegenüber muß liebevoll und mitmenschlich sein.

Was bedeutet es, gegenüber unseren früheren „Feinden" Menschlichkeit zu zeigen? Das ist keine leichte Frage. Selbstverständlich können wir unsere Freunde während ihres ersten kalten frostigen Winters in der Freiheit nicht verhungern lassen. Und wir müssen alles tun, was wir können, um ihnen zu helfen, den schwierigen und gefährlichen Übergang vom Totalitarismus zur Demokratie, vom Kommunismus zur freien Marktwirtschaft zu schaffen.

Man braucht jedoch gar nicht über den Atlantik zu fliegen, um Menschen zu finden, die schuldlos in verzweifelter Not leben und die darum kämpfen, diese schwierigen Zeiten zu überleben. In den letzten paar Jahrzehnten sind die Hoffnungen von Millionen von Bürgern der Vereinigten Staaten zunichte gemacht geworden. Heute sehen viele unserer Innenstädte wie Kriegsgebiete aus. Verbrechen, Drogen und Banden beherrschen unsere Straßen und machen Jung und Alt in gleicher Weise zu Opfern. Eltern sind arbeitslos oder unterbeschäftigt. Kinder bekommen keine ordentliche Erziehung oder angemessene medizinische Betreuung. Ganze Familien hungern und leben auf den Straßen.

Der alte Ausdruck „Nächstenliebe beginnt zu Hause“ sollte ernst genommen werden. Würden wir auf uns selbst nicht achten, wie lang könnten wir uns um andere sorgen? In unserem Lande und draußen gibt es Leute, die schuldlos in verzweifelter, lebensbedrohender Not leben. Wir alle müssen Geld, Zeit und Energie aufwenden, um dazu beizutragen, diese Nöte zu lindern.

Als Helen und ich frisch verheiratet waren, bestand sie darauf, daß wir 10% von unserem Bruttoeinkommen unserer örtlichen Kirche vermachten. „Hier ist der Umschlag für die Zuwendungen“, sagte sie mir an jenem ersten Sonntagmorgen. „10% von dem, was wir verdienen, werden in dieses Kuvert gesteckt!“ Für Helen war der Zehnte keine Frage, über die man diskutieren konnte. Und wenn das Geld einmal in dem Umschlag steckte, dann wagte keiner, davon etwas zu entlehnen. Wir verdienten 200 DM die Woche, und davon zehn Dollar abzugeben, war keine Kleinigkeit. Jetzt verdienen wir sehr viel mehr. Aus dem kleinen Umschlag ist eine Stiftung geworden. Aber Helen kontrolliert immer noch die Bücher, um ganz sicher zu sein, daß ich der Kirche und den wohltätigen Verbänden, die wir in unserem Land und rund um die Welt unterstützen, den entsprechenden Anteil abgebe.

Wie die meisten großen amerikanischen Firmen halten auch wir es für richtig und erforderlich, wohltätige Aktivitäten zu unterstützen. In Malaysia saß ich bei einem Bankett neben einer königlichen Prinzessin. Sie hatte uns wegen der Arbeit unserer Firma zugunsten der Straßenkinder eine besondere Audienz gewährt. Wie Hunderte von internationalen Firmen, welche rund um die Welt freiwillige Hilfe leisten, unterstützen auch wir Tageseinrichtungen und Pflegeheime in Malaysia und Hunderte von anderen, ähnlichen Projekten in den Ländern, wo wir geschäftlich tätig sind. Es ist das mindeste, was wir tun können. Als ich dies der Prinzessin erklärte, überraschte mich ihre Antwort. „Ich kann Ihnen nicht sagen, wie einzigartig ich das finde“, sagte sie, „zu sehen, wie eine Firma einen Teil ihres Profits dazu verwendet, Kindern zu helfen.“

In Wirklichkeit sind Einzelpersonen und Firmen, die vom System des freien Unternehmertums gesegnet sind, keine Einzelfälle, wenn es darum geht, ihr Einkommen mit denen zu teilen, die sich in Not befinden. Jedes Jahr werden von großzügigen Einzelpersonen und Firmen in Nordamerika, Europa und Japan Milliarden von Mark an Kirchen und Synagogen und für wohltätige und kulturelle Zwecke gestiftet. Wohltätigkeit ist ein

Muß, und während der letzten zweihundert Jahre sind Kapitalisten rund um die Erde Quelle einer nie dagewesenen Großzügigkeit bei Projekten der Mildtätigkeit gewesen.

Viel von dem, was ich über Mitmenschlichkeit weiß, habe ich von meiner Familie und meinen Freunden in Grand Rapids gelernt. Diese Frauen und Männer aus meiner Heimatstadt mögen nicht so bekannt sein wie jene historischen Beispiele, deren Geschichten ich weiter vorne erzählt habe, aber mir und meiner heimatlichen Gemeinschaft sind sie noch besser bekannt wegen ihres exemplarischen Dienstes an den Bedürftigen unter uns.

Gretchen Bouma, eine freiwillige Führungsperson der „Ährenleser von West Michigan", sammelt Essen aus Restaurants und Geschäften und bringt es den Armen und den Hungrigen.

Billie Alexander, eine der Gründerinnen des Projektes REHAB, hat ihr Leben Leuten in unserer Gegend gewidmet, die mit dem Alkohol, mit Drogenmißbrauch und Sucht kämpfen.

Betsy Zylestra, heute eine Vollzeit-Sozialunternehmerin im Center for Ecumenism von Grand Rapids, war lange Zeit ehrenamtlich für die Ortsgruppe von ‚Habitat for Humanity' von Grand Rapids, einer Organisation, die sich dem Bau von Wohnungen für die Obdachlosen unserer Stadt widmet, tätig.

Und meine Frau Helen, die erste echte mitmenschliche Kapitalistin in meinem Leben, wollte über das Geben nicht nur reden. Jeden Sonntag stellte sie, ob wir nun Geld auf der Bank hatten oder nicht, einen Scheck für unsere lokale Kirche über 10% unseres Einkommens aus.

„Können wir nicht mit dem Zehnten noch warten oder zumindest etwas weniger geben, bis wir finanziell auf den Beinen sind?" fragte ich morgens an einem jener ersten Sonntage ganz ruhig. Helen lächelte nur süß und legte den Umschlag auf den Teller. Ich wollte, ich könnte all die Frauen und Männer in meinem Leben nennen, die mich gelehrt haben, ein besserer mitmenschlicher Kapitalist zu sein. Ich bin noch nicht ganz angekommen, aber dank ihnen bin ich auf dem Weg dorthin.

Vom Beginn unserer Partnerschaft an, sind Jay Van Andel und seine Frau Betty für mich und für diese Gemeinschaft wichtige Beispiele für mitmenschliche Kapitalisten gewesen. Sie waren nicht damit zufrieden, ihre bevorzugten sozialen Werke nur finanziell zu unterstützen. Sie wendeten Zeit auf und brachten wertvolle Ideen ein in ihrer Führungsrolle von Dutzenden von lokalen und nationalen Organisationen, die sich von der 4-H Foundation bis zur Gerald-Ford-Bücherei, von der amerikanischen Handelskammer bis zur nationalen Stiftung für Demokratie erstrecken. Jay wurde geehrt für den Vorsitz der Finanzierungskampagne für das spektakuläre neue, am Flußufer gelegene öffentliche Museum von Grand Rapids, nur eines seiner zahllosen Geschenke an Zeit, Geld und Kreativität, um dazu beizutragen, unsere Stadt umzugestalten und zu erneuern.

Aber die eindrucksvollsten Akte der Menschlichkeit von Jay sieht oder erkennt man selten. Er glaubt fest an den biblischen Rat über mildtätige Gaben, daß wir „unsere rechte Hand nicht wissen lassen sollen, was unsere Linke tut“. Oft handelt Jay spontan, seinem Herzen folgend, auch wenn es nicht damit übereinstimmt, was ihm vielleicht sein Kopf sagt.

Tom Michmershuizen hält zwei Firmenrekorde, einen für seine über 30-jährige, loyale und liebevolle Mitarbeit und den zweiten, weil er den längsten Namen in der Geschichte unserer Lohnlisten hat. Tom hat zahllose Erinnerungen an Jays spontane, großzügige Akte menschlicher Zuwendung während jener frühen, hungrigen Tage von Amways Geschichte, die er gerne erzählt.

„Während unseres ersten oder zweiten Betriebsjahres“, erinnert sich Tom grinsend, „fuhr ich unseren gebrauchten Bus, der mit Spitzenberatern und Offiziellen der Firma beladen war, als der Motor ein schreckliches Geräusch von sich gab und uns mitten auf der Landstraße im Stich ließ. Jay war der erste draußen auf dem Pflaster. Nachdem er einige Minuten lang unter die Haube geschaut hatte, stöhnte er, bat um den Werkzeugkasten und begann, den Lüfter zu demontieren und zu reparieren, während der Rest von uns ehrfürchtig zusah.“

Inmitten all dieses Chaos’ bemerkte Jay, daß ich Schmierfett auf meinen Mantel bekommen hatte. „Es tut mit leid, daß Sie Ihren Mantel beschmutzt haben“, sagte Jay. „Lassen Sie ihn morgen reinigen und schicken Sie mir die Rechnung.“ Dann, zwei Wochen später schickte er mir aus heiterem Himmel eine handgeschriebene Notiz. „Es tut mir leid wegen Ihres Mantels“, schrieb er, „gehen Sie zum Herrenausstatter George Bulliss in Wealthy Street und suchen Sie sich einen neuen aus.“ „Als ich reichlich verlegen im feinsten Herrengeschäft der Stadt ankam, waren die Angestellten bereits benachrichtigt. Sie befolgten Jays Anweisungen und statteten mich mit einer kompletten Garderobe aus: mit Anzug, Hemden, Krawatten, Gürteln, Schuhen und sogar einem Mantel, der des Präsidenten einer großen Firma würdig gewesen wäre.“

Wir alle haben Erinnerungen an Jays Aufmerksamkeit. Ich erinnere mich besonders an den Tag, als er herausfand, daß einer unserer Berater zwei Söhne hatte, die bald an einer ererbten tödlichen Krankheit würden sterben müssen. Nur um ein wenig Freude in ihr Leben zu bringen, machte Jay mit den Jungen mit einer Maschine der Firma einen Flug hinaus über den Michigan-See. Die zwei Kinder hatten soviel Spaß daran, daß Jay an Ort und Stelle beschloß, mit ihnen und ihrer Familie nach Disney World in Orlando zu fliegen, so daß sie das Magic Kingdom besuchen konnten, ehe sie sterben mußten. Jay bezahlte den Ausflug, und nachdem er den Dank der Kinder entgegengenommen hatte, erzählte er mir die Geschichte mit Tränen in den Augen. Beide Buben starben kurz darauf, und Jay erinnert sich heute noch an die Freude, die ihm ihre Aufregung und ihre Dankbarkeit machten.

So viele von unseren Freunden in Grand Rapids haben aktiven mitmenschlichen Kapitalismus bewiesen. Selbst als Paul Collins noch ein junger Künstler war, der noch kämpfen mußte, nutzte er seine Begabung für mitmenschliche Anliegen. Heute versteigert Paul Gemälde, schafft Poster und Reklamebilder und führt sogar Kunstausstellungen durch, um das Gewissen der Öffentlichkeit aufzurütteln zugunsten der Aktionen, die ihm am Herzen liegen.

Mein lieber Freund Ed Prince, Gründer und Aufsichtsratsvorsitzender der Prince Corporation, ist einer der größten menschlichen Kapitalisten, die ich jemals gekannt habe. Sein Vater starb, als Ed erst zwölf Jahre alt war. Er arbeitete sich seinen Weg hoch durch die Universität von Michigan und schwor früh in seinem Leben, daß er, wenn er jemals Geld verdienen sollte, es teilen würde.

Ed und Elsa Prince spenden nicht nur ein Zehntel von ihrem persönlichen Einkommen, sondern auch von dem ihrer Firma. Außer den Hunderten von wichtigen sozialen Aktivitäten, die sie mit Geld und Zeitaufwand über Jahre hinweg unterstützt haben, haben sie auch die Evergreen Commons gegründet, eines der effektivsten Altenzentren in den Vereinigten Staaten mit einer Belegschaft von über 1.000 ehrenamtlichen Helfern. Der Traum von Evergreen fing so einfach an. Es war ein faszinierendes Beispiel dafür, wie Wirtschaftsunternehmer zugleich soziale Unternehmer sein können.

An einem Sonntagnachmittag nahmen Ed und Elsa eine Fremde mit auf eine Fahrt auf ihrem Boot durch den Kanal in Holland, Michigan. „Ich bin Ihnen sehr dankbar“, sagte die graziöse alte Dame, als sie ans Ufer zurückkehrten. „Ich bin niemals vorher auf dem See gefahren.“

Ed und Elsa waren überrascht, als sie entdeckten, daß Hunderte von älteren Mitbürgern, die ihr Leben in Holland verbracht hatten, niemals eine

Möglichkeit hatten, auf dem See zu fahren. So kauften sie ein Boot mit flachem Boden und boten kostenlose Fahrten an für die älteren Leute unserer Gemeinschaft. Ihre Töchter, Emily und Eileen, holten die alten Leute in ihrem Family-Van ab, fuhren sie zum Bootshaus, machten mit ihnen eine Tour von einer Stunde um den See.

Da im Lauf der Zeit über 500 ältere Leute auf ihrem Boot mitfuhren, erfuhren Ed und seine Familie über die Bedürfnisse von Hollands Senioren. Schließlich setzten sich Ed und Elsa zusammen mit Marge Hoeksma, einer Organisatorin für Veranstaltungen älterer Bürger, um darüber zu sprechen, was sie tun konnten, um diese Bedürfnisse sinnvoller zu unterstützen. Die Evergreen Commons, die heute über 3.500 älteren Leuten jeden Monat ihre Dienste zur Verfügung stellt, entstand, weil zwei mitmenschliche Kapitalisten und mindestens 1.000 Freiwillige sich die Mühe machten, zu handeln.

Ein weiterer enger Freund, Pete Cooke, Gründer und Aufsichtsratsvorsitzender der Mazda Great Lakes Corporation, gibt seit vielen Jahren ein Beispiel für den mitmenschlichen Kapitalisten in Grand Rapids ab. Pete wuchs in bescheidenen Verhältnissen auf. Er machte seinen Weg durch das Davenport College hier am Ort, indem er als Hausmeister arbeitete. Nach seinem Examen baute Pete eine der großen Firmen von Michigan auf. Aus Dankbarkeit für die Segnungen, die er von Gott und von dem System des freien Unternehmertums erhalten hatte, schenkte er seiner Universität ein großes schönes Gebäude, wo heute junge Leute die Kunst des mitmenschlichen Kapitalismus lernen. Das Gebäude heißt „Peter C. Cooke Unternehmerzentrum". Es ist nur eines von Petes vielen dauerhaften Geschenken an unsere Gemeinschaft und an die Welt. Das Leben zahlloser bedürftiger Personen wurde von den Millionen von DM und Tausenden von Stunden beeinflußt, die Pete und Pat Cooke dieser unserer Gemeinschaft geschenkt haben.

Nach Marvin DeWitt, einem unserer Freunde aus dem Kreis der mitmenschlichen Kapitalisten aus Zeeland, Michigan, hat das North Western College in Orange City, Iowa – nur eine von vielen religiösen und Erziehungsinstitutionen, die sich um Rat und Hilfe an Marve und Jerene DeWitt wenden – zwei Gebäude benannt. Marve und sein Bruder Bill sind Truthahnzüchter. Sie gründeten die Bil Mar Corporation im Jahr 1938 mit 17 Truthähnen. „14 Hennen und 3 Hähne," erinnert sich Marve lachend. „Und was der Sache erst den richtigen Pfiff gibt – ich mußte mir damals 50 DM von meiner Schwester borgen, die sie gespart hatte, indem sie für 5 DM die Woche Hausarbeit verrichtete."

Die Familie DeWitt verfolgte ihr Truthahngeschäft durch Schneestürme und Hitzewellen, Tierkrankheiten, Wirtschaftsflauten und ein verheerendes Feuer, das 90% ihrer Produktionsanlagen vernichtete und mehr als 1.000 von ihren Angestellten arbeitslos machte, hinweg. Im Blick zurück über die Jahre sagt Marve: „Gott hat es gut mit uns gemeint." Und wenn man ihn fragt, was zu seinem Erfolg im Geschäft geführt hat, fügt er hinzu: „Wir haben hart gearbeitet und gaben nicht mehr Geld aus, als wir verdienten." Marve und sein Bruder verkauften die Firma Bil Mar und ihre gesamte „Mister-Turkey"-Aktion für über 250 Millionen DM an die Sarah Lee Corporation. In einer Geste des guten Willens und der Großzügigkeit, die in der Wirtschaft Amerikas buchstäblich unerhört ist, legten die DeWitts 8 Millionen Mark aus dem Verkauf zur Seite, um sie unter den Angestellten aufzuteilen, je nach ihrem Gehalt und der Anzahl ihrer Dienstjahre. Während der Monate, die dem Verkauf an Sarah Lee folgten, haben Mave und Jerene DeWitt bereits Millionen von DM an Einzelpersonen und Einrichtungen überwiesen, die von ihnen unterstützt werden.

Ein anderer von meinen Freunden, der mich in Sachen Menschlichkeit unterwiesen hat, ist John Bouma, ein erfolgreicher Bauunternehmer in Grand Rapids. Johns Vater war Türsteher an der Grandville Christian Reformed Church. „Mein ganzes Leben dreht sich um diese Kirche", erinnert sich John. „Es gab Zeiten, wo ich mich fragte, ob ich mich von hier jemals weiter als ein paar Häuserblocks in irgendeiner Richtung wegbewegen würde."

Johns Fähigkeiten als Baumeister und Manager führten zu seinem Erfolg im Geschäft und zu seinen Reisen rund um den Globus, aber es war nicht der finanzielle Erfolg oder die Gelegenheit, die Welt zu sehen, die ihn dazu motivierten, seine Karriere als Baumeister anzufangen. Er zeichnet verantwortlich für viele der schönsten Gebäude unserer Gemeinschaft, und er gab mir die großartigste Definition vom mitmenschlichen Kapitalismus. „Einer der Hauptgründe, warum ich mein Geschäft anfing", sagt er, „war der, daß ich Menschen helfen wollte." Durch seine Großzügigkeit hat John seinen positiven Einfluß weit über Grand Rapids hinaus ausgedehnt. John und Sharon Bouma nutzten die Gelegenheiten, die ihnen das System des freien Unternehmertums bot. Mittels harter Arbeit und sorgfältiger Planung haben sie ihren Lebensstandard gehoben und gleichzeitig denen eine helfende Hand gereicht, die rund um die Welt Leiden ertragen müssen.

Wie sie begannen auch Jim und Nancy Dornan ihr Geschäft, um jemand anderem zu helfen. In diesem Fall war es ihr Sohn Eric, der mit einer mißgebildeten Wirbelsäule geboren wurde. Schon als Kleinkind hatte er wiederholt Anfälle und erlitt dann einen Schlaganfall. Für einige Zeit funktionierte seine rechte Hand nicht. Dann kündigten seine Beine den Dienst auf. Gerade als er wieder etwas Kraft gewonnen hatte, blockierte wieder der Shunt in seinem Gehirn, und man mußte ihn schnellstens ins Krankenhaus bringen, um eine weitere Operation durchzuführen. Im Alter von 17 Jahren wog Eric gerade 25 Kilogramm, und er hatte schon 30 lebensgefährliche Gehirnoperationen überlebt. Während der letzten 18 Jahre beliefen sich die Rechnungen der Dornans einschließlich derer für kostspielige Maßnahmen wie Stützapparate, Rollstühle für die physikalische Therapie, einer Spondylothese, wobei in seinem Rücken vom Nacken bis zur Hüfte Stangen eingesetzt wurden, und für anderweitige medizinische und Krankenhauskosten auf mehrere hunderttausend DM.

„Heute haben wir eine Krankenversicherung", erklärt Jim, „aber wir bezahlen Zehntausende von Mark zu. Ohne unser eigenes Geschäft zu haben, hätten wir die Rechnungen nicht bezahlen können." Und er fügt hinzu: „Wir haben auch erfahren, daß tatsächlich bis zu 70% der Väter, deren Kinder mit bleibenden Geburtsschäden zur Welt kommen, schließlich ihre Familien verlassen, weil sie es nicht fertigbringen, den Kummer aufzuhalten, ihre Schuld und den finanziellen Ruin, der nur allzuoft mit dem Ganzen einhergeht. Aber mit unserem eigenen Geschäft", sagt Jim dankbar, „können wir nicht nur weiterhin die Kosten für Erics Krankheit tragen, sondern wir können auch noch anderen helfen, die nicht so ein Glück haben, wie wir es hatten."

Die letzten paar Jahre haben die Dornans und ihre Freunde dazu beigetragen, das Olive Crest Treatment Center zu unterstützen, ein Programm für mißhandelte Kinder, welche die Gerichte ihren gewalttätigen Eltern weggenommen haben. „Das Alter der Kinder erstreckt sich von Kleinkindern bis zu Heranwachsenden", erklärt Nancy. „Don und Lois Velour, die Gründer von Olive Crest Treatment Center, haben fünfundzwanzig Häuser in sicheren und ruhigen Stadtvierteln gekauft. Der Staat zahlt eine festgelegte Gebühr für jedes Kind und seine Pflege. All das übrige Geld muß von freiwilligen Spendern aufgebracht werden."

Für Unterhalt und Pflege dieser mißhandelten Kinder kamen teilweise Jim und Nancy Dornan und ihre Freunde auf. Die meisten Unternehmer auf sozialem Gebiet wie die Velours arbeiten rund um die Uhr, um sich mit Notsituationen von Menschen und Umwelt auseinanderzusetzen. Was würden sie tun ohne die Unterstützung von mitmenschlichen Kapitalisten

schen dabei, selbständig zu werden. Dan war Titelfigur eines Sonderartikels in der Los Angeles Times und arbeitete als Reporter für eine Radiostation in Buffalo, New York. Er wurde im Jahr 1971 dazu ausersehen, über den Aufstand im Staatsgefängnis von Attica zu berichten. Die Bilder, die er bei dieser Arbeit sah, hafteten lange in seinem Gedächtnis. Die Männer innerhalb der Mauern von Attica waren im ganz wörtlichen Sinne in ihrer Verzweiflung und Hoffnungslosigkeit eingekerkert. Sogar wenn sie auf Bewährung entlassen wurden, blieben diese Mauern.

Was soll schließlich auch jemand tun, der im Gefängnis war und entlassen wird? Wer wird ihm beibringen, eine Arbeit zu bekommen, mit seinen persönlichen Problemen zurechtzukommen und sich ein Leben ohne Verbrechen aufzubauen? Wer wird sein Mentor sein? Nun, Dan Minchen, zum Beispiel. Er beteiligt sich neben anderen an einem Gemeinschaftsdienstprogramm, das von seiner Firma unterstützt wird. Xerox und ein paar andere, wie IBM, unterhalten Programme, die Angestellten erlauben, tageweise einen Urlaub zu nehmen und ganztags für Projekte der Gesellschaft zu arbeiten. Was für eine großartige Idee!

Dan Minchen bekommt von Xerox sein reguläres Gehalt, damit er für Cephas Attica, Inc. arbeiten kann, eine religiöse Hilfsorganisation, die das Ziel hat, frühere Sträflinge auf das Leben außerhalb der Mauern vorzubereiten. Cephas betreibt Häuser, wo die ehemaligen Sträflinge während der Übergangszeit wohnen können, sie sorgt für Berufsausbildung und berät die, welche den Übergang zur normalen Gesellschaft schaffen wollen. In dem Artikel in der Times sagte Minchen: „Wenn Sie neben jemandem sitzen, der eine lebenslange Strafe von 30 Jahren absitzt, und Sie schauen ihn an und sehen, daß er so sehr wie Sie selbst aussieht … Das macht Sie nicht zu einer Person, die Gefängnisse abschaffen möchte … Es ist sehr wichtig, Verbindung zu Leuten zu haben, die anders sind." Wenn wir Leuten dazu verhelfen, sich selbst zu helfen, dann stellen wir eine Verbindung her, welche das Leben beider bereichert, des Helfers und dessen, welchem geholfen wird."

Unsere Firma ist aufgebaut auf dem Prinzip, daß Leute anderen Leuten helfen, sich selbst zu helfen. Unsere Berater haben nur dann Erfolg, wenn jeder, der unter ihnen arbeitet, ebenfalls Erfolg hat. Erfolgreiche Berater wissen das. Rex Renfrow weiß dies besonders gut. Ausschlaggebend für seinen Erfolg ist seine Gabe, anderen zu helfen.

„Sie müssen für andere Zeit finden", sagt Rex. „Ich bin oft mitgegangen, um anderen bei ihren Präsentationen zu helfen, obwohl ich keine Lust dazu hatte. Ich wußte, daß ich am nächsten Morgen einer anderen wie John und Sharon Bouma, Ed und Elsa Prince, Pete und Pat Cooke, Jim und Nancy Dornan und Millionen anderer wie ihnen in ganz Amerika und rund um die Welt?

Diese Männer und Frauen, die Vollzeit auf dem privaten oder öffentlichen Sektor arbeiten, im Sport oder in der Wissenschaft mögen vielleicht nicht so heroisch oder hingebungsvoll wirken wie die sozial Engagierten, die in diesem Bereich Vollzeit arbeiten, aber ich weiß um die Zeit und das Geld, die Ideen und die Energie, die sie freiwillig aufbringen. Für mich sind diese mitmenschlichen Kapitalisten die unbekannten Helden an der Front des Kampfes gegen das Leid. Wenn Sie schon ein mitmenschlicher Kapitalist sind, der Zeit und Geld denen widmet, die sich nicht selbst helfen können, begrüße ich Sie in unserem Kreis. Sind Sie es nicht, wollen Sie sich dann nicht uns anschließen? Ich weiß, daß es teuer und zeitaufwendig klingt, sich einer Sache wie mißhandelten Kindern, Aids-Kranken oder geistig oder körperlich Behinderten zu widmen, aber worum immer es sich drehen mag, auf lange Sicht werden Zeit und Geld, welche wir dafür aufwenden, die beste Anlage unseres Lebens sein.

Wie man ein menschlicher Kapitalist wird: Um ein menschlicher Kapitalist zu werden, bedarf es zumindest der folgend sechs Schritte. Es ist nicht wichtig, wie oder in welcher Reihenfolge sie durchgeführt werden, aber alle sechs im einzelnen sind nötig, ehe wir wirklich etwas erreichen können.

1. Wir müssen aufhören, Entschuldigungen zu erfinden.
2. Wir müssen an uns selbst glauben.
3. Wir müssen die Fakten über die Not der Menschen kennen.
4. Wir müssen herausfinden, was wir zu unserem eigenen Anliegen machen wollen.
5. Wir müssen uns für einen eigenen Plan entscheiden.
6. Wir müssen hart arbeiten, um ihn durchzuführen.

Wir müssen aufhören, Entschuldigungen zu erfinden

Unglücklicherweise erwarten zu viele Menschen, daß jemand anderer die Probleme löst, denen wir uns gegenübersehen. Sie hoffen, daß andere Menschen oder Einrichtungen sich bereitfinden, die Bedürfnisse zu stillen. Sie sitzen herum und warten, zeigen mit den Fingern auf andere und bauen Mauern um sich herum, wo es doch wirklich keine Zeit mehr gibt, um zu warten, wo niemand anderem die Schuld gegeben werden kann und keine Mauern hoch genug sind, um uns vor den Folgen unserer Untätigkeit zu schützen. Wir können nicht fortfahren, diese weidlich bekannten Entschuldigungen vorzubringen, um uns davor zu drücken, denen zu helfen, die sich nicht selbst helfen können.

Was für Probleme? Ich sehe keine Probleme: Wir geben gerne vor, daß die Probleme von selbst verschwinden, wenn wir sie nur lange genug ignorieren. Einige Leute bringen es sogar fertig, Problemen so lange aus dem Weg zu gehen, bis sie wirklich selbst davon überzeugt sind, daß die Probleme nicht existieren.

In Florida sah ich nach den schrecklichen Verwüstungen, die der Hurrikan Andrew angerichtet hatte, eine Frau, die ein grellfarbiges T-Shirt mit der Aufschrift trug: „Ich bin die Königin der Verweigerung." Es gibt Zeiten, in denen es uns über unseren kurzzeitigen Streß hinweghilft, die Langzeitprobleme nicht zu sehen. Aber meistens ist Verweigerung ein sehr großes Hindernis, die Macht der Menschlichkeit einzusetzen.

Es ist ihre Schuld, nicht unsere: „Sie haben das Problem geschaffen", schreien Leute bei politischen Treffen und über die Zäune ihrer eigenen Beschränktheit hinweg, „sollen sie sie auch lösen." Wie leicht ist es, Schuld zuzuweisen! „Die Armen wollen nicht arbeiten", habe ich viele sagen hören. „Die Reichen zahlen nicht genügend Steuern", wird schnell zur Verteidigung vorgebracht. Wir werden nie auf einen grünen Zweig kommen, so lange wir irgend jemanden beschuldigen, sei er reich oder arm. Und, nachdem wir die Schuld „verteilt" haben, machen wir uns daran, die Ungleichheit mit einem Gesetz, einer neuen Steuer oder einer neuen Beschränkung zu korrigieren. „Wir müssen die Armen zum Arbeiten zwingen", sagen einige. „Wir müssen es begrenzen, wieviel Geld die Reichen machen können", antworten andere. Und so geht es weiter: Schuldzuweisungen führen zu verzweifelten und wenig hilfreichen Aktionen, und die Probleme bleiben weiterhin ungelöst und die Bedürfnisse weiterhin unbefriedigt.

Stellen Sie sich vor, was geschehen würde, wenn die Spieler in meinem Orlando Magic NBA Basketballteam zu mir kämen und sich über die Geschwindigkeit und die Tüchtigkeit von Michael Jordan von den Chigaco Bulls beschweren würden und ihn für einen verlorenen Kampf schuldig sprechen würden. „Er springt einfach zu hoch", könnten sie sagen, oder „Er rennt zu schnell. Das ist nicht fair. Lassen Sie ihn Gewichte an seinen Füßen tragen. Strafen Sie ihn, wenn er höher als 1,50 Meter vom Boden hochspringt."

Das wäre verrückt. Wenn Michael Jordan durch die Luft segelt, träumt unser ganzes Team (und Millionen von Fans, die zusehen) davon, ebenfalls zu fliegen. Gott gab Michael Jordan wunderbare Gaben, aber er entwickelte sie weiter und gab ihnen eine bestimmte Richtung. Jetzt setzt er für uns alle einen höheren Standard bei den Spielen. Durch sein Beispiel zwingt uns Michael Jordan, unsere eigenen Gaben zu erkennen, sie weiterzuentwickeln und sie auf eine gewisse Linie zu bringen. Versuchen Sie nicht, Michael Jordan einzuschränken. Lassen Sie es zu, daß er uns mit seinen Leistungen inspiriert. Und dabei werden wir alle dazu angeleitet, für uns selbst neue Standards der Tüchtigkeit zu erreichen.

Das ist das Problem der Regierung, nicht unseres: Zu viele Menschen glauben immer noch, daß die Lösungen in Washington, D.C., oder in den Hauptstädten der einzelnen Staaten oder den Rathäusern liegen. Agenturen werden ins Leben gerufen. Ernennungen werden vorgenommen. Die Bürokratie wächst. Die Steuern werden erhöht. Milliarden werden ausgegeben. Aber ändert sich nichts. Die Probleme werden immer schlimmer, während man immer weniger gegen sie zu tun scheint. Die Regierung scheint im Schaffen von Problemen tüchtiger zu sein als bei ihrer Lösung. Und tatsächlich *ist* in vielen Gegenden die Regierung das Problem.

Wir tun genug, indem wir unser Geschäft am Laufen halten: Jim Janz, einer unser erfolgreichsten kanadischen Berater, gab folgende Warnung von sich: „In unserer Art von Geschäft besteht die Gefahr, daß wir so viel damit zu tun haben, anderen dabei zu helfen, anderen ihr Geschäft aufzubauen (weil das wiederum dazu beiträgt, unser eigenes aufzubauen), daß wir rund um uns die Bedürftigen vergessen.

Wir tun das später: Die meisten Leute möchten denen helfen, die sich selbst nicht helfen können. Aber wir sind auch geneigt, das aufzuschieben. So wollen viele von uns großzügig von unserer Zeit und unserem Geld abgeben, aber wir warten, bis wir größer oder reicher oder freier sind. Wir warten und warten und warten, bis es plötzlich zu spät ist. „Wenn wir uns nicht mitmenschlich verhalten, solange unser Geschäft klein ist", warnt Jim Janz, „dann ist es nicht sehr wahrscheinlich, daß wir es überhaupt jemals tun werden."

Es gibt endlose Mengen von Entschuldigungen, die uns davon abhalten, jemals in mitmenschlicher Weise zu handeln. Hier haben Sie noch ein paar Beispiele für die Entschuldigungen, die wir alle schon einmal benutzt haben. *„Ich würde ja gerne helfen, aber ich hab' jetzt im Moment viel zu viel zu tun ..." „Ich bin selbst ein bißchen hinten dran mit meinen Rechnungen ..." „Ich weiß ehrlich nicht, wo ich anfangen soll ..."*

Als Jim und Nancy Dornan von den hundertundsechzig mißhandelten Kindern in Olive Crest hörten, hätten auch sie endlose Entschuldigungen vorbringen können. Sie hatten ihren eigenen Sohn Eric, um den sie sich kümmern mußten. War das nicht genug? Ihre medizinischen Rechnungen und Krankenhausabrechnungen verschlangen Hunderttausende von Mark. Wie konnten sie noch mehr geben, um anderen zu helfen? Während eines Zeitraumes, zu dem Erics Leben akut bedroht war, schlief Jim Dornan volle drei Monate lang neben seinem kleinen Sohn in dem Krankenhauszimmer. Wo hätte er Zeit finden können, um seinen Beitrag für die mißhandelten Kinder zu leisten?

Die Dornans hätten Gründe gehabt, den Kindern weder Zeit noch Geld zu widmen, aber sie lehnten es ab, diese Gründe zu Entschuldigungen werden zu lassen, und so streckten sie ihre Hand aus, um zu helfen, und wie wichtig war das für sie selbst und für die Kinder! Dies bringt uns zum zweiten Schritt auf dem Weg, Menschen zu helfen, die sich selbst nicht helfen können.

Glauben Sie an sich selbst!

Ein menschlicher Kapitalist zu werden beginnt mit der Entscheidung, daß Sie etwas verändern können. Wir brauchen die Probleme der Welt nicht alleine zu lösen. Aber wir müssen genügend Glauben an uns selbst besitzen, um die Überzeugung zu gewinnen, daß wir etwas tun können.

„Wir hatten keine Vorstellung von dem Geld oder den freiwilligen Stunden, die wir aufbringen konnten", erinnert sich Jim, „ehe wir es probierten. Wir glaubten nicht, daß wir viel tun könnten, aber wenn wir in die Gesichter jener Kinder schauten, dann wollten wir etwas ändern. Als nächstes hatten wir Hunderttausende von DM für die Sache aufgetrieben, und was war das für ein großartiges Gefühl für uns alle!"

Glauben Sie an sich selbst? Sind Sie überzeugt, daß Sie eine Änderung herbeiführen können? Haben Sie die Absicht, es zu versuchen? Wenn es so ist, dann sind Sie bereit, zum dritten Schritt weiterzugehen.

Wir müssen uns die Fakten über die Not der Menschen besorgen

Wenn wir uns Sorgen über die Nöte der Welt machen, könnten wir so niedergeschlagen sein, daß es uns lähmt und wir unfähig sind, irgendeines von diesen Bedürfnissen zu stillen. Oder wir könnten so intensiv versuchen, bei jedem Fall zu helfen, daß unsere eigenen Ressourcen dahinschmelzen würden und wir in völliger Erschöpfung enden würden, als Teil des Problems und nicht seiner Lösung. Wenn man überall hinzielt, trifft man nie etwas.

Stanton Evan beobachtete seinen Vater, wie er seiner dörflichen Gemeinschaft diente. „Er arbeitete hart, um den Lebensunterhalt zu verdienen und die Rechnungen der Familie zu bezahlen", erinnert sich Stan, „aber wenn sein Arbeitstag vorüber war, arbeitete er als Freiwilliger. Er diente unserem Land in der Distriktbehörde für Bodenerhaltung, im Schulgremium und in der Distriktsabteilung der Feuerwehr. Er nahm sich ein Problem nach dem anderen in unserer Stadt vor, und eines nach dem anderen half er zu lösen. Mein Vater lehrte mich, daß man, wenn man sich mit zu vielen Dingen befaßt, seine Begabungen verzettelt, seine Familie schädigt und schließlich sich selbst kaputtmacht."

Sie sehen an der Auswahl der Tätigkeiten, daß Stan Evans Vater sich für die Produktivität der Erde, für die Kindererziehung und die Sicherheit seiner Gemeinde interessierte. Und auf einem Gebiet nach dem anderen unternahm er etwas, um die Probleme in seiner Heimatstadt zu lösen. An welchen Problemen sind Sie besonders interessiert? Welche Bedürfnisse sind es, für deren Lösung Sie sich begeistern? Verstehen Sie jene Probleme? Haben Sie über die Bedürfnisse Untersuchungen angestellt?

Wir müssen ein Problem verstehen, ehe wir zu seiner Lösung beitragen können. Die Probleme, vor denen wir stehen, sind kompliziert, und es ist leicht, bei ihrer Beurteilung Fehler zu machen. Wir sind dafür verantwortlich, uns die Fakten selbst zu besorgen. Wenn wir das nicht tun, laufen wir Gefahr, mehr Schaden anzurichten als Gutes zu tun. Mitmenschliche Kapitalisten sind gut informiert.

Unser Freund Kaoru Nakajima sah, wie ein Blindenhund seinen Herrn durch einen Flughafen in Japan führte. „So weit ich mich erinnere, war das der erste Blindenhund, den ich gesehen habe", erklärt Herr Nakajima. „Ich war bewegt, als ich jenen Hund arbeiten sah. Von meiner Reise zurückgekehrt suchte ich also die Blindenhundvereinigung in Japan auf. Ich besuchte ihre Büros und sah den Hunden beim Training zu. Ich las die jährlichen Berichte und entdeckte, wie sehr jene Organisation auf Spenden angewiesen war, um zu überleben. Als ich meine kleine Erkundigungstour abgeschlossen hatte spendete ich eine Million Yen für die Sache. Am nächsten Tag sah ich eine junge blinde Frau schnell und ohne Angst hinter ihrem Blindenhund durch die Straßen von Osaka gehen. Ich hatte in meinem Herzen das starke, gute Gefühl, zu wissen, daß ich in irgendeiner kleinen Weise jener Frau geholfen hatte, die sich selbst nicht hätte helfen können."

Die Lösungen für die Probleme der Welt sind nicht irgendwo da draußen – in irgendeiner Regierungsbürokratie –, sie sind genau hier, in unserer Nachbarschaft. Wenn wir hinausgehen und die Tatsachen über die Probleme erfahren, dann tun wir damit schon den ersten konkreten Schritt zu ihrer Lösung. Es gibt viele bedrückende Probleme, die dringend unserer Aufmerksamkeit bedürfen, Probleme, die sich auf die Menschen und unseren Planeten beziehen. Wir brauchen eine gesunde Umwelt, um darin zu leben, aber wir wollen auch eine gerechte Gesellschaft. Unser Ziel ist nicht nur eine gesunde Erde, sondern es sind auch gesunde Menschen, die sie bewohnen. Lassen Sie uns einige der Tatsachen betrachten.

Wir müssen herausfinden, was wir zu unserem eigenen Anliegen machen wollen

Mit Leid kann man in vielfältiger Weise konfrontiert werden. Manchmal werden wir von jemandem, den wir zufällig auf unserem Weg treffen, dazu angeregt, zu handeln. Ohne daß wir es jemals geplant hätten, beginnt unser Interesse an jenem Menschen und seinem Bedürfnis in uns zu wachsen. Als nächstes wird dieser Mensch für uns zu einem „Fall", der uns Freude bringt und Zeit und Geld kostet.

Armut: Im Jahr 1991 lebten schätzungsweise 36 Millionen Amerikaner – oder etwa 14,7% unserer Gesamtbevölkerung – in Armut. „Die Armen sind unsere Brüder und Schwestern", schrieb Mutter Theresa. „Sie sind Leute, die unsere Liebe brauchen, die unsere Fürsorge brauchen, denen wir das Gefühl geben müssen, gebraucht zu werden." *Welches sind die Fakten über die Armut? Was können wir tun, um den Graben zwischen den Armen und den Reichen schließen zu helfen? Wer sind die Armen in unserer Stadt, die sich nicht selbst helfen können, und was können wir tun, um ihnen zu helfen?*

Kindersterblichkeit: Die Vereinigten Staaten haben die höchste Kindersterblichkeitsrate aller Länder in der industrialisierten Welt. *Welches sind die Fakten über Kindersterblichkeit? Warum sterben unsere Babys? Und was können wir tun, um sie zu retten?*

Ungenügendes Krankenversicherungssystem: Wir haben ein Gesundheitssystem in Amerika, das 37 Millionen Leute ohne irgendeine Krankenversicherung läßt. Viele von den Lösungen, die angeboten werden, sind gefährlich und irreführend, aber es muß etwas getan werden. *Welches sind die Fakten über die Gesundheitsfürsorge? Wer sind die Leute und welches sind die freiwilligen Organisationen, die bereitstehen, zu helfen? Wie können wir uns daran beteiligen?*

Analphabetentum: Wir haben ein Erziehungssystem, das unzureichend ist und sich rapid verschlechtert. Highschool-Studenten legen Examen ab, ohne schreiben und lesen zu können. Experten behaupten, daß 20 bis 30 Millionen Amerikaner praktisch Analphabeten sind. *Welches sind die Fakten über das Erziehungswesen? Was muß in unseren Schulen unternommen werden? Könnte ich freiwillig als Assistent eines Lehrers arbeiten, als Trainer, als Privatlehrer, als Klassenvater oder -mutter, als ein Freund unserer benachbarten Schule oder Bibliothek? Was können wir tun, um zu helfen?*

Verbrechen und Drogen: Unsere drogenbedingten Verbrechens- und Mordraten sind unsere höchsten in der Welt. *Welches sind die Fakten über Verbrechen und Drogenproblem in unserer Stadt? Was muß getan werden, um den Kindern und anderen Opfern an unserem Wohnort zu helfen? Welche Kirchen, Organisationen, Einzelpersonen sind dort draußen auf den Straßen und riskieren wirklich etwas, um Menschen in Not zu helfen? Wie können wir helfen?*

Obdachlosigkeit: Es gibt Schätzungen, daß an die drei Millionen Amerikaner obdachlos sind, daß das Durchschnittsalter eines Obdachlosen nur 32 Jahre beträgt, und daß ganze Familien 25% unserer obdachlosen Bevölkerung ausmachen. *Was sind die Fakten über die Obdachlosigkeit in diesem Lande? Wer sind die Obdachlosen in unserer Stadt? Wie können wir ihnen helfen, passenden Wohnraum zu finden und wieder ein positives Leben zu beginnen?*

Mitmenschliche Kapitalisten werden verzweifelt benötigt, um all diese Probleme der Welt zu lösen. Überall gibt es Menschen, die dringend Hilfe benötigen, bevor sie ihren Weg finden, um auf eigenen Beinen zu stehen. Die Regierung hat einige halbherzige Versuche unternommen, aber im Ganzen gesehen haben die Bürokratien der Regierung elend versagt. Gelegenheiten und Anreize für unsere armen Nachbarn zu schaffen, so daß sie die Vorteile des Systems der freien Marktwirtschaft wahrnehmen können, ist eine Herausforderung, die einer Lösung harrt. Wo die Regierung versagt hat, müssen mitmenschliche Kapitalisten ihren Platz einnehmen und die Lücke mit neuen Ideen und wirkungsvollem Handeln schließen.

Diskriminierung: Rassische, religiöse, sexuelle und altersbedingte Diskriminierung sind alle ernstliche Probleme, die mitmenschlicher Lösungen bedürfen. Wir schulden es uns selbst – und unserem Lande –, uns über diese Zustände zu informieren. Geben Sie sich nicht mit vereinfachenden Erklärungen oder einseitigen Blickwinkeln zufrieden. Verbinden Sie Ihre Menschlichkeit mit einem guten Stand an Information und mit kritischem Urteilsvermögen. *Welches sind die Fakten? Was muß gegen die Diskriminierung in unserer Schule, Kirche oder unserem Viertel getan werden? Ist dies ein möglicher Ort, wo ich mich nützlich machen könnte?*

Beziehungen zwischen Betriebsleitung und Arbeitnehmern: Mitmenschlicher Kapitalismus schließt beide ein, jene, die arbeiten und jene, die in der Leitung tätig sind. Jeder hat eine Verantwortung gegenüber dem anderen. Ein echter mitmenschlicher Kapitalismus könnte auf dem Markt eine revolutionierende Wirkung haben – eine Revolution, wie sie der Marxismus nie und nimmer hervorbringen könnte.

Welches sind die Fakten? Was muß man tun, um die Beziehungen in unserer Familie, zwischen Lehrern und Studenten und zwischen dem Chef und seinen Angestellten in Ordnung zu bringen?

Verantwortlichkeit: Jeder verfolgt jeden – das ist das Ergebnis einer Gesellschaft, die niemals Verantwortung für ihre eigenen Aktionen übernimmt. Das Problem der Verantwortlichkeit kostet unsere Nation Milliarden von Mark. Es verteuert die Verbrauchsprodukte. Es verhindert Neuerungen und hindert Erfindungen daran, auf den Markt zu kommen. Es läßt medizinische Kosten ins Unermeßliche steigen. Es drückt die Versicherungsraten für Autos nach oben. Der mitmenschliche Kapitalist fragt sich: „Wie können wir einen Weg finden, um diese schlimme Situation zu stoppen? Welche fairen und machbaren Mittel können wir finden, um Streitereien zu schlichten und gerechte Belohnungen auszugeben? Wie können wir dem Zustand ein Ende machen, daß Gier belohnt wird?"

Welches sind die Gründe, die dahinterstehen, daß einer den anderen verfolgt? Was sollten wir tun, wenn uns Unrecht geschehen ist? Können wir die Verantwortung für unsere eigenen Fehler übernehmen und damit aufhören, zu erwarten, daß andere für sie bezahlen?

Das nationale Schuldenvolumen: Wir Amerikaner sind eine Nation, die dem kurzfristigen Vergnügen ergeben ist. Wir wollen alles jetzt gleich. Es gefällt uns nicht, zu warten. So kaufen wir Dinge auf Kredit – ehe wir das Geld wirklich verdient haben. Verglichen mit anderen Industrienationen haben die Amerikaner praktisch keine Ersparnisse. Warum sparen, wenn man doch auf Kredit einkaufen kann? Das ist unsere nationale Mentalität. Ist es da ein Wunder, daß unsere Politiker dasselbe tun? Der mitmenschliche Kapitalist möchte den künftigen Generationen ein Vermächtnis hinterlassen, und zwar eine ausgeglichene Handelsbilanz und reichlich natürliche Ressourcen.

Welches sind die Fakten über die Schulden unseres Volkes? Was können wir daran ändern? Arbeiten wir daran, uns selbst aus Schulden herauszuhalten?

Ehe Jim und Nancy Dornan sich mit den Kindern von Olive Crest befaßten, hatten sie sie über das wachsende Problem der Kindesmißhandlung in Amerika gelesen. Sie erfuhren, daß eines von vier Kindern in diesem Land vor seinem fünften Geburtstag von einem Elternteil ernsthaft verletzt wird. Die Statistiken waren schon schlimm genug, aber diese Zahlen erwachten in erschütternder Weise zum Leben, als die Dornans eines der Kinderheime für mißhandelte Kleinkinder besuchten und mit ihren eigenen Augen die mit blauen Flecken übersäten Gesichter und die gebrochenen Gliedmaßen, die Brandwunden und die schrecklichen Narben sahen.

Wenn wir die Probleme aus erster Hand sehen, wenn wir die Menschen in Not treffen und ehrlich mit den Leuten sprechen und ihnen zu helfen versuchen, dann geht in uns eine Veränderung vor. Unser Blick wird klarer. Unsere Ziele verengen sich. Wenn wir uns von Problemen persönlich betroffen fühlen, dann sind wir auch in der Lage, etwas zu unternehmen. Sehen wir die Probleme distanziert, dann handelt es sich für uns um das Chaos anderer Leute, das diese aufzuräumen haben. Sehen

Sie den Unterschied? Wir – Sie und ich, jeder von uns – müssen etwas dazu beitragen. Wir können etwas verändern, aber erst müssen wir die Fakten kennen. Oben habe ich einige der Probleme aufgelistet, die mir am meisten Sorgen machen, und einige ausgewählte Fakten oder statistische Daten, die mir helfen, diese Probleme zu verstehen. Aber das ist nur eine Liste, die Erinnerung hervorrufen soll. Worin liegt die Not in Ihrem Viertel oder dort draußen in der Welt, gegen die Sie etwas unternehmen möchten? Auf dem Gebiet Ihrer Wahl eine Entscheidung zu treffen, ist der vierte Schritt auf der erregenden Reise, Menschen zu helfen, die sich nicht selbst helfen können.

Manchmal kommen die Fälle persönlich zu uns: Erinnern Sie sich an meinen Freund Dan Williams, den selbstbeherrschten Stotterer, der einer unserer erfolgreichsten Berater in Kalifornien wurde? Während eines Besuchs in Präsident Fords Haus in Vale, Colorado traf er eine Familie, deren kleine Tochter Maggie ein ernstes Problem mit dem Stottern hatte.

„Sie war ein schönes kleines Mädchen“, erinnert sich Dan. „Aber ihr Stottern machte sie so verlegen. Während des Essens an jenem Tag erzählte ich Maggie über meinen lebenslangen Kampf, meine eigenes Stottern unter Kontrolle zu bringen. Sie war fasziniert. Nach kurzer Zeit wurden wir Freunde. Während der letzten Jahre habe ich mit Maggie und ihren Eltern gearbeitet. Diesem kleinen Kind zu helfen, sein Problem mit dem Stottern zu überwinden und ihre Eltern dabei zu beraten, wurde für mich eine wirkliche Herausforderung.“

Manchmal sehen wir uns plötzlich dringenden Notfällen gegenüber: Ohne Vorwarnung könnten wir zu entscheiden haben, ob wir Opfern helfen wollen. Durch einen Nachbarn entdeckten Max und Marianne Schwarz ein kleines Mädchen in ihrer Heimatstadt in Deutschland, welches eine sofortige Knochenmarkstransplantation brauchte. Ohne diese schwere und teuere Operation würde das Mädchen sterben. Freunde und Nachbarn hatten Geld gesammelt, aber der Notfundus war um 40.000 DM zu gering. Max und Marianne mußten eine Entscheidung treffen. Würde dieses kleine Mädchen einer ihrer vielen Fälle werden? Sie halfen schon dabei, ein Waisenhaus in der Nähe ihrer Heimatstadt und ein Krebskrankenhaus für Kinder in Ostdeutschland zu unterstützen. „Wir stellten den Scheck aus“, erinnert sich Marianne. „Wir waren dankbar, daß unser Geschäft in jenem Jahr Profit abgeworfen hatte, und wir waren froh, diesen Profit mit einem Kind in Not teilen zu können.“

Als der Hurrikan Andrew heulend eine Spur der Zerstörung über Florida und Louisiana gelegt hatte, beeilte sich die Amway Corporation, schnellstens Nahrungsmittel und Reinigungsprodukte im Wert von über zwei Millionen DM in die verwüstete Region zu bringen. Freiwillige Berater von überall im Land, die sich auf ihre eigenen Kosten versammelten, um die Notvorräte zu verteilen, brachten Geld, Werkzeuge und andere Hilfe, um Beistand leisten zu können.

Bill Childers sprach für all unsere Berater, als er sagte: „Wir sind nur ein kleiner Teil des Puzzle. So viele andere gute Menschen schalteten sich ein, um zu helfen. Wir arbeiteten Seite an Seite mit dem Roten Kreuz, der Heilsarmee, der International Aid, mit Dutzenden von großen und kleinen Firmen und einzelnen freiwilligen Helfern von überall im Lande, die eine schreckliche Not sahen und ihre Hand ausstreckten, um zu helfen. Ich bin stolz auf unsere Amway-Leute", fügte er hinzu. „Sie haben bewiesen, daß es ihnen ernst ist, wenn sie sagen: ‚Wenn du Hilfe brauchst, brauchst du nur anzurufen, und wir werden da sein.'"

Manchmal kommen Fälle auf uns zu, weil wir in unserem Leben ähnliche Leiden erlebt haben: Peter und Eva Müller-Meerkatz hatten ein Kind, das geistig behindert war. Ihre tief empfundenen persönlichen Erfahrungen veranlaßten sie dazu, die Patenschaft über eine Behinderteneinrichtung in ihrem eigenen Dorf zu übernehmen.

„Wir unterstützen diese kleine Gemeinschaft", sagt Peter lächelnd, „weil sie uns brauchen. Das ist alles. Irgendwann waren diese Patienten intelligente, produktive Menschen mit akademischem Grad und eigenen Geschäften. Jeder von diesen lieben Leuten machte irgendeine Art von Drama durch, welches zu ihrer geistigen oder gefühlsmäßigen Zerstörung führte. Sie waren nicht mehr fähig, sich um sich selbst zu kümmern. So traten wir an diese Stelle."

Die Familie Müller-Meerkatz hat die Trägerschaft für die Rocco Corporation übernommen, um dazu beizutragen, diese Männer und Frauen mit Arbeiten zu beschäftigen, die sie noch tun können. „Sie falten Post und stecken sie in Kuverts", sagte Eva stolz. „Sie backen Plätzchen. Sie setzen Kalender zusammen. Wir sind stets auf der Suche nach Arbeiten, die sie ausführen können, um dazu beizutragen, sich selbst zu erhalten und gleichzeitig zu helfen, ihren Sinn von Würde und Selbstwert wiederherzustellen."

Jim und Nancy Dornan wählten ihre Arbeit mit mißhandelten Kindern aus einem einfachen Grund. „Wir lieben Kinder", erklärt Nancy, „und wir hassen es, sie leiden zu sehen. Außerdem", setzt sie lächelnd hinzu, „hatten wir selbst nur zwei Söhne, Eric und David, und eine Tochter, Heather. Warum nicht noch 160 dazunehmen?"

Nach meinem Herz-Bypass-Eingriff begann ich darüber nachzudenken, was ich aus meiner eigenen Berührung mit dem Tod gelernt hatte. Zuerst entdeckte ich, wie wichtig Krankenhäuser sind, wenn wir Tage und Nächte des Leidens erleben. Aber Krankenhäuser und ihre Belegschaften benötigen auch unsere Hilfe. Neue lebensrettende Technologie ist teuer und oft Leuten mit niedrigem Einkommen nicht zugänglich. Um dem Butterworth Hospital und seinem tüchtigen und hingebungsvollen Personal unsere Dankbarkeit zu beweisen, spendierten Helen und ich dem Krankenhaus einen neuen Gebäudetrakt. Zu Ehren des Engagements meiner Frau für ihre Gemeinschaft benannte der Vorstand unser Geschenk als Helen-DeVos-Frauen- und Kinderkrankenhaus.

Zweitens lernte ich noch einmal, daß Beiträge in Form von Zeit und Energie oft genauso wichtig sind wie Geld. Wir alle, Arbeitgeber wie Arbeitnehmer, leben ein beschäftigtes und stressiges Leben. Die meisten von uns wachen morgens auf und sind schon am Rennen, und abends schlüpfen sie total erledigt ins Bett. Trotzdem ist die Zeit, die wir als Freiwillige den wohltätigen und religiösen Organisationen zur Verfügung stellen, an welche wir glauben – ob es sich nun darum handelt, Briefe in Kuverts zu stecken oder finanzielle Sammelaktionen zu leiten –, so wichtig für die Gesundheit und das Wohlergehen unserer Gemeinschaft.

Drittens habe ich während meines Kampfes mit meiner Herzkrankheit dazugelernt, daß viel zu viele von uns – einschließlich meiner Person – nicht genug über die vorbeugende Medizin wissen. Infolgedessen wissen wir auch nicht, wie wir für unseren Körper vorsorgen können. Und wenn dann etwas zusammenbricht, ist es zu spät. Aus diesem Grund lud ich Steve und Patricia Walters Zifferblatt dazu ein, sich unserer Gesellschaft von Freunden in Grand Rapids anzuschließen.

Ich traf Dr. Zifferblatt, als er im Pritikin Health Institute in Santa Monica, Kalifornien Direktor und Pat Programmdirektor war. Dieses Gesundheitsteam aus Mann und Frau half, mein Leben zu retten. Obwohl ich recht gesund aussah, bestanden Steve und Pat darauf, daß ich mich einer gründlichen physikalischen Untersuchung unterziehen sollte, als ich ihr Pritikin Center besuchte. Während eines Leistungs-EKGs bemerkten sie Anzeichen von Herzunregelmäßigkeiten. Kurz danach wurde ich ins Butterworth-Krankenhaus aufgenommen, um meinen Sechs-Wege-Bypass zu bekommen.

Steve und Pat erinnern uns gerne an das alte Sprichwort „Dein Leben liegt in deinen Händen“. Sie überlegten sich meine Einladung sehr sorgfältig, und dann zogen sie nach Grand Rapids und verlegten ihr Better Life Institute in unser Amway Grand Plaza Hotel. Die Familie Zifferblatt stellt eine dritte Art von Geschenk dar, das Geschenk von Ideen und ihrer Kraft, Leben zu ändern (und zu retten). Steve und Pat Zifferblatt sind im Dienst von Amway und ihrem Better Life Institute durch unser ganzes Land und um die Welt gereist, um unseren Freundeskreis ihre eigenen Übungstechniken, was Streßreduktion, Gewichtskontrolle, lebensrettende Verhaltensänderungen und gesunde Ernährung angeht, zu lehren.

Das von ihnen angebotene Programm während eines siebentägigen Aufenthalts im Grand Plaza Hotel hat vermutlich Tausenden von Menschen gut getan und dazu beigetragen, ihr Leben zu erhalten.

Ich spreche über diese drei Geschenke für die körperliche Gesundheit, die Helen und ich gemacht haben, nur aus einem Grund, nämlich um aus unserer eigenen Erfahrung heraus zu veranschaulichen, wie oft wir Geld, Zeit und Ideen Organisationen und einzelnen spenden, die zuerst ihre helfende Hand nach uns ausgestreckt und unser Leben berührt haben, als wir uns in Not befanden.

Wie Albert Schweitzer einmal sagte: „Der Sinn des menschlichen Lebens ist es, zu dienen und Menschlichkeit und Willen zu zeigen, anderen zu helfen.“ Sein Anliegen führte ihn in ein abgelegenes Dorf in Afrika. Welches Anliegen hält Ihr Herz gefangen? Wohin wird es Sie führen? Sich für eine Sache, für irgendein Anliegen zu entscheiden, könnte für Sie wie für jene anderen der Anfang der aufregendsten und lohnendsten Reise Ihres Lebens sein.

Wir müssen unseren eigenen Plan entwickeln

Ist uns unser Anliegen einmal klargeworden, so müssen wir einen ernsthaften Plan entwickeln, um unser Handeln zu steuern. Wir müssen unsere Ziele genau niederschreiben, und wann und wie wir sie zu erreichen planen. Wir müssen unseren Fortschritt schriftlich festhalten, Leute finden, die uns helfen sollen, den Kurs ändern, sollte es notwendig sein, und feiern, wenn wir unsere Aufgabe erfüllt haben.

Manchmal starten wir von Null aus: Dexter und Birdie Yager waren entschlossen, ein Sommerlager zu organisieren, damit auch Kinder die Idee des freien Unternehmertums verstehen und an ihm teilnehmen könnten. Sie hatten niemals ein Lager gebaut oder verwaltet. Aber mit der Hilfe ihrer Familie entwickelten sie einen Plan. „Wir wußten, wir würden Fehler machen“, gibt Dexter zu, „aber wir geben der Idee eine Chance, und jeden Tag wachsen wir etwas mehr in die Richtung unseres Ziels.“

In anderen Fällen beteiligen wir uns an den Plänen anderer: Al und Fran Hamilton entwickelten Interesse am United Negro College Fund. „Sein Motto – ‚Es ist schrecklich, einen menschlichen Geist zu vergeuden‘ – berührte uns wirklich“, erinnert sich Al. „So beschlossen wir, diese Vergeudung zu beenden. Für die letzten sieben oder acht Jahre haben wir mit Lou Rawls und seiner Fernseh-Spendenaktion für den United Negro College Fund zusammengearbeitet. Wir veranstalten jedes Jahr sogenannte ‚Offene Häuser‘, um große Dinnerpartys mit Tanz zu veranstalten und unseren Nachbarn und Freunden die Notlage zu zeigen, und sie dazu anzuregen, zu spenden. Ich schätze, wir haben in den letzten Jahren so ziemlich genau an die 75.000 DM beigetragen. Und jedes Mal, wenn ich einen weiteren jungen schwarzen Mann oder ein Mädchen sehe, die an den großen schwarzen Colleges und Universitäten ihr Examen gemacht haben, dann habe ich ein gutes Gefühl, weil wir ein klein wenig zu ihrem Erfolg beitragen konnten.“

Nach dem Tod seiner ersten Frau und dem Leiden seines Sohnes Ben machte sich Brian Herosian ans Werk, um derartiges Leid beenden zu helfen. Fünf Jahre lang wirkten Brian und Deirdre auf nationaler Ebene, um für die Cystic Fibrosis Foundation Geld aufzutreiben. Heute arbeiten sie für die Gehörlosen.

„Als meine Familie durch all jenes Leid gehen mußte“, erinnert sich Brian, „sagten die Leute oft zu mir, ‚Du wirst sehen, daß sich alles noch zum Guten ändern wird‘. Damals waren ihre Worte nicht sehr hilfreich“, gibt er zu. „Es gab sogar Zeiten, wo ich gute Lust hatte, sie anzuschreien. Was konnte schon Gutes aus dem Tod meiner Frau und dem schrecklichen Leiden meines Sohnes entstehen? All das Gute auf der Welt würde nicht ausreichen. Ich bin immer noch der Meinung, daß diese Art, seine Sympathie auszudrücken, inmitten unserer persönlichen Krisen nicht viel Sinn hat, aber wenn ich zurückblicke, finde ich, daß es wahr war, was sie sagten. Eine gute Seite des Leidens ist es, daß wir empfindsamer werden für das Leiden anderer Menschen.“

Seit 1984 haben Amway und seine unabhängigen Berater über fünf 15 Millionen DM für Easter Seal aufgebracht. Diese Millionen setzten sich aus Tausenden von kleineren Spenden zusammen, die von unseren Beratern persönlich oder durch Benefiz-Bankette, Versteigerungen, Straßenverkäufe, Tombolas, Bowling-Wettkämpfe und Einzelspenden aufgebracht wurden. In unserem ganzen Land haben mitmenschlich handelnde Amway-Berater die Aktionen organisiert und durchgeführt und Zeit und Geld aufgewendet, um das zu erreichen. Als Ergebnis dieser menschlichen Zuwendung unserer Berater ist unsere Firma einer von lediglich fünf Sponsoren aus dem Geschäftsleben geworden, die zusammen die Trägerschaft für die Fernseh-Sammelaktion National Easter Seal Society „Million Dollar Club“ übernommen haben.

Als sich Jim und Nancy Dornan einmal entschlossen hatten, sich den mißhandelten Kindern zu widmen, machten sie Pläne, um auch dazu zu stehen. „Sie brauchten mehr Wohnungen für die Kinder“, entsinnt sich Jim, „also planten wir einen Bowling-Wettbewerb und baten Spieler, zu Sponsoren zu werden, die für jeden im Wettkampf umgelegten Kegel eine Geldspende machen sollten.“

„An jenem ersten Weihnachten“, erinnert sich Nancy, „wollten wir sicher sein, daß jedes Kind ein Geschenk unter seinem oder ihrem Christbaum vorfinden würde. So baten wir die Kinder, ihre eigenen Wunschzettel auszufüllen, und wir verteilten diese Listen an Freunde und Nachbarn.“

„Wir planten und machten Entwürfe“, sagt Jim, „und dann gingen wir an die Arbeit!“

Wir müssen hart arbeiten, um unseren Plan zu vollenden

Sich einem Anliegen zu verschreiben, kann eine gefährliche Sache sein. Ich vermute, das ist der Grund, warum es leichter ist, es jemand anderen tun zu lassen. Sich mit dem Leben derer zu befassen, die leiden, erfordert all die Freizeit, das übrige Geld und die überschüssige Energie, die wir haben. Die Träume anderer Leute wahr werden zu lassen, verlangt dieselbe Art von harter Arbeit und Hingabe, die wir aufbringen, um unsere eigenen Träume zu verwirklichen.

Jan Severn gibt freiwillig extra Stunden als Lehrassistentin. „Mit den tiefen Einschnitten in die Schulbudgets“, erklärt sie, „haben sich die Klassenstärken erhöht, und die Belastung der Lehrer hat sich verdoppelt. Wenn unsere Kinder die Ausbildung bekommen sollen, welche sie brauchen, dann werden wir alle einspringen müssen, um den Lehrern zu helfen, wirkungsvoll zu arbeiten.“

Dr. Stuart Menn begann sein Geschäft, um Zeit zu bekommen, freiwillig Forschungsarbeit für Leute durchzuführen, die mit Schlafstörungen kämpfen. „Ein praktischer Arzt hat hart zu arbeiten, um mit der Menge seiner Patienten gerade Schritt halten zu können“, erklärt er. „Normalerweise bleibt da keine Zeit übrig für Forschung und kein Geld, um eine Laborausrüstung zu kaufen oder Forschungsassistenten anzustellen. Das ist der Grund, warum ich mein Geschäft anfing“, betont er. „Seit meiner Ausbildungszeit hat mich die Idee nicht losgelassen, Hilfe für die zu finden, die nicht schlafen können. So verbringe ich jede freie Minute in meinem Laboratorium an der Arbeit, in der Forschung, am Schreiben, Lesen, Experimentieren, Testen und bei nochmaligen Kontrollen.“

„Ich bin nicht glücklich, wenn ich nicht Menschen helfen kann“, erklärt Frank Morales. Er und seine Frau Barbara haben ihr erfolgreiches Geschäft mit einem hauptsächlichen Ziel aufgebaut, nämlich übrige Zeit und übriges Geld dazu zu verwenden, Leuten in ihrer Gemeinschaft zu helfen. Im Jahr 1963 zogen sie nach Diamond Bar, Kalifornien. Seit jener Zeit hat Frank als Präsident der Vereinigung der Hausbesitzer gearbeitet, ist zum Ehrenbürgermeister ernannt worden und arbeitet seit vielen vielen Jahren als Direktor der Walnut-Valley-Unified-School-Districtbehörde. Er hat Tausende von ehrenamtlichen Arbeitsstunden geleistet, und die Zahl der Hilferufe ebbte nicht ab.

„Es ist viel Arbeit“, gibt Frank zu, „aber es gibt auch manche kleine Annehmlichkeiten. Ich hatte die Gelegenheit, meinen eigenen Kindern ihre Diplome zu überreichen, als sie ihren Abschluß im achten und zwölften Schuljahr machten“, erinnert er sich. „Das ist die Art von Begeisterung, die man ab und zu erlebt, wenn man versucht, in seiner eigenen Heimatstadt zu helfen. Ich versuche nicht, den Helden zu spielen“, fügt er lachend hinzu. „Ich arbeite freiwillig, weil es mir Spaß macht. Und wenn Sie das Gute sehen, welches dabei herauskommt, dann gibt es Ihnen das Gefühl, daß Ihr Leben für irgend etwas gut war.“

Über dem Bowling-Platz hing ein Schild mit der Aufschrift: „Heute abend Bowling-Wettbewerb.“ Innen war jede Bahn voll von begeisternden Freiwilligen, die wegen der mißhandelten Kinder gekommen waren. Das Geräusch der Kugeln, die die Bahnen hinunterrollten und die hölzernen Kegel trafen, mischte sich mit lautem Jubel, ausgelassenem Gelächter und aufstampfenden Füße.

Gegen die Mitte des Abends schoben Jim und Nancy Dornan Erics Rollstuhl durch die glückliche ausgelassene Menge. Eric war nun ein Heranwachsender, aber er wog nur 30 Kilogramm. Der Shunt in seinem

Kopf leitete giftige Flüssigkeiten aus seinem Gehirn ab, aber er litt immer noch an regelmäßigen Anfällen. An seiner Wirbelsäule waren Stangen aus rostfreiem Edelstahl befestigt, die vom Nacken bis zur Hüfte reichten. Ein Schlaganfall hatte den Gebrauch seiner Arm- und Beinmuskulatur stark eingeschränkt. Aber Eric war da, um für die mißhandelten Kinder Bowling zu spielen, und er war entschlossen, seinen Teil zu leisten.

Jim und Nancy zogen ihre Bowlingschuhe an und schoben Erics Rollstuhl hinaus an den Rand der Bahn. Für einen kurzen Moment breitete sich Schweigen über die lärmende Menge, die entlang der Bowling-Bahn stand. Jim wählte eine Bowlingkugel aus und kniete neben seinem Sohn nieder. Erics schwacher und zitternder Arm streckte sich aus, um die Kugel zu berühren.

„Fertig, Sohn?“ fragte Jim ruhig.

„Fertig“, flüsterte Eric und schaute die lange Bahn hinunter auf die zehn weißen Kegel an anderen Ende. Nancy schob Erics Rollstuhl an die richtige Stelle. Jim führte seinem Sohn die Hand. Eric zielte sorgfältig, und die Kugel hüpfte leicht auf den glatten Holzboden und begann zu rollen. Es war nicht ein einziger in der ganzen Menge an jenem Abend, der nicht um ein Wunder gebetet hätte, als sich die Kugel langsam in einem langgestreckten Bogen den Kegeln näherte. Jim hielt den Atem an. Nancy kämpfte mit den Tränen. Eric hielt den Atem an und wartete.

„Alle zehne!“ schrie die Menge einstimmig, und beide Eltern beugten sich hinunter, um ihren Sohn im gleichen Moment zu umarmen.

„Für die Kinder“, sagte Eric, schaute hinauf zu seinem Vater und strahlte wie ein Champion.

Die Menge brach in Beifall aus. Die Menschen lachten und schrien und griffen in ihre Taschen, als Eric sagte: „Für die Kinder.“

„Wir sammelten an jenem Abend 300.000 DM“, erinnert sich Jim, „um die Anzahlung für zwei neue Häuser für mißhandelte Kinder zu leisten. Ein Haus war für Kinder von zwei bis vier Jahren“, sagt er. „Kinder, die ihren Eltern auf immer weggenommen worden waren, um ihren Leiden ein Ende zu machen und ihr Leben zu retten. Ein Spender brachte einen Scheck in Höhe von McDonnel 60.000 DM von Douglas vorbei“, fügte Jim hinzu, „aber an jenem Abend gab es keine Spende, die sich auch nur vergleichen ließ mit dem Geschenk, das Eric uns allen machte.“

Wie Jim, Nancy und ihr Sohn Eric können auch Sie und ich etwas erreichen, wenn wir nur daran glauben.

15

Warum sollten wir dazu beitragen, unseren Planeten zu bewahren und zu beschützen?

Regel 15

Wir glauben daran, unseren Planeten schützen zu müssen. Wenn wir unsere Zeit und unser Geld teilen, um dazu beizutragen, unsere Erde zu erhalten, tragen wir in Wirklichkeit dazu bei, uns selbst zu schützen.
Seien Sie deshalb ein Freund Ihrer Erde. Was könnten Sie heute tun, um den Planeten zu schützen?

Matthew Ipeelie saß auf einem niedrigen, stabilen Hocker in der strahlenden Sonne der Arktis und untersuchte sorgfältig einen kleinen Bären aus Elfenbein. Seine dunkle ledrige Haut legte Zeugnis ab für viele Saisons von greller Polarsonne und kalten, trockenen Winden. Tiefe schräge Linien umrahmten seine ausdrucksvollen dunklen Augen. Matthews Hocker stand neben den Stufen, die zu seinem Haus hinaufführten. Obschon weniger elegant als seine Vorfahren, war es für den hohen Norden gut geeignet.

Zum Schutz gegen den Permafrost stand Matthews Haus auf kräftigen hölzernen Säulen. Ein viereckiges Monument aus Eskimo-Erfindungsreichtum und modernen Materialien. Die Pfosten waren so niedrig, daß ein Mann unter ihnen auf seinem Bauch durchrutschen konnte, ein Bär aber konnte es nicht – ein kluges Baumerkmal. Das Haus war mit Sperrholzplatten verkleidet und besaß ein Blechdach, es war stark isoliert gegen die Kälte und man beheizte es mit einem Holzofen.

Draußen zu sitzen war eine Besonderheit, die meistens dem Sommer vorbehalten blieb. Im Winter war es bitterkalt und Matthew, in viele Schichten von Kleidung gehüllt, hätte nicht an etwas arbeiten können, was so klein und empfindlich war wie der Elfenbeinbär. Ein schwarz- und graugefleckter Malamut-Hund schlief neben ihm, halb unter dem Haus und halb in der Sonne. Es waren die Hundstage des Sommers – à la Alaska. Während Matthew den Bären untersuchte, murmelte er etwas vor sich hin. Die Ohren des Hundes stellten sich auf. In der Wildnis achten Mensch und Tier intensiv aufeinander.

Nachdem er den Bären volle fünf Minuten studiert hatte, zog Matthew ein Messer heraus. Es hatte eine kleine gekrümmte Schneide und einen dicken hölzernen Griff. Sorgfältig machte er einen Schnitt, und die feine Andeutung eines Mauls erschien auf der Schnauze des Bären. Matthew unterbrach die Arbeit, hielt den Bären auf Armeslänge vor sich und betrachtete sein Werk. Es gefiel ihm. Er nahm das Messer anders in die Hand, und zog die Schneide noch mehrere Male durch den Schnitt und vertiefte ihn, bis das Maul gerade richtig aussah. Dann legte er den Bären hin. Er war fertig.

In einer Weise schien der Bär ein einfaches Stück Arbeit zu sein: klein, sparsam und ohne genaue Details. In Wirklichkeit aber war er nicht einfach. Er besaß eine Eigenschaft, die sehr mächtig, aber schwer zu definieren war. Wie in einer prähistorischen Höhlenmalerei schien Matthews Arbeit das Wesen des Tiers widerzuspiegeln.

„Ich habe einmal ein Buch mit Vogelbildern von Audubon gesehen", sagte Matthew. „Sie gefielen mir, aber irgend etwas daran schien falsch zu sein. Die Zeichnungen waren gut. Sie wiesen Details auf, die mit großer Geschicklichkeit gezeichnet waren. Aber sie hatten keine Seele." Er machte einen Augenblick eine nachdenkliche Pause. Dann fügte er hinzu, „Der Geist des Vogels zeigte sich nicht. Ich möchte den Geist eines Tiers zeigen."

„Hier oben", führt Matthew fort, „glauben die Menschen, daß auch Tiere eine Seele haben, nicht nur Menschen. Wir glauben, daß die Erde und all ihre Geschöpfe lebende Wesen sind, und wenn wir sie ohne Not verletzen, dann verletzen wir den Geist des Großen." Matthew erhob sich von dem kleinen Hocker. Im Alter von einundsiebzig bewegte er sich mit einer eleganten Bewegung, die von lebenslangem Überwinden von schwierigem, wegelosem Gelände herrührt. Er ging hinüber auf die dem Wind zugewendete Seite seines kleinen Hauses und zeigte nach Norden. „Wir nennen unser Land Nanatsiaq, was ‚das schöne Land' bedeutet."

Der Blick von dieser Seite des Hauses aus war einfach atemberaubend. Nach Norden und Westen zu erstreckte sich der kalte, zerklüftete Brooks Range, in der Mitte zwischen der kahlen Tundra des North Slope und den Krüppelwäldern von Zentralalaska. Nach Osten zu waren zahllose Flüsse und Bäche, von denen sich viele in den mächtigen Yukon ergossen, zu sehen.

„Sehen Sie den Dunst dort in der Entfernung?“ fragte Matthew. Die Sicht war bemerkenswert, vielleicht 100 km oder so. Aber wenn das Auge vom Horizont nach oben streift, ändert sich die Farbe allmählich. Die Luft hat am Horizont unverwechselbar eine leicht bernsteinfarbige Tönung, die allmählich in ein dunkles Blau übergeht, je weiter man nach oben schaut. „Das ist, was Sie Smog nennen“, erklärt Matthew. „Umweltverschmutzung. Ich weiß nicht, woher sie kommt, aber sie war nicht da, als ich ein Junge war.“ Es fällt schwer, von dem Gedanken nicht schockiert zu sein. Smog? Hier?

Matthew Ipeelie, ein Eskimokünstler, der in der Wildnis lebt, wies auf einen sehr wichtigen Punkt hin. Selbst in den entferntesten Gebieten der Welt, selbst an den Orten, die wir als die letzten Zufluchtsorte vor dem Staub und der Umweltverschmutzung unserer großen Städte betrachten, zeigt sich deutlich die Notwendigkeit eines verantwortungsvollen Umgangs mit unserer Umwelt. Matthews Lebensweise, abgestimmt auf die Erde und voller Respekt vor ihren Geschöpfen, bedeutet für uns alle, daß wir etwas dazulernen müssen. Nein, wir können nicht alle so leben wie er – ich mache mich nicht zum Fürsprecher einer Rückkehr in die Wildnis –, aber wir können einige seiner Werte übernehmen. Wir können von Matthew lernen, daß „jede Kreatur Gottes Geschöpf ist, und die Erde eine Gabe ‚des Großen‘“.

Es hat keinen Sinn, über die Möglichkeiten des Erfolgs oder die Gelegenheiten zu sprechen, die das freie Unternehmertum schafft, ohne sich bewußt zu sein, daß Erfolg und Gelegenheiten für künftige Generationen von unserer Fähigkeit abhängen, die Erde für künftige Unternehmer zu erhalten. Keine Rohstoffe, kein Reichtum! Die Umweltverschmutzung, die von Matthew Ipeelies Holzhaus aus zu sehen ist, sollte uns daran erinnern, daß das, was wir tun, manchmal globale Konsequenzen nach sich zieht.

Ich weiß nicht, wie es Ihnen geht, aber ich bin ziemlich überwältigt, wenn ich daran denke, wie komplex – und manchmal widersprüchlich – die Vorschläge sind, die sich um das Problem herumgruppieren, die Umwelt zu schützen. Ich habe keine besondere Lösung für Sie bereit. Aber ich kann Ihnen sagen, was unsere Firma tut, und vielleicht werden unsere Erfahrungen hilfreich für Sie sein.

Die Verpflichtung unserer Firma gegenüber diesem Planeten

Der Erfolg von Amway basiert teilweise auf der Überzeugung, daß jedes Unternehmen und jeder Einzelne Veranwortung für die Umwelt trägt. Wir wollen keine Produkte verkaufen, die unsere Städte verschmutzen oder die Atmosphäre schädigen – oder den Horizont in Matthew Ipeelies Alaska gelb färben.

Um sicherzustellen, daß wir niemals unsere Verantwortlichkeiten vergessen, haben wir folgende Erklärung über unseren Auftrag an der Umwelt festgeschrieben:

Die Amway Corporation glaubt daran, daß der richtige Gebrauch und der verantwortungsvolle Umgang mit den beschränkten Ressourcen unserer Welt und unserer Umgebung gleichermaßen in die Verantwortung von Industrie und Einzelpersonen fällt. Als einer der führenden Hersteller von Verbrauchsgütern mit einem Direktvertriebsnetz von mehr als einer Million unabhängiger Berater weltweit erkennt Amway seine Verantwortlichkeit und seine Rolle bei Pflege und Förderung einer gesunden Umwelt an.

Diese einfache Aussage ist Amways Regel über unsere Verantwortlichkeit gegenüber der Erde. Wir glauben, daß es richtig ist, dies zu tun. Aber der Glaube allein ist nicht genug. So, wie die christliche Überlieferung sagt, daß der Glaube ohne Taten tot ist, so bedeutet auch ein Grundsatz nicht viel, wenn ihm keine Taten folgen. Aber wo sollen wir anfangen? Wie sollen wir es fertigbringen, uns nicht von den Schlagzeilen, der Untergangsstimmung und der Düsterkeit überwältigen zu lassen? Wenn Sie anfangen, über alle Probleme der Welt nachzudenken, dann wird sich herausstellen, daß sie in Wirklichkeit nur lokale Probleme darstellen. Wenn Sie beginnen, sich über die qualmspeienden Fabriken in Osteuropa Sorgen zu machen, werden Sie nur in Depressionen verfallen. Dagegen können Sie nicht viel machen. Was wir jedoch tun können, ist, Lösungen für Probleme an unseren Wohnorten zu finden. Manchmal wird aus einer lokalen Problemlösung auch eine auf globaler Basis. Matthew Ipeelies „Umweltpolitik“ beginnt bei ihm selbst, mit einer inneren Selbstverpflichtung, das Richtige zu tun und die Dinge zu erhalten, die sein Leben bereichern.

Auch meine Umweltaktivitäten begannen mit einer persönlichen Verpflichtung. Das erste Produkt, das unsere Firma auf den Markt brachte, war ein flüssiger organischer Reiniger. Von Anfang an war L.O.C., wie wir es nennen, biologisch abbaubar, frei von Phosphaten, Lösungsmitteln oder irgendwelchen anderen Bestandteilen, welche die Erde verschmutzen. Dieses Produkt war seiner Zeit weit voraus. Aber was verursachte uns dazu, solch ein Produkt zu entwickeln und zu vermarkten? Übten etwa Umweltgruppen Druck von außen auf uns aus? Nein. Mußten wir uns an irgendeine Erklärung über irgendeine Verpflichtung halten? Nein. Gab es eine Anweisung der Regierung? Nein. Der Anreiz dazu war von einfacherer und persönlicherer Art.

Jay und ich haben lebenslang gegenüber unserer Heimatstadt Grand Rapids, Michigan, eine Verpflichtung gefühlt. Unserer Stadt ist durch den Grand River in zwei Teile geteilt, wonach die Stadt ihren Namen bekommen hat. Weitere Flüsse, Bäche und Seen geben der Landschaft rund um unser Hauptquartier im nahen Ada und in ganz Zentral-Michigan einen lebendigen Charakter. Während wir heranwuchsen, konnten wir in jenen Seen und Bächen fischen, schwimmen und spielen. Aber in der Zeit zwischen unserer Jugend und dem Erwachsenenalter bemerkten wir einige Veränderungen, und diese machten uns Sorgen. Einige von den Bächen und Flüssen fingen an, seifige Rückstände an ihren Ufern abzusetzen. Diese schädigten das Leben von Fischen und Pflanzen, schmeckten scheußlich und sahen eklig aus. Wir wollten nicht, daß irgendein Produkt, das wir herstellten, zu dieser Problematik beitrug. Es war schließlich unsere Gemeinde. So entwickelten wir ein Produkt, das weder dem Wasser noch dem Fisch- oder Pflanzenleben schaden oder eine Menge schmierigen Unrat an den Ufern absetzen würde. Wir wollen, daß noch unsere Enkel und deren Enkel die gleiche Möglichkeit haben, in schönen, unverseuchten und natürlichen Gewässern zu spielen, so wie wir es taten. Umweltbewußtsein – das echte – beginnt damit, daß der einzelne in seinem Heimatort tätig wird. Es beginnt mit den kleinsten Kleinigkeiten. Wir müssen wirklich damit anfangen, auf unseren Straßen Papierfetzen aufzuheben. Die kleinen Dinge sind es, die zählen. Wir können nicht über die großen Aktionen sprechen, solange wir nicht in unsere eigenen Angelegenheiten Ordnung bringen. Wir können nicht die Welt reinigen, solange wir nicht unsere eigenen Nachbarviertel sauber bekommen. Die Erde sauber zu machen beginnt mit dem, was wir jetzt in unseren Wohnorten tun können.

Sie sauber zu bekommen, bedeutet aber nicht, daß wir keine größeren Umweltanliegen unterstützen. Wir tun es. Wir müssen die Entscheidungen abwägen, die wir täglich treffen. Wenn wir umweltfreundliche Produkte kaufen, leisten wir positive Beiträge zum Umweltschutz auf globaler Ebene. Wir vermeiden die Art von Verbrauch, die weitere Probleme schafft. Wir handeln verantwortungsbewußt. Mitmenschliche Kapitalisten müssen auch mitmenschliche Verbraucher sein.

Wir haben versucht, viel mehr zu tun, als biologisch abbaubare Seife zu produzieren. Die meisten unserer Produkte sind biologisch abbaubar. Wir stellen Konzentrate her, so daß unsere Kunden weniger davon verbrauchen. Unsere Behälter können beseitigt werden, denn wenn man sie ins Feuer wirft, werden sie zu Asche. Sie liegen nicht für immer herum wie Hartplastik. Wir testen unsere Produkte nicht an Tieren. Wir verwenden keine ozonschädlichen Treibmittel in unseren Aerosolen. Wir recyceln unsere Büroabfälle. Wir haben ein biologisch abbaubares Packmaterial aus Sojabestandteilen erfunden, um dem Berg von Styroporstückchen ein Ende zu machen, die unsere Versandkartons füllten.

In unserer Firma haben wir nicht versucht, eine „Grüne Revolution" zu starten. Wir haben einfach getan, was uns richtig erschien. Aber als wir groß wurden, wuchsen auch die Auswirkungen unserer umweltrelevanten Entscheidungen. Im Jahr 1989 erkannten die Vereinten Nationen Amway den UN-Umweltpreis zu. UN-Generalsekretär Javier Perez de Cuellar überreichte Jay und mir den Preis am Welt-Umwelttag im UN-Hauptquartier. Um Ihnen die Wahrheit zu sagen – ich war überrascht. Wir waren die zweite Firma, die jemals diesen Preis erhielt.

Aber ich war auch deshalb überrascht, weil das, was wir taten, gar nicht so außergewöhnlich zu sein schien. Es schien ganz einfach das Richtige zu sein. Der Schlüssel zu den meisten Umweltthemen ist einfach: Die Menschen sollten Menschlichkeit beweisen. Es schien keiner besonderen Anstrengung zu bedürfen, nur eben ein klein wenig Überzeugung. Der einfache Akt der Fürsorge für unsere Gemeinde wuchs in seiner Bedeutung, als andere Leute in unserer Firma die Freiheit errangen, ebenfalls menschlich zu handeln. Mitmenschliche Kapitalisten versetzen die Menschen in die Lage, etwas für die Umwelt zu tun.

Im Jahr 1990 war Amway der Hauptsponsor eines „Tages der Erdbeobachtung" bei den Vereinten Nationen unter der Federführung des UN-Umweltprogramms. Die Vereinten Nationen übernehmen eine nützliche Aufgabe als Informationssammler und Überwacher der globalen Bedingungen. Dieses Ereignis erinnerte mich daran, daß während meines eigenen Lebens bei der Lösung vieler Umweltprobleme gute Fortschritte gemacht worden sind.

Aber im Vergleich mit dem ersten „Erdtag" war dies ein recht würdiger Anlaß. Die erste Feier wurde am 22. April 1970 in New York und Chicago abgehalten, und in Städten und Orten überall im Lande. Mehr als 20 Millionen Leute kamen zusammen. Ich muß gestehen, daß ich mir nicht ganz sicher war, was ich da eigentlich am Fernsehen gesehen hatte.

Erinnern Sie sich an die Szene? Sie kamen in ausgestellten Jeans mit T-Shirts, langem Haar und Bärten, in Miniröcken und abgeschnittenen Tops: Männer, Frauen, Kinder und Hunde mit Halstüchern – eine veritable Menagerie von Leuten, Tieren und unterschwelliger politischer Werbung. Es war ein bemerkenswerter Anblick.

Der erste „Erdtag" brachte viele verschiedene Menschen und Standpunkte zusammen. Mitmenschliche Sorge für die Erde wurde diskutiert. Eine Bewegung kam ins Rollen. Aber – leider – gab es nicht genug Hingabe, um die Veränderungen herbeizuführen, die immer noch nötig wären. Wirklicher umweltpolitischer Fortschritt kommt nicht von riesigen Treffen, endloser und wirkungsloser Gesetzgebung oder dauerndem Fingerzeigen und Verbreiten von Slogans. Der wirkliche Fortschritt entstammt dem Handeln des mitmenschlichen Einzelnen.

Über die Probleme unseres Planeten nachdenken

Wo sollen wir also diese Hingabe zur Anwendung bringen? Die Vereinten Nationen haben diese kritischen Punkte identifiziert, die sich auf globale Umweltfragen beziehen. Ich fühle mich von jedem von ihnen angesprochen, aber ich besitze für keinen von ihnen eine Lösung. Unsere Firma sponsert eine Vielfalt von Forschungsprojekten rund um die Welt in der Hoffnung, weitere Antworten zu finden. In der Zwischenzeit ist es wichtig für uns alle, zu wissen, welches die Probleme sind. Die Zukunft der Umwelt und die Zukunft des Kapitalismus sind ein und dasselbe.

Entwaldung: Die Wälder sind der drittwichtigste Rohstoff der Welt nach Öl und Erdgas. Aber von sogar noch größerer Wichtigkeit ist die Rolle, welche die Wälder bei der Erhaltung des Lebens auf unserem Planeten spielen. Sie stellen den Wohnraum für Millionen Arten von Lebewesen dar, sie schützen den Erdboden vor Erosion und helfen, das Wetter der Erde zu regulieren. Aber unsere Wälder verschwinden in einer beängstigenden Geschwindigkeit – überall, auch in den Vereinigten Staaten.

Als Kolumbus Amerika entdeckte, bedeckten unsere Wälder rund 3,2 Millionen Quadratkilometer. Mittlerweise sind es nur noch ungefähr 220.000 Quadratkilometer. In der Gegend um meine Heimatstadt wurden im letzten Jahrhundert 100.000 Bäume oder mehr in jedem Jahr geschlagen, ohne den geringsten Versuch einer Wiederaufforstung. Zumindest um Grand Rapids herum liegen die Dinge jetzt ein wenig besser. Aber das Problem besteht weiter, und es ist ein ernstes Problem.

Verschlechterung der landwirtschaftlichen Nutzflächen: Im Jahr 1963 startete man eine Neuordnung, die sogenannte Grüne Revolution. Neue, wissenschaftlich entwickelte intensive Anbaumethoden von Reis und anderen Getreiden erhöhten die weltweite Nahrungsproduktion um über 140%. Die Idee war richtig, aber die Konsequenzen waren es nur teilweise.

Diese neuen Pflanzen haben sich als gefräßige kleine Dinger herausgestellt. Sie brauchen Unmengen von Wasser, Düngemitteln und Pestiziden. Während die Ernteergebnisse um 50% stiegen, erhöhte sich die Menge des Düngers, der nötig war, um sie zu ernähren, um bis zu 4.500%!

Es ist das alte Dilemma zwischen guten Nachrichten und schlechten Nachrichten. Sehr bald präsentierten all diese Düngemittel, Pestizide und all das Wasser dem Boden ihre Rechnung. Das Grundwasser wurde mit Chemikalien verseucht. Die starke Bewässerung schwemmte Salze in den Boden.

Aussterben von Tieren: Meine Enkel machen sich große Sorgen über die Pandas, aber inwiefern ist die mögliche Ausrottung des Panda von wirklicher Bedeutung für unser Leben? Wenn irgendein unbekanntes kleines Insekt ausstirbt, wo liegt da das große Problem? Wie ich den Kindern erkläre, liegt die eigentliche Frage in der Biodiversität, der Artenvielfalt. Die Artenvielfalt ist äußerst wichtig – sie ist die Basis, auf welcher sich eine Vielfalt von umweltrelevanten „Dienstleistungen" aufbaut.

Die Artenvielfalt bietet uns die wesentlichen „Dienstleistungen", die Luft zu reinigen, die Temperatur der Erde zu erhalten, Abfälle zu recyceln, Nährstoffe für die Erde zu produzieren und Krankheiten zu kontrollieren. Und, um es geradeheraus zu sagen, die Artenvielfalt ist auch eine Menge Geld wert.

Bodenerosion: Sie tritt auf, wenn die Ackerkrume dem Wind, dem Regen oder einigen anderen Einflüssen zum Opfer fällt. Es liegt auf der Hand, daß die Ackerkrume für den Anbau eine wesentliche Rolle spielt. Wir brauchen die Ackerkrume äußerst dringend für die Nahrungsmittelproduktion. In den Vereinigten Staaten verlieren wir jedes Jahr etwa vier

Milliarden Tonnen der Ackerkrume – das ist genug, um einen Güterzug zu füllen, dessen Länge viermal um die Erde reicht.

Saurer Regen: Dies ist eines der umstrittensten und schwierigsten Themen, denen wir uns gegenübersehen. Der saure Regen ist das Ergebnis industrieller Luftverschmutzung, die sich mit Regenwasser mischt. An einigen Stellen, besonders in Osteuropa, so sagen Forscher, hat der saure Regen schreckliche Folgen. In Polen, so behaupten sie, ist der Regen so säurehaltig, daß er sich sogar in Eisenbahnschienen hineinfrißt. In Ontario, Kanada, enthalten, wie einige sagen, dreihundert Seen so viel Säure, daß keine Fische mehr in ihnen leben können. In Athen sollen sich jedes Mal, wenn es regnet, antike Denkmäler auflösen wie Eiswürfel an der Sonne. Ich bin mir noch nicht sicher, wie ernst das Problem ist. Aber ich bin offen und suche nach den Tatsachen. Das ist alles, was wir voneinander verlangen können. Wenn wir aufgrund von Beweisen einmal davon überzeugt sind, dann müssen wir handeln, was immer es kosten mag.

Abnahme der Ozonschicht: Wissenschaftler sind weiter dabei, Fakten zu sammeln und zu analysieren, aber es ist allen bekannt, daß die Ozonschicht der Erde stark geschädigt ist. Bereits im Jahr 1988 kam eine maßgebliche Studie, die durch eine internationale Arbeitsgruppe von einhundert Wissenschaftlern durchgeführt wurde, zu dem Ergebnis, daß die Ozonschicht in nur 20 Jahren um 3% abgenommen hat. Das ist eine ganze Menge.

Einige große Firmen haben in einem ethisch mutigen Schritt beschlossen, die Produktion der Chemikalie FCKW auslaufen zu lassen, in dem Bemühen, die Zerstörung unserer Ozonschicht zu stoppen. Unsere Firma hat den Entschluß, FCKW in unseren Produkten nicht mehr zu verwenden, schon über zehn Jahre früher gefaßt.

Der Treibhauseffekt: Die Erde besitzt ihre eigene natürliche „Klimaanlage“. Im Augenblick steht der Thermostat auf etwa dreizehn Grad. Das ist die Durchschnittstemperatur der Erde, verglichen mit beispielsweise der Venus, wo es ein wenig wärmer ist, so um die 477 °C. Wir brauchen uns keine Sorgen zu machen, daß es bei uns so warm werden könnte wie auf der Venus, aber es ist deutlich zu sehen, daß sich die Erde langsam aufheizt. Niemand weiß wirklich, wie schnell das gehen wird oder welches die Konsequenzen sein werden, aber Schätzungen bewegen sich bei einer Erhöhung um die 1,5 bis knapp 5 °C innerhalb der nächsten 50 Jahre.

Der Grund für den Temperaturanstieg ist der sogenannte „Treibhauseffekt". Er beruht auf der Ansammlung von Gasen in der Atmosphäre, welche die Sonnenwärme binden. Kohlendioxyd trägt an diesem Effekt am meisten Schuld. Dieses Gas entsteht in Autos, Fabriken und allen Arten von Maschinen, die fossile Brennstoffe verfeuern. Seit 1800 hat sich der Kohlendioxydgehalt der Atmosphäre um über 25% erhöht. Vor 1800 war das Niveau über Tausende von Jahren konstant geblieben.

Die Ausbreitung der Wüsten: Mit einem anderen Wort wird dieser Begriff auch Versteppung genannt. Man versteht darunter die Veränderung von tadellosem fruchtbarem Land in knochentrockene Wüsten. Die Versteppung ist die letzte Phase der Bodenverschlechterung, welche oben schon erwähnt wurde. Sie hängt in Wirklichkeit mit mehreren der oben diskutierten Probleme zusammen:

Entwaldung, Versalzung und Erosion: Die Vereinten Nationen schätzten schon im Jahre 1980, daß der Landwirtschaft weltweit aufgrund der Ausbreitung der Wüsten jährlich über 40 Milliarden DM verlorengehen.

Wasserverschmutzung. Zuerst die gute Nachricht. Die Menge des Wassers, die auf der Erde vorhanden ist, ist heutzutage exakt die gleiche wie die, welche vorhanden war, ehe die Menschen es zu nutzen begannen. Nichts davon ist verlorengegangen. Nun die schlechte Nachricht. Eine Menge davon ist verunreinigt (mit Salzen oder industriellen Verschmutzungen), unzugänglich (gebunden in Gletschereis oder unterirdischen Räumen) oder schwer zu erreichen (fast zwei Drittel des Wassers der Flüsse gehen bei Überschwemmungen verloren).

Von allem Wasser auf der Erde sind nur ungefähr 3% Frischwasser. Seine Sauberkeit zu schützen ist eine sehr wichtige Aufgabe. Die Environmental Protection Agency hat mehr als 700 chemische Substanzen im Trinkwasser unseres Landes identifiziert, und 129 davon sind giftig. 35 Staaten haben giftige industrielle Abwässer in ihrem Grundwasser nachgewiesen.

Unser Wasser ist eine unserer kostbarsten Ressourcen. Wir von Amway sind so besorgt darüber, daß unsere Firma an der Weltausstellung 1992 in Genua einen Pavillon sponserte. Mein Partner, Jay, wurde zum offiziellen amerikanischen Botschafter bei diesem wichtigen Ereignis bestimmt. Dieser Pavillon hatte die Aufgabe, auf die Wichtigkeit des Wassers in der Entwicklung der Vereinigten Staaten hinzuweisen und auf die Notwendigkeit, diesen wertvollen Grundstoff zu schützen.

Die Vereinten Nationen führen diese Probleme als Katastrophe auf. Aber sind sie das wirklich? Wie realistisch sind die Untergangsszenarien? Die Entscheidung, ein mitmenschlicher Kapitalist zu werden, beinhaltet auch die Verantwortung, etwas über die Welt, in der wir leben, zu lernen. Wir müssen ein Problem verstanden haben, ehe wir zu seiner Lösung beitragen können. Die Probleme, mit denen wir es zu tun haben, sind kompliziert, und es ist leicht, bei ihrer Beurteilung Fehler zu machen.

Sich die Fakten über diesen Planeten verschaffen

Wir selbst sind dafür verantwortlich, uns die Tatsachen zu verschaffen. Mitmenschliche Kapitalisten sind informiert. Sie lesen breitgestreut und mit Verstand. Sie besitzen einen kritischen Kopf. Kritisch zu sein bedeutet nicht, pingelig zu sein. Ein kritischer Kopf will die objektiven Fakten kennen, harte Fragen stellen und wohlfundierte Beurteilungen abgeben.

Mitmenschliche Kapitalisten sind auch aufgeschlossen. Sie hören auch auf Gedanken, die den eigenen zuwiderlaufen. Loyal sind sie nicht gegenüber irgendeiner Parteilinie, sondern gegenüber der Wahrheit. Wir haben unsere eigenen Köpfe. Und wir müssen sie gebrauchen.

Zu lernen, einen gesunden Skeptizismus zu entwickeln, ist schon mal ein guter Anfang, besonders, wenn es sich um Zahlen handelt. „Wissen Sie, was Statistiken unterstützen?“ fragte ein Collegestudent. „Statistiker!“ setzte er schnell hinzu. Nur wenig unter der Oberfläche dieses kleinen Spaßes lauert eine gefährliche Wahrheit. Unsere Zeitungen und Zeitschriften, unsere Fernsehreporter und -kommentatoren sind alle sehr tüchtig darin, mit Statistiken um sich zu werfen. Wir können Zahlen verwenden, um alles und jedes zu beweisen – oder das Gegenteil. Aber nehmen Sie sich in acht. Sie wissen, was man noch über Statistiken sagt: Sie sind wie ein Bikini: Was sie enthüllen, ist interessant, aber was sie verbergen, ist von vitaler Wichtigkeit. Beweisen Sie einen forschenden Geist. Schauen Sie hinter die Zahlen. Man hat gesagt, daß Tatsachen lauter sprechen als Statistiken.

Wenn Sie nach den Tatsachen suchen, scheuen Sie sich nicht, Druck auf die entsprechenden Leute auszuüben. Wenn sie etwas nicht wissen, über dessen Fakten sie angeblich informiert sind, bringen Sie sie dazu, dies zuzugeben. Wenn Sie umgekehrt nicht viel wissen über irgendeine Angelegenheit, seien Sie zurückhaltend mit Kommentaren, bis Sie es genau wissen. Dies fördert die Ehrlichkeit in Ihnen selbst und in anderen. Wir machen Leute oft nicht verantwortlich für Dinge, die sie zu vertreten haben.

Wenn Sie sich einmal dazu verpflichtet haben, die Tatsachen aufzudecken: da gibt es viele auszugraben. Mitmenschliche Kapitalisten können es sich nicht erlauben, keine Ahnung zu haben. Ignoranz ist gefährlich. Ignoranz ignoriert die Probleme. Wir können es uns nicht leisten, zu sein wie eine Person, die Dorothy Parker einmal beschrieben hat: „Seine Ignoranz war so groß wie das Empire State Building – man mußte deren Größe bewundern."

Es gibt viele Probleme, die nach einer Lösung durch mitmenschliche Kapitalisten schreien. Wir müssen uns damit befassen. Schließlich hängt unsere Zukunft von ihrer Lösung ab. Aber wie können wir auch nur damit beginnen, all diese Umweltprobleme zu lösen, ganz davon zu schweigen, die menschliche Not rund um uns zu lindern? Wie ich schon weiter vorne sagte, müssen wir mit einer persönlichen Verpflichtung gegenüber unserer eigenen Gemeinschaft beginnen.

Mitsamt all ihren Problemen ist die Welt etwas Wunderbares. Gott hat sie mit Ressourcen ausgestattet, die wir noch nicht einmal entdeckt haben. Wir menschlichen Wesen mögen unsere Schwächen haben, aber über die Jahrhunderte hinweg haben wir auch unsere Stärken und unsere Unverwüstlichkeit bewiesen. Geben Sie sich der Verzweiflung nicht geschlagen. Lassen Sie sich von den Untergangspropheten nicht erschrecken. Es gibt noch viel Hoffnung, viele Möglichkeiten und viele Gründe, optimistisch in die Zukunft zu sehen.

Die Entscheidung über Ihren Aktionsplan treffen

Jetzt, wo wir ein wenig mehr über die menschlichen Nöte und die Umweltprobleme unseres Planeten wissen, ist es Zeit, unsere eigenen individuellen Pläne zu entwickeln, um hierbei Hilfe leisten zu können. Es folgt ein einfacher Abriß der Schritte, die wir unternehmen könnten:

1. Konzentrieren Sie Ihre Hilfsmöglichkeiten auf ein einziges menschliches oder ein Umweltproblem in Ihrer Stadt (oder sogar nur in Ihrem Viertel), welches Sie zu Menschlichkeit aufruft.

Widmen Sie sich zum Beispiel nicht dem Hunger in der Welt, sondern tun Sie etwas für *eine hungrige Familie*, die Sie vielleicht kennen. Nehmen Sie sich nicht das Analphabetentum auf der Welt vor, sondern *einen Studenten,* dem Sie helfen könnten. Praktizieren Sie *in Ihrem Hause Recycling*, statt die fossilen Brennstoffe weiter aufzubrauchen. Klagen Sie nicht über den Wassermangel, sondern *sparen Sie Wasser in Ihrem eigenen Hause.*

2. Legen Sie ganz genau fest, was Sie im einzelnen tun wollen, um eine bestimmte Umweltproblematik oder ganz bestimmte menschliche Nöte zu bessern.
   Eine hungernde Familie: Sorgen Sie für zeitweilige Notrationen. Verschaffen Sie Ihnen Zugang zu anderen Nahrungsquellen, zu Notversorgungen. Helfen Sie Ihnen dabei, zeitweilige oder dauernde Arbeit zu finden. Erkundigen Sie sich nach Problemen der Familie auf medizinischem, auf erzieherischem oder einem sonstigen Gebiet.
   Einen Studenten, dem Sie helfen könnten: Finden Sie heraus, ob eine Schule in Ihrer Nähe ein Programm mit ehrenamtlichen Tutoren hat. Entscheiden Sie, wieviel Zeit Sie aufbringen können. Wenn Sie einmal einen Studenten haben, dem Sie helfen, bleiben Sie bei Ihrer Verpflichtung.
   Recycling in Ihrem eigenen Hause: Finden Sie eine Broschüre oder einen Artikel, der sich mit Recycling befaßt, geben Sie die Information an Ihre Familie weiter, um im Team zu arbeiten. Finden Sie alles über das Recyclingprogramm Ihrer Stadt heraus, was Sie können. Rüsten Sie Ihre Garage mit Recyclingtonnen aus. Stellen Sie einen Kontakt her mit einem Abholservice oder planen Sie regelmäßige Lieferungen zu einem Recyclingcenter.
   Den Wasserverbrauch in Ihrem Haus verringern: Besorgen Sie sich Kopien von Ihrer letzten Wasserrechnung. Stellen Sie fest, wieviel Wasser Sie gespart haben. Beziehen Sie Ihre Familie in Ihren Plan mit ein, Wasser zu sparen. Rüsten Sie alle wasserverbrauchenden Einrichtungen mit Wassersparvorrichtungen aus. Legen Sie zusammen mit Ihrer Familie Ziele fest, wie Sie den Wasserverbrauch neu regeln, etwa Zeitgrenzen oder wassersparende Methoden, ein Bad zu nehmen; vermindern Sie den Wasserverbrauch beim Spritzen von Gehwegen und Einfahrten; „erfinden" Sie wirtschaftlichere Arten, abzuspülen und zu putzen; studieren Sie die neueste Rechnung und freuen sich über das eingesparte Wasser.
3. Schreiben Sie die Schritte auf, die Sie tun wollen (siehe oben).

4. Setzen Sie zu jedem Schritt einen Zeitpunkt und einen Ort fest.
5. Haken Sie jeden Schritt ab, wenn er getan ist.
6. Feiern Sie Ihre Erfolge (einschließlich der Erfolge derer, die Ihnen dabei halfen).
7. Lernen Sie aus Ihren Fehlern (um es das nächste Mal besser zu machen).
8. Suchen Sie sich ein neues Umweltproblem oder eine neue menschliche Notsituation und beginnen Sie von neuem.

Menschlichkeit beginnt zu Hause: Vergeben Sie mir, wenn die vorangenannten Beispiele nicht sehr anspruchsvoll klingen. Ich weiß, wieviel mehr jeder von uns leisten könnte, um dazu beizutragen, das Leiden und die Vergeudung in der Welt zu beseitigen, aber für mich beginnt die Lösung von globalen Problemen zu Hause. Wenn wir einmal begonnen haben, menschliche Not und Umweltprobleme in unserer eigenen Stadt zu beseitigen, dann können wir unsere Ziele ausweiten, um diese Notsituationen auch rund um die Welt anzugehen.

Menschlichkeit beginnt mit einem kleinen Schritt: Ich weiß auch, daß Sie fähig sind, in Ihrer eigenen Gemeinschaft viel größere Dinge zustande zu bringen, als nur eine hungrige Familie zu ernähren oder einem gescheiterten Studenten zu helfen, als Wasser zu sparen oder in Ihrer Familie, Papier, Glas und Metallabfall zu recyceln. Aber wenn Sie nicht anfangen, für die Nöte dieser Welt zuerst Lösungen bei diesen kleinen Dingen zu suchen, werden Sie dann wirklich etwas Größeres tun können?

Und da sind so viele größere Dinge zu tun. Wir müssen mitmenschlichen Kapitalismus auch in einem größeren Rahmen praktizieren. Armut ist einer der ersten Gründe für viele Umweltprobleme. Dürftige und wenig effektive Regelungen durch die Regierung sind ein weiterer Grund. Freier Markt und Umweltbewußtsein sind nicht unvereinbar!

Ein Artikel in *Business Week* beschreibt etwas, wofür ich mich viele Jahre lang stark gemacht hatte: „Wollen wir die Luft sauber haben, die Regenwälder retten und für die Regierung das rote Band abschneiden – alles auf einmal? Eine neue Methode, all dies fertigzubringen ist es, die Kräfte des Marktes heranzuziehen. Erstens, indem man Waren findet und verkauft, die es interessanter machen, gefährdete Gegenden zu retten, als sie auszubeuten. Zweitens, indem man Gesetze erläßt, die Anreize bieten, statt Bestimmungen zu erlassen, um Umweltverschmutzer im Zaum zu halten.“

Wann immer es möglich ist, müssen wir Anreize für die Menschen finden, auf eigenen Beinen zu stehen. Im Jahr 1987 sagte die *World Commission on Environment and Development* der Vereinten Nationen, daß Armut einen ebenso destruktiven Einfluß auf die Natur hat wie die Industrialisierung. Wo es den Leuten gut geht, da haben sie mehr Möglichkeiten. Nicht nur die Ausbeuter, sondern auch die armen Leute schlagen Lichtungen in die Amazonaswälder, um Nahrung anzubauen oder Tierzucht zu betreiben und ihre Kinder zu ernähren. Obwohl die Ergebnisse zerstörerisch sind, verstehen wir alle die Gründe. Es ist schwierig, in langen Zeiträumen zu denken, wenn man hungrig ist.

Mitmenschlicher Kapitalismus bietet mehr Menschen wirkliche Hoffnung, auf eigenen Beinen stehen zu können. Die Möglichkeiten, in den Vereinigten Staaten und im Ausland die Selbständigkeit zu erhöhen, werden nur von unserer Vorstellungs- und Entscheidungskraft begrenzt. Wir müssen jeden möglichen Weg finden, um unternehmerisches Denken und lokale Lösungen von Umweltproblemen anzuregen.

Cultural Survival Enterprises (CSE) beispielsweise ist eine Organisation, die es sich zum Ziel gesetzt hat, Eingeborenen dabei zu helfen, Kooperativen zu bilden, um Produkte des Regenwaldes zu ernten und zu vermarkten. Diese Initiative verkauft Früchte, Nüsse und Öle von Regenwaldpflanzen und -bäumen und leitet das Geld zurück in die Hände der Eingeborenen. Im ersten Jahr verkaufte sie so Produkte im Wert von fast einer dreiviertel Million DM. Im zweiten Jahr setzte sie Ware im Wert von mehreren Millionen DM ab. CSE macht auch auf Dauer lieferbare Produkte des Regenwaldes wie Paranüsse für die Eingeborenen wertvoller als das Holz des Regenwaldes.

Lokale Lösungen wie Regenwald-Kooperativen haben sehr viel mehr Wirkung als massive Regierungsprogramme. Lokale Lösungen gehen dem Problem an die Wurzel. Statt eine große, schwerfällige Bürokratie zu schaffen, die armen, hungrigen Leuten Umweltregeln auferlegt, bekommen diese Leute selbst die Möglichkeit, ihre eigene Lösung zu verwirklichen – und gleichzeitig verdienen sie sich ihren Lebensunterhalt. Ich weiß aus meiner eigenen geschäftlichen Erfahrung, daß Anreiz eine der stärksten Kräfte in der Natur ist. Wenn wir Anreize – Belohnungen – dafür anbieten können, das Richtige zu tun, und das auf einer breiten Basis, dann werden die Leute das auch schaffen. Ich glaube nicht, daß viele Menschen die Erde und ihre Geschöpfe wirklich schädigen wollen. Es ist mir klar, daß es dort draußen einige gierige Typen gibt, und dazu noch ganz einfach einige Dumme. Aber zum allergrößten Teil werden die Leute verantwortlich handeln, wenn man ihnen die Möglichkeit und einen Anreiz gibt. Finanzieller Anreiz ist sehr stark, aber er ist nicht die einzige Art von Anreiz. Anerkennung kann sehr wichtig sein, und der Idealismus stellt oft die eigene Belohnung dar. Die Befriedigung darüber, etwas für unsere Nächsten und unseren Planeten zu tun, kann einer der stärksten Anreize überhaupt sein. Altruismus führt oft zum sozialen Unternehmertum.

Manchmal kann der Anreiz auch in Altruismus bestehen, der mit ein wenig Wettbewerbsgeist gemischt ist. Nehmen Sie zum Beispiel Colin Meyers aus Osage, Iowa. Im Jahr 1979 starteten mehrere Lehrer an der örtlichen Highschool einen Wettbewerb, um zu sehen, wer die niedrigste Rechnung von den öffentlichen Versorgungsunternehmen erhalten könne. Meyers brachte es fertig, in einem einzigen Jahr seine Rechnung um 60% zu senken. Er kaufte einen neuen energiesparenden Kühlschrank, isolierte Teile seines Hauses, dichtete die Fenster ab, baute eine isolierte Haustür ein, ersetzte seinen alten unrentablen Heizungsbrenner durch einen neuen, setzte einen neuen hochwirksamen Boiler ein und kaufte einen Gasherd als Ersatz für seinen alten Elektroherd. Eine kleine Anregung machte für Mister Meyers einen Riesenunterschied aus!

Liebe zu seinem Land vor dem Hintergrund des täglichen Bedarfs an Brennstoff für das Kochen kann einen Anreiz darstellen. Im Jahr 1985 begann in Kenia eine Frauengruppe für Entwicklungsprojekte, Maendeleo Ya Wanawake, beunruhigt, weil wegen des Bedarfs an Brennholz ihr Land zusehends entwaldet wurde, eine Kampagne, um den Bau von holzsparenden, verbesserten Kochherden unter ihren 100.000 Mitgliedern zu propagieren. Der Erfolg ihrer Bemühungen war es, 3.000 Bäume zu retten und damit Flora und Fauna, die von ihnen abhingen.

Diese Art von Anstrengungen zu belohnen, ist eine wichtige Sache. Und so hat unsere Firma einen Fonds eingerichtet, um Umweltaktivisten aus der breiten Bevölkerung zu belohnen. Nehmen Sie beispielsweise Frank White, den Programmdirektor für Recycling aus dem Chicago Park District. White hatte über Baustoffe gelesen, die aus recycliertem Plastikmaterial gemacht wurde. „Warum nicht dieses Material gebrauchen, um dazu beizutragen, unsere schäbig gewordenen Spielplätze wiederherzurichten?“ fragte er sich. Sein Interesse an dem Plastikbaustoff brachte ihn dazu, ein Programm zu entwerfen, das „Plastik im Park“ hieß und sich über die ganze Stadt erstreckte.

Das Programm mit dem Spitznamen „POP“ sammelt ausrangierte Plastikcontainer und verarbeitet sie zu Baustoff. Bewohner von Chicago können ihre Plastikabfälle zu zweihundertdreiundsechzig verschiedenen

Sammelstellen in der ganzen Gegend von Chicago bringen, und seit 1989 haben sie die Abfälle tonnenweise gebracht. Mehr als zwei Millionen Pfund sind gesammelt und zu Baumaterial verarbeitet worden für mehr als die Hälfte der 636 Spielplätze der Stadt. Das ist eine ganze Menge „Abfall", der nicht auf kostbarem Raum von Mülldeponien gelagert werden muß. Der Plastikbaustoff wird benützt, um Spielplatzeinfriedungen und Sitzecken zu errichten. „Am Anfang", sagt White, „ist es sehr teuer, aber auf lange Sicht spart es Geld, weil es 30 bis 40 Mal länger verwendet werden kann." Ein weiterer Pluspunkt ist es, daß es sehr viel weniger Pflege braucht und Graffiti nicht darauf halten kann.

David Kidd, ein begeisterter Naturbursche, war beim Kanufahren, und ihn beeindruckte die natürliche Schönheit der Wälder, die an beiden Ufern des Flusses standen. Es kam ihm zum Bewußtsein, daß all diese natürliche Schönheit auch einem wichtigen Zweck diente. „Bäume sind wie die Staubsauger der Umwelt", sagt Kidd. „Jedes einzelne Blatt nimmt verschmutzte Luft auf und atmet reinere Luft aus. Auf der Stelle beschloß Kidd, die Anpflanzung von Millionen von Bäumen zu organisieren.

Er fand heraus, daß man zwei Jahre alte Sämlinge für zehn Cent das Stück kaufen konnte. Aber Millionen von Sämlingen würde mehr Geld erfordern, als Kidd hatte. So warb er um die Hilfe der lokalen Rotary Clubs und anderer Gruppen, um große Menge von Sämlingen zu kaufen, und teilte sie an jeden aus, der versprach, sie zu pflanzen. Heute ist Kidds American Free Tree Program, beheimatet in Stark County, Ohio, die größte private Initiative jenes Staates. Freiwillige haben mehr als 826.000 Bäume gepflanzt. Im Oktober 1990 erhielt Kidd den Teddy Roosevelt Conservation Award aus den Händen von Präsident Bush. Kidd sagte stolz: „Wir müssen im ganzen Land ein Zeichen setzen, daß es durchaus möglich ist, den Gang der Dinge in unserer Welt zu ändern, weil die Umwelt nicht einfach irgendeine Idee ist – sie ist es, wo wir leben."

Doktor Max Shauk, Professor für Mathematik an der Baylor University begann nach der Ölkrise der siebziger Jahre über alternative Brennstoffquellen nachzudenken. Er kam zu dem Schluß, daß eine gangbare Alternative zu fossilen Brennstoffen Ethanol war, eine Art von Alkohol, die aus landwirtschaftlichen Produkten hergestellt wird. „Sie können Ethanol aus Zuckerrüben machen, aus Getreide, aus fast allem, was Stärke oder Zucker enthält", sagt Schauk. „Es kostet auch wenig, ist erneuerbar und hat einen geringeren Schadstoffausstoß."

Im Jahre 1980 begann Shauk, Testflüge mit experimentellen Flugzeugen durchzuführen, die mit Ethanol funktionierten. Neun Jahre später flogen Shauk und seine Frau Grazia Zanin in einem selbstgebauten Flugzeug des Typs Velocity 10.000 Kilometer von Waco, Texas nach Paris in Frankreich. Der Flug brachte ihm die höchste Anerkennung im Flugwesen ein, die Harmon Trophy – einen Preis, der auch an Charles Lindbergh, Amelia Erhard und Chuck Yeager vergeben wurde. Shauk ist nun Direktor der Aviation Services in Baylor, wo er nach wie vor die Verwendbarkeit von Ethanol als Treibstoff demonstriert. „Erdöl ist ein nicht unbegrenzt vorhandener Rohstoff“, sagt Shauk, „aber fast jedes Land auf der Welt hat die Möglichkeit, Ethanol zu produzieren.

Jim Alderman, Lehrer für Biologie und Ozeanographie an der Cape Henlopen Highschool in Lewes, Delaware, hat Studenten geholfen, praktische Erfahrungen im Naturschutz zu sammeln. Die Studenten leben nahe am Atlantik und an Inland Bays, einer Gegend mit einem sehr empfindlichen Umweltgleichgewicht. Im Laufe von Jahren haben die Studenten auf mehr als fünf Kilometern Länge Dünengras angebaut, um die abbröckelnden Strände zu stabilisieren, und haben daran gearbeitet, die Inland Bays für die schnell schwindenden Bestände an Strandvögeln wieder anziehender zu machen.

Dank der Bemühungen der Studenten sind die Perspektiven für die in Gefahr befindliche Population von Strandvögeln in Delaware wieder besser geworden. Die Studenten haben die Patenschaft für einen Bach übernommen, den sie auf Anzeichen von Umweltverschmutzung überwachen, sie haben einen Knüppeldamm durch eine empfindliche Gegend des Prime Hook National Wildlife Refuge gebaut und Bakterien in den Lagunen analysiert. Mit Stolz sagt Alderman: „Diese Projekte helfen ihnen wirklich, zu verstehen, daß wir in einer sehr labilen Umwelt leben.“

Die Geschichten über diese Leute geben mir ein Gefühl des Stolzes und der Hoffnung. Aber ich will damit nicht andeuten, daß es immer leicht ist, gute Entscheidungen zu treffen. Meine eigene Firma hatte mit einigen der Entscheidungen zu kämpfen, die wir getroffen haben. Manchmal ist es sehr teuer, ein guter Bürger zu sein. Wenn Sie damit angeben wollen, wie „grün“ Sie sind, sollten Sie auch bereit sein, den Preis dafür zu bezahlen. Der Umweltpreis der Vereinten Nationen, den wir bekamen, verursachte uns einiges an Gewissensprüfungen.

Welche Produkte waren bei uns im Verkauf, die immer noch möglicherweise die Umwelt schädigen konnten? Nicht viele, wie wir entdeckten. Aber ein paar Produkte, wie zum Beispiel ein ätzender Rohrreiniger in unserer Produktlinie schien das Potential zu haben, Schäden anzurichten. Wir gaben das Produkt auf. Diese Entscheidung allein kostete einige

Millionen DM. Aber es war die richtige Entscheidung. Wir entschieden uns auch, einige Teile unserer Verpackungen auszutauschen, um Abfall zu vermeiden und etwas für das Recycling zu tun.

Ich möchte ehrlich sein mit Ihnen. Manchmal ist es eine kostspielige Sache, eine Entscheidung zugunsten des Planeten zu treffen. Die einzige Belohnung auf kurze Sicht könnte ein reines Gewissen sein. Aber auf lange Sicht ist es die richtige Entscheidung, egal wie man es sieht. Auf lange Sicht werden Rohstoffe geschont, der Wohlstand wächst, die Möglichkeiten zukünftiger Generationen werden besser und ein Vermächtnis wird aufrechterhalten.

Im Jahre 1989 veranstaltete die Amway Environmental Foundation in der Hauptgalerie der Generalversammlung der Vereinten Nationen in New York eine Ausstellung zeitgenössischer Eskimo-Meisterwerke aus der Amway-Sammlung. Wir nannten die Ausstellung Meister der Arktis.

Wir widmeten die Ausstellung Eskimokünstlern wie Matthew Ipeelie, deren Volk den hohen Norden Alaskas, Kanadas und Rußlands bewohnt. Diese Ausstellung war ein außerordentlicher Erfolg. Sie war voll von schöner und starker Bildersprache – Darstellungen von Bären, Seehunden, Walen, Karibus, Eulen, Walrössern, kurz aller Arten von Geschöpfen. Viele dieser Tiere werden von den Eskimos gejagt, aber mit großem Respekt und der Sorge, nur das zu töten, was sie zum Überleben brauchen. Für sie sind die Tiere mehr Nachbarn als Feinde und müssen mit Respekt, und sogar mit Ehrfurcht behandelt werden. Dies ist an ihrer künstlerischen Arbeit leicht zu erkennen, und ich glaube, dies ist auch der Grund, warum die Ausstellung so gut ankam.

Die Ausstellung ist seit 1989 auf Reisen, und im Juni 1992 flog ich nach Rio de Janeiro in Brasilien, um die Ausstellung der Umweltgipfelkonferenz zu eröffnen. Ich kam früh an, um mir die Lage vorher anzusehen, wie ich es auch viele Male vorher getan habe. Die Ausstellung war noch nicht offiziell eröffnet worden – das war meine Aufgabe –, und als ich durch die Halle marschierte, war ich ganz alleine. Auf einem kleinen Sockel sah ich einen kleinen weißen Bären. Er erinnerte mich an den Bären von Matthew Ipeelie. Dieser Bär war nicht aus Walroßelfenbein gemacht, wie der von Matthew, sondern aus weißem und grauem Marmor. Er war das Werk von Kaka Ashoona, einem Eskimokünstler aus Cape Dorset, Kanada.

Aber wie Matthews Bär war auch er voll des Lebens und stand auf allen vieren, seinen Kopf nach einer Seite gedreht, und schien zu sagen: „Hallo, du, schau mich an!“ Sein Maul war ebenso sorgfältig eingeschnitten wie das Maul, das Matthew seinem Bären geschnitzt hatte. Einfach, aber unglaublich ausdrucksstark. Diese Skulptur war mit einer Menge Liebe und mit einer profunden Kenntnis von Bären gemacht. Kaka Ashoona kannte, genauso wie Matthew, seine Nachbarschaft wirklich – und die Tiere, die in ihr lebten.

Ich dachte über die Widmung nach, die in dem ersten Programm von „Meister der Arktis“ stand. Dort war zu lesen: „Durch ihre Kunst und das Beispiel ihrer Geschichte zeigen die Eskimo einer Welt, die in zunehmendem Maß über die Auswirkungen der Umweltschäden besorgt ist, daß es möglich, ja notwendig ist, in Harmonie mit der natürlichen Ordnung zu leben. Diese exemplarische Koexistenz mit der Natur ist insofern besonders bedeutungsvoll, als sie in einer der rauhesten und anstrengendsten Umgebungen der Erde Tausende von Jahren angedauert hat, in welcher die Eskimo nicht nur überlebt, sondern ein reiches künstlerisches Vermächtnis geschaffen haben, welches diese Ausstellung zeigt.“

Mein Traum für meine eigene Gemeinschaft – und für die Nation und die Welt – ist der, daß auch sie Tausende von Jahren überleben wird wie die Eskimo. Aber damit dies geschieht, müssen wir unsere Nachbarschaft in der gleichen Weise kennenlernen, wie Matthew Ipeelie die seine kennt. Wir müssen sie in- und auswendig kennen. Und dann müssen wir uns um sie kümmern. Jeder einzelne von uns kann nur in einem gewissen Umfang dazu beitragen. Aber jeder von uns muß zu Hause beginnen.

Und jeder von uns muß auch alles tun, was in seiner Macht steht, um Anreize und Gelegenheiten für die Menschen zu schaffen, das Richtige zu tun. Wir können nicht erwarten, daß unsere Regierung oder irgendeine Organisation die Arbeit für uns erledigt. Jeder von uns muß persönliche Verantwortung übernehmen. Wenn wir das alle tun, werden vielleicht Matthew Ipeelies Enkel wieder den reinen blauen Himmel sehen und nichts anderes. Und vielleicht werden wir alle lernen, zu sehen, was so viele nicht mehr wahrnehmen können: Die Erde und ihre Geschöpfe sind ein lebendiges, geheiligtes Geschenk Gottes.

16

Was geschieht, wenn wir eine helfende Hand anderen entgegenstrecken?

Regel 16

Wir glauben, daß wir unsere persönliche Erfüllung finden, wenn wir unsere Zeit, unser Geld und unsere Erfahrung mit anderen teilen, um ihnen zu helfen.
Erinnern Sie sich deshalb, wann immer Sie müde werden, Gutes zu tun, an das Gesetz des Ausgleichs. Auf lange Sicht wird jede Gabe an Zeit, Geld oder Energie, die Sie geben, zu Ihnen zurückkehren, um Ihnen selbst Gutes zu tun.

Teddy Stollard, so geht die Geschichte, war ein zehn Jahre altes Problemkind. Sein Gesicht war niemals gewaschen, sein Haar niemals gekämmt, und seine Kleider waren stets verknittert. Wenn er nicht hersah – und manchmal auch, wenn er hersah –, nannten die anderen Kinder ihn „Stinky." Er war das unansehnlichste Kind in Miss Thompsons fünfter Klasse. Wenn sie ihn aufrief, ließ er sich in seiner Schulbank zusammensinken, murmelte eine Antwort oder starrte angriffslustig in die Weite.

Miss Thompson versuchte wirklich, all die Jungen und Mädchen gleich zu behandeln. Aber es war schwierig, Teddy zu mögen, und an einigen Kleinigkeiten zeigte sich das auch. Miss Thompson rief Teddy nicht gern auf, und wenn sie seine Aufgabe korrigierte, waren ihre roten Striche ein bißchen dicker und ein wenig größer als bei den anderen Schülern. „Ich hätte es besser wissen sollen", gibt sie heute zu. „Ich hätte auf Teddys Hefte besser achten sollen."

Erstes Jahr: „Teddy zeigt verheißungsvolle Anfänge. Im Elternhaus gibt es irgendeinen Konflikt, und Teddy scheint davon tief betroffen zu sein."

Zweites Jahr: „Teddy scheint fähig, ist aber unkonzentriert. Offensichtlich ist seine Mutter ernstlich krank. Er erhält zu Hause wenig Hilfe von seinen Eltern."

Drittes Jahr: „Teddys Mutter ist dieses Jahr gestorben. Der Junge ist recht intelligent, aber er scheint unfähig zu sein, sich zu konzentrieren. Sein Vater erwidert unsere Anrufe nicht."

Viertes Jahr: „Teddy ist langsam, aber er benimmt sich gut. Gelegentlich weint er nach seiner Mutter. Sein Vater zeigt kein Interesse."

Bei der Weihnachtsfeier in Miss Thompsons fünfter Jahrgangsstufe stand ein Weihnachtsbaum im Zimmer, der von den Kindern geschmückt worden war, und bunt eingepackte Geschenke häuften sich auf dem Schreibtisch der Lehrerin. Am letzten Tag vor den Ferien drängte sich die ganze Klasse um Miss Thompson, um zuzuschauen, wie sie ihre Geschenke auspackte. Ganz unten in dem Stoß fand die Lehrerin zu ihrer Überraschung ein Geschenk von Teddy Stollard. Während die anderen Geschenke in Goldfolie mit glänzenden bunten Bändern eingepackt waren, kam Teddys Geschenk in einfachem braunem Papier, welches unbeholfen mit Klebeband und Schnur befestigt war, daher.

„Für Miss Thompson", stand da mit Bleistift in einer krakeligen Kinderschrift zu lesen, „von Teddy."

Als sie das Geschenkpäckchen öffnete, fielen ein Armband in knalligem Straß und eine Flasche billiges Parfüm heraus. An dem Armband fehlte die Hälfte der Steine, und die Parfümflasche war fast leer. Die Mädchen lachten. Die Jungen kicherten. Aber im Geiste von Weihnachten hob Miss Thompson ihre Hand, um sie zur Ruhe zu bringen. Während die Kinder zusahen, legte sie sich das Armband um und tropfte ein wenig Parfüm auf ihr Handgelenk.

„Duftet es nicht wunderschön?" fragte sie die Kinder. Diese verstanden den Wink von Miss Thompson und stimmten mit dem passenden Chor von ‚Ohs' und ‚Ahs' zu. Am Ende des Tages, als die anderen Kinder von ihren Eltern abgeholt worden waren, bemerkte Miss Thompson, daß Teddy immer noch in seiner Bank saß und sie ansah. Er lächelte.

„Teddy?" fragte sie, da sie wußte, daß er einen langen Nachhauseweg hatte und sich fragte, warum er noch nicht gegangen war.

Langsam stand Teddy von seiner Bank auf und näherte sich seiner Lehrerin.

„Sie sehen hübsch aus mit dem Armband meiner Mutter", sagte er, mit einer Stimme, die kaum lauter war als ein Wispern, „und Sie riechen fast wie sie, jetzt mit dem Parfüm auf Ihrem Arm."

Plötzlich wurde Miss Thompson klar, daß diese zwei billigen Stücke die kostbarsten Besitztümer des Jungen gewesen waren. Sie kämpfte mit den Tränen.

„Teddy“, sagte sie und beugte sich hinunter zu dem Kind, „danke für deine Geschenke. Sie gefallen mir sehr.“

„Okay“, antwortete Teddy. Einen Augenblick stand das Kind nur da und lächelte seine Lehrerin an. Dann nahm er ohne ein weiteres Wort seine Jacke von dem Kleiderständer und rannte aus dem Zimmer.

Die Geschichte von Teddy Stollard endet Jahre später. Am Ende dieses letzten Kapitels werde ich Ihnen erzählen, was Miss Thompson für Teddy und sich selbst mit diesem einen kleinen Akt der Menschlichkeit wirklich auslöst.

In der Zwischenzeit müssen wir uns selbst fragen: Warum hätte Miss Thompson oder sonst jemand in der Situation menschlich sein sollen? Warum kicherte sie nicht zusammen mit ihren Schülern, als jene zwei Ramschartikel aus jenem einfachen Stück braunen Papiers herausfielen? Warum legte sie jenes häßliche Armband um ihren Arm und spritzte sich jenes „gebrauchte“ Parfüm auf ihr Handgelenk? Warum hob sie ihre Hand, um das Kichern der Kinder zu stoppen und ihnen allen den Wink zu geben, die Geschenke von Teddy zu bewundern?

Glücklicherweise bemerkte Miss Thompson in jenem Moment, daß Teddy ein schreckliches und schmerzliches Bedürfnis hatte. Ihr blieben nur Sekunden, um zwischen ihren zwei möglichen Antworten zu entscheiden. Eine würde für ihren Schüler das Leben bedeuten. Die andere würde ihn verdammen. Aber nicht nur Teddys Zukunft stand während jener Sekunde auf dem Spiel. Miss Thompsons Entscheidung hatte für sie beide langfristige Konsequenzen.

Was hätte Teddy geschehen können (oder Miss Thompson), wenn sie ihn ausgelacht hätte, oder wahrscheinlicher, wenn sie Teddys Geschenke nur unter dem Berg anderer Geschenke begraben hätte? Was widerfuhr Teddy (und seiner Lehrerin), als sie seinem Geschenk mehr Ehre erwies, als denen der anderen, und ihn besonders lobte? Obwohl ich die Namen geändert habe, ist die Geschichte wahr. Die menschliche Handlung der Lehrerin änderte Teddys Leben und Miss Thompsons Leben für immer. In diesem Augenblick befinden wir, Sie und ich, uns in einer ähnlichen Lage. Verzeihen Sie mir, wenn ich vielleicht offene Türen einrenne, aber wir leben in gefährlichen und unruhigen Zeiten. Wie Teddy, so sind unsere Nachbarn zu Hause und rund um die Welt in schrecklichen Nöten. Manche benötigen Hilfe, um sich selbst zu helfen. Andere brauchen nur Hilfe. Wie werden wir antworten? Welche Wahl auch immer wir treffen, sie wird nicht nur für die Bedürftigen, sondern ebenso für jeden von uns Konsequenzen haben.

Kapitalismus ohne Herz und Gewissen zu praktizieren, wird zu schrecklichem, lang andauernden Leiden für uns alle führen, Reiche und Arme in gleicher Weise. Aber mitmenschlicher Kapitalismus, Not sehen und die Hand ausstrecken, um zu helfen wird das Leben beider positiv berühren, dessen, der gibt, und dessen, der empfängt. Wir alle wissen, wie schön es ist, unter den Empfängern zu sein, aber manchmal vergessen wir die andere Hälfte dieses universellen Versprechens. Diejenigen, die hart arbeiten und großzügig von ihrer Zeit, ihrem Geld und ihrer Erfahrung abgeben, werden das, was sie gegeben haben, für ihre Taten vielfach zurückbekommen.

Vor fast 2.000 Jahren erklärte es Jesus in folgender Weise: „Gebt, und es wird euch gegeben: Ein gerüttelt Maß, zusammengedrückt und zusammengeschüttelt und überlaufend wird euch in den Schoß geschüttet; denn welches Maß auch immer ihr an andere gebt, es wird euch zurückgegeben werden." Die Zuhörer waren Leute aus der bäuerlichen Bevölkerung. Sie tauschten Fische oder Früchte ihrer Felder gegen Getreide ein.

Im Austausch dafür schüttete der Händler Getreide in ihren „Schoß" (eigentlich in eine lederne Einkaufstasche, die von den Bauern benutzt wurde) aus einem Weidenkorb, den er gefüllt hatte, dann drückte er das Getreide zusammen, dann schüttete er wieder, dann wurde es geschüttelt und dann noch einmal gefüllt, bis das Getreide über den Rand herablief. „Gebt", befahl ihnen Jesus, „und eure Belohnung wird ebenfalls so sein, zusammengedrückt, geschüttelt und überlaufend."

Bei Amway nennen wir dieses kleine Versprechen oder Beispiel das „Gesetz des Ausgleichs". Eine weitere Möglichkeit, mit der Jesus das erklärte, war folgende: „Macht genug Aussaaten, und ihr werdet eine große Ernte einbringen." Es ist eine alte Maxime, die in die Herzen und in den Geist jeder neuen Generation eingepflanzt wurde. Und es ist nicht nur ein christliches Ideal. Es wird von jeder größeren Glaubensgemeinschaft in Ehren gehalten. Buddhistische, hinduistische, islamische, jüdische und christliche Traditionen verfolgen alle den Gedanken, daß „Gott einen fröhlichen Spender liebt und ehrt". Uralte Legenden, Märchen, moderne Filme und sogar eine Fernsehserie oder zwei beleuchten die Tatsache: „Diejenigen, die geben, werden auch empfangen." Sogar die Popkultur nimmt es in Anspruch: „Was herumgeht, kommt auch herum."

Jeden Tag sehen wir uns in hundert verschiedenen Weisen vor denselben zwei Entscheidungsmöglichkeiten, die Teddy Stollard Miss Thompson anbot. Und die Wahl, die wir treffen, hat ernste Folgen für beide, für die bedürftige Person und für uns. Jesus erzählte seine berühmte Parabel von „den Talenten“, um uns dies verstehen zu lassen.

Ein reicher Mann, der sich auf eine Reise begeben möchte, gibt fünf Goldstücke in die Obhut eines Sklaven, zwei Goldstücke in die eines zweiten und ein Goldstück in die eines dritten. Der erste Diener verdoppelte die fünf Goldstücke, indem er klug mit ihnen handelte. Der zweite investierte seine zwei Goldstücke und verdoppelte ihren Wert ebenfalls. Aber der dritte, aus Angst vor dem Risiko, sich selbst oder anderen das anzuvertrauen, was man ihm gegeben hatte, versteckte das einzelne Goldstück im Boden und wartete auf die Rückkehr seines Herrn.

Als der reiche Mann von seiner Reise zurückkehrte, belohnte er die ersten beiden Diener für ihre weise Verwaltung seiner Gaben. „Gut gemacht, ihr braven und treuen Diener“, sagte er ihnen, „ihr habt mit diesen wenigen Dingen eure Treue bewiesen, ich werde euch über viele andere stellen. Geht in die Freude eures Herrn ein.“ Als der dritte Diener zitternd vor seinem Herrn erschien, mit dem einzelnen Goldstück fest in seiner Hand, sagte er: „Ich hatte Angst, und ich versteckte dein Goldstück im Boden, und hier ist es.“ Der reiche Mann war ärgerlich. Dieser Diener war nicht treu gewesen. „Nehmt ihm das Goldstück weg“, sagte der Herr, „und gebt es denen, die etwas riskiert haben.“

Der Sinn dieser strengen kleinen Parabel hat die Menschen Jahrhunderte lang beunruhigt. Was immer wir im Leben haben, sagt Jesus, ist nicht unser. Alles im Leben ist eine Leihgabe an uns. Für einige wenige Jahre sind wir zu Verwaltern (oder Pächtern) der Dinge erklärt worden, die uns gegeben worden sind. Es wird von uns erwartet, klug zu investieren und sie zu mehren. Ob sie klein oder groß sind, wir sollen gute Verwalter unserer Talente sein. Und, so mahnt uns Jesus, wir werden dafür verantwortlich gemacht. Es ist immer dasselbe, ob es sich darum dreht, Profite zu machen oder zu geben. Wenn wir genügend Aussaaten machen, dann werden wir eine große Ernte einfahren. Nicht zu pflanzen führt zu Not, Hunger und Tod.

Nun wissen Sie, daß ich glaube, daß der Kapitalismus die einzige große wirtschaftliche Hoffnung für die Welt darstellt. Aber ich glaube auch, daß die Beachtung dieses Gesetzes des Ausgleichs, das Praktizieren des mitmenschlichen Kapitalismus, die einzige Methode ist, wie wir diese Hoffnung jemals in Erfüllung werden gehen sehen. Und ich stehe mit diesem Glauben nicht allein. In einer Erklärung, einer Enzyklika, die den Namen „Das 100. Jahr“ trägt, unterstrich Papst Johannes Paul II. ausdrücklich, was er „Wirtschaftlichkeit des Geschäfts“ nannte, während er sich gleichzeitig die Kapitalisten der Vergangenheit vorknöpfte, weil sie unseren Reichtum und unsere Freiheit nicht in mitmenschlicher Weise verwaltet haben.

Selbst die lautesten Verteidiger des kapitalistischen Systems haben diese Enzyklika gelobt, da sie über die Fragen der Wirtschaft hinaus zu denen der Moral und der Werte vordringt. Viele Konservative, die eher die Stärken des Kapitalismus zu vertreten pflegen als den Blick auf seine Schwächen zu richten, stimmen zu, daß es nötig ist, wichtige moralische Fragen innerhalb des Systems der freien Marktwirtschaft anzugehen.

Unsere Firma hat sich diese Sorgen seit einiger Zeit zu eigen gemacht. Auch wir betrachten es als nötig, blinde Loyalität gegenüber dem System der freien Marktwirtschaft zu vermeiden. Der Kapitalismus ist nicht perfekt. Wir dürfen nicht die falschen Götter des Reichtums mit allen Mitteln oder den Wettbewerb um jeden Preis hochhalten. Wettbewerb, der fair abgewogen, und Reichtum, der in verantwortlicher Weise erworben wird, sind wohltätig für die Gesellschaft. Aber diese Vorteile des Kapitalismus und viele andere können auch mißbraucht werden, wenn wir das Gesetz des Ausgleichs vergessen. Wenn wir mitmenschlich handeln, dann werden auch wir wiederum menschlich behandelt werden. Wenn wir die Menschlichkeit nicht beachten, werden wir alle darunter leiden.

Das freie Unternehmertum ist kein perfektes oder fertiges System, das vor zwei Jahrhunderten von Adam Smith in Beton gegossen wurde. Der Kapitalismus muß sich verändern, er muß wachsen und besser werden. Das freie Unternehmertum ist ein lebendes System. Wie bei den Rosen im Garten meiner Frau müssen alte tote Zweige abgeschnitten werden, so daß neue grüne Triebe wachsen und duftende, farbenprächtige Knospen erscheinen können.

Rund um den Globus entstehen viele neue Spielarten des Kapitalismus. Die Kapitalisten in Japan oder auf den Philippinen verhalten sich anders als die neuen Kapitalisten in Rußland, in Polen oder Ungarn. Die Kapitalisten, die in den unternehmerischen Zentren in China ihren Kampf führen, tun nicht das gleiche wie ihre Pendants in den Bergen von Chile oder Peru. Selbst die Kapitalisten in Mexiko, Kanada und den Vereinigten Staaten praktizieren verschiedene Formen des Kapitalismus, obwohl sie Nachbarn sind.

Welche Art des Kapitalismus wir auch immer anwenden, ich bin trotz alledem überzeugt, daß es nur ein Prinzip gibt, dem wir unser Vertrauen schenken können, uns bei jedem Schritt des Weges zu führen. Diese Prinzip ist die Menschlichkeit. Es spielt keine Rolle, wo Sie leben oder wie das System des freien Unternehmertums in Ihrem Land funktioniert. Wenn wir die Welt vor dem wirtschaftlichen Chaos und vor der Verzweiflung retten wollen, müssen wir alle den mitmenschlichen Kapitalismus für uns entdecken (oder wiederentdecken).

Wir müssen uns gegenüber den natürlichen und menschlichen Ressourcen der Welt mitmenschlich verhalten. Wir müssen Menschlichkeit zeigen gegenüber der Luft über uns und der Erde unter uns, den Meeren, den Wäldern und den Wüsten, und allem, was in ihnen lebt. Wir müssen die Menschlichkeit beachten bei den Produkten, die wir entwickeln und vermarkten wollen, und bei den Anlagen, die wir bauen oder mieten. Arbeitgeber müssen mehr Menschlichkeit zeigen mit ihren Arbeitnehmern, und Arbeitnehmer müssen ihre Arbeitgeber als Mitmenschen betrachten. Das Argument der Menschlichkeit muß beachtet werden, wenn wir unsere Verpackung, unsere Preisgestaltung und sogar unsere Werbekampagne planen. Und wir alle müssen uns von menschlichen Erwägungen leiten lassen, wenn wir unsere Profite, unsere Löhne und Boni, unsere Zeit und unsere Talente einsetzen.

Der heilige Paulus gab uns die Richtlinien für die Reise zu einem menschlicheren Kapitalismus mit auf den Weg. Sie beziehen sich auf Männer und Frauen jeglichen Glaubens und aller Ideologien. Paulus schrieb diese Worte zuerst in seinem alten Brief an die Galater, ein Volk, das in einer römischen Provinz im mittleren Kleinasien lebte, in der heutigen Türkei. Der kleine Hund Snoopy zitiert sie zwei Jahrtausende später gegenüber seinem Herrn Charly Brown, als dieser getreulich durch den Schneematsch stapft, um dem Hund sein Essen zu bringen. „Laßt uns nicht müde werden im Tun von Wohltaten“, sagt Snoopy „denn ihr werdet zur rechten Zeit ernten, wenn ihr nicht zaghaft seid.“

Der Apostel Paulus und der Hund Snoopy kommen beide zum selben Schluß. Wiederum ist es das Gesetz des Ausgleichs: Tut Gutes! Arbeitet hart daran! Und ihr werdet belohnt werden!

Tut Gutes: Während der letzten paar Jahrhunderte haben wir, die wir vom System der freien Unternehmerschaft profitiert haben, bewiesen, daß wir mit unserer Zeit und unserem Geld großzügiger umgegangen sind als irgendein anderes Volk in der Geschichte. In unserem Land zum Beispiel haben im letzten Jahr allein 80 Millionen von uns freiwillig Gutes getan. Und im Durchschnitt wendete jeder Freiwillige 4,7 Stunden seiner Zeit in der Woche auf, und dies ergibt insgesamt die stolze Summe 19,5 Milliarden Stunden.

Obwohl die Reihen der Freiwilligen erheblich verstärkt werden durch die Mitwirkung von Millionen erfahrener und energiegeladener Menschen im Ruhestand, liegt das Alter der Freiwilligen bei durchschnittlich etwa 35 bis 49 Jahre. Und es sind nicht nur Amerikaner mit großen Einkommen, welche freiwillig etwas leisten. Mehr als 25% aller Freiwilligen kommen aus Haushalten mit Jahreseinkommen von 35.000 DM oder weniger.

Mitmenschliche Kapitalisten haben bewiesen, daß sie auch mit ihrem Geld großzügig umgehen. Im Jahr 1987 haben Leute in diesem Lande 120 Milliarden DM gespendet, um Gutes zu tun. Und wenn auch diese Summe nur 2% des Bruttoeinkommens der Einzelspender darstellen möge, welche der Wohltätigkeit zur Verfügung gestellt wird, so ist es doch ein Anfang. 75% aller amerikanischen Familien spenden im Jahr umgerechnet durchschnittlich 1.500 DM. Das Magazin Economist schreibt „Die Armen spenden einen größeren Prozentsatz ihres Einkommens als die Reichen, und es ist überraschend zu sehen, daß beide, die Armen und die Reichen, großzügiger sind als der Mittelstand."

In meinem Freundeskreis bin ich froh und dankbar für jene mitmenschlichen Kapitalisten, die beim Spenden von Zeit und Geld, Energie und Ideen für gute Zwecke in der ersten Reihe stehen. In den vergangenen fünfzehn Kapiteln habe ich ihre Geschichten erzählt. Und ich habe nur eben die Oberfläche angekratzt. Da gibt es so viel mehr Namen, die ich gerne erwähnen würde.

Al und Fran Hamilton tun Gutes, indem sie dazu beitragen, Sammlungen für Easter Seals durchzuführen. Frank Morales tut Gutes, wenn er in der Schulbehörde mitarbeitet oder eine YMCA in seiner Gemeinde aufbaut. Dan Williams tut Gutes, wenn er einem kleinem Kinde hilft, das Stottern zu überwinden. Jody und Kathy Victor vollbringen Gutes, wenn sie ein medizinisches Hilfsteam in Afrika unterstützen helfen, und Toshi und Bea Taba tun Gutes, wenn sie ihrer lokalen Kirche in Mililani, Hawaii Zeit und Geld zur Verfügung stellen.

Ich möchte nicht versuchen, für Sie zu definieren, was es für Sie bedeutet, Gutes in oder außerhalb Ihres Geschäftes zu vollbringen. „Gutes tun" ist etwas, was Sie für sich selbst definieren müssen. Sir Francis Bacon sagte: „Das Erweisen von Wohltaten kann man nicht übertreiben." In den vergangenen Kapiteln habe ich dieses Ziel in die zwei wichtigsten Fragen aufgeteilt: Was tun wir, um Leuten dazu zu verhelfen, sich selbst zu helfen? Und was tun wir, um den Menschen zu helfen, die sich nicht selbst helfen können?

Eine Statistik, die wir gefunden haben und die uns Sorgen macht, betrifft die Rolle, welche die Wirtschaft beim Geben spielt. Im Jahr 1989 machte die Menschenliebe von Seiten der amerikanischen Geschäftswelt gerade 5% des gesamten Spendenaufkommens in unserer Nation aus. Offensichtlich sind die Zuwendungen, welche die Wirtschaft leistet und welche während der achtziger Jahre stark angestiegen waren, wieder abgeflacht. Und lassen Sie mich aus der Zeitschrift *Economist* von damals zitieren: „Auch wenn die Profite gewachsen sind, die Spenden sind nicht angestiegen."

Ich weiß, daß die Wirtschaft mittlerweile darum kämpft, sich langsam von den Rückschlägen zu erholen. Ich weiß, daß die Profite gesunken und die Kosten gestiegen sind. Ich weiß, daß es nicht leicht ist, gerade jetzt großzügig zu sein, wo über unserer wirtschaftlichen Zukunft dunkle Wolken stehen. Aber es gibt Gesellschaften, die vorangehen und, ob wir nun mit den Anliegen übereinstimmen, die sie unterstützen oder nicht, wir müssen uns von ihrer großzügigen, besorgten Einstellung anstecken lassen. Ihr Beispiel weist wieder auf das Gesetz des Ausgleichs hin. Großzügiges Spenden ist gut für das Geschäft.

Die beiden Unternehmer Ben Cohen und Jerry Greenfield sind zwei faszinierende Beispiele. Diese beiden Freunde aus der Highschool – Sie werden sich erinnern – verwandelten eine Investition von 18.000 DM (und einen per Post bestellten Kurs über das Herstellen von Eiscreme für zehn DM) in die mehrere Millionen DM schwere Eiscremefirma Ben and Jerry's. Selbstverständlich ist ein guter Teil des Erfolgs ihrer Gesellschaft auf ihre köstlichen und innovativen Produkte zurückzuführen. Wenn Sie ihr großartiges, cremiges Eis mit großen Stücken von Nüssen, getrocknetem Obst und Schokolade und seinem phantasievollen Namen wie Chunky Monkey und Cherry Garcia gekostet haben, dann werden Sie mir recht geben. Ihre Kundschaft unterstützt laut einer Umfrage Ben and Jerry's auch für ihre „Hingabe, dazu beizutragen, die Not der Menschen in unserer Welt zu lindern".

Im Knusperriegel „Rain Forest Crunch" werden Nüsse aus dem südamerikanischen Regenwald verarbeitet, und die Leute, welche sie ernten, bezahlt man direkt. Die Firma Chocolate Fudge Brownie stellt Schokoladekuchen groß heraus, die von einer Gruppe der Firma Yonkers, New York, hergestellt werden, und deren Profite direkt dazu verwendet werden, für die Obdachlosen Unterkünfte zu schaffen und sie Berufe zu lehren. „Wir werden allein in diesem Jahr mit ihnen Handelsverträge mit einem Volumen in Höhe von über einer Million DM tätigen", sagt Greenfield. Für eine neue Geschmacksrichtung, Georgia Peach Light, werden Pfirsiche von landwirtschaftlichen Betrieben im Süden verarbeitet, die in Familienbesitz sind.

Die Stiftung „Ben and Jerry“ verfügt über ein Kapital von 7,5% der Firmenprofite vor Steuer, um mit Darlehen und Subventionen Gemeinschaftsprojekte zu fördern. Und in einer Initiative, die von vielen ihrer Unternehmerkollegen nicht sehr begrüßt wird, hat Ben and Jerry in der gesamten Firma ein Gehaltsverhältnis von fünf zu eins hergestellt, was bedeutet, daß kein Arbeitnehmer bei Ben and Jerry einschließlich der Führungskräfte mehr als fünfmal soviel verdienen kann wie der am schlechtesten bezahlte Arbeitnehmer. Es erübrigt sich zu sagen, daß Ben and Jerry einen sehr umstrittenen Standard geschaffen haben, und sie bekommen die Rechnung dafür serviert. Die Herausgeber des *Fortune*-Magazins kritisieren ihren Stil als ein „Spektrum von gefühlsduseliger Schmuserei bis zu wütend-militantem Verhalten“. Die Zeitschrift *Restaurant Business* zitiert Analytiker, die sagen: „Die Gesellschaft wuchs trotz der Wünsche und Träume ihrer Besitzer, die sich bemüht haben, die Dinge sehr sonderbar zu sehen, und die gegenüber dem Erfolg ihrer Firma klar die Dinge bevorzugen, welche sie als soziale Verantwortlichkeit betrachten.“ Was immer Sie von den Dingen halten, die sie unterstützen, Sie müssen zugeben, daß sie das Gesetz des Ausgleichs ernst genommen haben, und daß auf einem Markt, der eine starke Konkurrenz beinhaltet, ihre Profite und ihr Ansehen im Wachsen begriffen sind.

Wir geschäftlichen Unternehmer – was auch immer unsere Politik sein mag – haben eine ungeahnte Möglichkeiten. All jene Sozialunternehmer da draußen, die ihr Leben den guten Taten widmen, brauchen uns, um sie zu unterstützen.

Und jeder großzügige Mensch, den ich kenne, sei es ein Firmendirektor oder ein einzelner Spender, der seine Hand ausgestreckt hat, hat seine Wohltaten in gleichem Maß zurückerhalten, und sogar „eingedrückt, geschüttelt und überlaufend“.

Das ist der Grund, warum es in genau diesem Moment so wichtig wird, das Gesetz des Ausgleichs nicht zu vergessen. Glauben Sie, daß Sie, wenn Sie nur genug aussäen, eine große Ernte einfahren werden? Dann fangen Sie jetzt an, zu säen. Suchen Sie sich ein Anliegen, an welches Sie glauben, und bringen Sie Opfer, um es zu unterstützen. Suchen Sie sich einen produktiven, vertrauenswürdigen Sozialunternehmer oder eine Organisation, die soziale Dienste leistet, und sehen Sie deren Aufgabe als Ihre eigene an. Was immer Sie tun, tun Sie es mit Bedacht und großzügig, und auf lange Sicht werden Sie davon am meisten profitieren! Wie kommen wir aber an die „Standards der harten Arbeit" heran, die vom Durchschnitt der mitmenschlichen Kapitalisten in diesem Lande gesetzt werden? Wenn der typische Freiwillige im Durchschnitt 4,7 Stunden die Woche aufwendet, um für andere Gutes zu tun, wieviel wenden wir auf? Wenn die Durchschnittsfamilie 2% ihres Bruttoeinkommens für wohltätige Zwecke spendet, welchen Prozentsatz geben wir? Welche Ziele haben wir, um Zeit und Geld zur Verfügung zu stellen? Sind sie niedergeschrieben? Wie viele Stunden in der Woche würden wir gerne freiwillig leisten? Wieviel Geld wollen wir spenden? Niemand kann diese Ziele setzen oder sie anstreben als wir selbst.

Niemand kann Ihnen sagen, wieviel Zeit oder Geld Sie spenden sollten, um sich als großzügigen und vertrauenswürdigen Verwalter zu betrachten. Aber mein Freundeskreis hat diesbezüglich eine strenge Auffassung. Wie leicht ist es, am Ende des Monats Entschuldigungen zu finden, um all unser Spendengeld oder einen Teil davon zu verwenden, um unser Geschäft aufzubauen oder Rechnungen zu bezahlen. Wie schnell könnten wir uns dabei ertappen, gar nichts zu geben außer einer gelegentlichen Gabe als Alibi oder einem Alibischeck für eine am Ort ansässige Wohltätigkeitsorganisation. Aber es ist so, wie Helen es mir beigebracht hat: Wenn Sie im Spenden konsequent sind, wenn Sie diese Verpflichtung eingehen und einhalten, was immer es kosten mag, werden Sie überrascht und angenehm berührt sein von dem, was zu Ihnen zurückkommt.

Dave Severn, ein erfolgreicher Unternehmer und ein hingabevoller mitmenschlicher Kapitalist, drückte es so aus: „Gott hat es absolut klargestellt. Diejenigen, denen die Fähigkeit geschenkt wurde, zu produzieren, sind dazu verpflichtet, sich um jene zu kümmern, die es nicht können." Wenn es darum geht, 10% seines Bruttoeinkommens zu spenden, ist Dave konsequent. „10% des Geldes, das ich verdiene, gehören mir nicht einmal", sagt er. „Sie gehören Gott, und ich würde lieber mit 90% meines Einkommens auskommen und seinen Segen haben, als ihn zu bestehlen und mit 100% leben."

Ich achte Dave für diese seine feste Meinung. Er setzt ein knallhartes Beispiel, und er bringt mich zum Nachdenken. Die meisten meiner Freunde, die ihre Hingabe an den mitmenschlichen Kapitalismus bewiesen haben, einschließlich Dave und Jan Severn, spenden Zeit und Geld nicht etwa aus Furcht. Sie tun es, weil es Spaß macht, weil es sie mit sich selbst zufrieden sein läßt, und weil es auf lange Sicht erstaunliche Dividenden abwirft. Wenn wir hart arbeiten, um unsere eigenen Träume und die unserer Nächsten zu verwirklichen, so erscheint uns dies in keiner Weise als harte Arbeit.

Und trotzdem wird in Ihrem oder in meinem Leben ohne große Anstrengungen nichts zu erreichen sein. Für mich ist es stets sehr überraschend, mit Leuten zu sprechen, die an sich selbst glauben, die große Träume haben und sogar Pläne machen, um sie zu erreichen, aber irgendwie glauben, daß es bei all dem ohne harte Arbeit abgehen wird.

Hart arbeiten bedeutet, lange Arbeitstage zu akzeptieren: Sie müssen damit rechnen, lange Arbeitstage zu haben, wenn Sie ein erfolgreicher mitmenschlicher Kapitalist werden wollen. Selbst solange Sie zur Schule gehen, können Sie Zeit und Geld haben, um gute Taten zu tun, wenn Sie Ihre Zeit gut einteilen. Erfolgreiche Menschen wissen die Zeit zu schätzen und gehen sorgsam mit ihr um. Sie vertun ihre Abende nicht mit Fernsehen und schlafen dafür am Morgen aus. Sie sind produktiver, weil sie mehr Zeit dafür reservieren, etwas zu vollbringen. Sicher müssen Sie nicht früh aus den Federn und abends bis spät arbeiten, aber Sie werden dann auch keinen Erfolg haben.

Wenn ich 40 Stunden die Woche arbeite und Sie 80, brauche ich mich nicht zu wundern, daß Sie mehr Geld verdienen und mehr haben, um es auszugeben, als ich. Das ist einer der Anreize des mitmenschlichen Kapitalismus. Wir haben die günstige Gelegenheit, mehr zu erarbeiten, indem wir mehr arbeiten. Und indem ich mehr arbeite, kann ich mehr zur Seite legen und am Ende über mehr Geld – Kapital – verfügen, welches ich in das Wachstum meines Geschäftes investieren oder für Menschen in Not verwenden kann.

Viele Stunden Arbeit und das Erreichen unserer Pläne gehen Hand in Hand miteinander. Der Wirtschaftswissenschaftler und Nobelpreisträger Milton Friedman machte den alten Ausspruch populär: „Es geht nichts über ein freies Mittagessen.“ Das ist nur eine andere Methode, zu sagen, es gibt keine Abkürzungen. Erfolg ist nicht gratis, wir müssen dafür arbeiten. Ein langer Arbeitstag ist Teil des Preises.

Hart arbeiten bedeutet, Beharrungsvermögen zu zeigen: Beharrlich zu sein heißt, eine Handlung mit Ausdauer zu verfolgen. Man hat gesagt, es gibt nicht Schlimmeres, als ein großes Talent, das nicht zugleich große Willenskraft besitzt. Ein NBA-Star zu werden, heißt, irgendwo auf einem Basketballplatz gestanden und die freien Würfe und direkten Schüsse aus dem Sprung geübt zu haben, seit man groß genug war, einen Basketball in den Händen zu halten. Konzertpianist zu sein, bedeutet, täglich stundenlang Akkorde und Läufe zu üben, seit man groß genug war, auf den Klavierstuhl zu klettern. Einer der Schlüssel dazu, als mitmenschlicher Kapitalist erfolgreich zu werden, ist es, über die Willenskraft zu verfügen, immer „dranzubleiben".

Fast ausnahmslos haben alle erfolgreichen Leute viele Fehlschläge erlebt. Jay und ich haben sie sicherlich gehabt. Aber wir haben nicht aufgegeben, und Sie können es auch nicht. Vielleicht waren wir nur dickköpfig. Sturheit und Beharrungsvermögen sind eng miteinander verbunden. Ausdauer in einer guten Sache nennt man Beharrlichkeit, in einer schlechten Sturheit.

Sturheit ist ein Charakterzug, den man mit Mulis in Verbindung bringt. Beharrlichkeit ist eine Eigenschaft, die man den Heiligen zuschreibt. Am besten wäre es, die beiden nicht miteinander zu verwechseln. Wollen wir sehen, daß unsere Art von Dickköpfigkeit die Beharrlichkeit ist, die Art, die ein gutes Ziel nie aus den Augen verliert. Wir sollten sie nicht zur Borniertheit verkommen lassen, aber wir müssen in der Verfolgung unserer Erfolgsziele Stetigkeit beweisen. Der Erfolg stellt sich selten über Nacht ein. Die Beharrlichkeit ist es, die uns schließlich ans Ziel bringen wird.

Hart arbeiten bedeutet, diszipliniert zu sein: Ein Schriftsteller des 16. Jahrhunderts schrieb einmal: „Ich bin wirklich ein König, da ich über mich selbst zu herrschen verstehe." Selbstdisziplin ist eine sehr wichtige Eigenschaft für aufstrebende mitmenschliche Kapitalisten. Selbstdisziplin zu besitzen, bedeutet nämlich, die Kontrolle über sein eigenes Leben zu haben.

Ich bin gerne bereit, zuzugeben, daß bei jeglichem Rat, welcher das Wort Disziplin enthält, die Wahrscheinlichkeit sehr gering ist, breite Zustimmung zu finden. Er sollte sie aber finden. Ich spreche nicht von Disziplin, die andere uns aufzwingen. Das, wovon ich rede, ist die Disziplin, die wir uns selbst auferlegen. Und das ist eine ganz andere Sache.

Je mehr Selbstdisziplin wir besitzen, desto weniger werden wir Gegenstand der Disziplinvorstellungen anderer. In einer absolut disziplinierten Gesellschaft würden wir keine Gesetze benötigen. Aber die meisten Leute sind nicht sehr diszipliniert, und so brauchen wir sie.

Ein Unternehmer, der über Selbstdisziplin verfügt, setzt sich seine eigenen Regeln. Disziplinierte Lebensführung bedeutet, wir können uns auf die Ziele zubewegen, über die wir gesprochen haben. Durch Selbstdisziplin finden wir zur Freiheit. Wenn wir nicht diszipliniert sind, wird jemand anderer die Kontrolle über unser Leben übernehmen. Wir haben die Wahl.

Hart arbeiten bedeutet, Ihre Perspektive zu erhalten: In der „Ballade von John Henry" sehen Johns Frau und Kind hilflos zu, wie John seinen Schmiedehammer schwingt, in einem Kampf auf Leben und Tod gegen den neumodischen Dampfhammer. John gewinnt zwar das Rennen, aber er stirbt dabei.

Hart arbeiten soll nicht heißen, uns blindlings zu Tode zu arbeiten. Wir müssen uns davor hüten, unser Leben als Sklaven eines Traumes zu verbringen, der nicht wahr werden kann oder darf. Wir müssen auf der Hut sein. Behalten Sie Ihren klaren Überblick. Und manchmal müssen sich unsere Träume unterwegs ändern.

Um uns den Blick auf das Ganze zu erhalten, zu wissen, wann wir Erfolg haben und wann nicht, und um zu spüren, wann es Zeit ist, einen Traum aufzugeben und zu einem neuen weiterzugehen, ist es erforderlich, einige offene und empfindliche Fragen zu stellen und zu beantworten: Mag ich das, was ich tue? Mache ich es gut? Habe ich einen Plan, und arbeite ich hart daran, ihn umzusetzen? Wie sehen die Chancen aus, zum Erfolg zu kommen? Bin ich auf meinem Gebiet auf dem aktuellen Stand der Information? Bin ich bemüht, meine Fähigkeiten zu verbessern? Verhalte ich mich großzügig gegenüber den anderen, die mit mir zusammenarbeiten?

Dave Dravecky, der gigantische Werfer von San Francisco, träumte, nachdem man ihm bei einer Krebsoperation die Hälfte des für das Werfen wichtigsten Armmuskels entfernt hatte, von einem großen Comeback. Nach Monaten einer schmerzhaften Therapie warf er acht so starke Runden, daß sie die Cincinnati Reds 4 : 3 schlugen. Die ganze Welt jubelte, als Daves Traum sich zu erfüllen schien.

Dann, fünf Tage nach seinem Triumph schlug die Katastrophe zu. Während eines 6-Runden-Spiels brach sich Dave den Arm. Der junge Sportler krümmte sich vor Schmerz und Enttäuschung. Es wurde ihm klar, daß aus seinem großen Traum vom Comeback nichts werden würde. Er würde niemals wieder werfen. Und es kam noch schlimmer: Nach Monaten von Bestrahlungen und schmerzhaften Injektionen mußten die Ärzte seinen Arm amputieren.

Aber als ein Traum starb, wurde ein anderer in ihm geboren. Trotz seiner Enttäuschungen hatte Dave den Mut und den klaren Blick, die alten Träume zur Seite zu schieben und neue zu träumen. Was ist Ihr Traum?

Wohin führt Sie der mitmenschliche Kapitalismus? Tun Sie Gutes! Arbeiten Sie hart daran! Und Sie werden belohnt werden!

Der mitmenschliche Kapitalismus hilft, unser eigenes Wohlergehen zu garantieren! Auf viele Weisen ist Menschlichkeit der Garant für unser eigenes Wohlergehen und unsere Zukunft. Wie? Das ist einfach. Wenn ich Sie menschlich behandle, ist es viel wahrscheinlicher, daß Sie mich in der gleichen Weise behandeln. Wenn ich mich gierig zeige und alles tue, um reich zu werden, indem ich nach Macht strebe und besondere Privilegien ausübe – mit anderen Worten, wenn ich Ihre Freiheiten einschränke –, kann ich mir dann erwarten, daß Sie die meinen respektieren? Ohne Menschlichkeit ermutigt mein Verhalten nur die Gier.

Was aber, wenn ich mich Ihnen gegenüber menschlich verhalte und Ihre Freiheit fördere? Was, wenn ich Ihnen dieselben Rechte und Vorrechte garantiere, die ich genieße? Oder wenn ich noch mehr als dies tue?

Was geschieht, wenn ich Ihre Rechte und Vorrechte wirklich fördere? In jenem Fall dient meine mitmenschliche Sorge um Ihr Wohlergehen nicht nur dazu, Ihr Erfolgspotential zu sichern, sondern auch das meine.

Mitmenschlichkeit beinhaltet Vorteile für beide, den Geber und den Empfänger. Die Goldene Regel – „Tu für die anderen, was du willst, daß sie dir tun" – ist nur eine andere Art, das Gesetz des Ausgleichs auszudrücken. Es ist zugleich ein tiefes religiöses Bekenntnis und ein sehr praxisnaher Rat. Mitmenschlichkeit bringt geistig-seelische Wohltaten hervor, und sie ist völlig in Ihrem Interesse.

John Hendrickson, ein ehemaliger Highschool-Lehrer aus Wisconsin, und seine Frau Pat haben ein sehr erfolgreiches Geschäft aufgebaut. Mit ihrer Zeit und ihrem Geld großzügig umzugehen, war einer der wichtigsten Punkte auf dem Erfolgsweg der Hendricksons.

„Manchmal", sagt Pat, „ist es nicht klug, großzügig zu sein. Als beispielsweise John in Minnesota Lehrer und Dirigent des Orchesters war, liebten ihn die Schüler. Dank der Leitung Johns errang sein Orchester in der ganzen Region Anerkennung in Wettbewerben. John wurde es jedoch bald klar, daß, egal wie gut die Auftritte waren, die Steuerzahler ihn nie soviel verdienen lassen wollten, wie sie selbst verdienten. Als er schließlich seinen Vertrag auflöste", sagt sie weiter, „gratulierte ihm sogar sein Vorgesetzter. John hätte für immer dort bleiben können. Dies wäre gegenüber dem Distrikt großzügig, für unsere finanzielle Zukunft jedoch fatal gewesen. Jetzt, da wir unser eigenes Geschäft besitzen, sind wir endlich frei, großzügig zu sein, wie wir es wollen, und gegenüber den Menschen und Anliegen, an die wir glauben."

„Wir haben kürzlich eine Reise nach England gemacht", erklärt John, „um ein paar Treffen für einige Freunde abzuhalten, die gerade ihr Geschäft beginnen. Die Reise kostete uns mehrere tausend DM, aber wir haben sie gemacht, nicht nur, um großzügig zu sein, sondern in der Hoffnung, daß diese Reise eines Tages auch für uns Dividenden abwerfen werde. Jeder wohltätige Spender hat auch ein Motiv", setzt er hinzu. „Ich glaube nicht, daß es ganz so idealistisch ist, Zeit oder Geld zu spenden, wie manche Leute vorgeben. Selbstverständlich geben wir, um Menschen in Not zu helfen. Aber wir spenden auch, um unsere eigenen Bedürfnisse zu befriedigen, und für Pat und mich hat es sich stets als wahr erwiesen, daß wir, je mehr Zeit und Geld wir weggeben, desto mehr dafür zurückbekommen."

Der mitmenschliche Kapitalismus hilft, ein schlechtes Gewissen zu besänftigen: Erinnern Sie sich, wie in Ihrer Kindheit Ihr Gewissen stets wach und anwesend war? Wenn Sie etwas Falsches taten, plagte Sie Ihre Schuld. Kinder sind unglaublich schlecht im Verbergen ihrer Schuld, denn ihr Gewissen ist sehr stark ausgeprägt. Sobald wir älter werden, verlieren wir das Gefühl für die Unmittelbarkeit unseres Gewissens.

Aber es verschwindet nicht. Manche Erwachsenen bringen es fertig, ihr Gewissen an einen fernen Ort zu verbannen – sie sind die schrecklichsten unter den Menschen. Aber für die meisten von uns klappt diese Verbannung nur teilweise. Wir hören die Stimme noch. Vor langer Zeit sprach Shakespeare für uns alle, die das Gewissen quält:

> Mein Gewissen hat tausend Zungen
> Und jede Zunge erzählt eine Geschichte
> Und jede Geschichte verdammt mich als Schurken
>
> (Richard III., V, 3)

Vielleicht wird Ihr Gewissen vom Leiden eines anderen Menschen nicht geplagt. Ich glaube, dagegen können wir nichts tun. Akte der mitmenschlichen Zuwendung entstehen in der privaten Sphäre Ihres eigenen Gewissens. Niemand kann es für Sie formen.

Aber wenn ich völlig unangefochten von meinem Gewissen wäre und es fertigbrächte, all das Leiden rund um mich zu sehen und nichts dabei zu empfinden, würde mir schon das allein Probleme bereiten. Gewissensbisse sind ein gutes Zeichen. Es lohnt sich, sie zu beachten. Zumindest sind wir lebendig, wenn wir uns in unserer Haut nicht wohl fühlen. Ein schlechtes Gewissen ist wie der Kompaß auf einem Schiff. In einer dunklen und stürmischen Nacht führt er uns nach Hause.

Der Preis für ein nicht ruhiges Gewissen ist das Fehlen unseres inneren Friedens – tausend innere Stimmen, die uns verurteilen. Ein mitmenschliches Herz und ein ruhiges Gewissen sind von unermeßlichem Wert. Das Bemühen um den mitmenschlichen Kapitalismus ist das Streben nach innerem Frieden.

Der mitmenschliche Kapitalismus hilft uns, unseren Lebensmittelpunkt zu finden: Lassen Sie es mich anders ausdrücken: Eine der Belohnungen, welche die Mitmenschlichkeit mit sich bringt, ist der Friede zu wissen, daß wir das Richtige tun. Religiöse Menschen könnten sagen, sie kooperieren mit dem Willen Gottes und erfahren den Lohn des inneren Friedens. Andere könnten sagen, die Belohnung für sie bestehe darin, sich in Harmonie mit dem Kosmos zu befinden – in Übereinstimmung mit den Kräften der Natur. Aber auch für den Atheisten sollten die praktischen Vorteile der Menschlichkeit ein überzeugendes Argument darstellen. Auch Sie besitzen damit einen Brennpunkt, ein Zentrum Ihres Lebens.

Mitmenschlicher Kapitalismus beginnt in unseren Herzen: Versuchen wir, „das Rechte" zu tun, jedoch ohne die innere überzeugte Hingabe, wird es nicht funktionieren. Es wird nur Pflichterfüllung und Plackerei sein. Es wird keine Menschlichkeit sein. Wir werden in einer Woche ausgebrannt sein oder bald uns selbst hassen. Tun Sie erst den wichtigen Teil der Arbeit. Nehmen Sie sich einen Tag frei. Gehen Sie durch die Straßen Ihrer Stadt. Sehen Sie die Not Ihres Nächsten. Nehmen Sie die Traurigkeit und das Leiden in den Augen Ihrer Kinder und der Kinder der Welt wahr. Lassen Sie ihre Nöte in sich wachsen, bis auch Ihre Leidenschaft zu wachsen beginnt. Werden Sie traurig! Werden Sie wütend! Setzen Sie sich in Bewegung! Dann werden Sie es fertigbringen, das zu lieben, was Sie tun. Ihr Herz wird angesprochen und, Erfolg hin oder her, Ihr Gewissen wird Ruhe finden.

Machen Sie sich keine Sorgen! Mitmenschliches Verhalten hat nichts mit überschwenglichen Gefühlsausbrüchen zu tun. Neil Kinnock, der ehemalige britische Führer der Labour Party hat einmal gesagt: „Mitmenschlichkeit ist kein rührseliges, sentimentales Gefühl gegenüber Unterprivilegierten oder Kranken … sie ist eine absolut umsetzbare Überzeugung." Mitmenschliche Kapitalisten empfinden Leidenschaft für Themen, für Probleme und in besonderer Weise für Menschen. Sie sehen eine Welt, die lebt, für welche sie starke Gefühle haben.

Diese entspringen einem reifen und informierten Gewissen – einem Gewissen, welches weiß, daß in der wirklichen Welt Folgen des Mangels an Menschlichkeit offenbar sind. Mitmenschlichkeit macht einsichtig. Jedoch – sie bezieht die Gefühle mit ein. Sie können nicht mitmenschlich denken, ohne etwas in Ihrem Inneren zu fühlen.

Mitmenschlicher Kapitalismus manifestiert sich stets im Handeln! Mitmenschliches Verhalten ist mehr als eine gefühlsmäßige Verpflichtung. Es erfordert einen zweiten Schritt. Sie müssen Ihre innere Hingabe auch in die Tat umsetzen. Es ist der aktive Teil der Menschlichkeit, von dem wir weiter oben gesprochen haben. Mitmenschlichkeit ist nicht ein bloßes warmes Gefühl, sondern sie packt die Dinge an.

Es ist das Handeln, das unsere innere Anteilnahme wertvoll macht. Das Wort „wertvoll" ist von dem Wort „Wert" abgeleitet. Beide Worte entstammen von einer Wurzel, die „stark" bedeutet. Wir benützen das Wort oft, um Kriegshelden zu beschreiben. Wenn wir handeln, verleihen wir nicht nur unserer Menschlichkeit Wert, sondern wir machen sie auch stark. Ohne das Handeln sind wir bloße Angeber, moralische Dilettanten.

Der mitmenschliche Kapitalismus hilft uns, etwas zu verändern: Wenn Sie gegen Leiden irgendeiner Art angehen, beginnt Ihr Leben für etwas zu stehen. Durch das Handeln hinterlassen Sie Ihre Spur in der Welt. Wie ein altes Sprichwort sagt: „Fußabdrücke im Sand der Zeit macht man nicht durch Herumsitzen." Wenn wir Angst davor haben, ein wenig Sand in unsere Schuhe zu bekommen, ist es nicht sehr wahrscheinlich, daß wir Spuren hinterlassen.

Wenn Sie aktiv werden und vorwärtsschreiten, dann werden Sie etwas verändern. Ihr Weg wird vielleicht nicht geradeaus führen. Die meisten Leute machen in Wirklichkeit eine Menge Umwege, verlaufen sich von Zeit zu Zeit, kehren gelegentlich um und, ja, setzen sich auch einmal hin. Aber indem Sie aktiv sind, hinterlassen Sie eine Spur von guten Taten, auf welche man mit Stolz zurückblicken kann. Sie können mit Befriedigung sagen: „Ich habe etwas getan, was zählt."

Der mitmenschliche Kapitalismus schließt niemanden aus: Ich besitze feste politische Überzeugungen, aber Amway ist ein Geschäft. Leute aller politischen Richtungen werden in unserer Firma (und hoffentlich auch in der Ihren) willkommen geheißen und gebraucht. Jeder, der kommt, ungeachtet seines politischen Bekenntnisses oder Engagements hat das Recht, respektiert und akzeptiert zu werden. Es wird immer Leute geben, die enthusiastisch eine Partei, einen Kandidaten oder eine Lösung gegenüber allen anderen bevorzugen. Gutes Geschäftsgebaren sorgt für offene Gesprächsrunden und erlaubt eine freie Sprache. Der menschliche Kapitalismus besteht darauf, daß jeder das Recht auf seine politische Meinung hat und daß unpopuläre Anschauungen und die Träger dieser Anschauungen ebenfalls das Recht haben, gehört zu werden.

Das gleiche gilt für die Religion. Wenn wir unser System des freien Unternehmertums und das Vermächtnis feiern, durch welches dieses System in den Vereinigten Staaten und in Kanada möglich wird, feiern wir gleichzeitig die Geschichte unserer kompromißlosen religiösen Unabhängigkeit und Freiheit. Diese Länder wurden in erster Linie von Menschen gegründet, die auf der Suche nach religiöser Freiheit hierherkamen. Man kann sich nicht den mitmenschlichen Kapitalismus auf seine Fahnen schreiben, ohne es zugleich auch mit der religiösen Freiheit aller Menschen zu tun und sie zu verteidigen. Amway ist in mindestens 40 Ländern fest verankert. Es gibt keinen religiösen Glauben (oder die Ablehnung eines solchen), der in unseren Reihen nicht respektiert würde. Ich bin fest von meinem eigenen Glauben überzeugt, aber ich werde hart darum kämpfen, daß Ihr Recht, zu glauben oder nicht zu glauben, gewahrt bleibt. Das ist ein fester Grundsatz des mitmenschlichen Kapitalismus, und wir dürfen ihn nie vergessen.

Mitmenschlichkeit jetzt wird dazu beitragen, uns in der Zukunft zu retten: Menschen zu helfen, die sich nicht selbst helfen können, hat auch eine selbstsüchtige Seite. Es kann sich herausstellen, daß solche Dienste auch sehr in unserem eigenen Interesse sein können. Wenn wir es weiterhin zulassen, daß andere leiden, und nicht unsere helfende Hand ausstrecken, könnten unsere bequemen Verhältnisse umgekippt werden.

Ich befürworte nicht einen Augenblick die Unruhen und Plünderungen, die wir in unseren Innenstädten in den vergangenen Jahren mit ansehen mußten, aber wir müssen uns über die beunruhigende Tatsache im klaren sein, daß zu viele unserer Mitmenschen in diesem großen Land zu glauben beginnen, daß sie keine Möglichkeit haben, sich selbst zu helfen.

Sie sind hungrig, obdach- und arbeitslos. Sie haben schlechtere Bildungsmöglichkeiten, und die Gesundheitspflege für ihre Kinder ist unzureichend. Sie fühlen sich entrechtet, abgeschnitten selbst von der Möglichkeit, jemals Macht und Vergünstigungen zu erringen. Sie führen ein elendes Leben und haben nichts als diese Erbschaft des Leidens, um sie an ihre Kinder weiterzugeben. Wer von uns würde es nicht verstehen, wenn sie sich einem Tyrannen zuwendeten, damit er ihre Führung übernehmen solle? Wer wäre nicht imstande, sich vorzustellen, warum sie wütend sind und auf Rache sinnen? Wer könnte es ihnen verdenken, wenn sie eines Tages mit Gewalt und Blutvergießen zurückschlagen? Es ist allerhöchste Zeit für die unter uns, die Besitz ihr eigen nennen, das, was wir haben, großzügig mit denen zu teilen, die nichts haben.

Während des Dritten Reichs unter Hitler schrieb ein nachdenklicher und mutiger deutscher Pastor, Martin Niemöller, folgende Worte über den deutschen Durchschnittsbürger:

Zuerst holten sie die Sozialisten,
Und ich schwieg – denn ich war kein Sozialist.
Dann holten sie die Gewerkschafter,
Und ich schwieg – denn ich war kein Gewerkschafter.
Dann holten sie die Juden,
Und ich schwieg – denn ich war kein Jude.
Und dann holten sie mich,
Und da war niemand mehr, um für mich zu sprechen.

Der mitmenschliche Kapitalismus ist ein lebenslanges Abenteuer. Niemand kann Ihnen sagen, wo Sie anfangen sollen. Erinnern Sie sich nur an das eine, daß schon ein kleiner Akt der Fürsorge ein Anfang ist. Und in diesem kleinen Akt der Fürsorge – was immer es sein mag – wird Ihre Belohnung liegen, und diese Belohnung wird Sie dazu anregen, künftig größere und bessere Dinge zu tun. Menschlichkeit steckt an. Wenn Sie einmal begonnen haben, wird sich Ihr Leben für immer ändern.

Welche menschliche Handlung würde Ihnen Freude bereiten? Welches Anliegen hat Ihrem Herzen einen kleinen Stich gegeben? Was spricht Sie an, und was könnten Sie tun, um zu helfen?

Jenes Weihnachten in Miss Thompsons erster Klasse knüpfte ein Band zwischen Teddy Stollard und seiner Lehrerin. Noch mit Teddys Talmi-Armband und dem unangenehmen Geruch seines billigen Parfums an ihrem Handgelenk entschloß sich Miss Thompson, ihr Bestes zu geben, um dem kleinen Jungen zu helfen, sein Leben herumzureißen. Plötzlich sah sie in ihm Möglichkeiten, die sie vorher nie bemerkt hatte. Sie schuf sich in ihrem Herzen ein Bild von dem, was aus ihm werden konnte, und machte sich ans Werk, um es Realität werden zu lassen. Fast jeden Abend nahmen sich Miss Thompson und Teddy die Arbeit von neuem vor. Sie führte ihm seine zittrige Hand, bis er in sauberen, klaren Sätzen zu schreiben vermochte. Sie drillte ihn im Buchstabieren und im Rechnen. Sie las Teddy vor und ließ sich von ihm vorlesen. Sie lernten Lieder, Gedichte und sogar Kurzgeschichten auswendig und sagten sie einander auf. Miss Thompson legte ihren strengen Rotstift weg und verzierte Teddys Arbeiten mit Sternen und Ausrufezeichen. Bei jeder passenden Gelegenheit lobte sie ihn allein oder vor der Klasse.

Zum Ende des Schuljahres hatte Teddy unglaubliche Fortschritte gemacht. Er hatte die meisten Schüler in Miss Thompsons Klasse eingeholt, und seine Noten näherten sich denen der Klassenbesten an. Als sie sich eine Nachmittags verabschiedeten, nahm sie seine Hand in die ihre und sagte: „Du hast es geschafft, Teddy, und ich bin stolz auf dich." Sie war sehr erstaunt, als das Kind sie sanft verbesserte: „Nicht ich habe es geschafft, Miss Thompson. Wir haben es zusammen geschafft."

Als im Sommer sein Vater arbeitslos wurde und wegzog, beeilte sich Miss Thompson, Teddys Schülerakte eine lange positive Bemerkung hinzuzufügen. *Fünfte Klasse:* „Teddy ist ein ungewöhnliches Kind. Er war durch den Tod seiner Mutter und das Desinteresse seines Vaters geschädigt, aber er ist daran, sich schnell zu erholen. Alle zusätzliche Zeit, die Sie in Teddy investieren müssen, wird sich wirklich lohnen."

Jetzt werden wir einmal im Leben von Teddy Stollard und seiner Lehrerin nachsehen, ob das Gesetz des Ausgleichs wirklich funktioniert. Wenn wir Zeit, Geld und Mühe in jemand anderen investieren, was gewinnen *wir* damit? Wenn wir mitmenschliches Verhalten zeigen, bringt *uns* das wirklich anhaltende Dividenden?

Miss Thompson hörte während sieben langer Jahre nichts von Teddy. Jedes Weihnachten, wenn die Kinder in ihrer fünften Klasse sich um das Pult der Lehrerin scharten, um zuzusehen, wie sie ihre Geschenke öffnete, erzählte ihnen Miss Thompson die Geschichte von Teddy Stollard und dem alten Armband und dem zur Hälfte aufgebrauchten Parfum seiner Mutter. Und jedes Jahr fragte sie sich wieder, ob ihre Bemühungen um ihn vergeblich gewesen waren.

Dann erhielt sie eines Tages eine kurze Mitteilung aus einer weit entfernten Stadt in einer Handschrift, die sie immer noch als die des kleinen

Teddy wiedererkannte: „Liebe Miss Thompson, ich wollte, daß Sie es als erste wissen. Ich werde bei meinem Highschool-Abschluß der zweitbeste sein. Danke, Miss Thompson! Wir haben es geschafft. Alles Liebe, Teddy Stollard."

Und vier Jahre später kam wieder eine Nachricht: „Liebe Miss Thompson, gerade hat man mir mitgeteilt, daß ich dieses Jahr bei der Examensfeier der Festredner sein werde. Ich wollte, daß Sie es als erste erfahren sollten. Das Universitätsstudium war nicht leicht, aber wir haben es geschafft. Alles Liebe, Teddy Stollard."

Und nach weiteren vier Jahren kam dann die letzte Nachricht: „Liebe Miss Thompson, mit dem heutigen Tag bin ich Dr. med. Theodore Stollard. Wie finden Sie das? Ich wollte, daß Sie es als erste wissen sollten. Wir haben es geschafft. Ich heirate nächsten Monat, am 27., um es genau zu sagen. Ich möchte, daß Sie kommen und an dem Platz sitzen, wo meine Mutter gesessen hätte, wenn sie noch am Leben wäre. Mein Vater ist letztes Jahr gestorben. Sie sind die einzige Familienangehörige, die ich jetzt habe. Alles Liebe, Teddy Stollard."

Finden Sie es sonderbar, ein Buch über mitmenschlichen Kapitalismus mit der Geschichte von Miss Thompson und Teddy Stollard zu beenden? Als ich die Geschichte zum ersten Mal las – sie stammt von meinem Freund Chuck Swindoll –, verstand ich sie in der Tat als ein Gleichnis, welches unsere Berufung als mitmenschliche Kapitalisten einfach und klar ausdrückte. Wir müssen uns jeden Tag entscheiden. Wollen wir auf unserem Weg zum Profit an den Nöten der Menschen und der Erde vorbeigehen, oder wollen wir uns genug Zeit nehmen, um entlang des Weges anderen eine helfende Hand zu reichen?

Miss Thompson wäre um ein Haar an ihrer Gelegenheit vorbeigerannt, Teddy zu helfen. Sie hatte schon damit zu tun, ihren normalen Tagesablauf zu bewältigen. Und was schien Teddy für ein Verlierer zu sein! Zeit und Energie auf ihn zu verwenden schien verlorene Liebesmühe zu sein. Aber Miss Thompson tat es trotzdem. Und für ihre mitmenschliche Zuwendung erhielt sie die großartigste Belohnung: Sie entdeckte, daß ihr mitmenschliches Handeln einem anderen Menschen dazu verholfen hatte, sich selbst zu helfen. Wollen Sie als Kapitalist erfolgreich sein?

Wollen Sie wirklichen, bleibenden, echten Profit sehen? Dann lassen Sie auf jedem Schritt Ihrer Lebensreise die Menschlichkeit Ihre Führerin sein.

Ein Regelwerk für den menschlichen Kapitalismus

Regel 1

Wir glauben, daß jeder Mann, jede Frau und jedes Kind nach Gottes Ebenbild geschaffen ist, und deshalb Wert und Würde besitzt und über ein einzigartiges Potential verfügt. Dies gibt uns die Berechtigung, für uns selbst und für andere Großes zu erträumen!

Regel 2

Die meisten Menschen haben, wie wir glauben, das Gefühl, in ihrem Leben nicht ihr volles Potential auszuschöpfen, und sind dankbar für jede realistische und umsetzbare Hilfe, die sie finden können, um ihre Lage zu verbessern.

Deshalb müssen wir alle einen ehrlichen Blick darauf verwenden, wo wir stehen, wohin wir wollen und was wir vielleicht ändern müssen, um dorthin zu gelangen.

Regel 3

Wir glauben, daß der Wechsel zum Besseren dann beginnt, wenn wir unser Leben um die Personen und Einrichtungen herum anordnen, die wir am meisten schätzen, beispielsweise: Gott, unser Land, Familie, Freundschaften, Schule und unsere Arbeit.

Deshalb müssen wir entscheiden, was wir sein und tun wollen, und wir müssen unsere Ziele dementsprechend ausrichten.

Regel 4

Wir glauben, daß der erste Schritt, um unser Leben frei zu machen, um vorwärtszukommen, der ist, unsere Schulden zu bezahlen, zu lernen, mit anderen zu teilen, uns finanzielle Grenzen zu setzen und verläßlich nach ihnen zu leben.

Deshalb müssen wir unsere Rechnungen bezahlen und unsere vordringlichen finanziellen Angelegenheiten in Ordnung bringen.

Regel 5

Wir glauben, daß Arbeit nur dann gut ist, wenn sie dem Arbeitenden Freiheit, Belohnung, Anerkennung und Hoffnung bringt.

Deshalb müssen wir Arbeit, die finanziell, seelisch und psychologisch unbefriedigend ist, beenden, so schnell wir können, und eine andere Arbeit beginnen, die diese Voraussetzungen erfüllt.

Regel 6

Wir glauben an den Kapitalismus (ein anderer Name für freies Unternehmertum), weil er für uns und unsere Welt eine große Hoffnung auf wirtschaftliche Erholung darstellt; wir müssen deshalb, wenn wir nicht wissen, was der Kapitalismus ist oder wie er funktioniert, es jetzt herausfinden. Unsere finanzielle Zukunft hängt davon ab.

Regel 7

Wir glauben, daß das Geheimnis des entscheidenden finanziellen Erfolgs darin besteht, den mitmenschlichen Kapitalismus zu praktizieren. Deshalb müssen wir uns täglich fragen: „Wie menschlich bin ich in der Sorge um meine Mitarbeiter, meine Vorgesetzten, meinen Arbeitgeber oder meine Arbeitnehmer, meine Lieferanten, meine Kunden und sogar meine Konkurrenten?“

Regel 8

Wir glauben, daß der Besitz eines eigenen Geschäftes (um unser derzeitiges Einkommen zu ergänzen oder zu ersetzen) der sicherste Weg ist, um unsere persönliche Freiheit und die finanzielle Zukunft unserer Familie garantieren zu können.

Deshalb sollten wir ernsthaft erwägen, ein eigenes Geschäft zu beginnen oder in unserem derzeitigen Geschäft oder unserer derzeitigen beruflichen Tätigkeit mehr Unternehmergeist an den Tag zu legen.

Regel 9

Wir glauben, daß es nötig ist, eine positive, hoffnungsvolle Einstellung zu entwickeln, um unsere Ziele zu erreichen.

Deshalb sollten wir mit der Hilfe unseres Mentors ein Programm entwerfen, ein Programm, welches uns helfen wird, eine positive, hoffnungsvolle, produktive Einstellung zu unserem Leben und seinem Potential zu finden.

Regel 10

Wir glauben, daß wir, ehe wir als „mitmenschliche Kapitalisten" Erfolg haben können, einen erfahrenen Mentor brauchen, der uns leitet. Deshalb müssen wir jemanden finden, den wir bewundern, der das schon erreicht hat, was wir erreichen wollen, und müssen diese Person bitten, uns beim Erreichen unserer Ziele zu helfen.

Regel 11

Wir glauben, daß der Erfolg nur zu denen kommt, die sich Ziele setzen und dann eifrig daran arbeiten, sie zu erreichen.

Deshalb sollten wir mit der Hilfe unseres Mentors sofort beginnen, unsere kurz- und langfristigen Ziele festzusetzen, sie niederzuschreiben, bei jedem Schritt, den wir tun, unsere Fortschritte zu kontrollieren, die Ziele, die wir erreicht haben, zu feiern, und aus denen zu lernen, die wir nicht erreicht haben.

Regel 12

Wir glauben, daß es eine bestimmte Verhaltensweise gibt (direkt oder indirekt auf unsere Aufgaben bezogen), die uns helfen wird, unsere Ziele zu erreichen.

Deshalb sollten wir mit der Hilfe unseres Mentors sofort beginnen, das nun folgende ABC des Erfolgs zu meistern, welches uns helfen wird, erfolgreich zu werden.

Regel 13

Wir glauben daran, anderen zu helfen, unterstützen sie dabei, sich selbst helfen zu können. Wenn wir unsere Zeit und unser Geld mit anderen teilen, um sie zu führen, sie zu unterrichten oder zu ermutigen, dann geben wir lediglich einen Teil von dem zurück, was uns vorher gegeben wurde.

Seien Sie also ein Mentor. Wem könnten Sie helfen, seine Ziele zu erreichen, seine Träume wahr werden zu sehen?

Regel 14

Wir glauben daran, anderen helfen zu können, die sich nicht selbst helfen können. Wenn wir unsere Zeit und unser Geld mit denen teilen, die sich in einer Notlage befinden, wächst das Empfinden unserer eigenen Würde und unser Selbstwertgefühl, und wir setzen positive Kräfte in Bewegung, die für die Welt Hoffnung und Heilung bedeuten.

Entschließen Sie sich deshalb, zu geben. Was tun Sie, um das Leiden der Menschen in Ihrer Umgebung oder auch rund um die Welt zu lindern?

Regel 15

Wir glauben daran, unseren Planeten schützen zu müssen, unsere heimatliche Insel. Wenn wir unsere Zeit und unser Geld teilen, um dazu beizutragen, unsere Erde zu erhalten, tragen wir in Wirklichkeit dazu bei, uns selbst zu schützen.

Seien Sie deshalb ein Freund Ihrer Erde. Was könnten Sie heute tun, um den Planeten zu schützen?

Regel 16

Wir glauben, daß wir den Kreis der Liebe schließen, der zu unserer eigenen persönlichen Erfüllung und Blüte führt, wenn wir unsere Zeit, unser Geld und unsere Erfahrung mit anderen teilen, um ihnen zu helfen.

Erinnern Sie sich deshalb, wann immer Sie müde werden, Gutes zu tun, an das Gesetz des Ausgleichs. Auf lange Sicht wird jede Gabe an Zeit, Geld oder Energie, die Sie geben, zu Ihnen zurückkehren, um Ihnen selbst Gutes zu tun.